U0512116

创意与可持续发展
研究报告 No.1

CREATIVITY
AND SUSTAINABLE DEVELOPMENT
REPORT No.1

创意经济
与城市更新
（2019~2020）

CREATIVE ECONOMY AND URBAN REGENERATION
(2019-2020)

联合国教科文组织国际创意与可持续发展中心　主编

社会科学文献出版社
SOCIAL SCIENCES ACADEMIC PRESS (CHINA)

主编简介

联合国教科文组织国际创意与可持续发展中心 ［International Center for Creativity and Sustainable Development（ICCSD）under the auspices of UNESCO（Category 2），以下简称"创意中心"］于 2015 年 11 月联合国教科文组织第 38 届大会通过在北京设立。创意中心是全球首个以"创意与可持续发展"为主题的联合国教科文组织二类中心。其宗旨是在联合国教科文组织的支持下，以创意与可持续发展为主题，开展国内外研究、培训、交流、传播、示范基地建设等工作，汇聚全球科技人才及其创新团队，建成具有全球影响力的创意与创新"思想实验室"，成为文明交流互鉴合作的推动者以及中国企业、科技、文化走向世界的传播者。

创意中心以创意经济、创意城市为切入点，开展相关案例研究，以期为城市的可持续发展提供创意创新的解决方案。通过报告、特辑、网站、微博、微信建立起媒体矩阵，对创意可持续发展理念和优秀案例进行推广和传播。创意中心举办的创意 2030 论坛和沙龙等品牌活动，为全球关注创意创新和可持续发展的学者、专家、政策制定者和从业人员提供了交流的平台，促进文明交流互鉴，并通过开展相关理念和政策的培训，建立示范基地，进一步带动可持续发展理念在发展中地区的普及和落实，为基层的利益相关者提供理论和技能的支持。

序言一

　　作为联合国教科文组织国际创意与可持续发展中心成立以来第一本正式出版的报告，《创意经济与城市更新（2019～2020）》成稿于2020年初，基于2017～2019年间联合国教科文组织创意城市网络成员城市的数据，针对创意经济对经济增长和体面就业等可持续发展目标的贡献，通过详实的中外案例研究，讨论了创意经济在历史名城保护性开发、工矿城市产业转型和小城市的产业发展中起到的重要作用。

　　意想不到的是，报告筹备出版的一年里，新冠疫情影响了世界的各个角落，我们报告中提及的城市或多或少都被这个突发事件波及，一些城市在严格的防疫措施中逐步恢复经济活动，一些城市还在病毒的传播中艰难前行。"创意创新"变得尤为重要，成为城市可持续发展的关键词。文化艺术活动无疑受到最为严重的冲击，但是线上博物馆、线上演出等技术的应用仍旧保持了文化活动的活跃性，自媒体引发的"全民直播"热潮为内容生产提供了新的支持。让我们一再看到科技文化相融合带来的新力量和新活力。

　　新兴科技在疫情防控和维持城市生活方面发挥着不容忽视的作用，全面加速了数字化和AI技术的研发与应用。创意城市在面对疫情的冲击时，也要看到新兴科技为城市发展提供的新机遇，通过合理的规划和政策引导，通过积极的多边合作，创造更美好的城市未来。以北京为例，大力发展科技服务业已经成为下一阶段的重点目标。通过打造中关村科学城、怀柔科学城、未来科学城和北京经济技术开发区，北京将为创意创新预留空间，提供从硬件到软件的全方位支持。着力建设国家服务业扩大开放综合示范区和北京自由贸易试验区，以科技创新引领创意经济的发展，打造更可持续的城市生活。

　　创意中心将持续观察创意城市的发展，继续探讨创意经济对城市可持续发展的意义，并将不遗余力发挥平台作用，促进国际间、区域间的城市交流，推动政府、企业、研究机构和国际组织的合作，为城市的可持续发展贡献力量。

联合国教科文组织

国际创意与可持续发展中心

执行主任　

序言二

我很荣幸能够向大家介绍由联合国教科文组织支持的国际创意与可持续发展中心（ICCSD）编写的、具有开创性意义的首本《创意与可持续发展研究报告 No. 1》。本报告聚焦于 2019 年度与创意经济和可持续发展领域相关的各个方面。

这是我读过的第一本旨在全面比较研究创意、创新、创意经济与创意者经济、文化产业、创意城市、可持续发展和城市更新等方面关联性的报告。本报告不仅为上述领域提供了具有前瞻性的研究方法论，并对相关概念进行了深入的解读，同时还提供了丰富的统计数据和优秀的国际案例研究，案例研究范围覆盖了中国、欧洲、大洋洲、美国等全球各国家与地区。毋庸置疑，本报告堪称创意、创新、可持续发展相关领域中极具价值的一部力作。本报告特别指出了统计数据中存在的空白之处，并邀请相关国际专家进行分析解读，此举为今后的研究提供了新的着力点。因此，我们可以满怀期待，继续关注创意中心在此后的年度报告中进行更深入的讨论和比较研究。

本报告对 2019 年进行了全面回顾，至 2020 年 5 月完成编写，当时正值全球新冠疫情肆虐之际。这一非比寻常的形势将对几乎所有城市的发展和生活质量产生巨大影响。据预测，2020 年全球国民生产总值（GDP）会大幅下滑，势必会对创意城市和文化产业带来前所未有的影响。新型冠状病毒疫情将改变全球的人类活动。餐厅、咖啡厅、购物中心、主题公园、博物馆、图书馆和电影院作为文化和创意产业的一部分，都受到严重影响。交通网络人流和城市基础设施使用人数将急剧下降。人们出行方式的转变，特别是居家办公这一趋势带来的变化，将造成巨大影响。在疫情最初的几周和几个月中，城市碳足迹、碳排放以及污染水平均有所下降，但问题在于这种趋势能否长期维持。此外，原本充满活力的艺术和文化景观都受到负面影响。上述情形发生在很多国家中，全球文化交流和跨文化对话等过往几十年来全球化时代的创造性产物都将受到严重影响，而文化市场过去的繁荣能否重现也难以预测。

综上所述，创意中心下一年度的研究报告将为适应疫情的未来城市发展提供更为可靠的结论和建议。同时还将对统计准线进行调整，以确保政策制定能得出确切的结论。如今人类面临的所有挑战，譬如气候变化、环境恶化、健康紧急情况和疫情暴发都会在文化维度中有所反映。

但最重要的是，作为首本报告，《创意与可持续发展研究报告 No.1》的概念解读和方法论阐述为创意中心的研究奠定了正确的基础，并对我倾向于称之为"城市创意文化群"的主体提供了有力的研究论证。丰富的信息能够为由创意和创新驱动的政策以及新项目提供资源，从而更好地推动城市更新，提高城市韧性。未来，我们可能还需引入新的核心指标，为应对威胁可持续发展的新挑战提供指导。科技和数字工具的重要程度将无可比拟。

最后，联合国教科文组织创意城市网络（UCCN）需要与新成立的全球韧性城市网络建立联系。这个新网络旨在启动韧性复苏项目，通过获得公有和私有部门的数据、规划工具和专业知识来帮助城市重建。

该网络由洛克菲勒基金会和世界银行资助建立。大概十年前发起的"全球100韧性城市"项目旨在帮助城市应对气候变化及其影响，此网络正是该项目的衍生品。目前该项目已拓宽合作渠道，向所有利益相关的城市开放。其最终目标是全面提高城市韧性，使城市更安全、更健康、更具可持续性、更智慧地应对挑战。城市互联将促进知识共享和发现最佳做法。

为实现联合国《2030年可持续发展议程》中的可持续发展目标，我们亟需发展创意，推动知识交流共享，制定创新政策和程序，并运用数字工具。创意是可持续发展的核心。正如本报告所述，创意是一种特殊的可再生资源和人类天赋。创意能将想法、想象力和梦想转化为现实，通常将传统和创新相结合。创意取决于创造性思维，这种思维让我们在解决问题、与他人交流以及娱乐自己和他人时产生或识别有用的想法、替代方案或新的可能性。本报告很好地展示了创新的多种方式。

创意不仅仅存在于艺术与文化之中，还存在于技术创造力、科学创造力、社会创造力、政治创造力，特别是商业创造力之中。更重要的是，创意在加强社区建设方面发挥着独特的作用。

文化和创意产业构成了城市的核心。在技术和创新的推动下，这一产业已经成为世界经济最具活力的增长点。因此，创意对全球经济的影响与日俱增。文化与创意产业的发展带动了具有文化底蕴的文化产品、服务和活动的兴起和传播，传递了思想、符号和生活方式。

文化创新和创意表达都推动了发展进程，从而能够促进和平、民主、人权、基本自由、性别平等和法治等联合国转型议程所倡导的核心价值的发展。

本着这种精神，本报告对反映文化及其创意产品对于城市发展、城市更新以及整个国家的可持续发展的作用方面具有非凡意义。祝贺联合国教科文组织国际创意与可持续发展中心研究团队编写了如此发人深省的报告，这不仅有助于我们更好地了解创意经济和创意城市的构成和动向，还有助于我们对这一主题的各方面展开更深入的研究。

汉斯·道维勒 博士 （Dr. Hans d'Orville）
联合国教科文组织国际创意与可持续发展中心咨询委员会主席
联合国教科文组织前战略规划助理总干事

目　录

第一部分
创意与可持续发展指数研究主旨报告

第一章
创意与可持续发展指数理论综述

肖　澜[*]　联合国教科文组织国际创意与可持续发展中心研究部

作为联合国教科文组织全球首个以"创意"与"可持续发展"为业务范围的二类中心，国际创意与可持续发展中心（ICCSD）致力于探索创意在推动可持续发展和联合国 17 个可持续发展目标（SDGs）落实中的作用，并特别关注创意经济、文化创意产业以及创意城市等多个相关维度。"创意"是一个包罗万象的词，涉及艺术、文化、科学技术等众多不同领域。"可持续发展"同样是一个宽泛的概念，与消除贫困、生态保护、经济发展和社会公平等诸多方面息息相关。因此，在开始我们的探索和研究之前，首先需厘清相关概念，以对本报告中涉及的"创意"与"可持续发展"的实践意义进行界定。

本报告将简要梳理相关概念，并通过对创意城市网络中部分城市的统计分析以及国内和国际不同城市的城市更新案例剖析来初步解读创意、创意经济在城市可持续发展中起到的作用。

---

[*]　肖澜，联合国教科文组织国际创意与可持续发展中心执行主任。

3

一 关于"创意"的讨论

（一）"创意"的定义

"创意"在中文的语境下可以被理解为"有创造性的想法、构思等或提出有创造性的想法、构思"①。早在近两千年前，东汉文学家王充就已使用这一词语形容文学创作中的"创新立义"。英文中"create"一词源于拉丁文"creātus"，意为制造或生产，从而衍生出其英文释义"使事物发生或出现（to cause it to happen or exist）"。无论作为名词或动词，"创意"都具有原创、发源的意思。

自古以来，人类的发展历程都离不开创意，但没有一种简单直接的定义能涵盖"创意"这一现象在多个维度衍生出的不同特征。因此，学者多从各自的特定专业背景出发，对"创意"进行不同的解读。英国创意经济学家约翰·霍金斯（John Howkins）认为，"创意就是催生某种新事物的能力"②。这一定义强调了创意产生的结果，产生的新事物可以是个人的成就，也可以是有创意的产品。前者在任何社会形态中都存在，是人的基本需求和能力。后者多见于工业化的现代社会，有赖于社会、经济结构的整体协作。组织行为学家约翰·亨特（John Hunt）认为，"创意不是指从未在某个领域工作过的人突然想到了个绝妙的主意。而是把一个概念与一个特定的知识体系联在一起"③。这一观点充分强调了创意作为组织性行为的延续性和协作性。本报告关于创意城市、创意经济和可持续发展的研究主要关注后者，即作为一种组织活动的创意。

---

① Definition of "Creativity" in online Cambridge Dictionary, site：https：//dictionary. cambridge. org/dictionary/english/creativity, consulted 5th June 2020.
② 〔英〕约翰·霍金斯：《创意经济——如何点石成金》，洪庆福、孙薇薇、刘茂玲译，上海三联书店，2016，第40页。
③ 根据约翰·亨特1999年在题为"Interview for the Innovation Exchange"的采访中的观点总结，具体参见网址：http：//iexchange. london. edu，访问时间：2019年11月10日。

　　创意活动可以发生在一切形式的艺术、科学、研究、交流和社交活动中。从创意经济的角度说，从诞生新想法，到诞生新产品，到制造加工，再到分发传达，甚至包括孵化创意的相关活动，都可以算作创意活动①。

　　创意活动不仅局限于经济学方面，它还涉及政治、经济、文化生活等各个方面。创意城市研究学者查尔斯·兰德利（Charles Landry）认为："创意是一种可以全方位解决问题、创造机会的能力……公共管理者、城市规划师、社工、商人、教师或历史学家都能像艺术家或科学家一样富有创意。"②唯有社会整体采用创意的思维方式应对挑战，才能构建创意城市和创意社会。

　　"创意"和"创新"是一对近义词，但也存在一些差异。"创意"（create）强调新想法的产生而"创新"（innovate）强调利用新想法来生产制造出相应的产品，也可以说创意是创新的发端。

　　创意更注重人的思维层面，而创新更加注重实践，特别强调科学技术的革新。"所谓创新，就是把一种从来没有过的关于生产要素和生产条件的新组合引入生产体系。"③ 在创新过程中，"新产品进入市场或者新技术在生产工艺中得以运用"④。这也是为何在中文的语境下，创新常与科学、技术的更新相关；而创意更多指代文化艺术中新思想的诞生。

　　"创意"与"文化"存在着密切的互动联系。英国演化生物学家理查德·道金斯（Richard Dawkins）以模因（Meme）类比基因（Gene），将复杂的文化传承和发展规律类比为生物学中的演化规则。模因是人类为确保文化延续而必须学习和传播的相关信息，如语言、技术和价值观等。在生物演

① 《波士顿创意经济报告》（BRA/ Research, *Boston's Creative Economy*, site：https：//www. unitus. org/FULL/BostonCreativeEconomy. pdf, pp. 6－7, consulted 5th June 2020）。

② 〔英〕查尔斯·兰德利：《创意城市打造——决策者指南》，田欢译，社会科学文献出版社，2019，第76页。

③ 〔美〕约瑟夫·熊彼特：《经济发展理论——对于利润、资本、信贷、利息和经济周期的考察》，何畏、易家详等译，商务印书馆，1990，第 iii 页。

④ 经济合作与发展组织、欧盟统计署编《奥斯陆手册——创新数据的采集和解释指南》，高昌林主译审，科学技术文献出版社，2011，第20页。

化过程中，基因改变是导致物种进化的主要原因；而在文化传承过程中，"富有创造力的人所改变的正是这些模因。如果足够多的人将这种改变视为改进，那么它就会成为文化的一部分"①。个人和团体能够通过多种创意式的解决方案改变相关领域现状从而逐步推动文化发展，而文化环境则会潜移默化地影响创意者的思考方式和创意模式。

文化遗产和创意是教科文组织参与可持续发展讨论的两大切入点。文化遗产是身份认同和凝聚力的来源，而创意为建设开放、包容、多元的社会做出了贡献。如果说文化遗产是文化在历史中积淀的精华，那么创意就是文化在未来发展中的重要推动力。

（二）从文化创意产业到创意经济和创意者经济

作为文化与创意的结合体，也是创意经济的重要组成部分，文化创意产业经历了自身种类衍生、与其他产业融合以及生产组织形式不断原子化的过程。其文化产品工业化生产由饱受争议，到成为众多国家的经济政策宠儿，愈发频繁地被写入多国发展战略，逐渐形成一种席卷全球的文化、社会和经济趋势。

1. 文化产业化与产业文化化

在与创意经济（Creative Economy）相关的诸多概念中，"文化产业"（Cultural Industries）最先得到广泛关注和探讨。随着社会经济和科技的不断发展，文化产业在学术争议中诞生，在政策实践中推广，从被批判到成为推动社会发展的新趋势。文化与产业的融合逐渐深入，经历了从文化产业化到产业文化化的时代转型。

在 20 世纪 30 ~ 40 年代，工业化延伸到文化领域，"文化工业"作为出现在资本主义工业化生产中的新现象，在学术讨论中备受争论，受到了法兰

---

① 〔美〕米哈里·奇凯希斯赞特米哈伊：《创造力：心流与创新心理学》，黄钰苹译，浙江人民出版社，2015，第 13 页。

克福学派的批判。该派学者以单数形式的"文化工业"①，指代大众文化的生产过程，突出了规模化复制的单一生产方式。该派认为文化产品的商业化、标准化生产不利于文化的独立性，限制了人类的个性，并以此批判资本主义文化生产对大众文化的极权统治。

到 20 世纪 60 年代，媒体技术和相关产业的发展进一步推动了文化与经济、社会的交融。70 年代末，以莫林（Morin）、米亚基（Miège）为代表的法国社会学家发展了文化工业理论，用复数的"文化产业"（Cultural Industries）强调文化产业类型的多样性和运作逻辑的复杂性②。这一派学者认为文化商品化带来潜在社会问题的同时，也会带来社会发展新趋势。"文化产业"摒弃了"文化工业"理论对文化与产业结合现象的悲观主义视角，成为代表积极意义的文化经济形态的专有名词，被学界普遍接受。

20 世纪 80 年代，文化产业作为"新经济"的代表性产业部门，成为西方主要经济体中就业和经济增长的重要推动力③。同时，其在政治领域也引起了重视，"文化产业"被正式写入文化政策，进入大众的视野。联合国教科文组织（UNESCO，以下简称"教科文组织"）是最早一批对文化产业进行研究、观察和实践的国际组织，在推动文化产业化的全球化趋势方面发挥着巨大的作用。早在 1947 年，教科文组织就曾组织学者开展对电影、新闻等文化产业的国别研究④，至 70 年代其对文化产业及相关政策的国别研究已具备一定规模。在此基础上，80 年代，教科文组织开始在全球范围内推广"文化产业"的概念。1982 年，在教科文组织发表的《文化产业：文化

---

① 〔英〕大卫·赫斯蒙德夫：《文化产业》（第三版），张菲娜译，中国人民大学出版社，2016，第 18 页。
② 〔英〕大卫·赫斯蒙德夫：《文化产业》（第三版），张菲娜译，中国人民大学出版社，2016，第 19~20 页。
③ 〔美〕多米尼克·鲍尔、艾伦·J. 斯科特编《文化产业与文化生产》，夏申、赵咏译，上海财经大学出版社，2016，第 3 页。
④ 根据联合国教科文组织于 1947 年发布的 UNESCO Monitor 系列官方文件汇总，访问时间：2019 年 11 月 10 日。

未来的挑战》（*Cultural Industries*：*Challenges for the Future of Culture*）报告中提出了"文化产业"的定义，即"按照工业生产标准生产、再生产、存储以及分配文化产品和服务的一系列获得、采取的经济战略，其目标是追求经济利益而不是单纯为了文化发展"[①]。这就在承认文化的经济效益的基础上，扩充了文化生产的定义；从生产方式上，除保留法兰克福学派强调的标准化的生产方式，也兼顾了其他文化生产特征；从生产对象上，将单一的文化产品生产扩展到文化服务领域。

2005 年 10 月 20 日，联合国教科文组织大会在第 33 届会议上通过《保护和促进文化表现形式多样性公约》（*The Convention on the Protection and Promotion of the Diversity of Cultural Expressions*），正式将促进文化产业发展纳入公约，使其具有合法性；并成立文化多样性国际基金（IFCD），为文化活动、项目和产业发展提供资助。《公约》对 80 年代"文化产业"的定义进行了更新，指出文化产业是"从其具有的特殊属性、用途或目的考虑时，体现或传达文化表现形式的活动、产品与服务，无论它们是否具有商业价值；文化活动可能以自身为目的，也可能是为文化产品与服务的生产提供帮助"[②]。这一定义进一步扩展了文化产业的内涵和外延，并模糊了文化与社会、经济的界线。

随着各国家和地区文化政策的深入和细化，文化产业相关的"创意产业""文化创意产业""文化经济""创意经济"和"版权产业"等概念应运而生。这些概念的核心要素是相同的，都强调"资源、人才（创意）、资本、市场"[③]，但在不同国家的政策语境下，强调的要素略微有所差异，如澳大利亚和英国采用的"创意经济"，以及日本、韩国采用的"内容产业"关注创意本身；美国采用的"版权产业"更关注知识产权领域；中国采用

---

① UNESCO, *Cultural Industries*：*Challenges for the Future of Culture*, 1982, p. 38.
② UNESCO, *The Convention on the Protection and Promotion of the Diversity of Cultural Expressions*, 2005. Source：Website of UNESCO, https：//en. unesco. org/creativity/convention/texts, consulted on March 2020.
③ 向勇：《文化产业导论》，北京大学出版社，2015，第 53～54 页。

的"文化创意产业""文化及相关产业"既关注文化服务，也囊括了文化用品、设备和相关产品的生产。

进入 21 世纪后，随着第三次科技革命的到来，经济发展越来越依托文化要素和科技要素，这一现象被称为"产业文化化"①。在知识经济时代，文化与经济的关系已不再是"文化工业"的时代所认为的对立的两面，高科技、高文化不断与产业融合碰撞，使"新经济"涵盖了多样化的产业，新经济部门也不再局限于"文化产品的提供商"②。有些学者甚至认为"所有产业都具有文化意义"③。

2. 创意经济的边界

20 世纪 90 年代，以澳大利亚为首，以英国为代表的国家在文化产业政策中引入了"创意"概念作为文化产业发展的核心战略。继澳大利亚出台以建设"创意国家"为核心目标的"创意澳洲"（Creative Australia）战略之后，英国数字、文化、媒介和体育部门（DCMS）于 1998 年出台《英国创意产业路径文件》（*Creative Industries Mapping Documents 1998*），提出"创意产业"的概念，即指"从个人的创造力、技能和天分中获取发展动力的企业，以及通过对知识产权的开发可创造潜在财富和就业机会的活动"。在此语境下"创意产业"是一种泛文化产业概念，兼顾了文化生产、版权产业等相关内容。

此后，多个国际组织分别给创意经济做了界定。联合国教科文组织和联合国开发计划署联合发布《创意经济报告 2013（专刊）——拓展本土发展途径》对"文化创意产业"分类模型进行了摘要梳理，引述了六大类文化创意产业分类系统。为了明确创意经济的边界，本报告将上述模型及产业分类情况整理如表 1－1 所示。

---

① 厉无畏：《论产业文化化》，《科技和产业》2004 年第 11 期。
② 〔美〕多米尼克·鲍尔、艾伦·J. 斯科特编《文化产业与文化生产》，夏申、赵咏译，上海财经大学出版社，2016，第 4 页。
③ Mato, Daniel, "All Industries are Cultural", *Cultural Studies*, 2009, 23（1）: 70－87（18）.

表 1-1　联合国教科文组织整理的文化创意产业模型

模型名称	分类依据	包含产业 （括号算一个产业）	产业数量 （种）
DCMS 模型	无细化分类	广告、建筑、艺术品和古董市场、手工艺品、设计、时尚、影视制作、音乐、表演艺术、出版业、软件、广播电视、电子游戏	13
符号文本模型	核心文化产业	广告、电影、互联网、音乐、出版业、广播电视、电子游戏	13
	外围文化产业	创意艺术	
	边界文化产业	消费性电子产品、时尚、软件、体育	
同心圆模型	核心创意艺术	文学、音乐、表演艺术、视觉艺术	15
	其他核心文化产业	电影、博物馆和图书馆	
	更广泛的文化产业	遗产服务、出版业、录音、广播电视、电子游戏	
	相关产业	广告、建筑、设计、时尚	
WIPO 版权模型	核心版权产业	广告、著作权中介团体、影视制作、音乐、表演艺术、出版业、软件、广播电视、视觉图形艺术	20
	部分版权产业	建筑、服装业和鞋业、设计、时尚、家庭用品、玩具	
	交叉版权产业	空白记录材料、消费性电子产品、乐器、造纸、影印机及摄像器材	
UNESCO 统计研究所模型	核心文化领域内的产业	（博物馆、美术馆及图书馆）、表演艺术、节日、（视觉艺术、手工艺品）、设计、出版业、广播电视、影视制作、摄影、交互性媒体	17
	广义文化领域内的产业	乐器、音响设备、建筑、广告、印刷设备、软件、视听软件	
美国艺术协会模型	无细化分类	广告、建筑、艺术学校及服务、设计、电影、（博物馆、动物园）、音乐、表演艺术、出版业、广播电视、视觉艺术	11

　　资料来源：联合国教科文组织、联合国开发计划署编《创意经济报告 2013（专刊）——拓展本土发展途径》，意娜等译，社会科学文献出版社，2014，第 4 页。

　　上述分类模型囊括的主要产业基本类似，但主要的争议在于以何种产业为核心，根据对"文化"本身的定义、研究方法、各国的文化政策和创意经济发展情况的不同，学者们在这一问题上众说纷纭。

　　创意经济是一系列以发展为维度、以知识为基础的经济活动，包含了经济、文化、社会元素与科技、智力元素和旅游的互动，在产生工作机会、收入和出口的同时促进了社会包容、文化多样和人类发展。而文化创意产业是创意经济的核心①。根据联合国贸易和发展会议（以下简称"联合国贸发会"）统计局网站（UNCTADstat）的统计分类，创意经济包括创意产品、创意服务和相关产业，具体分类如表 1 - 2 所示。本文涉及的创意经济将以数据的分类为基础，并根据不同国家和地区统计分类有所调整。

表 1 - 2　联合国贸易与发展会议关于创意经济的分类

创意产品	创意服务	相关其他产业产品
工艺美术	广告、市场调研和舆情考察	视听产业
地毯	研究和开发	电影设备
庆典活动	建筑、工程和其他技术服务	网络节目
其他手工艺	个人、文化和休闲服务	音响设备
纸质工艺品	视听及相关服务	设计行业
枝编工艺品	其他个人、文化和休闲服务	建筑设计相关产品
纱线织品	电子及信息产业	时尚设计相关产品
视听产业	电子服务	室内装修设计相关产品
电影	信息服务	珠宝设计相关产品
CD、DVD、磁带	其他信息服务	数字产品制造
设计行业	版税和执照服务	3D 打印机
建筑设计	特许权和类似权益服务	3D 扫描机
时尚设计	其他版税和制作服务	激光切割机
玻璃品设计		数控铣床
室内装修设计		数控比价网站
珠宝设计		控制板
玩具设计		新媒体
表演艺术		电脑设备
音乐表演		表演艺术
乐谱		乐器
出版业		庆典
书籍		出版业
报纸		其他印刷品
其他出版物		视觉艺术
视觉艺术		绘画器材

① UNDP, UNCTAD, *Creative Economy Report 2010. Creative Economy：A Feasible Development Option*, 2010.

创意产品	创意服务	相关其他产业产品
古董 绘画 摄影 雕刻		摄影器材

资料来源：联合国贸易和发展会议统计局网站（UNCTADstat）。网址：https://unctad.org/topic/trade - analysis/creative - economy - programme，访问时间：2019 年 11 月 10 日。

3. 创意者经济的特点

在距离法兰克福学派提出"文化工业"已有近一个世纪之遥的今天，文化产业和创意经济领域涌现出了多种新的产业生态和增长模式。特别是近年来互联网科技的高速发展，打通了创意者、生产者、消费者等相关文创主体之间的界限，在带动文化产值的同时，也深刻地改变了文化产业的形态。一种因网而生、为网而生的产业应运而生，依托互联网进行创意、生产、消费和融资等全产业链运营，其中最有代表性的是网络文学、漫画、网络游戏和网络视频等"泛娱乐"衍生产品。在泛娱乐产业中，任何娱乐形式将不再孤立存在，而是全面跨界连接。创作者与消费者的界限逐渐被打破，每个人都可以是创意者。2017 年 3 月 26 日，中国经济年鉴社与腾讯社会研究中心联合发布的《创意者经济："互联网 + 文创"的新时代》报告将上述文创新趋势称为"创意者经济"，据称这是中国首次提出"创意者经济"的新概念。[1] 但这一以互联网科技为渠道、以个人创造力为核心、以知识产权为制度保障的创意经济新趋势，并不是中国独有的现象，而普遍存在于互联网科技发达、应用广泛的所有社会之中。

正如理查德·弗洛里达（Richard Florida）指出的，创意工作几乎不需要物质性的投入，非常依赖内在知识，这种知识只存在于人的大脑中。[2] 文化创意产业发展的关键是创意群体，互联网不依赖于实体产品的传播形式将

---

[1] 《中国"互联网 + 文创"走进"创意者经济"新时代》，环球网，2017 年 3 月 26 日，http://tech.huanqiu.com。

[2] 理查德·弗洛里达：《创意阶层的崛起》，中信出版社，2010，第 49 页。

促进市场消费，从而提高产业收益。在新技术下，创意产业从业门槛降低，推动消费者转向创意者，提升了创意产业的活力，促使文化事业管理向自发完善的市场机制过渡，实现创意和生产力的解放。

（三）从创意经济集聚到创意城市

城市与创意、创新之间有着天然的联系。从供给端来看，城市之中教育与科研机构集中，为创意和创新的产生提供了土壤。从消费市场来看，城市人口密度大、居民文化素质较高，对文化、科技产品的消费需求也更为显著。而且，城市经济活动的活跃度相对更高，为创意、创新提供了更完善的资本支持。创意、创新活动对推动城市的可持续发展起到了积极作用。

1. 创意经济的空间集聚

20 世纪后半叶，随着制造业外移，一些传统的工业城市开始出现经济下滑、城市萎缩等现象。而文化创意产业作为新的增长点，越来越多地受到关注。整体而言，创意经济在空间上呈现集聚发展的态势，因为空间的集聚降低了创意产业在规模、品牌及投资等方面的进入壁垒，强化整体抗替代能力；能带来共享基础设施和信息的便利，降低行业间的沟通成本；而且，人才的集聚与交流有助于进一步促进创新和行业的整体升级[①]。

作为社会性的经济活动，创意与创新的可行性、发生的方式、成功的方法都会受社会风俗、道德规范甚或创意创新产品的使用者偏好所影响[②]。因此，创意产业集聚区（creative industry cluster）的形成和运转与地方性的社会、经济、政治组织形式有着密切关联。有些集群是在利用特定地区的特定地方文化特色发展起来的"原生型"集聚区，而另一些则是由于外部资源进入而形成的"嵌入型"集聚区[③]。这种外部资源又由不同的要素构成，例如开发商主导的旗舰文化设施、政府主导的园区规划、大企业主导的行业布

---

① 孙智君、张高琼：《文化创意产业集聚区发展研究：回顾与展望》，《长江大学学报》（社会科学版）2019 年第 5 期。

② 〔美〕艾伦·斯科特：《城市文化经济学》，董树宝、张宁译，中国人民大学出版社，2010。

③ 邓水炎：《重庆市创意产业集聚发展研究》，硕士学位论文，重庆工商大学，2009。

局等①。从创意集群的组织形式来看，既有纯颗粒状交易网络，也有以一个或几个大企业为主导的金字塔式产业综合体②。

创意产业的空间集聚对城市的发展和更新产生了积极的正外部性影响。除了产业集聚通常会带来的集聚效应和竞争效应以外，集聚区的知识溢出效应不仅促进区域内经济的发展，同时也提升了周边地区其他产业的创新和创意水平，并对聚集区形成反向的助益③。从城市空间的发展来看，这种集聚对提高区域的级差地租、推动传统产业空间置换具有重要意义④。同时，文化创意产业在很大程度上要依托地方性文化，因此创意经济的集聚常常出现在历史街区和老旧厂房等具有历史文化特色的地区，对保护城市空间的历史肌理有积极作用⑤。此外，文化创意产业的集聚也被认为对挖掘地方文化、对抗全球化对地方多样性的冲击有积极意义。因此，创意经济集聚区的形成是城市发展，特别是旧城区再生的重要动力因素⑥。

2. 创意城市

基于创意经济集聚区的正外部效应，一些学者进而提出了"创意城市"

---

① 厉无畏：《文化创意产业推进城市实现创新驱动和转型发展》，《福建论坛·人文社会科学版》2013 年第 2 期。

② 李俊、辛欣：《创意产业集群的知识溢出效应及其启示——以英格兰 Cornwall 创意产业集群为例》，《经济研究参考》2018 年第 44 期。

③ 李俊、辛欣：《创意产业集群的知识溢出效应及其启示——以英格兰 Cornwall 创意产业集群为例》，《经济研究参考》2018 年第 44 期。

④ 汪霏霏：《城市更新背景下的文化创意产业集聚区发展研究——以济南文化创意产业集聚区为例》，《东岳论丛》2014 年第 10 期。

⑤ Konior, Agnieszka. , "The Revitalization of the Old Harbor in Reykjavik by A Cultural Economy," *Space and Culture*, Volume 21, Issue 4, pp. 424 - 438; O'Connor, Justin & Liu, Lei (2014), "Shenzhen's OCT - LOFT: Creative Space in the City of Design," *City, Culture and Society*, Vol. 5 (9).

⑥ Sasaki, Masayuki. , "Urban Regeneration through Cultural Creativity and Social Inclusion: Rethinking Creative City Theory through A Japanese Case Study," *Cities*, Vol. 27, 2010, pp. s3 - s9.
Hall, P (1998), *Cities in Civilization: Culture, Innovation, and Urban Order.* Weidenfeld & Nicolson; Landry, C (2000), *The Creative City: A Toolkit for Urban Innovators*, Comedia, London.

（creative city）的概念①。创意城市意指城市调动艺术、文化等方面的"创意"制造新的产业和就业机会②。如图 1 - 1 所示，创意产业的集聚带动了城市空间使用方式的革新变化和有机发展③。

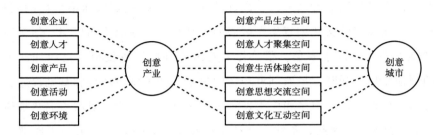

图 1 - 1 创意产业到创意城市的城市转型方式

资料来源：吴云梦汝、陈波：《2018 武汉城市转型更新研究——基于创意城市的视角》，《湖北社会科学》2018 年第 2 期。

格特·霍斯普（Gert. J. Hospers）将创意城市分为四种类型④：以科学技术的创新而见长的技术创新型城市（technological-innovative city），例如代表汽车技术革新的底特律和代表信息技术革新的旧金山硅谷；以知识分子集聚而形成的文学艺术发达的文化智力型城市（cultural-intellectual city），例如巴黎、维也纳等；以文化和新技术相结合而著名的文化技术型城市（cultural-technological cities），例如以电影工业为基础的好莱坞、以多媒体艺术著称的莱比锡；通过政府与企业的合作为城市生活提供创意解决方案的技术组织型城市（technological-organizational cities），例如公司管理制的提尔堡（Tilburg）和设计了快速公交解决方案的库里蒂巴（Curitiba）等。但这

---

① Hall, P（1998），*Cities in Civilization：Culture，Innovation，and Urban Order*. Weidenfeld & Nicolson；Landry, C（2000），*The Creative City：A Toolkit for Urban Innovators*，Comedia，London.

② Hosper, J., "Creative Cities：Breeding Places in the Knowledge Economy," *Knowledge Technology & Policy*, 2003，（16）：143 - 162.

③ 吴云梦汝、陈波：《2018 武汉城市转型更新研究——基于创意城市的视角》，《湖北社会科学》2018 年第 2 期。

④ Hosper, J., "Creative Cities：Breeding Places in the Knowledge Economy," *Knowledge Technology & Policy*, 2003，（16）：143 - 162.

些城市都具有类似的特点，即集中性、多样性和非稳定性，在一个不断变化、兼容并包的城市中，创意能够发挥更大的作用。

当然，创意城市理念也遭到一些批评①。首先，从世界范围来看，创意产业同样会产生国际劳动分工，因此并不能完全解决区域间不平衡的问题。其次，一些城市的文化创意集聚区表面上利用了老建筑或旧厂房，但其表现的"地方性"仅浮于表象，很难做到对地方性的正确发掘，反而加深了地方的刻板印象。同时，虽然创意经济的集聚改变了城市环境和基础设施，甚至提高了极差地价，但也相应引发了某些区域的绅士化，对城市弱势群体造成了负面影响②。因此，单纯强调产业和就业机会的创意城市并不能解决城市有机更新的问题。

为解决上述问题，2004 年，联合国教科文组织发布了"创意城市网络"倡议，在这一倡议中，"创意城市"是一个通过扶植创意经济来支持文化多样性、促进联合国可持续发展目标落实的综合概念。成为创意城市需要满足如下六大要求③：①城市的经济体系不但允许艺术家和科学家进行创意活动，同时能鼓励广大工人和手工业者在全球化重组的威胁下进行富有创造力的生产活动。②城市中有足够支持文化创意和科学创新的大学、研究机构以及剧院、图书馆等文化场馆，同时对新企业的设立和中小企业的发展有制度性的保障。③城市中的产业发展与文化生活相平衡，能够促进环境、社会福利、医疗保障的发展，整体提高民众的生活质量。④城市的发展不以环境为代价，能保留美好的生活环境以促进创意与创新。⑤对于市民参与城市管理有制度性的保障。⑥城市有健全的金融体系来支持有创意的、自治性的社会生活和经济活动。这样的创意城市不仅促进创意经济的增长，更是依靠创意、创新推动了城市整体生态、经济、社会的全面良性发展。

---

① 王磊、董宏伟：《文化产业、创意经济与和谐社会》，《城市发展研究》2008 年第 2 期。

② Neil Smith, *New Globalism*, *New Urbanism*：*Gentrification as Global Urban Strategy*, Antipode, 2002；赵云伟：《当代全球城市的城市空间重构》，《国际城市规划》2001 年第 5 期。

③ Hosper, J., "Creative Cities：Breeding Places in the Knowledge Economy," *Knowledge Technology & Policy*, 2003, (16)：143 - 162.

（四）如何衡量"创意"

由于创意活动的特殊性，对创意活动的量化研究具有一定难度，对创意活动作为一个产业部门的量化研究也受到很多限制。尽管联合国贸易和发展会议在创意经济的量化研究上做了有益的尝试，但由于各国、各地区对创意经济的定义不同，统计渠道各异，而且很多创意经济活动，特别是传统手工业、民间艺术门类等属于非正规经济，很难进行追踪和统计，给全面了解创意活动的全球发展造成了很大障碍①。

量化研究城市或地区创意能力以提高城市竞争力的努力从未停止。很多机构和学者在这方面做了有益的尝试，以下这些指标体系为建设创意城市提供了参考依据。

1. 查尔斯·兰德利和创意城市指标

查尔斯·兰德利的创意城市指标体系在创意城市网络中得到了较为广泛的应用。这一体系由 10 个一级指标构成，每个指标下设详细的问题和关键点②。评估方法分为内部评价和外部评价两部分。内部评价选择城市内不同行业的从业者和居民对 10 个指标进行单独或共同打分。外部评价由具有专业城市研究能力、可以进行全球比较的专家进行评估和打分。并通过专门软件进行网络调查，容纳更广泛的民众参与评分。这个评价体系采用了定量与定性相结合的研究方法，综合考虑了城市的软件和硬件基础，涉及经济、社会、文化和政治制度等多方面的因素，为创意城市理论提供了综合的思考和讨论方向。但其数据的收集以主观评价为主，在操作层面具有一定难度，访谈人群的代表性问题也需要审慎考虑。

2. 理查德·弗洛里达与"3T"理论

理查德·弗洛里达的"3T"理论强调了技术（Technology）、人才

---

① 厉无畏：《文化创意产业推进城市实现创新驱动和转型发展》，《福建论坛·人文社会科学版》2013 年第 2 期。

② 〔英〕查尔斯·兰德利：《创意城市打造——决策者指南》，田欢译，社会科学文献出版社，2019，第 217～229 页。

（Talent）和社会包容度（Tolerance）在增加城市竞争力方面的作用①。弗洛里达以此为基础对美国主要城市进行了评估。2004 年，弗洛里达与泰内格莉（Tinagli）合作，在 3T 指数的基础上发布了欧洲创意指数（ECI），对 14 个欧洲国家做了评估并与美国进行了比较。弗洛里达理论的核心概念是创意阶级，二级指标的选择也多为能够吸引创意阶级的社会文化特点。弗洛里达的 3T 指标体系显示了知识经济时代，城市经济由物本经济向人本经济的转变，突出了特定群体的重要性。但是弗洛里达设置的具体指标，如国际移民的比例、同性恋接受者比例等指标并不完全适用于所有文化背景下的城市。

3. 瑞典国家创意指数（Swedish National Creative Index）

瑞典学者 A. E. 安德森（A. E. Andersson）和 D. E. 安德森（D. E. Andersson）利用瑞典国家创意指数评选出来全球最具创意能力的 15 个国家②。这一指标体系包含科技、法治、信任和包容四个要素。其中，包容这一要素的衡量标准基本沿用弗罗里达的方式，以对同性恋和外来移民的接受度为基础。对法治的指标以弗雷泽研究所（Fraser Institute）的经济自由度指数（Economic Freedom Index）为衡量标准。两位瑞典学者的研究认为，自上而下的统一规划和缺少变通性的经济制度对创意的发生、发展没有好处；相反，以小尺度社区为基础的多元的地方性的小尺度发展方式，以及保障经济自由的法治制度对创意的发生和发展更有益处。

4. 香港大学的"5C"体系

2004 年，香港大学文化政策研究中心发布了涉及 88 个分指标的香港创意指标体系（5Cs）。这一指标体系包括制度资本（Institutional Capital）、人力资本（Human Capital）、社会资本（Social Capital）、文化资本（Cultural Capital）和创意成果（Manifestations of Creativity）五大因素。四种资本形态是互为支援和多面向的，也是创意增长的决定因素，这些决定因素互动的累

---

① Richard Florida, *The Rise of the Creative Class*, Boston: Basic Books, 2002, p. 20.
② Åke E. Andersson & David Emanuel Andersson, "Creative Cities and the New Global Hierarchy," *Applied Spatial Analysis and Policy*, March 2015.

积影响就是创意的展示，并以效益和产物的形式呈现。香港创意指数覆盖面较广，涵盖构成社会基本准则的司法体系、国际公约和惯例、衡量创意城市发展水平的技术和产业指标以及一系列涉及公众利益的基础设施指标多个方面的内容。但是庞大的指标体系也给数据搜集造成一定困难，而且部分指标难以量化（特别是社会资本和制度资本），最终会影响创意评价分析的准确性。

5. 上海创意指数

2006年上海创意产业研究中心编制了中国内地第一个城市创意指数——上海创意指数，用于评估上海创意经济竞争力[①]。上海创意指数在借鉴美国、欧洲和香港创意指数体系的基础上，结合中国国情和上海地域特点，设立了产业规模、科技研发、文化环境、人力资源、社会环境五项与创意效益相关的指标，共涉及33个分指标。上海创意指数体系具有较强的层次性和系统性，既可以对创意产业进行整体分析，又可以对五大部分各自贡献和不足之处进行单项分析。另外，衡量创意产业发展的各项指标数据来源于政府统计部门，数据可获得、可操作性和权威性较强。但该指标体系缺乏涉及创意产业从业人员和文化创意产业城市环境的相关指标。

6. 中国其他创意指标体系

以上海城市创意指数为参考，深圳大学开发了中国城市创意指数（CCCI），并每年对中国城市进行排名。这一囊括三级指标、28个衡量标准的体系，强调了需求对创意经济发展的拉动作用。与上海和深圳的创意指标相类似，还有中国人民大学开发的"中国省市文化产业发展指数"、福建学者构建的"中国创意城市发展水平CATG评价模型"[②]、南京师范大学学者评价江苏省内城市创意城市发展模型等[③]，都较为全面的考虑了文化创意产

---

① 根据上海创意产业研究中心于2006~2010年发布的系列政策研究成果文件《上海城市创意指数》总结。

② 林存文、吕庆华：《中国创意城市发展水平CATG评价模型及其实证》，《经济地理》2016年第3期。

③ 韩顺法、纪小美、陶卓民：《创意城市发展模式类型的适应性评价》，《地理科学》2018年第9期。

业发展的各种要素。北京大学文化产业研究中心开发的城市文化力发展指数（MEPIS）虽然并没有全面应用，但这一体系提出的"文化渗透"概念值得关注，发展文化产业对城市经济的贡献不应仅止于文化产业本身，而是文化内涵、创意思维在农业、制造业、服务业等其他更广泛的行业中提高经济附加值的作用。在对沈阳的实证分析中，文化渗透是通过对各行业大企业的质性研究中得以体现，并没有更好的量化研究方法。因此关于"文化渗透"或"创意附加值"的研究尚有进一步讨论的空间①。

从目前应用比较广泛的创意指数来看，评价的主题主要包括三大部分：

第一，文化创意和科技创新的能力：衡量指标主要从投入和产出两方面入手，投入方面以研发投入为主，产出方面以专利数、论文数量为主。

第二，创意创新的产业化表现：从效益方面以创意经济的产量、增加值、出口额等直接经济效益和其他行业中创意创新创造的附加值等间接经济效益为衡量标准；在需求方面，有的指标会考虑研究区域内居民消费能力和实际文化、科技等方面的消费比例等。

第三，促进创意活动的要素，即创意创新的潜力。关于创意潜力的评价涉及的要素比较广泛，包括了基础设施、人才资源、社会资源、文化资源、制度资源、环境资源等众多因素。

表 1-3　主要创意指标总结

	兰德利创意城市指数	美国创意指数	欧洲创意指数	全球创造力指数	国家创意指数（瑞典）	香港5C体系	上海创意指数	深圳中国城市创意指数 CCCI	MEPIS城市文化力发展指数
产业化表现									
直接经济效益		√				√	√	√	√
间接经济效益						√			√
市场需求							√	√	
创意创新能力									

① 向勇、白晓晴、李尽沙：《中国城市文化力发展评价指标体系研究》，《福建论坛·人文社会科学版》2018年第4期。

续表

	兰德利创意城市指数	美国创意指数	欧洲创意指数	全球创造力指数	国家创意指数（瑞典）	香港5C体系	上海创意指数	深圳中国城市创意指数CCCI	MEPIS城市文化力发展指数
R&D 投入		√	√	√			√	√	
研发成果		√	√	√	√		√	√	
促进创意的要素									
基础设施									
交通可达性	√								
资讯联通性	√					√		√	√
文化艺术场馆						√	√	√	√
人力资源									
高等教育	√	√	√	√		√			√
专业化比例	√	√	√	√		√		√	
人才流动	√					√			
社会资源									
社会包容度	√	√	√	√		√			
社会互信度	√				√	√			
社会安全性							√		
文化多样性	√	√	√	√					
制度资源									
法律保障					√	√			
政策支持	√							√	√
金融体系支持						√			
文化资源									
历史文化遗产									√
文化活动参与度						√		√	
地方感营造	√								
文化交流活动							√	√	√
环境资源									
宜居性	√						√		
整体福祉	√						√		

资料来源：联合国教科文组织国际创意与可持续发展中心研究部制作。

　　表1-3总结了前文涉及的部分创意指标所参考的要素。如表1-3所示，欧美比较重要的指标体系对创意的产业化关注较少，主要以评价创意能

力和创意潜力为主。注重城市整体社会、制度、文化建设，对人才和产业的吸引，对创新、创意的鼓励和支持。中国学者发布的指标体系对产业化的关注较大，尽管选择的具体标准不同、给予的权重也不同，但是基本都认为文化创意产业或科技产业的产业表现是衡量城市创意创新的重要因素。与欧美流行的指标体系强调社会包容度和多样性不同，中国学者更强调制度要素，即政策的支持、版权保护的法制建设。这与中国政府主导下的经济发展制度不无关联。香港的创意指标则兼具了对制度要素和社会要素的重视程度。

在评价创意潜力的体系中，良好的环境、全民的福祉、整体的经济提升、更加公平的教育机会、包容而多样的社会等要素与可持续发展目标不谋而合。

二 可持续发展的维度

当前可持续发展（Sustainable Development）在国际上已是"达成一致的语言"[1]，其定义可被概括为通过平衡环境、经济及社会维度的目标，满足当代需求且兼顾代际公平的发展。可持续性的三个层面框架图（图 1 – 2）形象诠释了如何通过上述三者构建稳定的可持续发展社会形态。然而，如果作为社会精神和物质特性综合体的"文化"与以新设想和新解决方案为源泉的"创意"未得到充分重视，那么可持续发展事业终将是一场镜花水月。

为进一步探讨可持续发展的运作模式及其侧重层面，要先厘清这一概念的形成过程。20 世纪上半叶，"发展"这一术语通常被视作"经济增长"的同义词。1962 年，美国海洋生物学家雷切尔·卡森（Rachel Carson）在其著作《寂静的春天》中提出了简单的生态/环境发展观念，被视作人们反思环境与发展之间相互联系的起点[2]。随着公害问题和能源危机的加剧，联合国于 1983 年成立了世界环境与发展委员会（WCED）。同年，受联合国教

---

① 尼基尔·钱达瓦卡（Nikhil Chandavarkar）:《可持续发展政策指导说明》，联合国经济和社会事务部，2007，第 9 页。

② International Institute for Sustainable Development, *Sustainable Development Timeline*, 2012, p. 1.

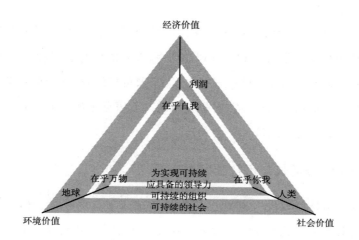

图 1－2　可持续性的三个层面框架图

资料来源：〔荷〕埃琳娜·卡瓦尼亚罗、乔治·柯里尔：《可持续发展导论》
（第一版），江波、陈海云、吴赟等译，同济大学出版社，2018，第 2 页。

科文组织委托，法国经济学家弗朗索瓦·佩鲁（Francois Perroux）撰写了
《新发展观》一书，明确提出发展绝不仅关乎经济，而且是"同作为主体和
行为者的人有关，同人类社会及其目标显然正在不断演变的目的有关"①。

1987 年，经过四年的调查研究，世界环境与发展委员会向联合国提交
了《我们共同的未来》（Our Common Future）报告，提出了今天人们耳熟能
详的可持续发展基本定义："既能满足我们现今的需求，又不损害子孙后代
能满足他们的需求的发展模式。"② 1992 年，在里约热内卢召开的联合国环
境与发展会议明确了环境保护和社会及经济发展是推动可持续发展的基石。
2002 年，可持续发展问题世界首脑会议指出多样性和伙伴关系对实现可持

---

① 〔法〕弗朗索瓦·佩鲁：《新发展观》（第一版），张宁、丰子义译，华夏出版社，1987，第
　2 页。
② World Commission on Environment and Development, *Our Common Future*, *From One Earth to One*
　World, 1987, Chapter 1.

续发展的意义①。

2015 年 9 月 25 日，第 70 届联合国大会正式决议通过《变革我们的世界：2030 年可持续发展议程》（以下简称"可持续发展议程"）。作为可持续发展领域的集大成者，该议程提出了 17 项可持续发展目标（SDGs）以及 169 个具体目标（targets），它们是整体的，不可分割的，并兼顾了可持续发展的三个主要维度：经济、社会和环境②。

（一）经济增长与可持续发展

虽然"可持续发展"理念已得到当前国际社会的公认，但围绕其展开的争论从未停止，最主要的矛盾集中在经济维度。经济增长一直被某些学派视为对可持续发展的"威胁"，概因过去两个世纪中西方文明奉行的"经济至上论"造成了严重不良后果。某些激进的环保利益群体认为可持续发展是自相矛盾的，因为自然资源的再生速度远小于消耗速度，"基于消耗自然资源的经济增长是不可能有可持续性的"③。鉴于此，他们呼吁采纳更为激进的方式以减少经济增长对环境等方面带来的影响。

这种基于社会伤痛记忆的经济增长恐惧是可以理解且有一定存在价值的，但我们应弄清一个问题，即低经济增长是否能让社会变得更好？纵观人类历史，经济增长是极为少见的。在工业革命以前，人类社会绝大多数历史时期都在马尔萨斯陷阱中挣扎。有限的资源和生产能力注定不能满足人口指数增长所需要的物质资源，从而必将导致普遍的贫穷和饥荒④。

对于一个 GDP 增长几近于无的国家，暂时摆脱马尔萨斯陷阱的方法是

---

① 联合国，《可持续发展问题世界首脑会议的报告——政治宣言》第 16 条指出："我们丰富的多样性是我们的共同实力，我们决心保证将它用来建立建设性伙伴关系，以促成变革和实现可持续发展的共同目标。"

② United Nations, *Transforming Our World: The 2030 Agenda for Sustainable Development*, 2015, p. 1.

③ 尼基尔·钱达瓦卡：《可持续发展政策指导说明》，联合国经济和社会事务部，2007，第 11 页。

④ 〔英〕托马斯·罗伯特·马尔萨斯：《人口原理》，朱泱、胡企林、朱和中译，商务印书馆，1992，第 13 页。

通过扩张获得更多的物质资源以及通过殖民纾解区域人口压力。为争夺有限的资源，国家间注定无法存在真正的和平，而人民也不可能享受到普遍和持久的繁荣。直至工业革命，生产力提升才使"经济高速增长"成为人类社会摆脱马尔萨斯陷阱的第三种方式。

现如今，全球的 GDP 以每年 2%～3% 的速率增长[①]（受新冠病毒疫情影响前）。而由经济增长带动的医疗、科技、文化、生活和道德水平的进步惠及了更广泛的人群。正如美国经济学家本杰明·弗里德曼（Benjamin M. Friedman）所指出的，较快的经济增长（即明显的大多数公民生活水平提升）有助于提高社会包容性、积极性与流动性。而当经济增长停滞或下降时，则多数社会只能在上述领域取得极小的进步。[②]

鉴于经济增长对人们物质生活水平和非物质价值观的积极影响，考虑到当今世界仍有大量民众生活在贫困中，同时也为确保不再被马尔萨斯陷阱捕获，必须保证经济增长一直超过人口增长所带来的物质需求。基于此，可持续发展目标 8 "体面工作和经济增长"中明确提出，"根据各国国情维持人均经济增长，特别是将最不发达国家国内生产总值年增长率至少维持在 7%"[③]。然而，这一切都建立在一个前提之上，即在整体自然资源有限的前提下，经济增长不会在短期内达到极限。

（二）可持续的生态环境

关于经济增长极限的探讨，核心在于经济与自然环境的关联，更确切来说是两者的从属关系。在西方，自然一贯被视作人类发展的生产要素，及至 18 世纪法国启蒙运动，自然科学及工业领域的狂飙突进令人们相信征服自然是人类的权利和义务，在此基础上，成熟的环境保护思想直至 19 世纪才

---

① 世界银行（World Bank）：《全球 GDP 年增长率》，https://data.worldbank.org.cn/indicator/ny.gdp.mktp.kd.zg，访问时间：2020 年 5 月 20 日。

② 〔美〕本杰明·弗里德曼：《经济增长的道德意义》，李天有译，中国人民大学出版社，2008，第 4 页。

③ United Nations, *Transforming Our World: The 2030 Agenda for Sustainable Development*, 2015, p.21.

初现端倪。在东方，虽有《逸周书·大聚解》中记载的"禹之禁，春三月，山林不登斧，以成草木之长"以及荀子所提出的"草木荣华滋硕之时，则斧斤不入山林，不夭其生，不绝其长也"等朴素环保主义思想，但并未形成成熟的理论体系和体制。

因此不难理解为何早期经济学家根深蒂固地认为自然环境应从属于经济系统。在其看来，经济增长没有极限，至少其极限不受自然环境的限制。自然界的主要作用是为经济发展提供材料并容纳处理废弃物[①]。即使某种自然资源变得稀缺，抑或环境污染对人类造成影响，也可以通过投资替代品和发展相应技术的方式解决。然而，不断加剧的环境灾难和能源危机让更多人重新思考经济增长与生态环境的关系。

1972 年，罗马俱乐部委托麻省理工学院对增长极限进行研究，并发表了《增长的极限》报告，明确提出"持续增长"和"合理的持久的均衡发展"的概念。报告认为，世界人口和工业化程度正在逐渐逼近地球的环境承载力极限，如果继续下去，则"在现有系统没有重大变化的假定下，人口和工业的增长，最迟在下一个世纪内一定会停止"。[②]。同时，技术也并非解决这一问题的万灵药，因为"技术可以解决由一种因素增长带来的问题，但往往可能加剧其他因素增长所带来的恶果"[③]。如，塑料袋（聚乙烯）发明的初衷是减少使用纸袋造成的树木砍伐，却造成了更为严重的白色污染。

现如今，可持续发展已成为一种全球共识，已有相当数量的国家将可持续发展作为基本国策或重要战略。然而，正如美国当代经济学家爱德华·巴比尔（Edward B. Barbier）所指出的那样，可持续发展理念对于那些经济发

[①] 〔荷〕埃琳娜·卡瓦尼亚罗、乔治·柯里尔：《可持续发展导论》，江波、陈海云、吴赟等译，同济大学出版社，2018，第 26 页。

[②] 〔美〕丹尼斯·米都斯等：《增长的极限——罗马俱乐部关于人类困境的研究报告》，李宝恒译，吉林人民出版社，1997，第 140 页。

[③] 〔美〕丹尼斯·米都斯等：《增长的极限——罗马俱乐部关于人类困境的研究报告》，李宝恒译，吉林人民出版社，1997，第 140 页。

展严重依赖自然资本开发的发展中国家而言有着极大的影响①。事实上，并非所有发展中国家都能完全接受这种将经济增长置于环境之后（至少置于同等地位）的发展观点。在 1972 年斯德哥尔摩人类环境会议上，印度总理英迪拉·甘地（Indira Gandhi）就一针见血地指出，"贫穷才是最大的污染"。对于大部分发展中国家而言，究竟选择"维持当前生存所需的经济增长"还是"留给子孙后代的生态福祉"是不言而喻的。为弥合这种割裂，联合国《可持续发展议程》的序言明确指出，"我们决心让人类摆脱贫困和匮乏，让地球治愈创伤并得到保护……在踏上这一共同征途时，我们保证，绝不让任何一个人掉队"。这一承诺具体体现为"促进目标实现的伙伴关系"（目标 17），其中包含了一系列对发展中国家的资金、技术、能力建设、贸易以及政策性的支持。

（三）可持续发展的社会维度

对于可持续发展的三个维度，不同的利益相关团体必然会有不同的偏重。如前文所述，许多发达国家和主流环保组织会将重点放在可持续发展的环境维度，而大部分发展中国家与企业则更重视其中的经济维度。相比之下，社会维度受到的关注度最低，因此亟须强化在社会维度上的作为。为此，联合国社会发展委员会于 2015 年召开的第 53 届会议中敦促各成员国强化相关社会政策，并特别指出应将经济和环境观点纳入社会决策。

美国社会学家托马斯·马歇尔给出了"社会政策"的经典定义，即"使用政治权力来替代、取代、补充或修改经济体系的运作，以达到经济体系无法依靠自身达到的效果"。后世经济学家为其加上了"解决社会问题、促进社会安全、改善社会环境、增进社会福利"等属性。

历史已证明，如果对经济发展采取过于自由放任的态度，必将导致以牺牲生态环境和社会公平为代价的经济增长。社会政策可以被视作政府用于平

---

① Edward B. Barbier, *Natural Resources and Economic Development*, Cambridge University Press, 2005, p. 17.

衡可持续发展中上述三者关系的准绳，它服务于"建立和平、公正和包容的社会"①（目标 16）的目标，努力避免不同地区、国家、阶层乃至代际的资源失衡。

相较经济和环境，可持续发展的社会维度更为复杂，其包括但不限于消除贫困、促进就业、提供优质教育、医疗保障等诸多领域。更重要的是，可持续发展的本质在于"人的发展"，自然环境为发展提供资源，经济行为是将资源转变为社会福利的工具，而"可持续发展中的社会维度——体现为当代人和后代人福利的形式——才是发展的终极目标"②。

（四）"文化""创意"与"可持续发展"

长久以来，"可持续发展"思想以不同的名称存在于多种文化中，如数千年前中国的《逸周书》中不在草木繁衍时过度采伐的环保主义思想，又如柏拉图《克里底亚篇》中认为过度采伐会导致土地衰败的观点等。发布于 1992 年的《关于环境与发展的里约宣言》第 22 条原则指出，当地土著具备可持续的文化知识积累，应将其用于实现可持续发展③。然而，即使有这些铺垫，在可持续发展相关领域的政策制定和学术研究中，文化的受关注度依旧远逊于经济、城市和科技等"核心要素"④。

2005 年联合国教科文组织明确提出"保护、促进和维护文化多样性是当代人及其后代的可持续发展的一项基本要求"⑤。十年后，联合国大会通

---

① United Nations, *Transforming Our World: The 2030 Agenda for Sustainable Development*, 2015, p. 4.

② 尼基尔·钱达瓦卡:《可持续发展政策指导说明》，联合国经济和社会事务部，2007，第 35 页。

③ 联合国:《关于环境与发展的里约宣言》第 22 条:"本地人和他们的社团及其他地方社团，由于他们的知识和传统习惯，在环境管理和发展中也起着极其重要的作用。各国应承认并适当地支持他们的特性、文化和利益，并使他们能有效地参加实现持续发展的活动"，1992 年。

④ Arterial Network, "Culture in the Implementation of the 2030 Agenda: A Report by the Culture 2030 Goal Campaign," Culture action Europe, Icomos, Ifacca, Ifccd, International Music Council, IFLA, Culture 21, Red.

⑤ 联合国教科文组织:《保护和促进文化表现形式多样性公约》，2015 年。

过的《可持续发展议程》同样承认了文化多样性是可持续发展的关键因素，且能为可持续发展做出卓越贡献[①]。同时，该议程还提出，"创意"这一与"文化"关系密切的概念，"可以被用来解决可持续发展领域面临的挑战"[②]。

对于可持续发展而言，"文化"是一个具备足够潜力但还未得到充分开发的领域，而"创意"则是一种解决发展中面临挑战与争端的全新方式。同时，创意经济则几乎能同时满足可持续发展三个维度的需求，这一以低能耗高效益著名的产业可以促进就业并创造收益、传递身份认同和价值观以及培养社会包容与归属感，推动社会和经济的可持续发展。

（五）各地区可持续发展目标完成度

整体而言，可持续发展的量化分析比创意能力或潜力的量化分析更易于操作。首先，联合国在经济与社会事务部统计局网站上，对 17 个可持续发展目标及其子目标都给出了量化评估的指标。这可以作为各国各地区衡量可持续发展完成度的权威框架。其次，这些指标中除少数指标需要以问卷形式进行搜集以外，大多数指标为各国官方发布的相关数据，数据的可获得性相对较高。

为了监测和跟踪 2030 年可持续发展议程的执行情况，联合国可持续发展解决方案网络（Sustainable Development Solutions Network，简称 SDSN）[③]每年发布不同国家的可持续发展报告，对每个国家 17 个可持续发展目标的完成程度进行打分。然而，由于每个国家的具体特点，全球指标报告不一定适用于所有国家，不同国家针对自己的国情也制定了本国的衡量指标并发表了报告。2019 年可持续发展解决方案网络（SDSN）和欧洲环境政策研究所（IEEP）的独立专家小组编写了首份关于欧盟及其成员国实现可持续发展目

---

① 联合国：《变革我们的世界：2030 年可持续发展议程》第 36 条，2015。
② 联合国：《变革我们的世界：2030 年可持续发展议程》，第 67 条，2015。
③ 可持续发展解决方案网络（Sustainable Developmentsolutions Networka），https：//www.unsdsn. org，访问时间：2020 年 5 月 20 日。

标（SDG）进展的独立量化报告——《2019 年欧洲可持续发展报告》（2019 Europe Sustainable Development Report）。从 2017 年起，SDSN 美国分部（SDSN USA）连续三年发布了城市级可持续发展报告，对 105 个美国城市在实现联合国 2030 年可持续发展目标（SDGs）方面的进展做出了评估。可持续发展目标非洲中心（Sustainable Development Goals Center for Africa）以SDSN 总体的衡量指标为标准，推出了针对非洲国家的指标报告——《非洲SDG 指数和仪表盘报告》。

根据不同国家和地区来制定当地指标是必要的。因为国情、地理环境、发展战略的不同，不同国家和地区针对不同 SDG 的完成度情况也不同。比如对于非洲来说，完成度最好的是目标 13 "气候变化"，而完成最不好的是目标 4 "优质教育"、目标 11 "可持续城市和社区" 和目标 16 "和平正义与强大机构"①。而对欧盟来说，目标 1 "消除贫困"、目标 3 "良好的健康和福祉" 和目标 8 "体面工作" 的完成度最高②。可见可持续发展目标在不同地区完成的差异也是跟自然环境和经济条件有关系的。

不同地区和国家在考虑 SDG 衡量指标时需要考虑以下几个不同方面：

第一，具体衡量指标的设定要考虑不同地区的实际发展水平。例如衡量贫困的水平线在不同地区差距很大，非洲的可持续报告中把每天生活费低于1.90 美元（国际贫困线）的人口算作贫困，而这一标准在欧洲报告中则为5.50 美元/天。非洲需要完成的是消除绝对贫穷，但在欧美等发达国家，消灭相对贫穷才是完成目标的关键。比如在美国的可持续发展报告中，工作群体（16～64 岁）收入低于贫穷线的比例、带薪病假的政策、带薪探亲假的政策是被列入消除贫穷的衡量指标（报告，p. 47）③ 中的。可见强化工作人群的福利在发达国家是消除贫穷目标的一个重要因素。

---

① 《2019 年非洲 SDG 指数和仪表盘报告》（*2019 African SDG Index and Dashboard Report*）。
② 《2019 年欧洲可持续发展报告》（*2019 Europe Sustainable Development Report*）。
③ SDG Center for Africa and Sustainable Development Solutions Network（Kigali and New York）：*Africa SDG Index and Dashboards Report 2019*，site：https：//resources. unsdsn. org/africa – sdg –index – and – dashboards – report – 2019，consulted in November 18th，2019.

　　第二，衡量指标的选择与各地生活环境和发展历史有关。例如在美国的报告中，衡量"零饥饿"的完成度中有一个指标是食物供应（Food Access），即统计住在与大型超市超出 1 英里的人群比例。因为美国地广人稀，是一个"车轮上的社会"，因此大多数人要开车较远才能完成食品的采买，所以将人们获取食物的方便性作为考量目标。在欧洲的报告中将居住在有漏水屋顶、潮湿墙壁、地板或地基或窗框或地板腐烂的住宅中的人口比例（报告，p. 69）[1] 纳入衡量可持续发展社区的标准。一部分原因可能是欧洲西部和南部沿海，降水丰富导致住房有漏水的现象，另一方面也跟欧洲的老旧建筑较多有关。

　　第三，SDG 指标的衡量要考虑到社会风俗的不同。比如在衡量良好的健康和福祉时，欧洲将每年平均每人的饮酒量（升/人/年）、吸烟率都纳入了衡量。这也跟欧洲的生活习惯有关系。据世界卫生组织 2015 年的一份关于欧洲地区健康状况的报告指出，欧洲人的吸烟和饮酒比例全球最高。而美国在该项的指标中，列出了包括每 10 万人因药物中毒死亡人数，这也跟当地的药物中毒增加有关，据美国全国卫生统计中心 2009 年的数据显示，"药物中毒已成为造成美国人伤害死亡的第二大原因"[2]。

　　第四，衡量指标的不同体现了各国现行政策和政策导向的不同。例如在欧盟报告中，目标 2"零饥饿"的衡量标准有一项是农业氨排放量（公斤/公顷）。农业氨排放是造成灰霾危害的因素之一，欧洲国家很早就注意到氨对空气质量的重要影响，欧洲在 1999 年签订的《哥德堡协议》中同时设定了对 SO_2、NOx 和 NH_3 的减排目标。中国当前治理灰霾集中于减少酸性污染物 SO_2 和 NOx 的排放。无论是空气污染防治措施，还是农业发展规划，都没有设定 NH_3 减排目标。在非洲的目标 8"体面就业"中，有一条衡量标准是

<hr>

[1]　SustainableDevelopment Solutions Network and Institute for European Environmental Policy（SDSN & IEEPParis and Brussels），*The 2019 Europe Sustainable Development Report*，site：https://resources. unsdsn. org/2019 – europe – sustainable – development – report，consulted in November 25th，2019.

[2]　参见：https://www. ncbi. nlm. nih. gov/pmc/articles/PMC4659504/。

现代奴隶制的盛行率（每 1000 人中的受害者），其他地区和国家并没有这一项，可见非洲一些国家还在受到以前奴隶制度的危害。但是好的一方面是，在非洲的目标 8 "体面就业" 的衡量指标中，有一项是衡量在银行或其他金融机构或移动货币服务提供商处开立账户的成年人（15 岁及以上）的比例，说明非洲已经开始在搭建一个有金融服务的环境。

因此，在我们解读这些量化研究的报告时，需要关注到研究目标的实际情况。例如，非洲的报告中，关于节能减排的环境目标完成度较美国更高。但我们必须要问，这是由于技术改进提高了环境保护力度，还是因为非洲很多地区没有进入工业化时代而造成的低排放？如果是后者，如何避免在非洲的工业化过程中对环境造成伤害则是后续发展规划的制定者必须考虑的问题。

我们在这一报告中更为关注的则是科技创新及文化创意在可持续发展中的作用。新的数字技术是将高产量与低环境影响结合起来的关键工具。智能电网、电子商务、汽车共享、3D 打印和其他数字技术与现代材料相结合，在环境影响方面具有 "或多或少" 的潜力。如果管理不善，数字经济可能会加剧不平等和不可持续的消费。新技术带来的危险也比比皆是，包括机器人和人工智能造成的严重失业、隐私权的丧失、财富集中在少数科技巨头手中，以及新数字技术导致的新的权力滥用。欧盟也在积极重视数字经济的影响。因此，我们注意到一些地区在衡量可持续发展目标完成度时关注到的技术革新、人才培训等因素。例如欧洲重视青年职业教育的培训，并认为对青年技能的培训会大大提升他们的未来就业力。所以在目标 8 "体面就业" 中，就将未就业、未受教育或未接受培训的青年（15 ~ 29 岁人口）的比例作为衡量指标之一。2010 年欧盟峰会通过的 "欧洲 2020 战略" 中，教育和培训被视为欧盟未来发展的核心领域，并对职业教育提出了明确的发展要求：必须增强职业教育和培训的吸引力。因此在目标 4 "优质教育" 的衡量指标中，也加入了成人学习参与率作为优质教育的指标之一。在体面就业一项中，欧盟特别衡量了 55 ~ 74 岁具有基本或以上数字技能的个人比例，证明欧盟对数字技术普及度的重视。

在非洲可持续发展报告中，目标 8 "体面就业"也衡量了创立公司的数量（Starting Business）（报告，p. 47）[①]。非洲意识到在如何使其国民经济与日益数字化和技术密集型的全球经济保持一致的重要性。在突尼斯，政府正大踏步地成为数字创新的全球领导者，努力将其劳动力融入数字全球经济。2018 年，经过两年的审议，突尼斯议会通过了《创业法案》，该法案旨在激励在商业模式中使用创新技术的创业企业的创建和发展。这项法案是"数字突尼斯 2020 战略"国家计划的一部分，该计划的重点是提高高科技产业在经济中的份额（目标 9. B），并将其用于促进社会经济发展（目标 8.3），突尼斯政府正试图通过一项名为"智能突尼斯"的计划，在面向离岸外包、近岸支持和托管活动市场的数字行业创造 5 万个就业岗位，以降低该国青年失业率居高不下的状况。这说明非洲一些国家已经意识到如何利用年轻的创业人群来弥合全球化、数字经济所引发的技能差距的重要。

三　关于创意及可持续发展的基本小结

通过回顾已有的关于创意和可持续发展的讨论，以及对创意能力、可持续发展成果的量化研究的整理，我们需要明确与本报告和之后的研究相关的如下内容：

第一，作为社会科学的讨论，我们不关注"创意"发生与心理学、神经学相关的内因，而是将讨论的重点放在促进创意发生的社会、文化、政治、经济因素等外因上。创意在我们的讨论中是一项集体活动，受到社会结构的制约和影响，也反向影响着其所在的社会。

第二，文化产业、创意产业、创意经济等词在概念上有很大的重叠性，在我们的讨论中将统一使用"创意经济"一词。这个词包含了核心的版权产业、具有文化附加值的生产与服务，同时也包含以科技创新为核心的相关

[①] SDG Center for Africa and Sustainable Development Solutions Network（Kigali and New York）: *Africa SDG Index and Dashboards Report 2019*, site: https: //resources. unsdsn. org/africa - sdg - index - and - dashboards - report - 2019, consulted in November 18th, 2019.

产业。其所涉及的具体行业以联合国贸易和发展会议关于创意经济的分类为准。

第三，联合国 17 个可持续发展目标囊括了生态、经济、社会等诸多方面。在我们以后的研究中将着重关注经济发展、社会公平方面的指标。同时，由于 17 个可持续发展目标中涉及文化的内容很少，而我们认为创意与文化是促进长期可持续发展的必要因素，因此在我们的研究中将增加对文化多样性保护这一要素的分析。

第四，创意是促进可持续发展的重要因素，在我们接下来的讨论中创意是手段，而可持续发展是我们追求的结果。我们将立足于城市的维度，讨论创意经济的发展对促进生态保护、经济发展、社会公平和文化传承方面的贡献。

第二章
创意对可持续发展的经济贡献

郎 朗　刘燕婷　王婧琳　李南洲[*]

创意对可持续发展的贡献涉及生态保护、经济发展、社会公平和文化传承等多方面，作为首次对该主题进行的定量研究，鉴于数据的可得性，本报告将集中考量创意对可持续发展的经济贡献。在创意与可持续发展方面，联合国教科文组织 2004 年启动了创意城市网络（UCCN）项目，将通过创意来实现可持续发展目标与城市这一创意经济的集聚空间很好地融合在了一起。因此，我们将以创意城市网络内的城市作为研究对象，尝试分析解读这些创意城市中创意经济与可持续发展之间呈现出的关系，这将对厘清创意与可持续发展的关系具有重要参考价值。

针对联合国 2030 年可持续发展议程的 17 项可持续发展目标，本报告重点锁定经济增长与体面就业，分析创意对体面就业的作用与影响，衡量创意对可持续发展的贡献。本次主要从经济增长和体面就业两个方面入手选取创

[*] 郎朗，联合国教科文组织国际创意与可持续发展中心研究部负责人，北京大学城市与环境学院人文地理学博士，主要研究方向为城市地理、城市规划；刘燕婷，联合国教科文组织国际创意与可持续发展中心研究部，首都师范大学法语语言文学硕士，主要研究方向为欧洲文化、国情研究；王婧琳，联合国教科文组织国际创意与可持续发展中心研究部，美国乔治梅森大学公共管理硕士，主要研究方向为公私合作模式；李南洲，联合国教科文组织国际创意与可持续发展中心研究部，美国南加州大学东亚研究专业硕士，主要研究方向为区域文化研究、文化多样性。

意经济产值、地区 GDP、人均 GDP、人口规模、创意从业人员数量、整体从业人员数量、创意行业平均工资、所有行业平均工资八个指标，对创意与经济可持续发展的关系做出分析。

按照联合国贸易和发展会议（以下简称"联合国贸发会"）关于创意经济的定义和分类，创意经济是一个较为宽泛的概念，以传统的文化产业为核心，囊括了科技研发、专业服务及文化产品生产部门等众多行业。本报告涉及的创意经济数据以联合国贸发会关于创意经济的分类为基础，并根据不同国家/地区、城市统计分类有所调整。整体而言，创意经济数据包含了三大部分：文化、体育及娱乐业，科学研究及技术服务，信息传输、软件和信息技术服务业。联合国贸发会的分类中包括的与创意产业相关联的法律服务和产品、工具的制造，由于在公开数据中很难从制造业、服务业中剥离出来，因此没有计入其中。与中国常用的文化及相关产业的分类标准相比，这种分类方式容纳了更多研究与开发门类下的知识经济活动。各城市数据以各级政府官方统计数据为主，有个别数据来自研究机构或创意经济相关非政府组织。

考虑创意门类（根据联合国教科文组织创意城市网络的分类）、分布地区、城市影响力、数据可获得性等因素，本报告搜集了 30 个重点创意城市的相关数据。除中国的 13 个创意城市外，包括了亚洲其他国家城市 4 个、欧洲城市 7 个、北美洲城市 2 个、澳大利亚城市 4 个。受到跨国数据收集和跨语言文献检索等实际工作困难的限制，在目前阶段，非中文和英文地区的数据相对不易获得。因此，此次研究仅囊括了少数英语资料相对齐全的非英语城市。从创意城市的类别来看，30 个城市包括了设计之都 10 个，文学之都 5 个，美食之都 4 个，电影、音乐和媒体艺术之都各 3 个，手工艺与民间艺术之都 2 个。设计之都大多数是较大的城市，且很多为所在国首都或地区首府，数据可获得性较高，因此入选本报告的设计之都较其他类别更多。在分析创意经济对经济增长、吸纳就业和提高薪资这三个维度的影响时，根据各城市数据情况，分析的具体城市略有不同。其中，创意对经济增长的贡献主要分析了北京、名古屋、蒙特利尔、悉尼、爱丁堡等 19 个城市；创意吸纳就业水平主要分析了西雅图、墨尔本、曼谷、赫尔辛基、阿德莱德等 26

个城市；创意产业工资水平主要分析了西雅图、澳门、南京、布拉格、武汉等 15 个城市。

一　创意经济对经济增长的贡献①

本报告中创意经济对经济增长的贡献主要以各城市创意经济 GDP/GVA 在城市整体 GDP/GVA 中的占比来衡量。这种衡量方式主要分析了创意经济对经济增长的直接贡献，但值得注意的是，文化创意和科技创新为经济活动提高了附加值，而且创意经济资源消耗低、科技和文化含量高，具有低碳经济、绿色经济的特点，既能满足社会经济增长需要，为城市经济转型升级和提质增效做出重要保障，又可以考虑社会生态环境承载力，实现城市经济可持续发展，但是这种间接贡献很难在经济产值的统计中体现出来。因此，本报告中创意经济对城市经济发展的促进作用并不是完全充分的结论。

（一）超六成城市的创意经济产值占 GDP 比重超过10％，超七成创意城市的创意经济占比高于其所在国的平均水平

整体来看，19 个样本城市中，12 个城市创意经济产值占该市 GDP 比重超过 10％，创意经济在各个城市经济增长过程中发挥着重要作用，已逐渐成为城市经济发展的重要产业。这些创意城市在其所在国的创意经济中也发挥着节点作用。超七成的城市创意经济的占比都高于所在国创意经济的平均占比。比如中国，按照我们的统计方式，创意经济在 2018 年 GDP 中的占比约 6％，而本研究涉及的中国城市，除苏州的创意经济占比略低于 6％以外，其他城市都高出全国平均水平。澳大利亚和日本 2018 年创意经济在 GDP 中的占比分别为 21.12％和 12.47％，创意经济在两国样本城市中的占比都高

---

① 本部分所有数据均是根据各城市及所属国家/地区官方统计网站公开数据计算；各城市各数据统计年份以 2018 年数据为主，部分城市 2018 年部分数据缺失。考虑这些城市在 2016～2019 年间未有重大社会经济事件发生，创意经济相关数据的相对数值近年来没有特别大的变动，部分 2018 年数据缺失项选取 2017 年、2019 年或 2016 年数据作为替代。

于所在国的平均值。

从城市创意经济产值占全国创意经济产值的比例来看，多数创意城市在创意经济中的节点作用也十分明显。如在中国，北京、上海两大直辖市这项指标的占比分别高达15.69%和14.57%，作为东南沿海的一线或准一线城市，深圳和杭州的创意经济在全国创意经济中的比重也达到5%以上。其他国家的创意城市也在其所在国创意经济发展中发挥着重要作用。如在澳大利亚，悉尼创意经济产值占全国创意经济产值比重约为16.81%，是澳大利亚创意经济发展的重要节点城市。作为澳大利亚文化之都、时尚之都和维多利亚州首府的墨尔本，创意经济产值在全国创意经济中的比重也达到了7.75%。阿德莱德作为南澳大利亚的首府城市，创意经济在全国创意经济的占比约在2%左右。

从经济产值的绝对值来看，北京和上海创意经济的规模与其他城市相比具有显著的体量优势。这一现象与这两个城市在人口规模和经济规模上的优势有直接关系，也与这两座直辖市特殊的行政地位有关，即充分享受了创意产业政策倾斜、先进技术手段以及高效便捷的文化金融服务等优质资源。但是从创意经济在整个经济活动中的占比来看，澳大利亚的悉尼和阿德莱德这两个城市优势更为明显。悉尼与阿德莱德的创意经济占比在其城市经济中分别高达50.49%和43.64%，远远大于其他城市。可见作为创意经济最早的提出者，澳大利亚充分发挥了创意创新的优势，创意经济对其经济的整体拉动效应十分明显。而且这种拉动作用不一定与城市的经济体量相关，无论是在经济中心悉尼，还是在阿德莱德这样相对较小的城市，合理开发和引导创意经济都能为城市的经济发展做出贡献。

本研究选用了四个英国城市的数据，分别是格拉斯哥、爱丁堡、利物浦和约克。无论是从创意经济的绝对产值还是创意经济在整体经济中的占比来看，这四个城市的数据都比较低（见图2-1）。作为以创意经济著称的国家，英国城市的数据引起了一些质疑。首先英国的统计机构没有分行业GDP或GVA的数据，但英国有专门负责创意经济的部门，本研究引用的数据来自专门部门，为创意经济整体的统计数据。这一统计方式容纳的细分行业可能比我们使用三大行业加总的方式要略少。但经过分析，我们发现英国的城市体系属于城市首位度特别明显的一种。所谓城市首位度即排名第一位的城市在人口、经济规模上与排名第二位的城市的差。伦敦及其周边地区在人口、经济规模、人均 GDP 等指标方面均远远超过其他城市。伦敦市创意经济提供的就业岗位有 48.7 万余个，而排在创意经济第二位的区域 Sloughand Heathrow，只提供了 6.4 万余个工作岗位，不足伦敦的零头。鉴于此，我们仍然认为英国四个创意城市的数据具有一定意义，能够反映这四个城市的状况。格拉斯哥和爱丁堡虽然整体经济体量远小于伦敦，但仍然是苏格兰地区重要的创意经济发展节点性城市。在创意经济增加值方面排在英国第 11 位和第 14 位。爱丁堡也是创意城市网络的倡议者，是该网络的第一个成员城市。这也证明了创意城市网络作为一个国际城市联盟是以鼓励、扶持相对较小的城市发挥其文化优势、发展创意经济为目标的。

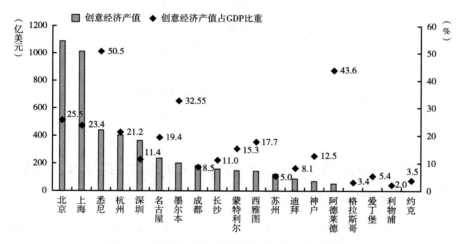

图 2-1　创意城市的创意经济对 GDP 的贡献情况

资料来源：根据各城市及所属国家/地区官方统计网站公开数据计算。

从有分行业数据的城市来看，信息传输、软件和信息技术服务业对经济增长的贡献整体较大。信息传输和软件等行业占创意经济 GDP 比重最高的城市是杭州，贡献了创意经济 GDP 的 86.3%。作为中国最大的科技公司阿里集团的总部所在地，杭州在信息科技方面的优势可以理解。深圳作为腾讯和华为的总部所在地，在信息科技方面的优势也很明显，信息类产业在创意经济中的占比达到 68.69%。而在悉尼与阿德莱德两个澳大利亚城市中，创意经济 GDP 中科学研究和技术服务最高，都超过了 50%。而传统的文化、体育及娱乐业对创意经济 GDP 的贡献反而较低（见图 2-2）。这也从一个侧面反映出，文化艺术和娱乐休闲活动需要充分与科学研究和新兴技术相结合，以提高自身的附加值。

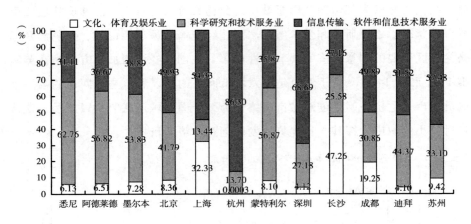

图 2-2　创意经济各行业对创意 GDP 的贡献情况

资料来源：根据各城市及所属国家/地区官方统计网站公开数据计算。

（二）城市规模大小与创意经济规模呈正相关，但与创意经济对经济增长的贡献度无明显关联

从城市人口规模来看，创意城市的创意经济产值随着城市人口规模的降低递减，整体来看呈现了一种正相关的趋势。鉴于城市的人口与其经济规模是一对相互影响的指标，创意经济的规模与人口规模的正相关趋势在意料之中。这里需要特别说明的是，由于行政区划方式不同，中国为市管县的行政方式，因此地级以上城市（除顺德以外所有中国创意城市都是地级以上）的数据包括了市区和周边郊区的各种数据。而大部分欧美国家的城市数据并不包括主要市区之外的经济社会数据。因此与欧美国家的城市相比，中国城市的体量比较大，可能相当于欧美国家都市圈的面积和人口。澳大利亚三个

城市的数据出现了工作人口远大于居住人口的现象，即与这种情况有关。悉尼作为中心城市，提供了大量的就业岗位，但是这些工作人口大多数居住在悉尼都市圈中的其他城市里。因为工作人口才是经济活动的主体，因此澳大利亚三个城市也选用了工作人口而非居住人口来表现城市人口规模和计算人均产值。城市的人口规模与创意经济在城市经济中的比重没有明显的关联。

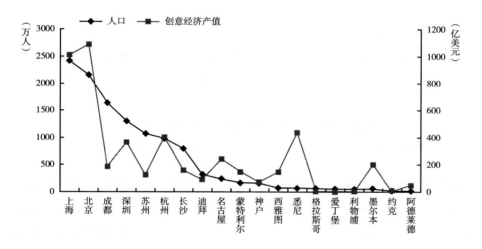

图 2 - 3　城市人口规模与创意经济产值的关系

资料来源：根据各城市及所属国家/地区官方统计网站公开数据计算。

（三）经济规模与创意经济规模成正比，与创意经济对经济增长的贡献无明确关系

从城市经济规模来看，创意城市的创意经济产值随着城市经济规模的降低而递减，整体来看呈现了一种正相关的趋势。创意经济是城市经济的重要组成部分，因此城市创意经济规模与其整体经济规模成正相关趋势不足为奇。因行政区划方式不同，与国际的城市相比，中国的城市经济数据包含市区及周边的经济数据，涉及范围较广，经济体量普遍较大。但值得注意的是，创意经济对 GDP 的贡献并没有因城市经济规模的变化受到太大影响，城市经济规模在 500 亿～1000 亿美元的城市，创意经济占比整体相对较高，

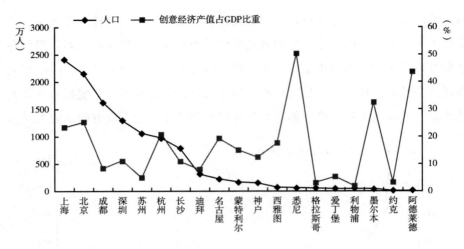

图 2 - 4　城市人口规模与创意经济占比的关系

资料来源：根据各城市及所属国家/地区官方统计网站公开数据计算。

创意经济对于推动城市经济发展的作用显著，经济规模较小的阿德莱德创意经济对 GDP 的贡献更是高达 43.64% 。北京、上海两个直辖市享受到了政策、人才等利好因素的倾斜，创意经济对城市 GDP 贡献也相对较大。整体而言，创意经济对城市经济的促进作用与城市经济规模大小并无明显关联，无论是在经济体量较大的上海、北京，还是在经济体量中等水平的悉尼，或者是在经济体量相对较小的阿德莱德，都可以通过鼓励、支持和引导发展创意经济来推动城市经济增长和可持续发展。

（四）中国以外的城市数据显示，人均 GDP 与创意经济的占比存在一定的正相关趋势，但中国创意城市不受这一趋势的影响

剔除中国的几个创意城市，人均 GDP 和创意经济在城市生产总值里的占比呈现出一种正相关的趋势。总体而言，人均 GDP 越高的城市，创意经济的占比也更高。需要说明的是，墨尔本和西雅图两个城市人均 GDP 都较高，但创意经济占比相对较低，墨尔本作为澳大利亚的金融中心和世界领先的医疗保健城市，其金融和保险服务、卫生保健和社会救助服务两个行业发展迅速，两个行业对城市 GDP 的贡献就达到四成。本研究引用的西雅图创

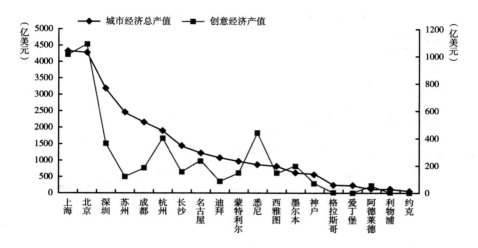

图 2-5　城市经济规模与创意经济产值的关系

资料来源：根据各城市及所属国家/地区官方统计网站公开数据计算。

意经济数据来自《西雅图创意经济报告》①，为创意经济整体的统计数据，这一统计方式并不包含科学、研究与技术服务，因此西雅图创意经济产值占比相对较低。

　　但这一趋势在中国的几个城市中并不适用。中国城市中的创意经济占比似乎与其行政级别和传统的城市定位关系更大。北京、上海作为直辖市，集中了更多的科研和文化单位，创意经济的占比明显优于其他城市。杭州、长沙、成都作为省会城市，在行政级别上属于第二梯队，集中了省内的科研和文化单位，这三个城市创意产业占比的排名与它们人均 GDP的水平一致。深圳、苏州作为传统的制造业中心，尽管人均 GDP 更高，但是文化、科研资源不如其制造业资源丰富，反而在创意经济的占比中低于其他城市。

　　可见经济发达程度和创意经济对产值的贡献有一定关联，发达地区对创

①　City of Seattle，*There's Something about Seattle*：*2019 Creative Economy Report*，site：http：//www. seattle. gov/Documents/Departments/FilmAndMusic/Creative% 20Economy% 20Report% 20Final. pdf，consulted in November 10th，2019.

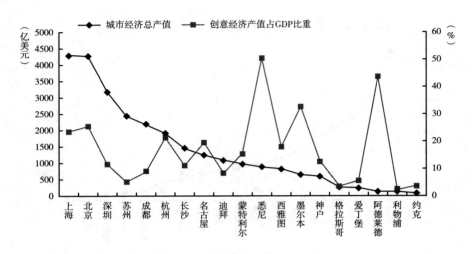

图 2-6　城市经济规模与创意经济占比的关系

资料来源：根据各城市及所属国家/地区官方统计网站公开数据计算。

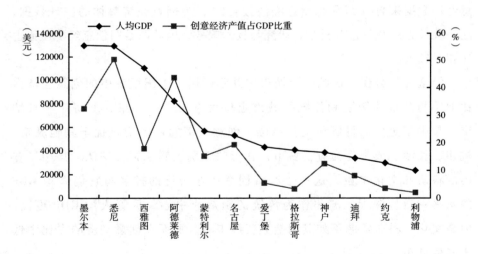

图 2-7　人均 GDP 与创意经济占比的关系（中国以外城市）

资料来源：根据各城市及所属国家/地区官方统计网站公开数据计算。

意产品及服务的需求可能更大。但是这个趋势在中国并不一定适用，当地政府可调配的科研、文化资源（集中度）更为重要。

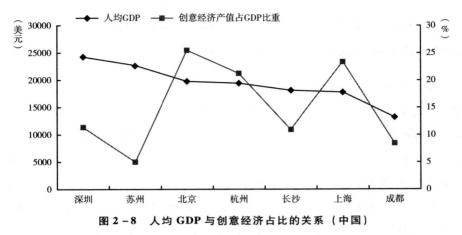

图 2 - 8　人均 GDP 与创意经济占比的关系（中国）

资料来源：根据各城市及所属国家/地区官方统计网站公开数据计算。

二　创意经济对体面就业的贡献

创意经济及其组成部分，包括我们统计于其中的文化、体育及娱乐业，科学研究及技术服务，信息传输、软件和信息技术服务业，都属于对从业者专业技能要求较高的产业，需要的是接受过专门培训的高技能劳动者；从中长期来看，发展创意经济有助于缓解就业压力，在里昂、悉尼、惠灵顿、赫尔辛基、北京等区域甚至国家的中心城市更为显著。此外，在提供就业机会及岗位的同时，创意经济为从业人员提供了较好的薪资水平，促进更加充分的生产性就业，使更多的人获得体面工作，在推动城市实现"促进持久、包容和可持续的经济增长，促进充分的生产性就业和人人获得体面工作"的可持续发展目标方面起到了重要且积极的作用。

本报告主要选取创意经济吸纳就业和创意行业工资水平两个维度对创意经济与体面就业的关系进行分析，创意经济吸纳就业水平主要以各城市创意经济从业人员在整体从业人员中的占比来衡量，主要分析创意经济对社会就业的直接贡献；创意行业工资水平主要通过创意行业平均工资水平与所有行业平均工资水平的对比来衡量，主要分析创意经济对体面就业的贡献。

（一）近半数城市的创意从业人员占整体从业人员的比重超过10%，超七成创意城市的创意从业人员占比高于所在国的平均水平

整体来看，在目前数据可得的 26 个样本城市中，12 个城市创意人员占整体从业人员比重超过 10%，创意经济在各城市解决社会就业问题上都发挥了重要作用。对这 26 个创意城市的创意经济就业情况进行洲际比较可以发现，大洋洲与欧洲的城市创意经济提供就业机会的能力更强。目前的 26 个创意城市中欧洲城市 7 个，亚洲城市 14 个，大洋洲城市 4 个，北美洲城市 1 个。从提供就业机会的绝对数量来看，亚洲的特大城市中创意经济提供的就业岗位最多，这与这些亚洲城市的人口规模直接相关。但是从创意经济提供的就业岗位在所有就业人口中的占比来看，大洋洲的城市整体表现更突出。大洋洲的 4 个城市中悉尼创意经济提供的就业机会在整体就业里占比最高，达到 30.4%，三成的人从事创意相关行业。其他 3 个城市，阿德莱德、惠灵顿和墨尔本的创意经济提供的就业机会也占城市就业总数的两到三成。欧洲城市中里昂的创意经济从业人员占比达到 45.9%，在城市整体就业里占比最高，将近一半的人从事创意相关行业，布拉格和赫尔辛基的创意经济从业者占比都超过 20%。西雅图、神户和名古屋作为发达经济体中的城市，创意经济部门提供的就业在 10% 以上。反观亚洲其他城市，大部分的创意经济在提供就业方面的贡献仍然较小，只有北京作为中国首都在科技研发机构和高等院校、艺术团体方面有相当优势，创意经济在就业中的占比也超过了 20%，达到欧美发达城市的水平。亚洲城市只有澳门的创意经济就业占比高达 40.5%，但这个高占比主要由于博彩业被算在文化、体育、娱乐业中，所以作为著名的"赌城"，澳门的创意经济并非通常意义上的以知识经济为基础的创意产业，而是得益于其博彩业的发展。但是大部分博彩合法化的城市都将这一产业算在文化娱乐业中，因此我们对澳门的数据也保留了其博彩业的份额。

这些城市作为创意城市，在其所属国家的创意就业中也发挥着重要引领作用，73% 的样本城市创意就业占比都高于其所在国家创意从业人员的平均

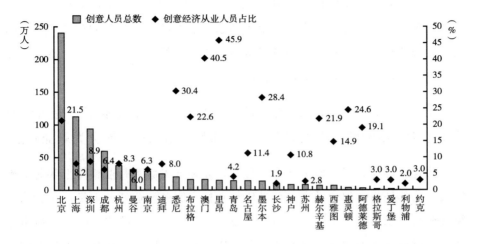

图 2 - 9　创意城市的创意从业人员数量及其占整体从业人员比重

资料来源：根据各城市及所属国家/地区官方统计网站公开数据计算。

占比。以中国为例，创意从业人员在 2018 年的整体从业人员中占比约为 6%，除青岛、苏州、长沙比 6% 低以外，其他 7 个城市均高于全国水平。其中，北京作为全国的经济、文化、科技中心，加之高校集聚，创意从业人员数量占全国创意从业人员数量的比例达 24.5%，对全国创意就业的引领作用显著，上海和深圳两个创意经济发达的一线城市，创意从业人员分别占 11.48% 和 9.54%，西南地区文化中心城市成都，创意从业人员占全国创意从业人员的比重也达到了 6.09%。

　　其他国家的创意城市也在其所在国家创意就业发展中发挥着重要作用。以芬兰和澳大利亚为例，芬兰 2019 年创意人员在整体从业人员中的比重约为 14.5%，其首都和文化中心赫尔辛基，创意人员占比 21.9%，远高于芬兰全国平均水平；同时赫尔辛基创意从业人员在全国创意从业人员中的占比也达到了 18.22%，显示出该城市较强的创意就业吸纳能力。澳大利亚创意从业人员在 2018 年整体从业人员中占比约为 12%，三个城市创意从业人员占比均高于全国平均水平。其中悉尼创意从业人员占全国创意从业人员比重约为 13.87%，是澳大利亚创意经济就业的重要节点城市，墨尔本和阿德莱德创意从业人员在全国创意从业人员中的占比分别为 9.21% 和 1.87%，澳大利亚 3 个城市创意从业人员占全国创意从业人员比重与其创意经济对全国创意经济的贡献密切相关，创意经济对全国创意经济贡献较大者，创意从业人员占全国创意从业人员的比重较高。

（二）国际创意城市的创意部门中科学研究和技术服务提供就业比重最大，中国城市中以信息传输、软件和信息技术服务为就业热点

从有分行业数据的城市来看，科学研究和技术服务行业整体上就业贡献较大。尤其是国际创意城市，科学研究和技术服务行业从业人员占比在创意经济涉及的三个行业中均为最高，这也在一定程度上反映出国际创意城市在城市发展过程中更注重科研创新。科学研究和技术服务行业从业人员占创意从业人员比重最高的城市是惠灵顿，占创意从业人员数量的 73.32%。其次是悉尼，悉尼的科学研究和技术服务业对创意经济产值的贡献较大，其科学研究和技术服务方面的就业优势也很明显，科学研究和技术服务业的就业贡献达到了 72.6%。中国 70% 的创意城市的信息传输、软件和技术服务业从业人员在创意从业人员中的占比最高。南京和杭州两个省会城市的创意从业人员中信息传输、软件和信息技术服务的就业贡献最高，达到 63.8% 和 60.78%。而文化、娱乐产业对城市就业的贡献相对较低，这与其产业发展规模较小具有直接的联系，也在一定程度上反映出文化、艺术和娱乐休闲产业需要进一步加大与科学研究和互联网等信息技术的融合力度，开发新兴文化业态和市场，以创造大量就业机会，形成产业发展与就业增长的良性互动。

（三）创意城市创意就业生产率和就业质量均相对较高，信息传输、软件和信息技术服务在三个行业中 GDP 贡献与就业贡献的比值最高

从各城市创意经济的 GDP 贡献与创意就业贡献的比值来看，样本城市该比值均大于或等于 1，也就是说创意就业生产率和就业质量均相对较高。其中，长沙在创意就业生产率方面表现最为突出，尤其是其中的文化娱乐业

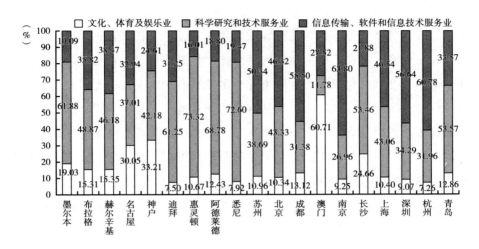

图 2 - 10　创意经济各行业对创意人员总数的贡献情况

资料来源：根据各城市及所属国家/地区官方统计网站公开数据计算。

以及信息传媒产业的就业生产率很高。这主要是由于近年来长沙以湖南广播电视台、芒果 TV 等为代表的"电视湘军"表现卓越，以马栏山视频文创园等为代表的创意园区更是集聚各类以数字视频金融服务、版权服务、软件研发为支撑的文创企业，广播电视及数字媒体等文化、娱乐产业发展迅速；与此同时，对从业人员的技能要求也不断提升，形成了长沙的高创意就业生产率的现状。阿德莱德和悉尼的数据表现仍然很好，GDP 贡献与就业贡献的比值分别为 2.28 和 1.66，这两个城市的创意经济不但在经济增长和就业的贡献上占比很高，而且就业生产率也较其他城市表现更好。特别是阿德莱德，作为一个规模不大的城市，创意经济对其可持续的经济增长和就业做出了相当明显的贡献。爱丁堡 GDP 贡献与就业贡献比值达到 1.79，在涉及的城市中排行第三。虽然由于英国创意经济在伦敦的集中度非常高，爱丁堡的创意经济在经济增长和就业中的占比都较其他城市更小，但从这组数据来看，其创意产业的就业生产率表现良好，体现了作为创意城市网络第一个成员城市在创意经济发展上的优势。

从分行业的 GDP 贡献与就业贡献比来看，除长沙和成都以外，信息传输、软件和信息技术类的产业比值较其他两个行业更高。信息技术、大数据、云计算等产业业已成为各国各城市重要的经济增长点，这个行业就业生产率相对较高，符合目前的经济发展形势。长沙文化、体育与娱乐业的比值非常高，这与其文化娱乐业近年来的长足发展有一定关系，也需要查阅更详细的信息去了解长沙的统计口径是否与中国其他城市有所不同。成都的文化娱乐行业比值也较其他两个行业略高，这可能与成都近年来作为文化休闲城市的定位有关，成都拥有大量文化资源和旅游资源，文化休闲娱乐设施建设较为成熟，综合接待能力较强，已形成以旅游、文化、娱乐、餐饮等为中心，涉及吃、住、行、游、购、娱各个方面的产业群，文娱休闲产业相对发达，对从业人员的数量和质量也有更高的要求。

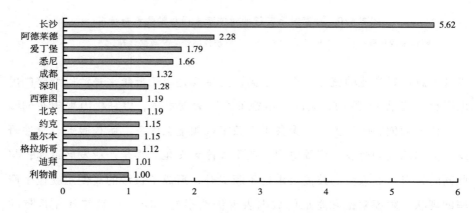

图 2 – 11　各城市创意经济的 GDP 贡献占就业贡献的比重

资料来源：根据各城市及所属国家/地区官方统计网站公开数据计算。

（四）人均 GDP 与创意就业贡献成正比

创意经济从业人员占比与人均 GDP 基本成正比，人均 GDP 较高的城市，创意从业人员占比也相对较高。一般情况下，人均 GDP 可以比较客观地反映一个城市的社会发展水平和发达程度，也可以一定程度上反映出该城市居民的人均收入水平和社会公平程度。人均 GDP 与创意从业人员占比的正相关关系，一定程度上可以反映出社会发展水平以及社会公平程度对创意

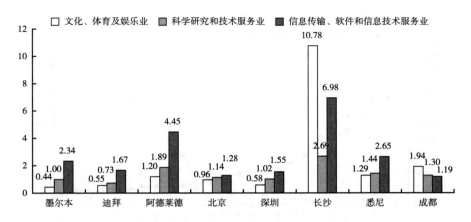

图 2-12 创意经济各行业的 GDP 贡献占就业贡献的比重

资料来源：根据各城市及所属国家/地区官方统计网站公开数据计算。

就业的影响。即人均 GDP 越高，城市社会发展水平以及社会公平程度会越高，而创意从业人员的占比也越高。这说明创意从业人员占比与社会发展水平及社会公平程度一定意义上呈正相关关系。创意就业对城市的可持续发展具有积极的推动意义。

不过，也有几个创意城市呈现出较为特殊的情况。如西雅图，人均 GDP 较高但创意人员占比较低，这一定程度上可能是由于数据获取渠道的问题，本报告中西雅图创意人员数据中未包含科学研究和技术服务业的从业人员，相比其他城市的创意从业人员的统计范围要小。澳门和北京的创意从业人员占比相较其他城市较为突出，与前文提到的原因类似，澳门文娱博彩业很发达，文娱博彩的财政收入更是占了澳门财政收入的近 70%，对从业人员的需求量较大，为澳门贡献了大量的创意就业机会，仅是文娱博彩及其他服务业就为澳门贡献了 25% 的就业。北京作为首都和我国的文化中心及科技创新中心，对创意人员的就业吸引力较大，且其创意经济占比达到 25.5%，对从业人员的吸引力和需求都非常大。

（五）创意经济就业弹性相对较大，对社会就业有较大促进作用

就业弹性，即经济增长每变化一个百分点所对应的就业数量变化的百分

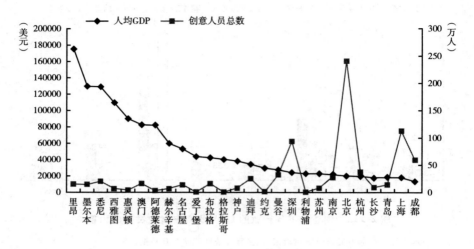

图 2 – 13　城市人均 GDP 与创意从业人员数量的关系

资料来源：根据各城市及所属国家/地区官方统计网站公开数据计算。

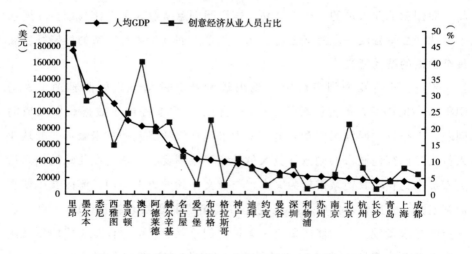

图 2 – 14　城市人均 GDP 与创意从业人员占比的关系

资料来源：根据各城市及所属国家/地区官方统计网站公开数据计算。

比，计算公式为：

$$就业弹性 = \frac{就业人数增长率}{产业增加值增长率} \times 100\%$$

在就业弹性方面，我们对北京、上海、迪拜、悉尼、阿德莱德五个城市做了计算[1]，结果显示这几个城市的创意部门就业弹性指数均为正值，其中，迪拜的创意行业就业弹性最大，达 9.76，即迪拜的创意经济增加值每增加 1%，创意经济的就业人数相应增加 9.76%。通过创意就业弹性指标可以看出创意经济对社会就业的影响，当就业弹性为正值时，就业弹性越大，经济增长对就业的促进作用越明显。从这五个城市的数据来看，创意经济增长对社会就业具有较为明显的正向拉动作用。

同时，我们引入同为第三产业中较为重要的交通运输、仓储和邮政业以及金融业两个主要行业与创意行业的就业弹性进行了比较。可以看出，创意部门的就业弹性与其他行业相比，指数居中。此外，我们发现这几个城市的其他两个行业的就业弹性均有负值的情况出现，而创意行业均为正值。当就业弹性为负时，一般有两种情况，一是经济增长为负但就业增加，这意味着经济增长对就业产生了"吸入"效应；二是经济增长为正但就业减少，意即经济增长对就业产生了"挤出"效应。也就是说，经济增长对创意行业而言，具有较为稳定的促进作用，尚未显现出明显的"吸入"或"挤出"效应。

表 2 - 1　各城市创意产业与第三产业主要行业的就业弹性比较

城　　市	交通运输、仓储和邮政	金融业	创意行业
迪　　拜	- 10.20	17.44	9.76
北　　京	0.37	0.29	0.24
上　　海	- 0.05	- 0.23	0.51
悉　　尼	1.56	0.95	1.02
阿德莱德	0.20	- 0.32	0.25

资料来源：根据各城市及所属国家/地区官方统计网站公开数据计算。

---

[1]　就业弹性涉及的就业人数增长率和产业增加值增长率均为 2018 年数据，由于上海市 2018 年数据未公开披露，选取 2017 年的数据作为替代。

（六）创意工资水平整体高于所有行业工资水平

整体来看，15 个样本城市中，除顺德创意部门平均工资与所有行业平均工资水平基本持平外，其他创意城市的创意部门平均工资均高于所有行业平均工资水平。这反映出创意经济对于推动体面就业、提高就业质量起到积极作用。其中，杭州该比值最高，主要原因应为阿里巴巴等信息科技企业总部聚集带来的高工资水平所致。

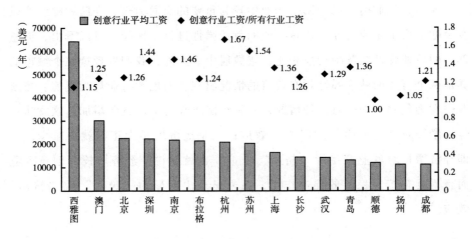

图 2 - 15　各创意城市创意行业平均工资与所有行业平均工资对比

资料来源：根据各城市及所属国家/地区官方统计网站公开数据计算。

从创意部门工资水平的绝对值来看，各创意城市较为均衡，差别基本不大。不过，西雅图创意部门平均工资水平远高于其他城市。对于西雅图，我们采用的数据源自该城市自己发布的创意行业统计数据，其统计范围与我们所选取的其他城市有所不同。该报告在统计创意经济时摒弃了常见的按行业统计的方式，而是按创意职业来统计，其中既包括了西雅图极为发达且工资水平极高的软件业技术人员、艺术从业者，也包括了其他行业的管理层等知识阶层等。虽然没有得到西雅图的创意部门各细分行业的工资水平数据，但从我们搜集到的西雅图 - 塔科马 - 贝尔维尤的创意部门分行业的工资水平及其在美国大都市中的排名情况可以看出，西雅图计算机行业平均年薪达到了 102061 美元，在 53 个人口超百万的大都市中排名第一；但是文化艺术类职业的平均工资却严重落后，排在 53 个城市的最后（见图 2 – 16）。

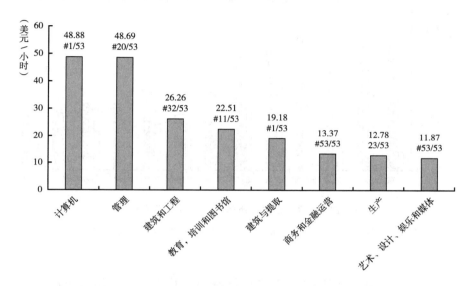

图 2 – 16　西雅图 – 塔科马 – 贝尔维尤生活成本调整后的时薪收入中位数在 53 个人口超过 100 万的大都市中的排名

资料来源：*There's Something About Seattle*：*2019 Creative Economy Report*。

除西雅图之外，从本报告所界定的三类分行业来看其工资水平，也能看到类似的趋势，即信息传输、软件和信息技术服务行业平均工资水平最高。这与其产业发展规模和对创意经济的贡献程度具有直接联系，产业发展水平较高的，工资水平相对更高。除西雅图外，信息传输和软件等行业工资水平最高的是布拉格，行业工资年平均水平达 30234 美元；其次是集聚了华为、腾讯、阿里巴巴等大量信息科技总部企业的深圳和杭州，行业年平均工资分别为 26450 美元和 26434 美元。三个行业中，文化、体育及娱乐业平均工资水平相对较低，超七成城市的文化、体育及娱乐业的工资水平低于其他两个行业。样本城市中，唯有长沙的文化、娱乐行业工资水平比其他两个行业更高（见图 2 – 17），主要原因也在于湖南广播电视台、芒果 TV 等广播电视内容制作头部机构在长沙的集聚效应明显，长沙的文化、娱乐发展水平和对创意 GDP 的贡献以及创意就业贡献都较高。

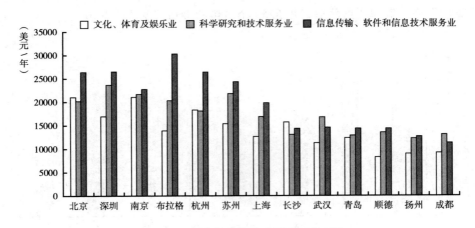

图 2 – 17　创意经济各行业平均工资对比

资料来源：根据各城市及所属国家/地区官方统计网站公开数据计算。

（七）创意行业平均工资水平与城市人均 GDP 整体呈正比

从城市人均 GDP 来看，创意行业平均工资水平随着人均 GDP 的降低而递减，创意行业平均工资水平整体上与城市人均 GDP 成正比。一般来说，人均 GDP 较高的城市，居民收入水平也相对较高，工资水平作为衡量居民收入水平的重要指标，与人均 GDP 呈正相关趋势也在意料之中。北京聚集了大批国内外企业总部，总部经济资源优势明显高于其他城市，总部经济的特点对创意行业高平均工资具有一定拉动作用，且企业总部中从事管理工作的人较多，管理层的薪酬对行业平均工资也有一定的拉高作用。

关于创意经济与经济增长、创意经济与体面就业的关系，本报告从创意城市的层面做了上述的一系列实证研究，这些研究结论一定程度上是基于已有理论和目前可得数据研究结论的一些假说。这些假说尚不能最终解决问题，反而会引发更多问题的提出，以此提供给读者思考，也提供给下一步更深入更细致的研究做参考。

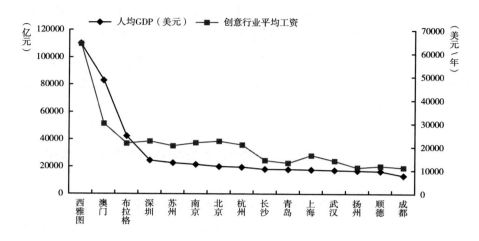

图 2－18　城市人均 GDP 与创意行业平均工资的关系

资料来源：根据各城市及所属国家/地区官方统计网站公开数据计算。

　　此外，因为城市之间存在明显的异质性，所以对很多个别现象我们尽可能地加入了一些更细致的分析与解读。同时关于城市的界定本身也对研究的结论偏差有一定的影响，比如以行政规划界定的城市与按照经济集聚性质选定的城市是不一样的，虽然理论上后者更应该作为研究的对象，但目前很少有国家提供这方面的数据；再比如西方国家很多城市的统计区域只是中心城区而不包含郊区（如悉尼、里昂等），从而导致统计数据中的创意部门占比可能会与大众的直观认知有一定差异（甚至较大偏差），等等。这些问题对更为全面准确地反映创意经济的规模、分布、就业等情况及相关关系的分析造成了一定的影响。

　　从现有的数据来看，创意城市网络中的一些城市确实发挥了其作为本国创意经济节点的作用，创意经济在城市经济的可持续增长和体面就业方面有较明显的促进作用。在创意经济中，与新兴的数字科技相关的行业在 GDP、就业占比、平均工资、就业生产率等方面都具有一定优势，而传统的文化艺术类相关行业在行业规模和从业人员收入上都相对落后。因此我们不能不思考，创意经济的发展在多大程度上能够解决通过产业化、市场化的方式保护文化艺术的目的？文化、艺术如何与科技创新相结合，搭上数字科技的快车，实现更好地发展？这种结合又会对文化艺术的保护和发展有怎样深远的影响？创意经济提供的就业岗位和经济增长在多大程度上解决了社会公平的问题？对落后地区的发展，对弱势群体的赋权是否起到积极作用？这些问题都有待进一步的研究。

三　小结：创意与可持续发展指数研究第一期结论

本报告从创意城市的层面做了上述一系列实证研究，关于创意经济与经济增长、创意经济与体面就业（目标 8 体面工作和经济增长）的关系总结如下：

①创意经济在城市的经济增长和就业方面都做出了重要的贡献，不仅在 GDP 和就业数量中占据一定比例，而且为从业者提供了高于城市平均工资的劳动收入。

②创意城市是所在国创意经济重要的集聚点。创意经济在这些城市的 GDP 和就业人口中的占比大多高于全国平均水平，在本国的创意经济中发挥了引领性的节点作用。

③创意经济在城市经济中所占比重与城市人口规模、经济规模、人均 GDP 等指标并无明显相关性。在适当的引导方式下，不同体量、不同经济发展阶段的城市都可以发挥自身的优势，发展创意经济，使其在城市经济增长和体面就业中发挥重要作用。

④在创意经济中，与新兴的数字科技相关的行业在 GDP、就业占比、平均工资、就业生产率等方面都具有一定优势，而传统的文化艺术类相关行业在行业规模和从业人员收入上都相对落后。

当然，本报告受到数据可得性的限制，存在一定局限性。比如，以行政规划界定的城市与按照经济集聚性质选定的城市是不一样的，虽然理论上后者更应该作为研究的对象，但目前很少有国家提供这方面的数据；鉴于城市的统计区域只是中心城区而不包含郊区，统计数据中的创意部门占比可能会与大众直观认知有一定差异；等等。这些问题虽然对更为全面准确地了解创意经济的规模、分布、就业等情况造成了一定的影响，但这份研究对更深入、更细致地开展下一步研究仍具有一定参考价值，也为读者提供了进一步思考的空间。

在今后的研究中，一些问题有待进一步研究。例如，创意经济的发展在多大程度上能够解决通过产业化、市场化的方式保护文化艺术和地方特色的目的？文化、艺术如何与科技创新相结合，搭上数字科技的快车，实现更好地发展？这种结合又会对文化艺术的保护和发展有怎样深远的影响？创意经济提供的就业岗位和经济增长在多大程度上解决了社会公平的问题？对落后地区的发展，对弱势群体的赋权是否起到积极作用？联合国教科文组织国际创意与可持续发展中心将持续关注创意城市网络，以定量与质性相结合的研究方法，进一步探讨创意创新在城市可持续发展中的作用。

第二部分
创意经济与城市可持续发展专题报告

第三章
创意经济与历史名城保护更新

许　槟　常　青[*]

一　前言：新时期历史城市更新中的科技创新选择

历史城市的更新发展是一个永恒的话题，目前考古发现的人类最早的城市大约是在公元前 3500 年苏美尔文化时期，位于两河流域中下游；中国最早的城市可以追溯到公元前 2100～前 1700 年的河南洛阳偃师二里头。五千年来的城市发展史中，始于 18 世纪 60 年代的工业革命使人类社会先后经历了蒸汽革命、电气革命、信息革命；近两三百年的科技革命，持续而深刻地改变着人类的经济社会组织方式，带来了城市功能与面貌的巨变，在人类历史上前所未有。当前的历史城市，特别是作为全球经济创新中心的历史城市，在城市的规模、功能与形态风貌上已发生了巨变，历史城市的更新进入了一个更具挑战且无法借鉴过往的新时代，需要我们思考在当下科技不断创新的新时期，历史城市如何在不断更新中迎来最好的时代。[①]

---

* 许槟，北京市城市设计规划研究院（BICP）国土规划研究中心顾问，北规院弘都规划建筑设计研究院有限公司总规划师，教授级高级工程师；常青，北京市城市设计规划研究院（BICP）国土规划研究中心副主任、详规所主任工程师，高级工程师。
① 参见斯塔夫里阿诺斯《全球通史》，北京大学出版社，2014，第 18 页；中国社会科学院考古研究所：《偃师二里头（1959 年～1978 年考古发掘报告）》，中国大百科全书出版社，1999，第 40～74 页。

（一）前所未有的历史城市：演变与动因

科技革命带给人类前所未有的惊人发展力量，世界人口呈现爆炸式增长。工业革命之前，世界人口增长极其缓慢，到 1830 年只有约 10 亿人。进入工业革命后，世界人口增长速度大大加快，1950 年达到了 25 亿，特别是第二次世界大战后人口激增，世界每增加 10 亿人口所经历的时间越来越短，2011 年世界人口已突破 70 亿，联合国预测 2100 年人口将达到 109 亿的峰值。[1]

人口激增的同时，交通、建筑、信息等科技领域发生的重大革新，突破了人与人、地区与地区之间连接的限制，使得大规模人口聚集与流动成为可能，世界范围内大城市的规模与数量迅猛发展。工业革命前，世界大城市的数量极少，公元前 3500 年~公元 1500 年的 5000 年间，世界上出现过的最大城市有古罗马、唐长安、巴格达，人口规模在 100 万~150 万，当时的伦敦、巴黎等大部分城市的人口规模不足 10 万人。进入近代早期（公元 1600~1800 年），城市人口规模不断增长，如柏林、罗马、莫斯科、阿姆斯特丹人口规模为 10 万~20 万，巴黎、那不勒斯、伊斯坦布尔在 50 万左右，但城市人口的最大规模仍在 100 万左右[2]。当前，根据联合国人类住区规划署（又称作"联合国人居署"）发布的《2016 年世界城市状况报告》，世界上居住人口超过 1000 万的"超级城市"数量已有 28 个，100 万以上的城市已很常见；对于中国，大城市概念的认定是人口规模至少要达到 100 万[3]。

晚近两百年来的科技革命，带来了五千年来城市发展史上未有之大变局，这种人口规模与大城市数量的惊人改变，对于人居环境意味着质的变化。假设有个唐代诗人、欧洲骑士、哥伦布水手来到当下，他们会发现自己

---

[1] 参见联合国《2019 年世界人口展望》，2019，第 7 页。

[2] 妹尾达彦、李全福：《唐都长安城的人口数与城内人口分布》，《中国古都研究（第十二辑）——中国古都学会第十二届年会论文集》，1994。

[3] 2014 年国务院印发《关于调整城市规模划分标准的通知》，将大城市人口规模的下限由 50 万提高到 100 万，并增设了超大城市，指城区常住人口 1000 万以上。

处在一个完全陌生、无法理解、一望无际的城市空间中。他们所习惯感知的通常意义上的历史城市，保留着传统格局和历史风貌，有着成片历史建筑的老城，这部分区域只是当前城市中很小的一部分。比如北京的老城，是古都风貌的集中体现区，主要位于城市二环路内，以一至两层的胡同四合院民居住宅为主，多数建筑体量不大，另外有计划地错落着宫殿、府衙、坛庙、寺观等较为高大的建筑，如今城市建设已拓展至六环路外，老城的面积只占城市集中成片建设区的1/30。

空中俯瞰当前的大城市，目之所及，密布着近百年来生长的城市连绵建设区，历史上的城市仅如点缀嵌入其中的小小斑块，历史与现代深度交织在一起，融合联结密不可分。因此，讨论当前历史城市更新的传承，视角绝不能仅仅局限于老城这一核心地区，在迎接智能科技变革的新时期，需要有历史观、发展观，从城市整体演变的发展视角去面对新时期的挑战，思考城市发展触媒的科技创新影响，审视老城在城市生命共同体中扮演何种功能角色，传承何种时代信息。

（二）机械增长的城市格局：巨变与得失

工业革命的代表是蒸汽机、内燃机的相继发明使用，它使大规模的机械化、自动化生产取代了传统手工生产，这场重大科技创新革命，让人类社会进入了工业化时代。工业化让越来越多的人脱离自给自足的农业生产，非农就业人口急剧增长，涌入城市开展生产性制造，推动城市空间规模不断扩大，进而产生了贸易革命、金融革命与极大的消费增长，城市让人们前所未有地紧密联系在一起。工业文明本质上是生产文明，尊崇规模化、标准化、机械化的发展逻辑，追求数量的极度增长，人类对资源开始空前的大规模利用，迅速发展起消费经济。

工业革命"机械增长"的规模扩张逻辑深刻影响了城市的发展理念和方式。以往限制城市扩张发展的建造、交通、资源等物理要素，先后取得重大技术突破，城市规模化发展得到尊崇，这些创新技术逐步被充分应用到了城市发展场景中。多层、高层、超高层建造技术被广泛使用，老城在拆、新区在建，彰显着力量与权力，高密度建设场景得到广泛扩散，大城市拥挤成为常态化。借助于汽车、铁路、地铁、飞机等交通运输技术，城市可以沿交通廊道得到更广阔的空间发展，随之而来的是折返于居住地与工作地之间越来越长的通勤时间，以及相伴随的拥挤、噪音与浑浊空气。城市在横向、竖向同时发力，铆足干劲成就了庞大规模，由于建设远超城市自身供给能力，应运而生了大规模能源、水资源区域调配技术，以支撑城市这座犹如巨大生产机器的有效运转。一系列技术被不断完善并大规模应用在城市建设的各个领域；不言而喻，城市也将科技进步所带来的经济增长置于首位，并尽可能地提供发展空间给予支撑保障。历史上的城市，成片建设于大概在 5 公里半径内，现在的大城市，成片建设的空间半径已迅速扩展到 20～30 公里。

取消城市规模限制带来的经济增长效果有目共睹，但随之而来的是一系列疑问，这种城市模式的代价是什么？这种发展是否可持续？大尺度、高密度的城市带给了我们史无前例的体验，享受到更多便捷便利的效率、更加激动人心的感受，也让人审视这一切是不是我们的初心，脚步更匆忙了，人们更容易焦虑了，还产生了大城市病。大城市中的人，每天长距离上下班的通勤，路途上耗费了更多的时间，长达一两个小时，即便是坐公交，在拥挤的车厢，舒适地阅读与休息这样的小小梦想也不易实现；大城市强调寸土寸金，方便抵达的高质量绿色空间成为少数人才能享受到的奢侈品，接触和亲近自然绿野变成了需要特意计划的生活安排；大城市的拥挤，符合生产要求的过于专门化功能分区，也抑制了丰富的传统社区邻里生活组织开展。城市规模过度的增长发展模式，究竟给我们带来了多少理想愿景中的幸福感受？还是我们在年复一年的变化中不过收获了忙忙碌碌的过程而已？这似乎是一个传统人文中多愁善感的问题，但深具意义，也引发广泛讨论。深具人文主义规划思想的美国规划大师芒福德，在 1962 年获美国国家图书奖的《城市发展史》一书中，从关乎人类生存状况、生活意义的宏大视角，深刻批判了过度扩张发展的大城市，认为城市作为一个有机体，"有机的进程是有目的的，是追求目标的，是自我限制的"，取消对城市规模的限制，"标志着从一个有机系统改变为一个机械系统，从有目的性的增长变为无目的盲目扩张。这种经济的稳定靠增加顾客数量和刺激顾客的需要，这种经济生产了大量小汽车、电冰箱等，但是无意去供应永恒的艺术品、美丽的小花园，或自由自在的非消费的安逸和闲暇"，反复强调呼吁"要用一种重视生命的目标和利益的经济来取代重视机器的大都市经济"。[①] 19 世纪末英国规划大师霍华德的"田园城市"的构想，是对当时伦敦过度拥挤和环境恶化的反思，试图构建一种可持续的城市协作和均衡发展体系，既能摆脱向心集中，又能避免向外蔓延。

规划大师对大城市的人文忧虑，正是当下需要面对的棘手社会现实。越来越难以忍受的长距离长时间通勤，使得任何希望改善大城市生活质量的想法，最基本的出发点大多都是缩减日常交通通勤所花费的时间。上下班单程时间超过 1 个小时，会让人感到身心厌烦，容易滋生消极情绪，大伦敦与纽约市的规划战略已将未来城市平均通勤时间控制在 45 分钟以内。当前城市物理交通运输技术革新主要是自动驾驶、提高城市安全等，但这对于提高运输距离的作用有限，也意味着许多居住人口超过 1000 万的"超级城市"规模已接近达到人们承受的极限。

更为深远的社会现象是世界人口生育率的下降。20 世纪 70 年代，在最发达的经济体中生育率初次下降到 2.1‰，发展中国家也开始出现生育率下降的迹象，高生育率国家与低生育率国家的生育率几乎无一例外都在下降。有研究观点认为，城市化程度的深入发展，改变了生育的经济账，女性接受教育赋权，享有对自己身体的支配权越完整，她们选择生育的婴儿就越少[②]，联合国预测 2100 年后世界人口规模将下降，也有越来越多的人口学家甚至认为联合国估算的结果过于乐观，认为这一转折点会更早到来。若数千年人类文明史第一次遭遇整个人类种族规模的下降，城市将失去进一步扩

---

① 〔美〕刘易斯·芒福德：《城市发展史》，宋俊岭、倪文彦译，中国建筑工业出版社，2015，第 557～558 页。

② Bricker, D., Ibbitson, J., "By the End of This Century, the Global Population Will Start to Shrink," *Medium-World*, Jan 29th, 2019.

张的人口基础原动力。①

总体来看，人类虽然在技术上取得了如此大的科技进步，城市经历了前所未有的扩张，城市面貌发生了深刻改变，但城市的人文格局迄今为止仍未能取得根本性突破，即如何带给人生活的乐趣，有助于人的自我实现这一根本性问题。面对现有大量的社会问题，需要加快纠正大城市以机械增长为特征的发展方式，大城市的更新将进入一个历史转折期，不能允许仍以建设新建筑物取代旧建筑物的方式进行更新，要赋予大城市人文意义上的关怀与进步，正视各类人群的需求，减少城市焦虑与恐惧，把物质的质量转化为精神的能量，是当前大城市更新的历史使命。

（三）以人为本的科创发展：未来与选择

科技让城市在近两百年中发生了史无前例的快速膨胀，改变了人类生产与生活的方式，城市终于渐渐放慢脚步，停下快速扩张的步伐，进入一个相对稳定的发展期。人类真正意义上第一次在面对如此大规模的"超级城市"，犹如个体发展般的向内观心，更多专注于城市内部的精耕细作。大城市聚集了如此之多的人口，创造了这么多的专门化组织，让我们更容易找到更多志同道合的伙伴，致力于各种各样的兴趣爱好，绽放碰撞启发的创新之喜，这是大城市对人类精神文化的宝贵贡献，也是城市健康持续发展的源泉，让城市中每一个人都有发挥才能、创造积极生活的机会。

发挥才能，对于每个个体都意味着创新。两百多年科技创新的步伐没有停止脚步，反而进入一个速度更快、影响更广的通道，各种科学技术间深度融合，麦肯锡预测关乎人类未来发展的 12 项硬科技，包括移动互联网、人工智能、物联网、云计算、机器人、自动化交通工具、新型能源存储技术、3D 打印、新材料、基因组技术、非常规油气勘探技术、可再生能源，已进入我们的视野，我们正在经历工业革命开始后的第四次科技变革，将再次深刻改变人类的生产与生活方式，也决定着城市更新的方向。让我们试着畅想

---

① 联合国：《2019 年世界人口展望》，2019，第 7 页。

下科技对生活的改变，尤其是城市更新中创新发展的方向。

1. 更减压的身心诉求

在这个互联互通的时代，每一个人都被绑上了技术进步这辆高速列车，竞争情形出现根本变化，得时刻怀有生存危机，科技进步一日千里，带给城市更多的是匆忙，匆忙或许是这个时代的宿命，能不受影响的人微乎其微。当我们不能正面阻止技术进步失控带来的无力与恐惧，至少可以做到多提供些减压空间。树影、鸟鸣、水声、运动、社交等天然无副作用的减压良药，需要改变的是更新的经济功利观，多考虑些似乎无经济价值的公园绿地、健身步道与公共空间。

2. 更充足的生活空间

智能制造背景下，高效与自动化让卓别林的《摩登时代》中那样劳动密集的大规模生产制造场景会越来越少，生产制造类岗位会缩减，就业集中在商务、研发、消费、服务等第三产业中。第三产业工作场景也在变革，更为灵活集约，优客工场、WeWork 等服务小微企业创新的共享办公兴起，每个岗位占用的空间不到 10 平方米；互联网经济下的交通、餐饮、购物等领域，更产生了大量不需要固定空间的工作岗位。城市为工作需要提供的空间总量将明显少于以往，意味着大量生产制造空间在城市更新中将会调整为居住、休憩、道路、开敞空间、服务设施等各类生活服务空间，城市将会更关注人类的居住生活权。

3. 更严峻的社会重构

按照目前智能革命可预期的发展轨迹，人工智能会替代许多不需要太多创造性劳动的就业岗位，比如 2017 年银行业开始的大规模裁员潮，银行业数据丰富，可标准化岗位多，AI 算法开始替代前台柜员、客户服务、投资顾问等，这种趋势会逐渐波及各类需要前台接待的岗位，需要标准化校核、分析、审计的文员岗位，甚至负责日常开药、超声影像分析的内科门诊医生都可能被替代。这些有相当自我认同的白领，是服务业中的劳动密集型岗位，构成了现代橄榄型社会的基础。编程之类的信息技术岗位是不可能将他们全部吸纳进去的，一旦发生大规模失业，成为无法自己创造财富的社会寄生者，失去自我满足感，对社会的严重影响必然远超城市快速膨胀带来的诸多便利。就像工业革命替代了"传统劳动"，带来了蓬勃的服务业，智能革命替代了"重复劳动"，会打开怎样的世界呢？是否会带来科技之外的文化繁荣、生命成就与人类进步？城市空间更新或许有非常多的可能性。

4. 更丰富的社交场景

科技进步减少重复劳动，创新更多来自科学技术间的交叉融合，带来企业组织结构的迭代革命，需要能带来跨界与合作的社群空间，导致对城市空间需求发生根本性的改变。现有城市、建筑明确的功能分区将发生改变，创新将逐渐淡化清晰的功能边界，赋予城市空间更多的可能性，职、住、服趋向更细化的专业分工、更一体化的空间融合。商务办公、联合办公、创新孵化器、酒店、住房、公寓、咖啡厅、酒吧、健身房、健康餐饮、博物馆、美术馆、安静庭院、儿童活动、商场、创意集市等工作生活场景将以不同方式组合在一起，城市、建筑的内部功能结构将迎来更新改造和变革。

5. 更具品质的生活需求

人类在物质数量极大满足后，生活态度和观念开始升级，更追求品质与个性化，很多领域在颠覆升级，如故宫文创推广传统文化、大白兔奶糖变身潮牌、lululemon 重新定义运动体验、keep 平价互动健身等。对于城市，快速建成与历史保留有关的建筑与街区，不仅仅面临功能结构重塑，在建筑质量、低碳环保、空间设计、室内装修、建设材料等太多方面也有需要消费升级的地方。高品质改造的投资并不少于新建，甚至高于新建投入，城市更新将在固定资产投资领域保持对经济的带动作用，这是好的、健康的、令人愉悦的 GDP。

（四）小结

未来梦想不停步，科技继续在改变着城市，包括其更新发展过程，这次将彻底地不同以往。当下的大城市图景，是一个功能错综复杂的庞然大物，有保留下的珍贵历史城区、繁华现代的商业消费区、商务精英聚集的 CBD、行人与小汽车划分区隔开的大型居住区、科技迭代变革下的各种产业园区、功能单纯的城市郊区，以及规模过度发展面临收缩风险的城区等。城市发展的创新将是对这个由不同年代、肌理、密度、功能混杂拼贴而成的混合体进行内部结构重组和提升，发掘城市基因组调控序列中患病、危险与隐患的部分，进行修正缝合，这是一个长期试验的过程，不会一蹴而就。历史城市曾经凭借其居于核心的区位、适宜宜人的城市密度、舒适近人的交往尺度等，在这场城市社会变革中具有无可替代的示范引领价值。

这将是一场具有史诗般恢宏的城市更新发展史，城市在中观到宏观层面重新分配工作与生活的空间承载场地，在中观到微观层面则构建全新的工作生活组织场景，致力于高品质的城市与建筑空间。城市的创新改变，本质上是人类重新审视自身的发展目标，选择理想的生活方式。我们选取中国北京与荷兰阿姆斯特丹，从科技创新发展的视角进行系统分析，尽可能完整呈现两个城市当下在历史城市更新中的选择与实践。

二　案例1：生态文明下北京历史城区更新的创新实践

经过改革开放 40 多年的经济高速增长和快速城镇化，中国成为世界第二大经济体，城市建设快速扩张，土地的城镇化远高于人口的城镇化①，实现了城市建设的巨量积累。在实现"两个一百年"奋斗目标的关键时期，2013 年中国政府做出全面深化改革的部署，在城市建设领域高度重视生态文明建设，牢固树立节约集约循环利用的资源观，转变发展方式，提高中国经济发展的绿色水平，推动形成人与自然和谐发展现代化建设新格局。在生态文明转型发展背景下，习近平总书记先后四次视察北京，2015 年国家出台《京津冀协同发展规划纲要》，要求"有序疏解北京非首都功能，调整经济结构和空间结构，走出一条内涵集约发展的新路子，探索出一种人口经济

---

① 《国家新型城镇化规划（2014～2020 年）》指出，2000～2011 年，城镇建成区面积增长 76.4%，远高于城镇人口 50.5% 的增长速度。

密集地区优化开发的模式"①。拥有三千多年建城史、八百多年建都史的历史文化名城北京，正在由对外扩张性的发展转向优化内部结构的发展，进入以城市更新为主的历史发展阶段。

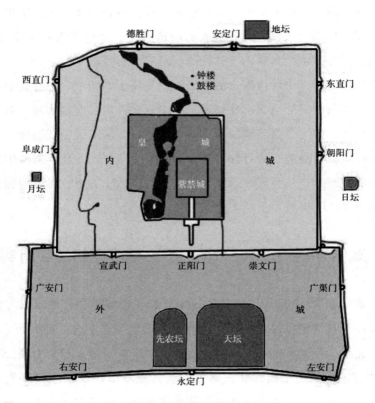

图 3-1 老北京城范围

（一）北京城市更新的战略选择

老北京城是以城墙划分，根据等级以及建筑规格的差异，分为外城、内城、皇城、紫禁城四层（图 3-1），总范围相当于现在北京的二环，约 62

---

① 习近平主持召开中央财经领导小组第九次会议，中国共产党新闻网，引用日期：2020-11-16。http://www.ce.cn/cysc/newmain/yc/jsxw/201505/01/t20150501_5257700.shtml.

平方公里，老北京人常说的"四九城"指其中的皇城和内城。

现在的北京城，是一座欣欣向荣的"超级城市"，相比1949年新中国成立之初，2018年北京城市人口规模由209万增长到2154万，城市建设由二环扩展到六环外，地区生产总值由2.8亿元提高到3万多亿元，地方财政收入由0.24亿元提高到5785.9亿元，居民人均收入由200元左右提高到6.24万元，人均预期寿命由40岁左右增加到82.2岁。取得巨大发展成就的同时，北京也在经历着交通拥堵、房价高涨、环境污染等"大城市病"，全国超特大城市拥堵排名北京高居第一[①]，二手房房价排名北京以6.8万元/平方米均价居首[②]，空气微粒浓度水平高出世界卫生组织建议的安全标准。北京未来发展面临重大战略判断，是否仍能延续城市规模扩大的发展模式？

从世界范围理性认识北京现有的城市规模，对于战略选择非常重要。城市规模的核心是人口规模，人口规模与建筑规模直接相关，在相似空间尺度下（图3-2），这里选取现状人口密度与建筑密度两项指标进行国际横向对比。

北京市域范围约16410平方公里，远远超过通常意义上所说的城市范围，空间半径达到了80~100公里，相当于大伦敦、纽约、东京与巴黎的都市圈。对于北京市域，现状人口密度已是大伦敦、纽约与巴黎都市圈的1.1~1.4倍，建筑规模约是东京都市圈的84%，整体而言已具备了相当大的建筑体量。都市圈的功能核心是大都市，大伦敦、纽约市、东京都、大巴黎的空间半径在20~30公里，相似空间尺度是北京的中心城区，这个范围内集聚了北京约60%的常住人口，约70%的就业人口与经济总量，是北京"大城市病"问题最为凸显的地区。对于北京中心城区，目前已是超高建设密度地区，建筑密度是大伦敦、东京都现状建筑密度的2.4~2.6倍，人口密度高于纽约市与大巴黎，是东京都、大伦敦的1.5~1.7倍。[③]

---

① 参见高德地图联合交通运输部科学研究院、阿里云发布的《2017年度中国主要城市交通分析报告》。

② 参见住房大数据联合实验室、中国社会科学院财经战略研究院住房大数据项目组2017年数据。

③ 常青、徐勤政、杨春等：《北京新总规建设用地减量调控的思考与探索》，《城市规划》2017年第11期。

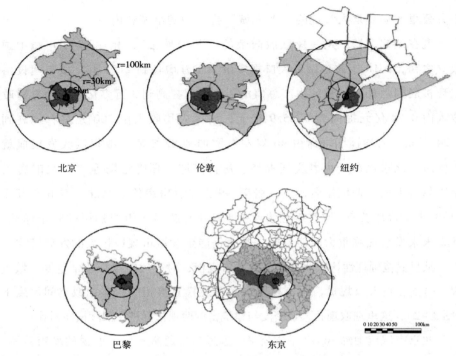

图 3 - 2　北京与伦敦、纽约、巴黎、东京分圈层同尺度比较

资料来源：常青、徐勤政、杨春等：《北京新总规建设用地减量调控的思考与探索》，《城市规划》2017 年第 11 期。

与国际对比，北京，特别是北京中心城区建设总量巨大，建设数量已不是制约发展的要素，反而过高的建设强度会降低城市的舒适度与吸引力。同时，北京是一个资源紧缺城市，人均水资源量约 176 立方米，不足全国平均水平的 1/10，比国际公认的 500 立方米极度缺水警戒线还差很多，需大量依赖再生水和"南水北调"水，平原地区生态环境容量也处于警戒状态，供水与生态安全对城市开发建设规模进行约束和控制。因此，北京从发展上已到了从数量驱动转向质量驱动的关键期，现状全社会劳动生产率①为 19. 6

---

①　全社会劳动生产率指社会生产过程中产出量与所用劳动投入之比，通常用一定时期内地区生产总值与从业人员平均人数之比来衡量，是反映全社会范围内生产效率、经济发展质量和效益的指标。

万元/人，与国际对比，2012 年东京都市圈全社会劳动生产率约 75 万元/人，大伦敦约 90 万元/人，2013 年纽约大都市圈全社会劳动生产率约 99 万元/人，巴黎大区约 94 万元/人，相比之下，北京发展质量有很大提升的空间。①

2017 年北京获批复的新一版城市总体规划，明确提出要严格控制城市规模，成为中国第一个提出减量发展的城市，城市由扩张性发展转向城市更新。北京城市更新做出了重大的历史性选择，选择不以规模增加为主的更新方式，走规模严控下内涵增长式更新，建设全国政治中心、文化中心、国际交往中心与科技创新中心。北京以创新为唯一发展路径，明确全社会劳动生产率增长要求，倒逼城市发展方式转型，聚焦提升建筑利用绩效，改善公共环境水平，持续优化提升首都功能。

（二）全覆盖的历史文化名城保护创新体系

北京历史文化遗产是中华文明源远流长的伟大见证，是北京建设世界文化名城的根基。北京在以创新带动城市更新转型下，极为重视历史文化这张金色名片的保护与发展，以更开阔的视角不断挖掘历史文化内涵，不仅仅局限于老城，扩大保护范围与保护对象。新一版北京城市总体规划构建了四个层次、两大重点区域、三条文化带、九个方面的历史文化名城保护体系（图 3 - 3），让"在保护中发展，在发展中保护"的历史文化名城保护思想发挥更广影响，文化保护与创新发展深度融合，让保护成果惠及更多民众，增强城市创新吸引力。

北京历史文化名城保护是站在京津冀协同发展高度，建立了覆盖老城、中心城区、市域和京津冀四个空间层次的保护格局，突出北京老城、"三山五园"② 两大重点保护区域与大运河、长城、西山永定河三条带状文化保护区域。

---

① 常青、徐勤政、杨春等：《北京新总规建设用地减量调控的思考与探索》，《城市规划》2017 年第 11 期。

② "三山五园"是对以清代皇家园林为代表的各历史时期文化遗产的统称。"三山"指香山、玉泉山和万寿山；"五园"指静宜园、静明园、颐和园、圆明园和畅春园。

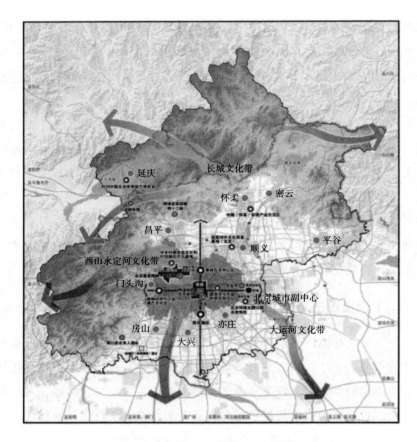

图 3 - 3　北京历史文化名城保护体系

资料来源：北京市人民政府，《北京城市总体规划（2016～2035 年）》，2017。

　　老城指北京传统历史城区，范围是北京二环路内，面积约 62.5 平方公里，老城坚持整体保护，包括传统中轴线、明清北京城"凸"字形城郭、明清皇城、历史河湖水系、传统街巷胡同格局、胡同—四合院特有的传统建筑形态、重要景观视廊、传统地名等内容。"三山五园"位于北京的西北郊，拥有以世界遗产颐和园为代表的古典皇家园林群，集聚一流的高等学校智力资源，是传统历史文化与新兴文化交融的复合型地区。

　　大运河包括有元、明、清时期的京杭大运河，以及元代白浮泉引水沿线、通惠河、坝河和白河，大运河文化带全面展示大运河文化魅力。长城是人类文明有史以来最庞大的单一建筑物，万里长城北京段延绵 629 公里，长城文化带以优化生态环境、展示长城文化为重点发展相关文化产业，展现长城作为拱卫都城重要军事防御系统的历史文化及景观价值。西山永定河沿线有北京城发源地之一琉璃河大遗址，以及商道、香道、铁路等历史古道，历史文化资源密集分布。西山永定河文化带将整理、修复、恢复沿线相关历史资源，形成文化探访线路。

同时，北京也在拓宽和丰富历史文化名城保护对象，涵盖了世界遗产和文物、历史建筑和工业遗产、历史文化街区和特色地区、名镇名村和传统村落、风景名胜区、历史河湖水系和水文化遗产、山水格局和城址遗存、古树名木、非物质文化遗产共九大方面的文化遗产保护传承与合理利用。

作为全国的文化中心，北京是见证了历史沧桑变迁的千年古都。在当前城市更新的历史阶段，北京极为重视历史文化更新，构建了全覆盖、更系统的保护发展体系，凸显北京历史文化的整体价值，让历史文化在科技创新转型中充分发挥作用，展现作为东西方文明相遇和交融的国际化大都市的城市特色。

（三）历史城区创新实践

中国已达到了世界创新领先者的地位。由世界知识产权组织、美国康奈尔大学、欧洲工商管理学院及其他工商业界合作伙伴每年共同发布的全球创新指数显示，中国近些年创新能力显著提升，2019 年排名已升至第 14 位，北京更是位列全球第四大创新集群①。创新发生在各种行业，可以有许多不同的定义和量化分析方式。2015 年麦肯锡全球研究院将创新分为四种类型，一是围绕消费者创新，开发新颖产品、服务和业务模式，根据市场反馈不断修改更新；二是效率型创新，对生产、产品设计和供应链管理流程进行改善，降低成本，加快市场投放速度；三是工程技术型创新，如航空航天、汽

---

① 根据世界知识产权组织发布的《2019 年全球创新指数》（*Global Innovation Index 2019*，GII）报告，2019 年全球前五大创新集群分别是东京 - 横滨（日本）、深圳 - 中国香港（中国）、首尔（韩国）、北京（中国）、圣何塞 - 旧金山（美国）。

车制造，重点解决技术问题，设计出更好产品；四是科学原始型创新，获取新的研究发现并将其转化为产品，如半导体设计、生物医药研发等。[①] 中国在消费创新、效率创新、工程技术创新上都取得巨大的进展，需要迎头赶上的是科学原始创新。北京作为全国科技创新中心，新一轮城市总体规划聚焦科学原始创新，提出加强原始创新和重大技术创新，发挥对全球新技术、新经济、新业态的引领作用。

创新成功在很大程度上依赖所能吸引到的人才质量，而顶尖人才往往对公共环境品质、文化多元性等生活质量问题方面有较高的要求。北京在历史文化保护整体框架下，对于历史城区，探索公共环境与历史资源改造利用的模式，创造具有独特魅力的特色环境，吸引留住创新人才。这里选取历史建筑与文化遗产集中分布的老城，以及工业遗产与新建建筑交织在一起的国家文化产业创新实验区，介绍北京在这两类历史城区更新改造方面的经验。

1. 北京老城

老城是北京历史文化资源最为集中分布的地区，是名城保护重点地区，也是全国政治中心、文化中心和国际交往中心的核心承载区，是展示国家首都形象的重要窗口地区。北京新版城市总体规划用"老城"取代沿用多年的"旧城"，一字之变，凸显对城市历史保护与发展的职责与使命，"老城不能再拆"更是充分体现了保护的决心。[②]

对于老城，著名建筑学家、清华大学教授吴良镛曾多次呼吁："我们放眼世界，首先要认识到把北京历史文化名城保护好、整治好、发展好，是最有现实意义的，是中国最大的甚至是无与伦比的'中华文化枢纽工程'。这项工程不是旧有历史建筑的恢复，而是环境的再设计。"[③] 因此，北京在老城更新中，首先聚焦的是提升老城人居环境，通过大规模违法建设治理和背

---

① 麦肯锡全球研究院，《中国创新的全球模式》，2015 年 7 月，第 4 页，网址：https://www.mckinsey.com.cn/wp – content/uploads/2015/07/MGI_ China – Effect – on – Global – Innovation_ CN.pdf? c20e1d。

② 北京市人民政府：《北京城市总体规划（2016～2035 年）》，2017。

③ 中国新闻网，《从"旧城"到"老城"：北京一字之变意味深长》，网址：https://news.china.com/domestic/945/20170614/30733003_ all.html。

街小巷环境整治，在扩大生态空间、治理胡同环境等方面进行了多项创新实践，使老城的公共环境品质符合首都功能发展与现代生活需要。

老城寸土寸金，自然生态空间缺乏的矛盾十分突出，也是高质量现代生活所盼。针对此项难点，北京提出建设"口袋公园"，即因地制宜，充分利用拆违空间、腾退空间、零散地块、道路两旁、第五立面等可绿化的空间以及现有绿化提升改造，按照宜绿则绿，胡同要见缝插绿、沿河要建绿道、房子要垂直绿化，以多种方式拓展老城的生态空间。近两年新建了东福寿里、京韵园、同仁医院、校尉胡同、天坛东门、广渠门、大红罗厂等"口袋公园"。一处处"口袋公园"如雨后春笋般在老城中"长"出，虽然占地面积不大，但都小巧精致、设施齐全，为周边居民亲近自然、享受绿色，提供了极大的便利，悄悄改变着市民的生活方式，增强着老城的吸引力。同时，北京提出每个区至少建成 1 处一定规模"近自然"的"城市森林"，老城首个城市森林是对菜市口地铁站西北角等 4 处堆满废弃物的闲置地重新规划，建成占地总面积达 5 个足球场大的城市森林公园，这里碎石小路曲径通幽，乡土树种占比高达 80% 以上。随着"口袋公园"与城市森林公园相继建设，老城所在的东城区、西城区，2018 年底公园绿地 500 米服务半径覆盖率分别达到 92.48% 和 96.36%。

胡同起源于元代，是老城文化基底，也是展示京城历史文化的重要舞台，记载着历史变迁与时代风貌。老城胡同数量有 1000 多条，但随着现代生活的变迁，胡同环境变得拥挤不堪，特别是乱停车现象十分突出。北京2018 年 5 月出台《北京市机动车停车条例》，立法治理停车问题，严格控制老城的机动车保有量，通过加强停车位共享，建立居住停车区域认证机制，规范胡同停车，打造不停车街区。比如在王府井地区，周边未实现不停车的8 条胡同中，仅可有序停放机动车 398 辆，但实际每天平均有约 1300 辆机动车停车需求，停车缺口巨大，区域内停车难、停车乱现象十分突出，但王府井地区商场写字楼密集，停车资源丰富，地区所属街道聘请了北京建筑大学专业团队，对周边 22 家商业配套停车场使用状况进行调查，逐一梳理各停车场使用率、闲置率，一共协调出 630 个"共享"车位，同时提供菜单式方案供居民选择，比如晚上错时停车每月 300 元、远距离全天停放每月 300 元、近距离全天停放每月 500 元，方案最终得到了商户和居民的普遍认可，面积 1.65 平方公里的王府井地区成为北京首个"不停车街区"①。老城胡同停车问题的解决思路正在由过去的"适度建设、挖潜、共享"转变成"共享、挖潜、适度建设"，优先顺序的改变，带来的是现代生活下老城逐渐在回归传统街巷氛围，历史与现代和谐交融，高品质的整体环境在逐渐形成。

北京老城更新在做优环境本底、走向全面改善人居环境的同时，一直在关注人，探索如何在历史街区中留住老北京的乡愁和记忆，注入创新活力元素。老城更新过程中，胡同院落中逐步腾退出一些房屋。如何利用这些房屋？老城胡同探索形成"共生院"模式，即腾空房屋通过置入体验式民宿、文化工作室、创业、设计、公共服务等功能，引入青年人入住，与老住户做邻居，实现经营与居住、游客与住户的新老融合，既让腾退房屋得到利用，也为胡同注入新的生机。目前老城南锣鼓巷四条胡同、前门草厂地区、银锭桥胡同 7 号院已示范打造为"共生院"，取得良好效果。北京老城"共生院"模式，不单留住了老北京胡同—四合院的形态、胡同肌理，更是要实现保留的传统建筑与植入的现代建筑的建筑共生、留住的老居民与迁入的新居民的居民共生、传统的院落居住文化与现代居住文化的文化共生。

2. 北京国家文化产业创新实验区

北京国家文化产业创新实验区位于北京中心城区的朝阳区，呈东西向带状分布，东西长度约 16 公里、南北宽度 3～4 公里，包括有规划成片建设空间与绿色开敞空间，范围约 78 平方公里。地区内已有大量建设，容纳了大量居住与就业人口，属于城市建成区，除了有高楼林立的 CBD、各个年代的成片居民楼房与农民住房以及大学外，还在其中分布有建国后建设的工业厂房，历史与现代交融，属于另一种有代表性的历史城区。

---

① 《就近停，堵得水泄不通；不让停，居民车辆搁哪？北京东城区——住胡同，车也有地儿停》，《人民日报》2019 年 5 月 20 日，第 11 版。

　　实验区的发展是在此地区北京商务中心区（CBD）与中国传媒大学的辐射带动下，在现状城市空间上遵循市场规律形成的产业经济群（图3－4），包含4处国家级、3处市级和8处区级文化产业园，贡献了超过全市1/7的文化创意产值收入，2012年就成为中国第一个实现年收入超过1000亿元的文化产业功能区。目前，实验区内聚集了人民日报社、中央广播电视总台、北京电视台、凤凰卫视、万达文化、恒大文化、映客直播、腾讯影业、亚马逊卓越、蓝色光标等一批知名品牌文化企业，是中国文化企业最聚集的一个区域。

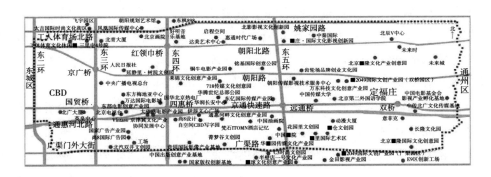

图3－4　国家文化产业创新实验区

资料来源：国家文创实验区官网。

　　实验区传媒文化产业在蓬勃发展的同时，也面临着完善设施道路、实现绿色空间、保障农民权益等诸多复杂挑战。2012～2013年，该地区开展并完成了空间发展整体规划研究，旨在回答一个核心问题，如何在处理好产业发展与地区其他发展间的关系下，引导支持创新空间下一步发展。

　　规划坚持底线思维，认为良好的基础设施承载能力与绿色生态环境品质是保证支持产业长远发展的核心；综合分析了基础教育、交通通行、供水管网等各项基础设施承载能力，认为该地区已具备较大的建设强度，基础设施承载已达到饱和状态，做出现有规划建设总量不宜增量调整，并且规划建设指标要优先保障地区民生类设施完善的战略判断，产业发展专注现有房屋功能重组与效率提升，探索以更少的空间资源消耗支撑更长时期、更高质量的产业发展，实现城市永续发展。

对于文化创意产业，企业大多是小微企业，具有对空间成本较为敏感、喜欢特色灵活创新空间、有面对面密切协作交流的特点。大量案例表明，此类产业大都在紧邻城市核心地段集聚，大规模空间集聚发展模式较少，大多是自下而上利用老厂房、住宅改造成灵活布局的微型集聚区。规划顺应产业空间发展规律，考虑小微企业租金支付能力，在紧邻城市核心且具有良好规划交通条件支撑的定福庄地区规划了产业集聚区。同时，避免大拆大建，提出以现状建筑物功能转型为主的"微更新"建设思路与模式，鼓励地区内工业厂房改造、传统商业空间转型、有形市场腾退、集体产业发展"高精尖"等方式实现功能转型，发展微型集聚区，特别是全面梳理地区内具有文化特色的空间，对北京齿轮厂、北京印刷厂、北京工艺品仓库、北京卷烟厂等9处不是工业遗产但具有文化内涵的老厂房，提出保护利用要求。

实验区内建筑物的"微更新"已成为产业发展的主要方式，陆续引导转型升级了莱锦文化创意园、齿轮厂品牌创业文化园、北京电影学院文创园、铭基国际创意公园、塞隆国际文化产业园、华膳园国际传媒产业园、金田影视产业园等文化创意园区，已形成50余家文化产业园区（基地）。转型园区特色鲜明，文化吸引力日益凸显，吸引品牌企业加快聚集，已聚集了万达院线、宣亚国际等52家上市文创企业，还有掌阅科技、优客工场、微票儿、乐视影业等一批"独角兽"企业和9家国家级众创空间等。目前，实验区内产业规模持续壮大，截至2017年12月底，登记注册文化企业达到37601家，新增注册资本金5000万元以上企业220家，1亿元以上企业72家，注册资本金合计213.1亿元，规模以上文创企业实现收入1501.9亿元，占朝阳区文创产业总收入的46.9%①。

中国的生态文明改革是要从根本上转变以牺牲资源环境为代价换取经济高速增长的发展模式，面对国家转型战略，历史文化名城北京是中国首个提出在严控规模下开展城市更新的超特大城市，也是探索从单纯数量增长转向

① 参见国家文创实验区官网，网址：http://wcsyq.chycci.gov.cn/Shiyanqu.aspx? rcid =1&cid =1。

创新提升效益的全新挑战。历史文化对于吸引、激发创新极为重要，背景城市历史资源的保护与利用业已进入新的历史时期。北京构建了全方位的历史文化保护发展体系，积极治理历史城区公共环境，鼓励为历史建筑、工业遗产与老旧建筑注入新的活力。历史城区的更新已不仅仅是为了保护和经济发展，更是在为老住户、创新人才、老人、孩子等各类人群创造丰富多样的高品质城市生活，让历史充满现代活力与希望。

三　案例2：让创新成为生活——阿姆斯特丹的创新系统

荷兰位于欧洲西北部，北邻北海，与德国、比利时接壤，国家面积不大，仅约41528平方公里，但是欧洲的传统门户。公元17世纪的荷兰在科学、艺术和贸易上处于世界领先地位，处于黄金时代。如今的荷兰经济发展繁荣，是世界第17大经济体和欧盟第6大经济体，也是世界第6大商品出口国和第6大服务出口国，更是全球创新的领导者。由康奈尔大学、欧洲工商管理学院和世界知识产权组织发布的《全球创新指数（GII）排行榜》中，2018年荷兰高居全球第二；由欧委会发布的《欧洲创新排行榜》中，2017年荷兰在欧洲排名第四，并且自2010年以来创新水平提升了15.9%，远高于欧洲5.7%的平均水平[①]。创新让荷兰具有高度的竞争力，世界经济论坛（WEF）编撰的2019全球竞争力指数显示，荷兰业已成为欧洲最具竞争力的经济体。

城市是荷兰创新的发源地，荷兰是欧洲城镇化程度最高的国家之一，城市地区吸引了全国大约3/4的人口、80%以上的知识工作者。阿姆斯特丹作为荷兰的首都与第一大城市，是传统的金融、贸易与文化中心，更是对城市创新极富远见，凭借初创企业网络、品质生活与数字创新服务，构建了全方位的创新生态网络，荣获"2016年欧洲创新之都"称号。

---

① 参见欧盟发布的《2018欧洲创新记分牌》（*European Innovation Scoreboard 2018*，*EIS*）报告，网址：https://ec.europa.eu/docsroom/documents/42981/attachments/1/translations/en/renditions/native。

（一）城市的创新战略

在知识经济创新大背景下，当今全球性大城市发展面临着复杂挑战，但城市发展有着很多相似的成功因素，不仅表现在经济上，也体现在创造能力、文化生活、可持续性和居住水平的蓬勃发展方面。阿姆斯特丹自 20 世纪 90 年代以来人口不断增加，城市日新月异，但阿姆斯特丹并非一直如此受人欢迎，在 20 世纪 60 ~ 70 年代，城市发展面临困境，郊区化带来城市中心活力减退，中产家庭与许多企业迁出城市中心，关键指标国际排名不断下滑，一度跌出国际组织、国际企业总部、文化演出以及外国游客过夜数量最多的欧洲国家前十位。在此形势下，阿姆斯特丹做出了一系列关键性战略选择，有着特色鲜明的创新转型经验。

1. "人性尺度大城市"的城市空间框架

当前阿姆斯特丹面临的最大挑战是不断增加的人口，这在城市漫长的发展史上并不是第一次。17 世纪的阿姆斯特丹是欧洲航运和世界金融中心，正处在城市的黄金年代，城市人口在一两代人之内就实现了数倍增长，深刻改变了城市形态与社会。19 世纪后期，阿姆斯特丹新建了博物馆、火车站、音乐厅；与此同时，随着工业革命的到来，阿姆斯特丹—莱茵运河与北海运河的挖掘极大地促进了与欧洲、世界的商业交流，阿姆斯特丹迎来了第二次人口快速增长，与第一次一样快速激进，导致城市在第一次世界大战前进一步扩张，建设了新的郊区，这是阿姆斯特丹城市发展第二个黄金时代。在这两个黄金发展期，阿姆斯特丹并没有总体性的规划发展指引，即使是运河区也不是根据预先设想的宏伟设计而开发的，而是逐步开发形成的。

第二次世界大战期间阿姆斯特丹城市所受损害较轻，市区及多数建筑未毁于战争，战后经济快速发展，大量人口涌入。面对增长需求，城市通过进一步郊区化容纳发展，但城市中心在 20 世纪 60 ~ 70 年代开始出现人口减少与活力衰退，城市发展方向面临重新考验，最适合当今时代增长的城市发展策略是什么？这成为城市规划需要决策的关键性问题。

阿姆斯特丹认为，城市的发展结构应该是能够为更好的互动交流、生产效率、良好环境创造机会，这对城市当前及未来的繁荣至关重要。因此，阿姆斯特丹不再选择通过侵占绿色空间的扩张式发展，取而代之采取提高城市密度的"紧凑城市"发展道路，来提高社会与经济组织联系紧密度。同时，集约化的阿姆斯特丹不是孤立的，是作为更大更多样的阿姆斯特丹大都市区、兰斯塔德地区的一部分。

阿姆斯特丹形成了面向未来的城市发展总体结构轮廓：城市的核心运河区，作为世界遗产保持历史原样，也是与集约发展地区之间的缓冲区；在传统地区与现代城市之间的区域，有良好的城市交通连接，现状多是相对低密度的房屋，适度提高建设密度满足各种变化的人口需求；城市建设区之间穿插着大片绿色开敞空间（图3-5）。城市侵占绿色空间的扩张结构得到有效约束，形成的城市规模尺度非常人性化，创造了独特的健康、低碳、可互动、低成本、空间集约的自行车交通出行方式，整个城市自行车承担了40%的出行规模，在中心区域承担了60%的出行规模。

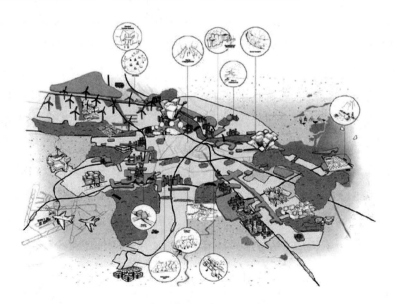

图3-5　阿姆斯特丹城市空间发展总体框架

资料来源：Plan Amsterdam Magazine（2018年3月）。

阿姆斯特丹创造了非常宝贵的具有人性尺度的集约发展空间框架，在这个框架下，阿姆斯特丹形成了独有的双重特征，一方面阿姆斯特丹类似伦敦等全球城市巨头，在世界范围具有很强的经济影响力，这种影响力不容低估，GPCI 的世界城市排名中，近十年阿姆斯特丹一直位列世界前 9，2018 年高居第 6 位，仅次于伦敦、纽约、东京、巴黎和新加坡。另一方面，阿姆斯特丹具有极高的宜居水平，GPCI 排名体系中宜居度这项排名，阿姆斯特丹高居世界第 2，这种高宜居水平一般出现在温哥华、维也纳等中等城市。

集约化空间框架下的双重特征或许是阿姆斯特丹最大的财富，既是拥有充满活力的经济、丰富的文化和众多机遇的世界城市，同时还是一个相对较小的城市①，城市中的距离仍然可以用自行车骑行的分钟数来衡量。简而言之，这是一个两全其美的城市：人性尺度的大城市，不断地吸引、激发各类创新人群。

2. 住房权益的充分保障

全球互联互通的今天，跨国公司已将工作流动性作为人才战略的重点，65% 的企业正在实行员工流动计划②，可负担的生活成本是全球大城市吸引企业与人才的重要因素之一，对于提升城市幸福感至关重要。作为具有全球综合竞争力的大城市，阿姆斯特丹拥有高生活质量，2017 年美世生活质量调查排名全球第 12 位；与此同时，城市的生活成本并不算高，2019 年美世生活成本调查仅排名全球第 58 位，远低于众多全球大城市。③

住房是影响生活成本的重要因素。荷兰是欧洲第一个建立社会公共住房体系的国家，早在 1901 年荷兰议会就通过了《住房法案》（*Housing Act*），规定每一位公民都拥有获得住房的权利，且社会有责任满足人们这一权利。当前，荷兰用于租赁的非营利性的社会住房比例是欧洲最高的，超过 1/3 的

---

① 阿姆斯特丹城市人口规模现状约 84.5 万人，阿姆斯特丹大都市区城市人口规模现状约 243.5 万人，远小于伦敦、纽约、巴黎的人口规模。

② 来源：美世 2019 全球人才趋势报告，https：//www. mercer. com. cn/our – thinking/career/global – talent – hr – trends – 2019. html。

③ https：//www. mercer. com. cn/our – thinking/cost – of – living. html.

家庭居住在社会住房里，在阿姆斯特丹这一比例更高，近40%的家庭居住在社会住房里，这与荷兰政府公共干预的传统密切相关。

荷兰的土地并非私有，实行批租制度，即城市土地并不出售，是出租给私人机构，阿姆斯特丹也不例外，阿姆斯特丹市政府拥有近80%的城市土地（图3-6）。对于土地的开发，无论开发主体是公共部门还是私人部门，政府有非常完备的土地计划管理部门，规定了土地的用途、房屋开发类型、房屋设计、价格区间、未来收入回报流等[1]，严格防止土地的投机活动。对于住房的社会保障，荷兰实行普惠模式，社会住房建设以大量投资与不设限制的准入性为基本特征，同时对租房整体市场进行租金管制，包括租金价格的上限和上涨比例，上涨的幅度由中央政府根据通货膨胀程度进行制定，覆盖了所有的社会住房和私人出租。

在政府有效的干预管理下，阿姆斯特丹经济强劲发展的同时确实推涨了房价与租金，但价格总体在可负担水平，未涌现市民被迫搬离以及严重的社会隔离现象，特别是较穷困者住房向下降级的情形没有大量出现。当前的阿姆斯特丹，保有相对合理的房屋价格，不同收入阶层、种族仍能生活在同一社区，共享同一公共空间，体现着荷兰一贯的自由开放精神。

3. 互联互通的连接平台

创新产生于人与人之间思想观点的碰撞与启发，连接力是城市拥有强大创新的关键能力，连接让合作无处不在。在2016年欧洲创新之都宣传片中，阿姆斯特丹自豪地介绍整个城市已成为一个自由开放的平台，让人和人之间建立起更便捷的联系，包括信息交换、权衡不同想法、包容异议、挑战权威与解决问题，让信息在连接碰撞中产生新的思路和行动方向。阿姆斯特丹在交通连接、人才连接、信息连接上特点突出，与世界紧密连接在一起。

阿姆斯特丹是通向欧洲的门户，史基浦国际机场是欧洲最好的机场之

---

① 参见尹子潇《探访荷兰：与中国土地制度最为相似的发达国家》，http://finance.sina. com.cn/zl/international/2018-08-20/zl-ihhxaafy9601213.shtml。

图 3 – 6　阿姆斯特丹城市土地划分

资料来源：尹子潇：《探访荷兰：与中国土地制度最为相似的发达国家》，
http：//finance. sina. com. cn/zl/international/2018 – 08 – 20/zl – ihhxaafy9601213. shtml。

一，在国际机场行业组织（ACI）2018 年机场行业连通性排名中高居全球第二，每年可以连接 52000 条航线。① 高速铁路网络让阿姆斯特丹与欧洲主要中心连接在一起，只需数小时车程即可到达巴黎、法兰克福、伦敦、布鲁塞尔等欧洲中心城市。阿姆斯特丹港更是欧洲五大海港之一。

　　阿姆斯特丹自由包容的文化，吸引了大量外来移民人才，政府更是颁布了一系列的签证移民政策，以保证外来人才的无障碍流入。阿姆斯特丹所在大都市区相关城市与移民归化局、税务局联合倡议，共同创建了阿姆斯特丹外籍人士服务中心（IN Amsterdam），为阿姆斯特丹地区国际公司的科研人员、企业家、国际毕业生等高技能移民提供一站式服务。该机构简化移民流程，雇主提交一份表格，就可在新员工仍在国际旅行时开始办理居留许可登记，并安排预约访问。员工来到荷兰时，所有文件都准备到位，只需访问阿姆斯特丹外籍人士服务中心办事处一次即可领取居留许可，完成市政当局必要登记，获得公民服务号码（BSN），享受在荷兰开设银行账户等服务。同

----

① 　http：//www. amsterdaminbusiness. cn/news – and – insights/adam – rankings.

时阿姆斯特丹外籍人士服务中心定期举办免费的讲座与活动，涵盖医疗保健、税务和财务问题、创业、寻找住房、选择学校，等等，促进移民融入社会。阿姆斯特丹所在的兰斯塔德地区，近30%的人口增长来自移民，移民对人口增长发挥了重要的作用。

阿姆斯特丹连通性并非仅仅局限于交通、人才领域，也体现在蓬勃发展的信息技术，阿姆斯特丹拥有世界最大的数据传输枢纽，是一座数字化智慧城市。阿姆斯特丹20世纪90年代初成立了阿姆斯特丹互联网交易中心（AMS－IX），连接了最大数量的欧洲城市，为缺乏数据的企业提供充足支持，在信息密集连接的驱动下，170多个国际信息通信技术（ICT）供应商选择阿姆斯特丹作为他们的欧洲总部，约1/3的欧洲数据中心位于阿姆斯特丹，许多全球企业选择阿姆斯特丹作为进入欧洲的第一站，荷兰当前GDP的1/4已经依赖于数据中心和云计算供应商[1]。依托强大信息技术，阿姆斯特丹开放共享数据，数字智慧城市建设步伐很快，已开放人口普查、交通、环境、市政、商业等各领域城市数据进行分析挖掘，共商解决城市问题。对于智慧城市软硬件研发者缺乏研发测试场景的问题，2015年阿姆斯特丹建设了世界第一个iBeacon生活实验室，这是一个基于位置的大型开放的物联网测试场，所有公民、公司和大学都可以在其中测试和开发应用程序，为新商业模式创造机会，助力快速增长的物联网经济。

4. 遵从创新的人性规律

遵从人性和事物发展规律，是荷兰创新的基石。荷兰是全球首个推行"灵活工作小时"或"非全职工作小时"的国家。员工可选择每周工作25个小时，再用15小时自己创业或做其他工作；偏重家庭的员工，可以每周有一天在家带孩子料理家务。职场上鼓励"一心二用"，因为荷兰早就意识到，建立平衡舒适的工作生活平台，是解放束缚、让人发挥创造力的前提。人们通过契约来履行责任，通过主观能动性来提高效率，一切根植于生活，也改善生活[2]。

---

[1] 参见：Zenlayer，阿姆斯特丹数据中心网站，https：//helanonline. cn/article/16674。

[2] 魏蔻蔻：《世界第四的荷兰式创新强在哪里?》，"荷兰在线"网站，https：//helanonline. cn/users/% E9% AD% 8F% E8% 94% BB% E8% 94% BB。

（二）城市更新的创新场景

20世纪80年代阿姆斯特丹从郊区化开始回归关注城市中心复兴，控制城市蔓延，确定了"紧凑城市"的整体空间发展结构，城市更新成为城市发展主要方式。阿姆斯特丹的城市更新特别强调城市的活力与多样性，将混合开发作为主要策略广泛应用在更新实践之中（图3-7），吸引各类创意人群，提升城市综合竞争力。以下以泽伊达斯（Zuidas）商务区更新、阿姆斯特丹北区文化创意更新两个不同类型项目为例，介绍混合开发理念在实践中的应用。

图3-7　阿姆斯特丹2040结构规划沿中心展开区域规划功能

资料来源：阿姆斯特丹2040结构规划。

1.泽伊达斯商务区更新

泽伊达斯商务区占地约2.45平方公里，位于阿姆斯特丹市南部，是阿姆斯特丹重要的国际金融中心，提供金融、法律和商业等相关服务，目前约有800家国际机构及荷兰大型企业落户商务区及周边地区，吸引了包括谷歌、荷兰银行、摩根大通、阿克苏诺贝尔等在内的一大批具有高度影响力的龙头企业。

泽伊达斯商务区从规划到开发建设的全过程都在强调住房、办公、文化配套等功能间的高度混合，并不一味开发办公建筑，规划中办公建筑占比仅35%，居住及支持产业发展的配套建筑占比达到了65%，为国际机构与企业提供了一个最具宜居性与多样性的园区（表3-1）。

相比欧洲其他大规模的开发项目，泽伊达斯商务区混合开发的一个显著特点是高校、会展中心、教育培训等大量文化配套功能建设，为产业发展提供科研转化、信息传播及人才培养等功能支撑，是其功能混合的最大特点与优势。整个建设过程，商务区内优先建设配套设施，现状占比已接近50%，已建设有阿姆斯特丹大学、阿姆斯特丹联合国大学、RAI会议中心、阿姆斯特丹南站、酒店餐厅、教育培训及托管机构等大量配套功能。从未来的功能发展看，商务区在金融功能基础上，重点发展医疗和生命科学领域，欧洲药品管理局（EMA）即将入驻该地区，同样采取优先强化配套功能的发展策略，建设引进了牙科学术中心（ACTA）以及生命科学研究水平名列前茅的自由大学（VU）等，为商务区生命科学功能的发展奠定了科研人才优势。

住房建设上，泽伊达斯商务区致力于成为一个国际化发展的混合园区，截至2018年4月，该区域共有约4000名居民，其中约40%的人口非西方裔，形成了高度多样化的居住人群。对于住宅供给体系，充分兼顾社会公平，致力于为各种目标人群提供优质房屋，包括首次购房者、养老金领取者、年轻的国际从业者以及城市家庭，提出全部住房的30%用于社会住房建设，这其中包括学生宿舍，并且30%的社会住房中至少一半的价格必须在中等收入者可负担的范围内。

表3-1　泽伊达斯商务区各类功能规划及建设进展情况

单位：万平方米

	规划建设规模	已建设规模	未来建设规模
办公	120	90	30
住房	80	20	60
设施	140	100	40

资料来源：The Zuidas Vision 2016 Document Summary。

　　泽伊达斯商务区的成功很大程度上归功于其出色的可达性，距离市中心区约 4 公里，距离史基浦机场约 8 公里，无论选择汽车还是地铁、公共汽车、有轨电车等公共交通工具，还是自行车，30 分钟内基本可到达阿姆斯特丹大部分地区。泽伊达斯商务区认为，绿色低碳的交通出行方式对于地区生活质量和公共空间质量非常重要，阿姆斯特丹正在对公共交通和自行车出行进行大量投资，包括引进新的地铁线路，为地面公共交通工具、自行车和行人提供更多空间（图 3 - 8），以及现有基础设施的智能化改造，比如动态智能自行车停车系统。

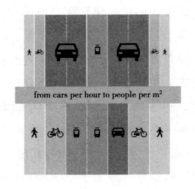

from cars per hour to people per m²

图 3 - 8　道路路权重新分配

资料来源：The Zuidas Vision 2016 Document Summary。

2. 阿姆斯特丹北区更新

　　阿姆斯特丹北区（Amsterdam Noord）是荷兰首都的创意游乐场。历史上这里是工业主导发展，留有大量工业厂房，同时有许多传统别致的村庄和建设的新兴社区，当前该地区以文化创意带动地区转型，更新的目标对象是创意小微企业。北区更新在混合方面最大的特点是自然、传统与现代不同体验感知的冲突融合，令人印象深刻的地标建筑，包容了多样的创意社群，激发出丰富的创意活动，形成一个古朴且充满文化活力的城市中心，特色十分鲜明。

　　北区工业建筑更新最为著名的是荷兰码头与造船厂艺术区（NDSM）改造。荷兰码头与造船厂艺术区之前是一座旧造船厂，位于阿姆斯特丹北部的 IJ 河畔，场地面积超过 10 个足球场，改造后保留着朴素塔楼和生锈机库的外观与场景，但是对功能进行了再造，如将码头上一台巨大的工业起重机改造成法拉达起重机酒店（Faralda Crane Hotel），还有用旧集装箱建造的咖啡馆。对于创意者和企业家，这正是吸引力所在，荷兰码头与造船厂艺术区近年来已成为创意和活力的社交天堂，城市的年轻人和各种创意人才涌向这里，带来一系列最酷的咖啡馆、餐馆、前卫艺术以及创新的活动和节日。

为支持包容众多小微企业发展，北区选择不做一站式购物的大商场，转而创造各种丰富、有活力的空间，发展创意市集与社群活动空间。如荷兰码头与造船厂艺术区在 IJ 大厅形成了欧洲最大的跳蚤市场，附近有现代手工制品、老式工业家具以及售卖各种商品的街道集市；由一群办公室划船爱好者创建的船屋社区（De Ceuvel），聚焦清洁技术的实验；北部公园（Noorder park）的综合性文化和家庭活动中心；等等。同时全年举办丰富高质量的文化活动，阿姆斯特丹的许多最佳的节日活动都在荷兰码头与造船厂艺术区举行，如 DGTL 音乐节、邪恶爵士（Wicked Jazz Sounds）音乐节、IJ 戏剧节、电影节、展览、舞会等。

阿姆斯特丹留给人的印象标签：欧洲最好的机场之一、连接欧洲主要中心城市的铁路网系统、便捷的营商环境、完善的城市基础设施、数字智慧之城、自行车文化、学校教育欧洲名列前茅、美丽的建筑、风景如画的运河、可负担的多种住房选择、一流的餐厅、一流音乐厅和剧院、热闹的夜生活、灵活工作制以及历史上作为全球商贸中心传承下来的国际化和自由包容的态度。这些城市魅力吸引了不少的外来人才，创新自然而然地融入血液，成为阿姆斯特丹城市生活的一部分。在全球知识经济转型快速发展的时代，荷兰阿姆斯特丹的战略选择与更新实践带给我们的启示仍然是，人应该怎么生活？规划不是在制作规划，是在创造机会、创造生活。

参考文献

斯塔夫里阿诺斯，《全球通史》，北京大学出版社，2014。
中国社会科学院考古研究所：《偃师二里头（1959 年～1978 年发掘报告）》，中国大百科全书出版社，1999。

联合国，《2019 年世界人口展望》，2019。

〔美〕刘易斯·芒福德：《城市发展史》，宋俊岭 倪文彦译，中国建筑工业出版社，2015。

妹尾达彦、李全福：《唐都长安城的人口数与城内人口分布》，《中国古都研究（第十二辑）——中国古都学会第十二届年会论文集》，1994。

常青、徐勤政、杨春等，《北京新总规建设用地减量调控的思考与探索》，《城市规划》2017 年第 11 期。

《就近停，堵得水泄不通；不让停，居民车辆搁哪？北京东城区——住胡同，车也有地儿停》，《人民日报》2019 年 5 月 20 日，第 11 版。

林艳柳、刘铮、王世福：《荷兰社会住房政策体系对公共租赁住房建设的启示》《国际城市规划》2017 年第 1 期。

文雯：《阿姆斯特丹混合使用开发的规划实践》，《国际城市规划》2016 年第 4 期。

Bricker, D. , Ibbitson, J. , "By the End of This Century, the Global Population Will Start to Shrink，" *Medium - World*, Jan. 29th 2019.

http：//www. ce. cn/cysc/newmain/yc/jsxw/201505/01/t20150501_ 5257700. shtml.

https：//www. mckinsey. com. cn/wp - content/uploads/2015/07/MGI_ China - Effect - on - Global - Innovation_ CN. pdf? c20e1d.

https：//news. china. com/domestic/945/20170614/30733003_ all. html.

http：//wcsyq. chycci. gov. cn/Shiyanqu. aspx? rcid = 1&cid = 1.

https：//ec. europa. eu/docsroom/documents/42981/attachments/1/translations/en/renditions/native.

https：//www. mercer. com. cn/our - thinking/career/global - talent - hr - trends - 2019. html.

http：//finance. sina. com. cn/zl/international/2018 - 08 - 20/zl - ihhxaafy9601213. shtml.

http：//www. amsterdaminbusiness. cn/news - and - insights/adam - rankings.

https：//helanonline. cn/article/16674.

https：//helanonline. cn/users/% E9% AD% 8F% E8% 94% BB% E8% 94% BB.

第四章
创意经济助推工矿城市转型发展

张文忠　马诗萍　卢　硕　马晨辉[*]

一　前言：创意经济概述及工矿城市转型现状

（一）引言：创意经济对工矿城市转型的影响

"创意经济"的概念是由约翰·霍金斯在 2001 年出版的《创意经济：如何点石成金》（*The Creative Economy：How People Make Money from Ideas*）一书中被正式提出的。与"创意经济"几乎同时期出现的概念还有查尔斯·兰德利于 2000 年提出的"创意城市"，以及理查德·弗洛里达于 2002 年提出的"创意阶层"。这些概念一经提出便受到了政策制定者、学者和公众的广泛关注，积极推动创意经济、创意产业发展成为许多国家与地区在发展战略上的共识。根据联合国贸易与发展组织（UNCTAD）的统计，从 2002 年到 2015 年，仅创意经济产业生产的实体产品产值就已从 2080 亿美元上升到了 5090 亿美元，而面对全球金融危机等恶劣的外部环境，创意经

* 张文忠，中国科学院地理所科学与资源研究所（CAS）教授；马诗萍，中国科学院地理所科学与资源研究所（CAS）在读博士；卢硕，中国科学院地理所科学与资源研究所（CAS）在读博士；马晨辉，中国科学院地理所科学与资源研究所（CAS）、河南大学研究生。

济在各个国家都表现出了强劲的增长势头和经济韧性，其影响力仍在不断扩大。理查德·弗洛里达直接指出：21 世纪，人类的创造力已经取代自然资源和资本投资，成为经济增长的主要动力。

"创意经济"概念的兴起和流行与发达国家传统工矿城市普遍进入后工业社会时期的时代背景有关。许多研究认为，英国工党政府在 1997 年上台后希望通过大力推进产业结构转型来阻止经济下滑的举动是创意经济时代开启的标志。当时，以大曼彻斯特为代表的英国北部地区作为传统的工业地区出现了明显的经济低迷甚至经济衰退现象，于是"新产业，新工作"（New Industry，New Jobs）的口号成为工业地区转型发展的核心思想，而所谓的"新产业"就包括了创意产业。1998 年，英国政府首次发布《创意产业图录报告》（Creative Industries Mapping Documents），深入分析了广告、古董、建筑、工艺品、设计、时尚、电影、休闲娱乐软件、音乐、表演艺术、出版、软件以及电视广播 13 个创意产业的发展现状、对经济增长的贡献和面临的问题。在此后的 20 年里，英国政府先后发布了《创意产业图录报告 2001》（Creative Industries Mapping Documents 2001）以及多个年份的《创意产业经济估算报告》（Creative Industries Economic Estimates），体现了对创意经济的高度重视。

发展创意经济对于工业城市的转型与复兴作用受到理论和实践的支持。2000 年前后，经济学和经济地理学的不同学派对现代经济增长的解释大多聚焦在科技进步与产业革新等方面，为创意经济的发展提供了理论沃土。20 世纪 80 年代出现的"索罗模型"认为，一国经济的增长取决于资本积累、劳动增长和技术进步。这一理论思想对实证研究和政策制定影响深远。以罗默、卢卡斯等为代表的学者在此基础上提出，内生技术变化为经济增长提供了内生动力，创新能力、知识的有效传播等都是经济增长的解释因素。演化经济学派提出，区域增长取决于其是否能够通过新产业和新技术的路径创造，打破传统产业的路径依赖和锁定效应。文化转向下的新经济地理学派则提出，制度、文化等地方特性要素对地方经济增长同样有着深刻的影响。创意经济对文化、知识和创新的关注与现代经济增长理论不谋而合，受到了政策制定者的广泛认可。

面对产业转型升级巨大压力的传统工矿城市及地区成为创意经济的试验区和研究热点地区。世界范围内出现了一批以创意经济闻名的后工（矿）业城市及地区，其中最著名的莫过于德国的鲁尔工业区。位于鲁尔工业区内的关税同盟煤矿工业区是世界工业遗产保护与开发的示范性地区，2001 年被联合国教科文组织列入《世界遗产名录》，坐落其中的红点设计博物馆极负盛名，红点设计大赛享有"工业设计的奥斯卡"之称。目前，关税同盟煤矿工业区已经成为区域性的文化与艺术中心，重新焕发出经济活力和文化影响力。

在英国，2011～2018 年间的创意产业就业增长率高达 30.6%，是英国总体就业增长率增长速度的三倍之多。2017 年，英国创意产业国内总附加值（GVA）达到约 1015 亿英镑，是英国经济复苏的最强劲的动力之一。前工业重镇曼彻斯特在产业转型升级的过程中形成了以广告传媒、体育、表演艺术等为主要类型的创意产业集群，重塑了城市功能和城市形象。

创意经济在亚洲工矿城市的转型中同样发挥出色。以日本为例，日本石见银山（Iwami Ginzan）于 2007 年申遗成功，成为亚洲首个工业遗产类型的世界文化遗址。曾经的煤矿城市——北海道赤平市（Akabira）则将煤炭开采遗址因地制宜地改造成了滑雪场，吸引了大批游客。

在学界，学者普遍认同过去 20 年的创意经济研究主要关注大城市和试图转向"新"经济的传统工矿业地区，传统工矿地区在创意经济发展方面拥有独具特色的资源禀赋，也比其他地区更具有产业转型升级的急迫性。

（二）中国创意经济与工矿城市转型发展

1. 中国创意经济发展现状

中国创意经济在过去取得了蓬勃发展，创意产品及服务的出口额和贸易顺差位列世界第一。联合国贸易与发展组织（UNCTAD）的统计数据显示，2015 年中国创意产品及服务出口总额达到 1685 亿美元，远远超过了世界其他国家；2002～2015 年间，中国创意产品及服务的出口额从 320 亿美元上升到 1685 亿美元，其中 2014 年当年达到了出口额的最大值——1914 亿美元，年均 9% 的增速将发展中国家的创意经济增速整体拉高了 4 个百分点；自 2002 年以来，中国创意产品和服务的贸易顺差值长期保持高位；除了具有传统优势的工艺品等行业，近年来中国在影视表演、游戏开发与服务等方面也都有着迅猛发展。根植于优秀的传统文化资源，融合了飞速发展的现代科学技术，依托强大的生产制造和消费能力，创意经济在中国已经颇具规模。

2. 中国工矿城市发展现状

中国幅员辽阔，以煤炭为代表的矿产资源十分丰富，具有百年以上的大规模矿产开采历史，形成了一批历史悠久的矿业城市。20 世纪 50 年代以来，受到国家社会经济发展需求的影响，中国出现了一大批以资源开采加工业和重工业为支柱产业的工矿城市。这些工矿城市迅速成长壮大，构成了完整的工业体系，有力推动了中国国民经济增长。但是，工矿城市的发展通常有着一定的生命周期，随着矿产资源的衰竭和外部环境的变化，在不加有效干预的情况下，工矿城市多数将走向衰退。这一现象在老牌工业国家和新兴工业国家都普遍存在，中国的工矿城市也不可避免地出现了诸多发展问题。大批矿业城市出现了矿竭城衰的问题，过度依赖重工业及国有制经济模式的工矿城市原有工业模式的盈利能力明显下滑，生产水平与市场需求脱节。除了经济上的衰退，这些工矿城市还面临着许多其他方面的问题。例如，早期粗犷的资源开采和工业加工模式遗留下了诸多生态环境问题；大量的矿山遗址和工业棕地也挤占了新产业的发展空间；受到原有产业模式的"挤出效应"和"续租效应"的影响，城市产业结构单一，人才储备和创新能力不足，城市经济韧性和适应性也不高。

为了应对工矿城市发展中出现的社会经济问题，21 世纪以来，中国政府出台了一系列政策措施来引领、支持工矿城市进行转型发展。2001 年 12 月，辽宁省阜新市被确定为中国第一个资源枯竭城市经济转型试点；2008 ~ 2011 年间，先后有 69 个城市被确定为资源枯竭城市；2013 年，国务院发布《全国资源型城市可持续发展规划（2013 ~ 2020 年）》，将关注的目光扩展到全国 262 个以本地区矿产、森林等自然资源开采、加工为主导产业的资源城市（地级市及县区），并按照其资源保有量、产业多样性等指标，划分为成长型、成熟型、衰退型和再生型资源城市，分类予以引导和支持。中国国务院在 2003 年发布中共中央国务院《关于实施东北地区等老工业基地振兴战略的若干意见》，2013 年发布《全国老工业基地调整改造规划（2013～2022 年）》，在深化东北地区老工业基地振兴工作成果的基础上，统筹推进全国 120 个老工业城市的可持续发展工作。

中国作为制造业大国，资源城市和工业城市数量众多，除了官方文件认定的资源城市和工业城市外，还有大量的矿区或工业厂区散布在全国各地。实现这些地区的产业转型发展和经济提质增速是当前中国经济发展的重要议题。参考国际同类型地区的转型先例，结合中国的实际情况，加之多年来从点到面的不断尝试，蓬勃发展的创意经济在中国工矿城市转型发展过程中起到了非常重要的作用。北京的 798 艺术区等成功转型的工业厂区在国内外享有极高的知名度，成为北京的城市名片之一；以传统手工业和资源产业为支柱产业的景德镇市，通过大力发展陶瓷相关创意产业，发掘陶瓷文化，于2014 年获评"全球创意城市·民间手工艺之都"称号，吸引了国内外大量艺术家入驻。创意经济为中国工矿城市带来了新的活力，培育了经济新动能，也促进了城市形象和城市吸引力的提升。

（三）工矿城市的创意经济发展路径

创意经济并非一种标准的产业分类方法，不同定义下的创意经济包含的产业门类也不尽相同。按照联合国贸易与发展组织的分类方法，创意经济可以分为创意产品生产和创意服务两大类。创意产品生产即创意经济与工业制造业的融合，而创意服务则是创意经济在服务业中的体现。因此，创意经济可以理解为产业发展中的一种要素，它既可以贯穿某个产业部门存在，也可以存在于产业链条的某个环节之中。对于工矿城市来说，国际和国内的经验主要形成了三种创意经济的发展路径：围绕工矿遗产的创意经济产业体系发展、既有产业的创意升级以及从无到有的创意产业培育。

1. 围绕工矿遗产的创意经济产业体系发展

工矿城市有别于其他城市的最大特点是保留着大量的工矿业遗产，拥有独特的自然和人文景观资源，为创意经济产业体系发展提供了核心要素。矿产资源的开采主要依靠露天开采和地下开采两种方式，会形成露天矿坑、沉陷区或尾矿堆等特殊的地貌景观和地质结构，这些特殊的自然景观资源可以通过一定程度的生态修复工作形成矿山公园或生态公园。矿产资源开采过程中形成的矿井、矿道、矿产运输线路等和其他工业部门遗留下来的厂房、装备一起组成了独特的人文景观资源，可以通过保护性开发来合理利用工矿遗址，建立博物馆、教育体验基地、影视基地、文化创意园区等，并开展特色旅游、节庆会展、影视制作、艺术设计等创意性活动。

工矿遗址的保护与再开发已在世界范围内得到了广泛支持与关注。包括联合国教科文组织在内的国际组织已经充分关注到了工矿遗址的文化价值，在世界范围内已有 22 个工矿遗址被列入《世界遗产名录》，还有多个遗址在待提名名单上等待着入选。

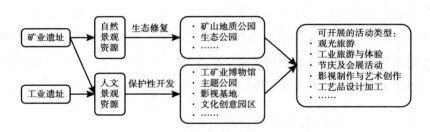

图 4-1　工矿遗址保护与再开发路径

资料来源：作者自绘。

表 4-1　世界遗产地名录中的工矿遗址

名称	收录日期	国家
Neolithic Flint Mines at Spiennes（Mons）	2000	比利时
Major Mining Sites of Wallonia	2012	比利时
Sewell Mining Town	2006	智利

续表

名称	收录日期	国家
Nord-Pas de Calais Mining Basin	2012	法国
Mines of Rammelsberg, Historic Town of Goslar and Upper Harz Water Management System	1992	德国
ZolIverein Coal Mine Industrial Complex in Essen	2001	德国
Ombilin Coal Mining Heritage of Sawahlunto	2019	印度尼西亚
Ivrea, industrialcity of the 20th century	2018	意大利
Iwami Ginzan Silver Mine and its Cultural Landscape	2007	日本
Sites of Japan's Meiji Industrial Revolution: Iron and Steel, Shipbuilding and Coal Mining	2015	日本
Historic Town of Guanajuato and Adjacent Mines	1988	墨西哥
Agave Landscape and Ancient Industrial Facities of Tequila	2006	墨西哥
Rфros Mining Townand the Circumference	1980	挪威
Rjukan-Notodden Industrial Heritage Site	2015	挪威
Wieliczka and Bochnia Royal Salt Mines	1978	波兰
Tamowskie Góry Lead-Silver-Zinc Mine and its Underground Water Management System	2017	波兰
Krzemionki Prehistoric Striped Flint Mining Region	2019	波兰
Mining Area of the Great Copper Mountain in Falun	2001	瑞典
Blaenavon Industrial Landscape	2000	英国
Cornwall and West Devon Mining Landscape	2006	英国
Fray Bentos Industrial Landscape	2015	匈牙利
Erzgebirge/Krušnohoří Mining Region	2019	捷克、德国

资料来源：根据联合国教科文组织世界遗产地名录整理。

近年来，中国政府高度重视工矿遗产的保护与再开发，强调工矿遗产与创新、创意产业的充分融合。自 2005 年起，符合一定要求的矿业遗址可以申请建立国家矿山公园，当前中国共有 88 个矿业遗址通过自然资源部审批，获准规划建设国家矿山公园，目前已有 34 处完成建设，通过验收并正式挂牌，其中开滦国家矿山公园、丽水遂昌金矿国家矿山公园、黄石国家矿山公园、郴州宝山国家矿山公园均已获评国家 4A 级旅游景区。发展成熟的矿山公园往往集观光游览、教育体验、视听表演和艺术创造等功能于一体，实现传统旅游形态与现代文创产业结合发展。

图 4 - 2　黄石国家矿山公园灯光秀 & 音乐节现场

资料来源：网络。

　　近年来，相关政府部门积极组织各地工业和信息化主管部门及中央企业开展工业遗产资源摸底调查工作，2017 和 2018 年中国工业和信息化部公布了包括国营 751 区（现为 751D · Park）、景德镇国营宇宙瓷厂（现为陶溪川文化创意园区的组成部分）等著名工业遗址在内的两批共 53 处国家工业遗产。2018 年，工业和信息化部发布了《国家工业遗产管理暂行办法》，该文件明确指出，支持利用国家工业遗产相关资源建设工业博物馆，发展工业旅游，建设工业文化产业园区、特色小镇（街区）、创新创业基地，培育工业设计、工艺美术、工业创意产业等，鼓励在有效保护国家工业遗产的前提下，把加强工业遗产合理利用作为促进传统产业转型升级和加快推进新旧动能转换的重要举措，为社会经济发展服务。除了国家级工业遗产和矿山公园外，省、市等各级政府也在积极推动本地工业遗产的保护与再开发，全国形成了一批兼具历史美感与创意活力的工业遗产地。例如在云南省昆明市，昆明重机厂、昆明铣床厂、云南冶炼厂等历史悠久的重工业厂区如今已经转变为 871 文化创意工厂、金鼎科技园和紫云青鸟 · 云南文化创意博览园；江苏省无锡市将原雪浪钢铁集团轧钢厂工业遗址改建成为无锡国家数字电影产业园，2013 年投入运营，至今已集聚 500 多家影视制作公司，拍摄制作了 400 多部影视剧。

图 4 - 3　无锡国家数字电影产业园——原雪浪钢铁集团轧钢厂
资料来源：网络。

2. 既有产业的创意升级

工矿城市往往具有良好的工业基础，单一产业的集聚程度较高。但与此同时，传统工矿城市的产业水平通常处于较低层次，产业附加值较低，处于产业价值链"微笑曲线"的谷底部分，这种现象在矿业城市尤为突出。因此，传统工业产业转型发展的重要途径之一就是在良好的制造业基础之上，实现产业链的纵向延伸，向价值链的上游与下游发展。这种战略在世界范围内已得到广泛认可，从德国的工业 4.0，到中国制造 2025，都在强调加强工业制造业上下游产业环节的发展，从而实现制造业的数字化、网络化、智能化到个性定制化的发展。这一过程中涉及多种创意活动，例如：工业设计、软件研发及品牌营销等。

国内外不少工矿城市已经通过这一战略实现了传统产业的创意升级。以意大利艾米利亚—罗马涅大区为例，该地区是意大利传统的手工制造业、机

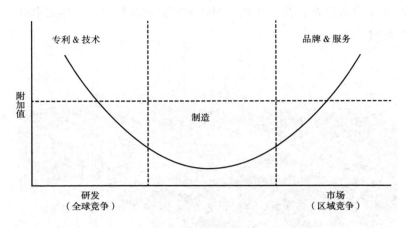

专利 & 技术   品牌 & 服务

附加值   制造

研发   市场
（全球竞争）   （区域竞争）

图 4 - 4　微笑曲线

资料来源：Rico Shen, CC BY - SA 4.0, https：//commons. wikimedia. org/
w/index. php? curid = 3124660。

械制造业地区，早期以陶瓷生产、纺织与服装加工、汽车制造等为主要工业
产业。基于传统生产工艺和生产经验，当地企业主动进行了产业的创意升
级，向陶瓷设计、陶瓷艺术品制造、时尚设计、汽车设计与研发等高附加值
环节转移，产业专业化水平迅速提升，集聚效应和品牌效应凸显，创造了
"第三意大利"的经济增长奇迹。辽宁省葫芦岛市下辖的兴城市（县级市），
在 20 世纪 90 年代就涌现出了一批泳装生产加工企业，长期从事国际、国内
泳装品牌代工生产，当地泳装产业链中间环节缺失，产品链单一、窄化，整
个产业处于"微笑产业曲线"的中低端。2010 年，当地政府认为应通过产
业升级将泳装代工优势做大做强，提出实施"科技创新 + 文化创意 + 品牌
创优 + 渠道创通（四创）"战略，让产品向高端转型升级。自 2011 年起，
葫芦岛市已经连续举办了 9 届中国国际泳装展，通过收购国际品牌和建立自
有品牌的方式打造了一批知名泳装品牌，产品销往世界 100 多个国家和地
区。统计数据显示，截至 2018 年，葫芦岛市已有泳装生产企业 1200 余家，
年产泳装约 1.9 亿件，年产值超 140 亿元人民币。据估算，目前全球每销售
4 件泳装，就有 1 件产自葫芦岛。泳装产业的整体升级为葫芦岛市注入了新
的经济活力，也获得了创意经济之父约翰·霍金斯的认可。

图 4 – 5 2019 年中国（葫芦岛·兴城）
国际沙滩·泳装文化博览会开幕式现场

资料来源：网络。

3. 从无到有的创意产业培育

创意经济的核心在于人才和知识，对于传统认知下经济发展所需要素的需求并不迫切。随着全球范围内人口、信息流动的加强以及物流通信技术的发展，工矿城市也存在从无到有移植、孵化创意经济的可能。创意产业的培育路径主要有二。一是发挥工矿城市的技术后发优势，通过政策扶持、园区建设、招商引资的方式，培育新兴产业发展。在中国，以"互联网＋"为重要风口，许多工矿城市纷纷结合"互联网＋"培养本地替代产业，例如东北老工业城市——沈阳市打造了沈阳国际软件园，入园企业业务范围涵盖工业软件与工业设计、软件与信息服务、智能应用等软件和新一代信息技术领域。目前，园区入驻企业已达 1100 多家，其中包括世界 500 强企业 43 家，中国软件百强企业 22 家，上市公司及子公司 87 家，驻园企业员工总数近 35000 人。

另一种培育路径是鼓励支持创新创业，扶持一批小微企业发展。创意经济的一个重要特征就是其企业规模普遍小于传统产业，从而能够保持较高的活力和灵活性，能更好地激发创新潜能。2015 年，中国政府正式将"大众创业、万众创新"的双创策略写入政府工作报告，并将其视为中国经济增长的新引擎。工矿城市政府联合当地国有企业、大型传统企业通过政策与资金支持，建设了诸多众创空间和企业孵化器，一方面可以帮助初创企业解决诸多基本问题，另一方面也有利于在全市形成创新氛围，缓解因为矿衰业竭带来的就业压力。

（四）创意经济在工矿城市转型发展中的效益

1. 经济效益

经济效益是创意经济最受关注的一点，它对经济增长的拉动作用在理论和实践层面均不断被论证。对于工矿城市来说，创意经济的经济效益也非常突出。

创意经济在工矿城市转型发展中的一个重要途径，就是通过对衰败的工矿遗址进行改造开发，盘活存量土地，为创意产业发展提供空间。这种形态与功能的转型将消除传统工业空间的封闭边界，一方面帮助工矿厂区重新焕发经济活力，另一方面也为新兴产业的发展降低成本。这种转型方式在中国尤其重要。受到早期国家计划经济和工业布局战略的影响，中国的老工业城市和矿业城市的老旧工厂以国企为主，具有"厂办社会"的显著特征，老旧厂区的空间尺度相对较大，与现代城市经济存在空间上的隔离。

创意经济能够显著改善工矿城市单一化、粗放式的产业结构，为传统工矿产业培育替代产业，扩充工矿城市的产业结构，从而提高其经济韧性。创意经济对地区经济的拉动作用不仅仅体现在特定产业部门的增长上，而且可以发生在各个产业部门之中。创意经济以创造、创新为关注点，强调先进科技对产业的引领作用，更加关注消费者对产品的个性化、独特化、差异化认知，其显著的溢出效应以及关联特征能够在全市范围内营造创新氛围，激发城市的创新能力，从而推动城市经济的整体提升。

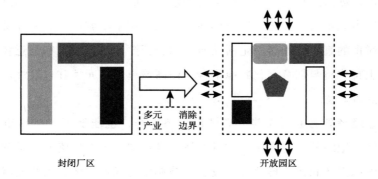

图 4 - 6 创意经济推动工业空间转型示意图

资料来源：作者自绘。

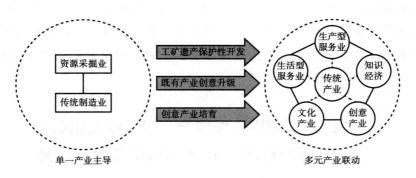

图 4 - 7 创意经济推动产业转型

资料来源：作者自绘。

2. 社会文化效益

创意经济的发展也将带来丰厚的社会文化效益。首先，社会学研究表明，传统工业城市和矿业城市的居民往往有着更强烈的身份认同感、恋地情节和怀旧心理，这与传统工业、矿业的作业环境与方式有关。创意经济中对工业遗产的开发与保护以及对地方文化要素的融合，能够在一定程度上保护和延续工矿城市的精神气质，这对于城市形象的塑造和历史文化的传承有很好的效果，同时也有利于帮助市民在经济转型过程中唤起乡情，获得地域身份认同。

其次，创意经济的发展也将丰富当地居民的社会文化生活。创意性或创造力被很多城市写入文化发展目标之中，尤其在中小城市，创意经济能够显著提升城市的宜居性和居民生活品质。随着新要素、新文化和创意移民的到来，本土文化将与创意文化碰撞融合，提高城市的多元性和包容性。

3. 生态效益

创意经济既能主动改善工矿城市生态环境，也能倒逼工矿城市营造天蓝、水清、地绿的生态环境。创意经济本身不同于传统的资源开采和工业制造，其资源消耗和污染排放都比较少，是典型的绿色经济，因此发展创意经济将大大降低城市生态环境压力。一方面，创意经济在对工矿遗产的再利用过程中，将通过生态修复和景观重塑的方式对工业用地进行更新改造，显著改善本地生态环境。另一方面，创意经济和创意人才对健康优美的生态环境有着较高的追求，为了更好地吸引创意型企业的落地生根、留住创意阶层，工矿城市也必须主动出击进行生态环境的改善，营造良好的就业与居住环境。

二　案例3：尊重工业遗产，以工业文化助力工矿城市转型：以德国鲁尔工业区为例

鲁尔工业区有着近 200 年的煤炭工业发展史，是历史上著名的世界传统工业集聚地之一，被称为"德国工业的心脏"。鲁尔工业区通常以该区最高规划机构——鲁尔煤管区开发协会的管辖范围为地域界线，下辖 4 个县区和 11 个直辖市，包括多特蒙德、埃森等总计 61 个大小城市的区域，面积 4434 平方公里，人口约 511 万人[①]，是一个基于区位优势，由多个工业城市组成的工业城市群。20 世纪 50 年代和 70 年代，两次能源危机严重影响了鲁尔区矿业经济发展，伴随着资源枯竭和钢铁产业的衰落，鲁尔工业区被迫开始探索转型发展的新路子。

---

① 　https：//www. metropoleruhr. de/regionalverband－ruhr/regionalstatistik.

图4-8 鲁尔工业区区域图

资料来源：pl. chaosraben. de。

2018年，德国鲁尔工业区关闭了区域内最后一座黑煤煤矿——哈尼尔煤矿，至此鲁尔工业区彻底告别了采煤时代。这个曾经以采煤工业为基础，拥有煤炭、钢铁、机械、电力等各种工业的德国最大工业区完成了转型蜕变，成为具有浓郁创意氛围的工业遗产"博物馆"。2001年，关税同盟煤矿工业建筑群被列为联合国教科文组织指定的世界遗产。2010年，鲁尔区最大的城市之一——埃森被选为"欧洲文化首都"，其工业转型模式成为世界广泛学习和研究的典型案例，吸引着全球的目光。

（一）以工业遗产为"锚点"，串联起"工业文化之路"

废弃的工业厂房及设施见证了人类工业文明的演进历史，具有深刻的工业文化内涵和无法取代的文化特质。因此，科学处理城市发展与工业遗存保护利用的关系，积极探索老旧工业厂房空间腾退再利用的有效方式对工业区转型意义重大。鲁尔工业区上百年的重工业发展史使其遗留下了大量的工业

图 4 - 9　杜伊斯堡 - 迈德里奇制铁厂工业景观

图片来源：JurgenDreide。

遗产，高炉、煤气罐、井架、厂房等曾经工业时代最引人注目的建筑如今已荣光不在，工业遗迹成为鲁尔区空间改造的重点。鲁尔区在"尊重工业遗产，发展工业文化"理念的指导下，采用博物馆开发模式挖掘工业遗产的历史价值和文化价值。

如今，鲁尔区将25个工业遗产开发的优秀代表作为"锚点"串联起了工业遗产网络，构建了"工业文化之路"。如表4 - 2所示，25个优秀项目中18个项目的再利用模式为博物馆模式。设计者根据不同类型的工业遗产，确立了不同的主题，例如航运博物馆、矿业博物馆、铁路博物馆等，因地制宜地对不同类型的工业遗产进行改造，取得了良好的遗产保护和可持续发展效果。

表 4 - 2　鲁尔区"工业文化之路"优秀项目一览表

所属自治市	工业遗产名称	再利用类型
杜伊斯堡	杜伊斯堡内港	综合开发模式
	德国内陆航运博物馆	博物馆模式
	北杜伊斯堡景观公园	景观公园模式
埃森	关税同盟煤矿工业区	博物馆模式
	小山别墅	博物馆模式
波鸿	波鸿世纪大厅	综合开发模式
	德国矿业博物馆	博物馆模式
	波鸿铁路博物馆	博物馆模式

所属自治市	工业遗产名称	再利用类型
多特蒙德	LWL 工业博物馆:措伦煤矿	博物馆模式
	汉莎炼焦厂	博物馆模式
	DASA 职业世界展览	博物馆模式
雷克林豪森	雷克林豪森变电站(电力博物馆)	博物馆模式
黑尔滕	埃瓦尔德煤矿	综合开发模式
马尔	马尔化工工业园区	综合开发模式
瓦尔特罗普	LWL 工业博物馆:亨利希堡船舶升降装置	综合开发模式
哈姆	马克西米利安公园	景观公园模式
乌纳	林登酿酒厂	博物馆模式
哈根	霍亨霍夫别墅	博物馆模式
	哈根 LWL 露天博物馆	博物馆模式
维滕	LWL 工业博物馆:夜莺煤矿和穆特恩山谷	博物馆模式
哈廷根	LWL 工业博物馆:哈廷根亨利希钢铁厂	博物馆模式
米尔海姆	"宝瓶"水博物馆	博物馆模式
奥伯豪森	LVR 工业博物馆:阿尔滕贝格锌厂	博物馆模式
	奥伯豪森储气罐	博物馆模式
盖尔森基兴	北极星公园	景观公园模式

资料来源:张文卓、韩锋:《工业遗产保护的博物馆模式——以德国鲁尔区为例》,《上海城市规划》2018 年第 1 期。

以博物馆为主体的综合再利用模式,一方面有效保护了工业遗产的文化价值,另一方面也产生了可观的经济效益和社会效益。在这一模式下,工业遗产博物馆以遗产地解说为主体,其他类型的科普、教育展览为补充。在此基础上,通过运动、休闲、餐饮、演艺、会务等活动填充剩余空间,从而实现环境、社会、经济等多维度的效益最大化。

(二)以国际会展为平台,激发无限的创意

20 世纪 60 年代后,鲁尔工业区先后经历了煤矿、钢铁两次能源危机,出现了经济衰退、人口流失、失业率增加和环境污染等问题,同时也遗留下了大量的工业用地。为解决上述问题,鲁尔区制定了区域综合整治与振兴战略,积极寻求工业用地的再生途径。其中政府投资主导的"国际建筑展埃姆舍公园"计划

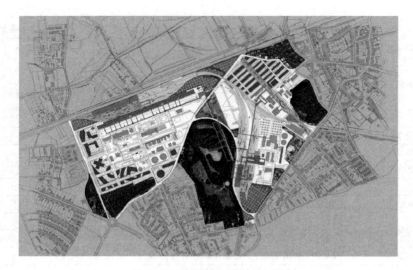

图 4 - 10　关税同盟总体规划

资料来源：oma. eu。

（International Building Exhibition Emscher Park，IBA）成为地区转型的重要驱动力。

IBA 埃姆舍景观公园项目于 1989 年正式启动，为期 10 年，服务对象是包括杜伊斯堡、埃森、多特蒙德、波鸿等 17 个城市在内的工业聚集区，目标是建设一个面积为 320 平方公里的连续性区域景观公园。这是 IBA 首次尝试将目标从单个城市扩大到区域范畴，为埃姆舍河流域工业区的景观重建和可持续发展提供创意平台。如今，IBA 埃姆舍国际建筑展在德国已有百余年的历史，逐渐成为德国及周边地区最有影响力的城市转型发展工具之一，其通过德国乃至世界的规划师、建筑师、景观设计师以及当地居民的交流合作，以竞赛、会议、讨论、游览等方式寻求前瞻性和可持续的建筑与城市转型方案①。经过百年发展，鲁尔区已经成为德国著名的环境项目设计和实施者以及环境管理技术和服务提供者的聚集区，为全球提供灵感与创意。埃姆舍国际建筑展通过诸多个体创新项目的"点点星火"以及关键位置的项目启动，将整个鲁尔工业区 17 个矿业城市串联起来，促进矿区景观重建和区域整体发展。

---

①　引自 https：//www. open - iba. de/en/faqs/。

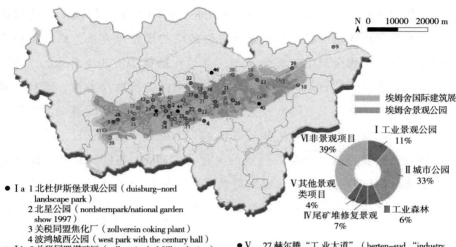

埃姆舍国际建筑展
埃姆舍景观公园

Ⅰ工业景观公园 11%
Ⅱ城市公园 33%
Ⅲ工业森林 6%
Ⅳ尾矿堆修复景观 7%
Ⅴ其他景观类项目 4%
Ⅵ非景观项目 39%

● Ⅰ a 1 北杜伊斯堡景观公园（duisburg-nord landscape park）
2 北星公园（nordsternpark/national garden show 1997）
3 关税同盟焦化厂（zollverein coking plant）
4 波鸿城西公园（west park with the century hall）

○ Ⅰ b 5 关税同盟煤矿区（zollverein shaft Xll coal mine）

● Ⅱ a 6 波鸿焦化厂商业园区（holland colliery commercial & residential park）
7 波特洛普创业中心（arenberg start-up center & commercail area）
8 格拉德贝克商业园区（gladbeck-brauck commercial park and motbruch slag heap）
9 北莱茵-威斯特法伦州生态中心（north rhine-westphalla ecological center）
10 墨洛珀科技中心（monopol residential&technology park）
11 波鸿侯兰居住区（living at holland colliery）
12 波特洛普繁荣三区商业园区（newprosper district-bussiness distriict and prosper park）

◎ Ⅱ b 13 吕嫩湖边公园（lake park l ü nen/state garden show 1996）
14 奥斯特菲尔德公园（osterfeld garden/state garden show 1999）

● Ⅱ C 15 雅各比高尔夫球场（jacobi public golf course）
16 艾琳商业园区（erin commercial & landscape park）
17 关税同盟公共园区（zollverein colliery 3/7/10 public & commercial park）
18 瓦尔特罗普商业园区（waltrop colliery commercial park and brockenscheidt slag heap）
19 雷克林豪森二区公园（district park recklinghausen Ⅱ）
20 瓦尔特罗普公园（waltrop lock park）

● Ⅲ 21 布莱登霍特公园（the bladenhorst landscape and the art wood）
22 "遗留空间"工业森林（left-over spaces in the industrial landscape）
23 盖尔森基兴雕塑森林（rheinelbe slag heap and sculpture forest）

● Ⅳ 24 埃姆舍布林克尾矿堆（emscherblick slag heap experience-tetraeder）
25 埃森钢板尾矿堆（schurenbach slag heap）
26 什未林尾矿堆（schwerin slag heap）

● Ⅴ 27 赫尔腾"工业大道"（herten-sud "industry avenue"）
28 "绿道"（the green）

● Ⅵ a 29 贝格卡门生态中心（ecological station "schulze-heial"）
30 莫森尼斯杜中心（mont-cenis sodingen neighbourhood center）
31 赫尔腾创新与创业中心（herne innovation and business start-up center）
32 赫尔腾未来中心（herten futures center）
33 吕嫩科技中心（l ü ntec technology center）
34 海伦运动与健康中心（helene colliery sport and health center）
35 奥博豪森煤气罐（gasometer oberhausen）
36 雷克林豪森电力与生活博物馆（transformer plant recklinghausen-power and life museum）
37 胡森曼社区中心（h ü lsmann brewery）

Ⅵ b 38 多特蒙德新市区中心（new eving town center）
● 39 杜伊斯堡内港商业园区（inner-harbour commercial park）
40 北星公园商业区（nordsternpark commerial area）
41 鲁尔港区（ruhrort harbour district）
42 盖尔森基兴-比斯马克更新区（gelsenkirchen-bismarck/schalke-nord）

Ⅵc 43 波特洛普水处理厂（bottrop purification plant）
● 44 库帕布什居住区（k ü ppersbusch estate）
45 康科迪居住区（CEGAestate）
46 雷克林豪森生态居住区（"Im ziegelgrund" ecological estate）

图 4-11 埃姆舍公园项目分布图

资料来源：付泉川、郑晓笛：《国际建筑展驱动下的德国鲁尔区区域性棕地再生策略》，《中国园林》2019 年第 35 期。

鲁尔地区联合会（Regionalverband Ruhr，RVR）举办的国际建筑展的最初目的是利用建筑展的平台作用集聚创造性的理念与方法，助力工业用地的再开发、埃姆舍河的生态修复与工业遗产的保护。如今看来，"国际建筑展埃姆舍公园"计划不仅关注到了工业空间的治理与重构，而且放眼于区域整体的振兴、工业遗产及文化的保护与延续等问题的解决。在长达十年的治理期间，埃姆舍地区共完成了 117 个项目。它不仅仅是清理，翻新或维修，而且是通过创造一种新的文化认同感①，为世界其他资源枯竭城市或地区的工业遗产保护和更新提供了一条可实施的路径。区域内的工业遗产也由此成为独一无二的特色文化标志，享有"工业文化的灯塔"的美誉。

图 4 - 12　埃姆舍景观公园区域改造后景观
资料来源：托马斯·伯恩斯。

综上所述，鲁尔区充分发挥了国际建筑展的平台作用，不仅将富有创意的设计项目和工业文化等创新理念进行全球推广，还具有很强的示范性。除此之外，它还可以激发一系列后续活动，促进变革，如联合国教科文组织世界遗产标识、欧洲文化之都倡议或目前正在规划的 2027 国际花园展（IGA）等。IBA 埃姆舍尔公园项目协调并激发了各种其他项目的创意和理念，共同推动了该地区后工业化时代的可持续发展。

---

① 引自 https：//www. internationale - bauausstellungen. de/en/history/1989 - 1999 - iba - emscher - park - a - future - for - an - industrial - region/。

三　案例4：以建设创意产业之都为目标的转型发展：
　　以英国曼彻斯特市为例

大曼彻斯特都会区位于英国西北部，主要由曼彻斯特市中心地区、索尔福德市中心和码头区以及特拉福德自治市工业园区组成，是世界上最早的工业城市之一。随着传统工业的空间转移和衰退以及港口功能的退化，大曼彻斯特都会区自 20 世纪 70 年代开始面临严重的经济衰退、居民失业等问题，都市区内大量的工业企业遗址废弃失修，城市生态环境恶化，城市更新与产业结构转型发展迫在眉睫。经过几十年的转型发展，目前大曼彻斯特地区已经实现了经济社会和城市环境的再次繁荣。该地区连续多年在《经济学人》杂志公布的"全球宜居指数"排行榜中蝉联英国最宜居城市头衔，是英国北方地区重要的商务服务、金融和文教娱乐中心。这一转型成效的实现与曼彻斯特市转型过程中抓住机会，找准定位，并将建设"创意产业之都"的发展目标始终贯穿于城市更新改造和产业转型过程中等措施密切相关。

（一）索尔福德码头区更新改造的文化创意转向

索尔福德码头于 1894 年开始投入使用，曼彻斯特地区通过该码头实现了连接到海，受益于曼彻斯特地区当时的工业地位，索尔福德码头曾经一度位居英国第三大码头。但是随着国际贸易格局的转变和本地工业的衰退，1982 年索尔福德码头正式关闭，造成约 3000 个就业岗位消失，码头区陷入萧条之中。1985 年，《索尔福德码头发展规划》（The Salford Quays Development Plan）正式发布。该规划主要关注码头区基础设施建设和功能混合发展等方面，颁布后取得了良好的效果。在 1985 年版发展规划的基础上，1988 年市议会发布了《发展战略回顾》（Development Strategy Review），该文件在原有的规划愿景基础上，着重强调了码头区的休闲、文化、旅游发展潜力，"文化旗舰"（A Cultural Flagship）的定位目标正式确立，并在此后长期影响码头区的更新改造工作。

在"文化旗舰"目标的引导下，1996年英国千禧委员会宣布投资6400万英镑建设地标性项目——洛利艺术中心（The Lowry），该建筑群容纳了两个剧院、多个美术馆、酒吧、咖啡厅、餐厅等文化旅游设施。洛利艺术中心于2000年正式营业，该事件成为码头区改造的里程碑之一。此后码头区又借BBC总部搬迁选址之机，建立了英国媒体城（Media City UK）。该项目占地面积81万平方米，不仅吸引了BBC、ITV等传媒巨头的入驻，也成了重要的创意产业企业集聚区和孵化器，目前共吸引了250余家文化传媒、数字技术等领域的企业在此集聚①。

文化创意转向后的码头区更新改造工程取得了巨大成功。索尔福德市议会的统计数据显示，截至2015年，码头区共有900家企业提供了超过26000个工作岗位。充裕的文化休闲设施、美丽的滨水景观与高质量的园区绿化，也使这一工业历史遗址摆脱了脏旧差的负面形象，成为世界级的旅游目的地。

（二）全方位多主体的创意城市形象塑造

以创意产业体系为转型目标的发展战略不仅仅体现在工业遗址的更新改造中，曼彻斯特地区在多个方面都着力塑造创意城市形象，市政府、企业、大学和相关机构组织多方通力合作，成功将"创意经济"打造为新的城市标签与品牌。在曼彻斯特地区，政府大力支持创意产业的发展，与多方组织合作推出了"创意职业计划"（The Creative Careers Programme）项目，该项目将通过资金支持、平台搭建等方式鼓励年轻人从事创意经济领域工作。2018年，创意英格兰（Creative England）组织在曼彻斯特举办了"更曼彻斯特"（Be More Manchester）的主题活动，旨在庆祝创意经济在曼彻斯特地区良好的发展势头，曼彻斯特市长和多名创意界著名人士和企业家参加了活动并致辞。曼彻斯特大学在2018年也提出投资330万英镑用于"创意曼彻斯特"（Creative Manchester）项目，为本地、本国乃至国际的艺术、文化和其他创意产业发展提供支持。文化传媒公司也同样参与了创意城市品牌的打

---

① https：//www. salford. gov. uk/mediacityuk.

图 4 - 13　索尔福德码头区改造前后对比

资料来源：Media City UK 官方宣传视频，https：//youtu. be/4vqsZGVQ3RQ。

造，Dock10 和 BBC 与创意产业联合会（Creative Industries Federation）开展合作，以促进曼彻斯特本地创意经济发展为主要目标，面向全国进行创意经济的宣传报道[1]。

全方位多主体参与的创意城市形象塑造已经取得了良好的成效。曼彻斯特市具有高度多元化的人口和文化结构，坐拥 Carcanet，Comma Press 等著名出版商，文学底蕴深厚，自 2006 年开始举办颇具影响力的曼彻斯特文学节。经过多年努力，2017 年曼彻斯特以文学创意城市的身份正式加入了全球创意城市网络，曼彻斯特地区也成为除伦敦外英国创意经济增长最快的地

---

[1]　资料来源：https：//www. creativeindustriesfederation. com/news/future - manchester - growing - digital - economy。

区。全球性创新基金会 Nesta 发布的报告《创意国度》（Creative Nation）显示，2014~2016 年间，曼彻斯特地区创意产业的就业增长高达 18%，高于全国的创意产业就业率（11%），是其他产业就业增长率的 3 倍；创业产业的企业数量增长了 21%，达到 9183 家。从行业角度来看，该地区的出版业、传媒业、影视业、建筑设计业等具有明显的区域优势。到了 2017 年，创意产业为曼彻斯特地区贡献了约 14.59 亿英镑的国民生产总值（GVA），仅次于大伦敦地区[①]。

四 案例5：以陶瓷文化激发城市活力与创新：以景德镇为例

拥有 2000 多年制瓷历史的景德镇由于长期的资源开采，已探明的瓷土资源濒临枯竭，国有大中型陶瓷企业日渐衰落，加之城市功能不全、配套设施滞后、规划布局不合理等问题日益凸显，直接影响了城市的可持续发展[②]。2009 年，景德镇市被列为第二批资源枯竭转型试点城市，开始探索转型发展的新模式。

在转型模式上，景德镇形成了以陶瓷文化创意产业引领城市转型综合发展的创新模式，实施"陶瓷产业+"战略，通过"文创产业植入、文化遗产活化与保护、产业集群集聚发展、文化旅游崛起"等发展路径，以产业转型为核心，联动推进城市、生态、民生全面转型，积极争创全国资源枯竭转型发展示范城市。

（一）由合理利用"有形资源"向开发"无形资源"转变实现矿产资源转型

资源枯竭是导致城市转型的主要因素。20 世纪 50 年代以来，景德镇累

---

① Juan G., Joel K., Konstantinos S., Creative Nation: How the Creative Industries are Powering the UK's Nations and Regions, 2018, NESTA.

② http://jxjdz.jxnews.com.cn/system/2017/10/19/016480352.shtml.

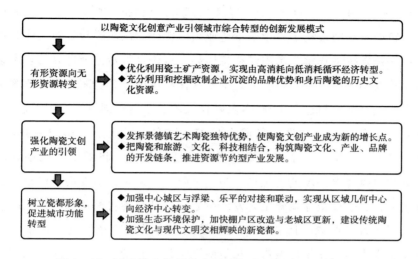

图 4 - 14　以陶瓷文化创意产业引领城市转型综合发展模式

计探明的瓷矿资源总量约 1340 万吨，目前可开采储量已不足 100 万吨。其中大部分的原料需从周边省市购入，无形中增加了陶瓷生产的成本，其中高岭土自给率仅达 0.37%，高岭土资源濒临枯竭，形势十分严峻。近年来，景德镇市通过"有形资源"向"无形资源"的转变实现了矿产资源转型。一是优化利用景德镇的瓷土矿产资源，用少量的瓷土创造更高附加值的产品，走精细化发展道路，实现由高消耗向低消耗的可持续经济转型。二是以品牌建设为龙头，做大做强"景德镇陶瓷"的千年文化品牌，把品牌优势、科研优势和专业化协作配套优势相结合，推动景德镇资源消耗型城市向文化创意经济引领的循环经济城市转型，形成资源城市转型的新路径。2017 年，景德镇市陶瓷行业保持良好发展势头，陶瓷产业总产值达 372 亿元，是 2007 年转型前的 8.5 倍。

（二）强化陶瓷文化创意产业的引领作用，推动三次产业转型

1. 以陶瓷文化为增长极，转换产业结构

2007 年转型初期，景德镇三次产业增加值占 GDP 比重之比为：9.0:57.5:33.5，经历十年转型发展，2017 年景德镇三次产业增加值占 GDP 比重之比

为：6.1：49.9：44.0。可以发现，以文化创意产业为引领的第三产业增长迅速，在转型十年间带动了景德镇市产业结构转型。该地区转型的具体路径有两点：一是发挥景德镇艺术陶瓷独特优势，邀请全国乃至全世界的艺术家到景德镇建设陶艺工作室。目前，景德镇依托陶溪川、名坊园、落马桥等文化创意产业重点项目引进了1200多名陶瓷人才前来创新创业，其中引进国内、国际知名陶瓷企业家和高端科研人员100多名，形成了"落户一批项目、引进一批人才、培育一个经济增长点"的链式效应，将陶瓷文化创意产业变成景德镇陶瓷振兴新的增长点，为艺术陶瓷的工艺创新发展提供技艺交流的高端平台，建设全球陶瓷工艺发展中心。二是把陶瓷与旅游、休闲、会展等领域相结合，形成"陶瓷＋"发展模式，将景德镇建设成为一个以陶瓷文化体验为主的文化旅游城市，构筑陶瓷文化、旅游、产业、品牌的开发链条，在确保生态环境安全的前提下，推进资源节约型产业发展。

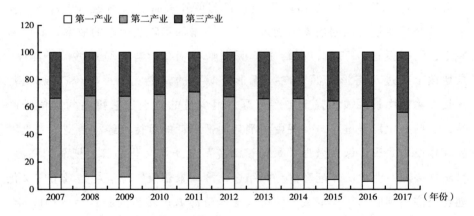

图4－15　2007～2017景德镇市三次产业增加值占GDP比重

资料来源：《中国城市统计年鉴》。

2. 以国际化、全球化为新视角，推进产业平台建设

依托景德镇艺术陶瓷的国际领先地位，景德镇通过"政府搭台、艺术家唱戏"的主要方式，将国际上热爱陶瓷的艺术家、收藏家、企业家、陶瓷爱好者等以及协会、中介组织、高等院校等"请进来"参与景德镇陶瓷

文化创意产业的创意、创新和创业活动。其主要途径为：一是打造世界级陶瓷文化创意产业"五大中心、一大基地"，营造良好的创新环境和氛围。二是以景德镇陶邑文化发展有限公司、国际雕塑陶瓷创意园、三宝陶艺村等园区平台建设，吸引来自美国、意大利、法国、澳大利亚等四十多个国家和地区的陶瓷艺人，逐步发展成为中国最大的陶瓷原创艺术区。到目前为止，景德镇利用浓厚的陶瓷创作氛围吸引了超过 3000 位国内外的知名艺术家来景德镇进行创作。三是开展以陶瓷为中心的产品博览会、会展、创意展示、陶瓷研发和教学论坛等国际会事，建立陶瓷古玩与艺术品交易平台，开展展示、拍卖、交易以及各种论坛等活动，加大与国际陶瓷先进地区的交流。2018 年，瓷博会的国内参展企业达到 468 家，境外参展企业 21 家，其中意大利法恩扎、土耳其伊兹尼克、欧洲陶瓷联盟为首次参展，形成了国内外品牌陶瓷企业汇聚的良好态势[①]。

（三）由"发展主义"向"以人为本"转变实现的社会转型

1. 以创业带动就业，以创业带动富民

景德镇利用产业园区来促进经济方式转型，创造就业机会，改善社会民生。由于资源的日趋枯竭以及开采规模大幅下降，资源枯竭型城市经济发展活力明显不足。大批瓷土矿和以瓷土矿为主要生产原料的企业破产或关闭，下岗、失业和伤残人员日益增多，居民就业问题日益严重。2008 年，景德镇市共有陶瓷工人 15 万人，其中下岗或转岗 4.9 万人，占总人数的 32.7%[②]。转型十年来，景德镇不断加大民生投入，改善创业环境，鼓励下岗工人再就业。近年来，景德镇着力培育"四个一批"，即一批创业孵化基地（园区、示范街）、一批创业项目、一批创业人才以及一批创意典型，通过创意孵化基地等平台建设，探索出一条创业带动就业的新路径。其具体做法，一是依托平台开展创业就业指导，解决原国有企业下岗职工再就业问

---

① http://jx.ifeng.com/a/20181010/6934146_0.shtml.

② http://www.fstcb.com/news/show-21266.html.

改造前

改造后

图 4 - 16 景德镇旧厂房改造

资料来源：景德镇市宣传图片。

题，维护社会稳定；二是提供配套服务、吸引创业人才、降低创业门槛、提升创业积极性，为中小企业培育和孵化创造条件；三是通过腾笼换鸟，有效盘活企业厂房等资产存量，对停产困难企业进行资产重组，使闲置设备得到再开发和再利用。转型十年来,景德镇市大力推动创业孵化基地建设,扶持创业孵化企业,显著提升了陶艺工作室、工艺作坊等创业机构的数量,有效增加了社会创业活动指数、创业活动对就业的贡献,创业者普遍对创业环境较为满意。近两年,景德镇的城镇登记失业率也被控制在了 3.5% 以内。

2. 以城市更新为抓手,树立世界瓷都新形象

景德镇以城市品质提升和树立世界瓷都形象,通过城市空间的更新改造,促进资源城市转型。近年来,景德镇实施市区"强核"战略,提升城市形象,构建南北两条城市发展轴线,完善城市内核功能;加强中心城区与浮梁、乐平的对接和联动,扩大城市建成区规模,建设成为鄱阳湖生态经济区中心城市,实现从区域几何中心向经济中心的转变;加快棚户区改造与老城区更新,弘扬景德镇千年陶瓷文化,恢复历史文化名城风采,建设传统陶瓷文化与现代文明交相辉映、具有高度艺术性的世界瓷都,打造景德镇亮丽的名片。

(四)塑造文创空间的优秀案例:陶溪川

景德镇陶溪川文创街区是以陶瓷工业遗产保护利用为基础,融产业发展升级与新型城镇化为一体的复合型项目,总体规划超过 1 平方公里,由景德镇陶瓷文化旅游发展有限责任公司投资建设。街区涵盖宇宙、为民、万能达瓷厂等 10 多个工业企业,曾经是中国主要的出口瓷生产基地,工业遗产众多,历史记忆丰富,是典型的城市老工业区[①]。陶溪川以原宇宙瓷厂为核心启动区,通过整合老厂区资源,以陶瓷文化为基底,彰显科技文化特色,经过精心打造,成为"国际范、强体验、混合业态、跨界经营"的文创街区,实现"传统 + 时尚 + 艺术 + 科技"的深度交融,取得社会、经济效益双丰收,也成为在非物质文化遗产保护与传承方面非常成功的城市更新案例。

---

① 引自 http://y.taiwan.cn/jdml/2018/0928/9941471_m.html。

1. 引进品牌激发空间活力

陶溪川建有陶瓷工业遗产博物馆等非遗展示场所、美术馆、邑空间、国际艺术家工作室、B&C 国际设计中心、中央美院陶瓷艺术研究院、人民网陶瓷艺术馆、陶溪川文化交流研究中心，以及精品酒店、创意餐厅、咖啡体验馆等文化场所及现代服务业配套。进驻品牌 173 家，知名品牌有众上动漫梦工厂、荣昌夏布、唐英学社、次元动漫，以及集陶瓷手工作业线、餐饮、剧场为一体的成都印象，少儿陶艺培训类名牌机构武汉功夫小瓷，富有科技文化含量的陶瓷 3D 打印体验中心，包含 VR 电子竞技的宇宙磁场娱乐体等。业态涵盖文化艺术、文化旅游、教育培训、餐饮服务、休闲娱乐、手工体验。

图 4 - 17　沿街商业空间

资料来源：景德镇市宣传图片。

2. 工业遗产唤醒大众记忆

陶瓷工业遗产博物馆通过对历史文献的打捞，以场景再现、珍贵实物和图片资料展示等形式，对近现代陶瓷工业的工具、设备、窑炉、工艺流程、产品、6.9 万名瓷工的"身份档案"以及 500 名工人的口述史进行集中呈现。这座博物馆按照手工作坊 – 私营 – 私私联营 – 公私联营 – 国营瓷厂 – 改制转型的历史脉络，展示了自 1904 以来景德镇陶瓷工业经历的沧桑变革，中外游客可以从中品味景德镇近现代工业的发展历史，纵览陶瓷工业遗产风貌，以及景德镇陶瓷工业曾经焕发的光华。景德镇陶瓷工业遗产博物馆现已成为全国首家具有影响力和示范作用的陶瓷工业遗产（物质和非物质文化）专题博物馆①。

图 4 – 18　陶瓷工业遗产博物馆

资料来源：景德镇市宣传图片。

3. 陶瓷文化吸引创客集聚

为了让年轻人能够留在陶溪川工作和生活，体会到一个文化基底深厚的造梦空间，陶溪川修建了美术馆、博物馆以及文创产品开发机构，为毕业学生的定居、就业提供了丰富的物质基础和条件。街区设有 3000 平方米的邑空间，打造创意集市＋线下商城＋线上旗舰店＋邑讲堂四位一体的创业创意平台，为大学生免费提供摊位、商铺及管理服务。这里汇聚了 6140 名大学生和优质创客，已经形成集群效应。街区还坚持每周五、周末举办大型创意集市及夜市活动，业态涵盖创意陶瓷、传统陶瓷、手工皮具、木雕根艺、铁器铜壶、剪纸艺术、布艺制品、手工食品等。

---

① https：//www.sohu.com/a/203829028_ 700465.

图 4 - 19 青年人在工作室学习陶艺

资料源：景德镇市宣传图片。

4. 城市双修完善基础设施

在大陶溪川，人们拥有集体记忆最多的场所就是瓷厂。从城市历史发展的角度来看，大陶溪川所在片区是景德镇近代历史上生产、生态、生活"三生合一"的城市特色空间载体。片区内凤凰山、瓷厂、职工宿舍三者有机融合，既是传统景德镇生活的写照，也是这座城市最独特的城市记忆。大陶溪川片区是整个景德镇工业遗存最密集的区域，在整个景德镇市的 142 处工业遗存中，大陶溪川片区占了 54 处，工业遗存分布集中，保护价值极高。在修补过程中，当地遵循"厂房改造、文化塑造、功能再造、环境营造"的理念，对瓷厂内 22 栋风格各异的老厂房、工业建筑，以及煤烧圆窑、隧道窑等工业设施进行了抢救性保护修缮。在进行城市修补的过程中，规划者通过对过去城市职能的梳理，确定了新的区域在城市中的定位，让大陶溪川片区能够得到修补并丰富景德镇的城市功能。

图 4 - 20 陶溪川入口街景

资料来源：景德镇市宣传图片。

在生态修复方面，针对水资源匮乏、水生态破坏严重、水土流失严重等一系列生态问题，陶溪川运用海绵城市的理念，沟通凤凰山、老南河水系统，利用铁路遗址公园起到海绵体生态蓄水功能。规划者借助自然地势，用

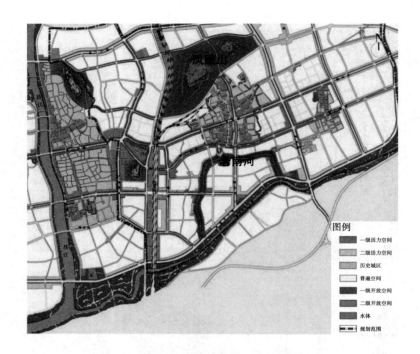

图 4 - 21　陶溪川生态修复示意图

资料来源：陶溪川产业园区规划。

废弃铁路打造了铁路海绵公园，能够有效蓄水、排水、防洪，同时也形成了对陶溪川历史水道纵横景观的呼应。

五　案例6：以白酒文化促进城市转型与复兴：以泸州为例

　　泸州市是中国天然气化工的发源地，历经"三线建设"、"西部化工城建设"和改革开放以来的发展积淀，形成了酿酒、军工、化工、机械等较为完备的工业体系，但同时也经历了老工业基地和资源城市转型的阵痛。2011年，泸州市被批准为全国第三批资源枯竭试点城市，开启了资源枯竭城市转型试点新篇章。白酒产业作为泸州市四大支柱产业，成为城市转型的中坚力量。为了充分发挥泸州市"中国白酒原产地"和"世界十大烈酒产区"的核心优势，持续提升白酒产业发展质量和效益，2018年泸州市印发《泸州市千亿白酒产业三年行动计划（2018～2020年）》，力争到2020年全市白酒主营业务收入突破1000亿元，建设成为优质白酒核心产能区、品牌聚集区、创新创业集聚区和白酒产业集群地。

（一）以白酒产业为支柱，实现多元产业联动发展

泸州白酒金三角产业园区按照"三产联动、产城互动"的理念进行规划建设，旨在提质并做优白酒产业，推进白酒产业从单一向一二三产联动发展转型升级。其发展定位为国家级经济开发区、国家级产城融合示范区、国家级酒文化集中展示区和国家级酒文化旅游目的地，重点打造全产业链白酒产业集群，以一线品牌泸州老窖和郎酒为龙头，积极培育二线品牌，走集群式发展道路，进一步延伸产业链，产业发展贯穿一产（原料种植）、二产（白酒固态酿制、基酒储存、灌装生产）、三产（白酒营销、交易、旅游、会展金融），深入挖掘产品文化内涵，打造酒业先进集群。园区从"旧"到"新"，实现了全域旅游、文化会展、大物流、大健康、现代金融等现代服

表4-3 泸州市酒类产业发展空间布局

	区域名称	区域功能	空间分布
一核	中国白酒金三角酒业园区	白酒酿造、包装、仓储物流、原粮种植、文化旅游、专业服务等	黄舣浓香、清香型酒产区，二郎水口酱香型酒产区，大渡口镇酒庄文化综合标准化示范区。
三带	长江沿岸白酒发展带	浓香型、清香型白酒酿造，包材生产，仓储物流，酒文化展示及旅游。	西起纳溪区大渡口镇，东至合江县城，覆盖黄舣基地、纳溪区中国酒镇、龙马潭区郎酒浓香基地、鱼塘镇就业包装物流基地。
	赤水河谷酱香型白酒发展带	酱香型白酒酿造、储藏、酒文化旅游。	泸州境内的赤水河流域，覆盖古蔺县二郎、太平、永乐、土城、水口。合江县先市、九支、密溪等区域。
	沱江沿岸白酒发展带	浓香型基酒酿造、收储窖藏，包材生产制造，中低端成品酒生产等。	北起泸县县城，南至长沱江交汇处包括华夏龙窖白酒产业园、兆雅、云龙等镇。
多点	包括邻玉白酒文化产业园、华夏龙窖白酒产业园、龙马潭石洞酒业园区、长安原酒明乡、中国酒镇酒庄、合江县食品工业园区等。		

务业的蓬勃发展。园区会展中心被确定为"中国国际酒业博览会"永久性会址，已成功连续举办 11 届酒博会。2017 年，园区共实现产值和服务性收入 544 亿元，工业总产值 320.8 亿元，相较于转型初期（2007 年）增长了 5 倍。

（二）以创业平台为载体，发挥双创就业支撑作用

泸州市的改革以改善民生为重点，加大民生投入，着力解决天然气资源枯竭引发的一系列重点突出问题，为天然气化工及关联产业下岗职工、"零就业家庭"、低收入家庭、长期失业者等困难群体建立健全社会救助与就业的联动机制。当地以白酒产业为支柱，延伸产业链条、发展新兴业态、扶持微小企业，通过政策鼓励引导下岗职工从事白酒等相关产业；加强职业培训统筹，建立以职业院校、技工学校等为载体的职业培训体系，大力开展就业导向的培训模式，鼓励有创业要求并具备一定创业条件的就业困难群体参加创业培训；发放创业补贴，提供创业担保贷款，为各类创新创业人员提供免费平台和保姆式服务。

2017 年，泸州市建成国家级众创空间 4 家，省级大学生创新创业园区 5 家，各类市级创新创业载体 49 家，孵化面积达 50.8 万平方米。2011 ~ 2017 年，当地城镇就业人数由 26.5 万人增加到的 38.43 万人，累计新增就业 285461 人，城镇登记失业率维持在 3% 至 4% 之间，整体就业形势保持稳定[①]。

（三）以创意产业为主体，引领城市空间创新发展

城市产业结构与城市转型息息相关，文创产业的快速发展有利于城市提升创新能力，改造落后产能，提升城市品质。泸州市文化底蕴深厚，尤其是酒文化，多处酒窖池群为国家级、省级重点文物保护单位，一批传统酿造技艺被列入国家级非遗保护名录。泸州市围绕"酒城泸州"的文化品牌，以文创产业园区为重点，以特色酒镇酒庄为基础，科学合理配套基础设施和公

---

① http://fgw.luzhou.gov.cn/ztzl/zyxcszx/content_ 472066.

图 4 – 22 泸州科技双创中心

资料来源：泸州国家高新技术产业开发区产业发展规划（2017～2030）。

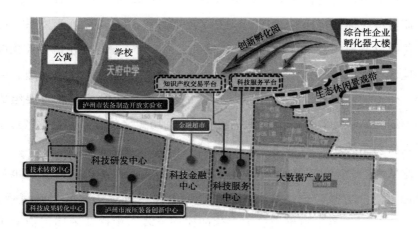

图 4 – 23 泸州科技创新试验区空间布局图

资料来源：泸州国家高新技术产业开发区产业发展规划（2017～2030）。

共设施，推动周边县区融入主城区一体化发展。在空间布局方面，以江阳区为集中发展区，以酒文化为核心，综合发展设计服务业、现代传媒业、文化休闲旅游业、信息服务业、教育培训业、文化会展业、动漫游戏业、艺术品业等8大文化创意产业。以龙马潭区、纳溪区、泸县、合江县、叙永县、古蔺县等6个行政区（县）为特色发展区，分别以都市文化、休闲文化、民俗文化、生态文化、红色文化为特色，充分发挥各区、县的产业优势和区位特点，积极拓展新兴文创产业园区[①]。

六 小结：工矿城市创意经济发展的思考

创意经济在德国鲁尔区、英国曼彻斯特地区、中国景德镇市和泸州市的转型发展中都占有重要地位并取得了良好的效果，但四个城市的创意经济发展路径并不相同。从创意起源来看，德国鲁尔区和中国景德镇市的创意经济根植于城市工矿业体系之中，这不仅仅体现在对工业遗址的保护性开发利用，更体现在城市形象塑造中对传统工矿业历史地位的强化与延伸。相比之下，中国泸州市则是将比油气开采出现得更早的酿酒工业和酒文化发扬光大，而英国曼彻斯特地区的创意经济体系则是脱离了原有工业体系，向文学、传媒以及现代新兴行业靠拢。从城市定位来看，德国鲁尔区、英国曼彻斯特地区、中国景德镇市倾向于以"创意城市"进行城市形象塑造，但是对于泸州市而言，"创意"概念只是城市经济体系建设的一个重要组成部分。不同发展路径的形成，与四座城市不同的历史文化背景、自然区位条件等要素密切相关。

尽管路径选择不同，但是四个案例城市的创意经济成功的背后也具有共性因素。一方面，这些城市在创意经济的发展过程中充分发挥了政府、企业、大学、相关组织机构等多主体的作用，各个主体从不同层面和视角入手，发挥自身优势，通力合作促成创意经济的发展。另一方面，四个城市充分利用了自身优势，尤其是特色性优势，比如曼彻斯特在英国西北地

---

① 泸州市人民政府：《泸州市文化产业发展规划（2016～2020年）》，http://www.luzhou.gov.cn/publicity/subject012/subject194/130332。

区的核心地位是其发展文化传媒产业中心的基础条件之一，同时它也主动抓住英国申奥和千禧年计划的改造机遇，推动城市更新工作向前推进。对于景德镇和泸州而言，陶瓷工艺及文化在世界范围内具有极强的吸引力，而白酒文化在中国经久不衰，推动中国传统文化与技艺发展的市场前景十分广阔。

但是创意经济在参与工矿城市转型发展的过程中也暴露出了诸多问题，值得政府、学界深入思考。首先，创意经济的普遍特征是企业规模偏小、初创企业众多，尽管其在增加就业机会、提高经济活力方面效果明显，但是从生产总值贡献情况来看，小规模的创意经济对城市整体经济增长的贡献能力有限。以曼彻斯特地区为例，创意产业生产总值仅占全市生产总值的 3.7% 左右。其次，部分工矿城市高度同质化的创意经济发展模式的成效存疑。成功的创意经济体系与地区的本底条件相关联，但是对于很多工矿城市来说，城依矿生，城市既缺乏特色文化的历史基础，又不具备良好的区位条件，创意经济的发展往往局限于工矿遗址景观的改造和创客基地的建设。高度同质化的矿山公园、艺术厂区和孵化能力不高的创业孵化器对于解决地区经济发展和社会问题作用有限，此类工矿城市的转型发展需要探索更加多元有效的发展路径。对于工矿城市而言，发展创意经济并不意味着套用其他城市创意经济的成功案例模板，其内涵和精髓在于鼓励创新，发挥人的创造力，形成真正的城市创新精神和创意氛围。

参考文献

UNCTAD, *Creative Economic Outlook*, United Nations, 2018.

Florida, R., "Regions and Universities Together Can Foster a Creative Economy," *Chronicle of Higher Education*, 2006.

Gibson, C., S. Luckman, and J. J. A. G. Willoughby-Smith, "Creativity without Borders?" *Rethinking Remoteness and Proximity*, 2010, 41 (1), pp. 25 – 38.

Jayne, M. , et al. , "The Cultural Economy of Small Cities," *Geography Compass*, 2010. 4 (9), pp. 1408 – 1417.

Janelle, S. , "Come Hell or High Water: Identity and Resilience in a Mining Town," *London Journal of Canadian Studies*, 2015.

LANGE D. , *Route der Industriekultur: Entdeckerpass*, Essen: Regionalverband Ruhr, 2015.

克里斯塔·莱歇尔、卡罗拉·S. 诺伊格鲍尔著《欧洲地区后矿业空间转型的设计方法》，王单单译，《世界建筑》2019 年第 9 期。

Salford City Council, Salford Quays Regeneration Milestones, the Story of the Regeneration Project, 2005.

Juan G. , Joel K. , Konstantinos S. , Creative Nation: How the Creative Industries are Powering the UK's Nations and Regions, NESTA, 2018.

韩静、操满秀：《资源枯竭型城市经济转型的模式探讨——以景德镇为例》，《改革与战略》2011 年第 3 期。

泸州市人民政府：《泸州市文化产业发展规划（2016～2020 年）》，http://www. luzhou. gov. cn/publicity/subject012/subject194/130332。

第五章
创意经济与小城镇发展

唐 燕　邵旭涛　朱利安·哲拉斯　刘燕婷[*]

一　前言：创意经济兴起与小城镇发展

创意经济、创意阶层与创意城市等术语都是在 21 世纪初被提出的，是探讨新世纪城市经济转型发展的重要概念。早期关于创意经济的研究主要围绕大城市展开，如爱华德·格莱泽和特里·克拉克认为未来大城市的竞争力体现在城市作为一个场域或场景在吸引高素质人群方面的能力上[①]。理查德·弗洛里达的创意阶层理论，强调创意将成为经济增长与城市发展的主要动力，创意人才将成为大城市之间竞争的热门争夺对象或资源。但事实上，小城镇亦是城镇化进程中不应被忽视的经济增长极，也将是创意经济和创意产业发展的重要载体。

在当今的许多发达国家，小城镇是重要的经济载体和生活空间。例如高科技小镇集聚的硅谷，人口不到美国的 1%，但 GDP 占比却高达 4% ~ 5%。

---

[*]　唐燕，清华大学建筑学院（THU）副教授；邵旭涛，清华大学建筑学院（THU）博士研究生；朱利安·哲拉斯（Julien Gelas），法国阿维尼翁 OFF 戏剧节传承人，法国巴黎东方语言文化学院（INALCO）哲学博士；刘燕婷，联合国教科文组织国际创意与可持续发展中心研究部。

[①]　吴军：《吸引创意阶层流动与聚集：人文环境与场景——西方创意阶层理论综述》，《中国名城》2019 年第 5 期。

发达国家的城镇化历程也显示，当城镇化率达到一定程度时，国家政策通常会转向关注小城镇的发展并提出一系列相关措施（图 5 - 1）。英、美、日三国大约在城镇化率达到 70% 时开始注重小城镇建设，而韩国在城镇化率为约 40% 的阶段就对小城镇的发展给予了充分重视，这与中国现阶段的情况较为接近。

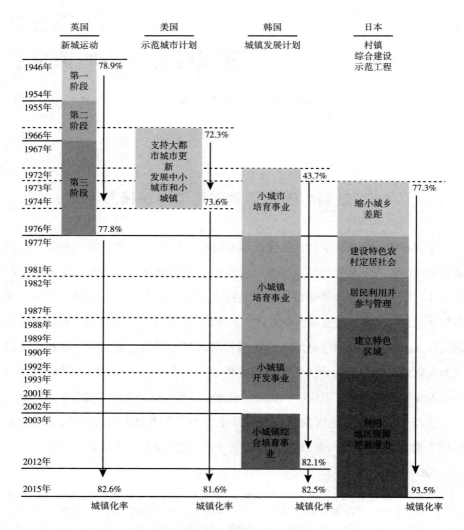

图 5 - 1 发达国家小城镇发展阶段及城市化率

资料来源：园林信息平台，《100 个国际特色小镇案例经验》，（2018 - 03 - 17）[2020 - 03 - 25]，https：//www. sohu. com/a/225777792_ 100102855。

对于小城镇来说，创意产业和创意经济是其实现特色化与产业升级路径的一项重要支撑手段。小城镇的创意发展路径强调以文化创意带动产业、以消费引导经济及以科技创新实现突破。在全球环境状况日益趋于严峻、社会经济结构更加纷繁复杂的形势下，小城镇发展创意经济是从自然资源驱动向人类智慧驱动的转变，是实现地区城乡可持续发展的重要路径选择。因此，本报告结合国际经验，在总结分析发达国家创意小镇发展趋势与个案做法（法国阿维尼翁）的基础上，分析探讨中国小城镇的发展现状，并以乌镇、横店两个小城镇为例，深入剖析中国小城镇通过创意经济实现新发展的路径选择。

（一）中国小城镇发展现状与创意经济带来的新契机

2019 年 8 月，中国国家统计局发布的《新中国成立 70 周年经济社会发展成就系列报告》显示，新中国成立 70 年来，中国经历了世界历史上规模最大、速度最快的城镇化进程。2018 年末，中国常住人口城镇化率达到 59.58%①，而 1949 年这个数字是 10.64%。在这个前所未有的进程中，中国日益关注城乡均衡问题，并倡导通过不同尺度城镇的协调发展来推进城镇化进程的健康与可持续化。2002 年，党的十六大明确提出要"坚持大中小城市和小城镇协调发展，走中国特色的城镇化道路"。2017 年，党的十九大报告进一步强调，要"建立更加有效的区域协调发展新机制，以城市群为主体构建大中小城市和小城镇协调发展的城镇格局"。另外在 2016 年，国家发改委还提出将引导扶持建设近 1000 个特色小镇，并公布第一批 127 个特色小镇名单。这表明，作为城市和乡村的连接点，小城镇既是大都市圈发展的重要组成部分，也是乡村振兴的有力保障，在建立健全城乡融合发展体制机制和政策体系中承载着重要使命。当前，中国的城镇化与经济均进入减速增质的新阶段，小城镇的产业与空间发展也在向着多元化、高端化迈进，以

---

① "2018 年我国常住人口城镇化率达 59.58%"（2019 - 08 - 16）[2020 - 03 - 25]，人民网，http：//finance. people. com. cn/n1/2019/0816/c1004 - 31298958. html。

创意产业为核心的小镇发展案例不断涌现，并逐渐成为小城镇发展的新抓手。

1. 中国小城镇的发展现状

中国小城镇发展理论研究始于社会学家费孝通先生。费孝通曾提出中国小城镇发展的三种工业化发展模式，即：发挥临近大中城市的优越区位，通过集体经济组织兴办乡镇企业来获得极大发展的"苏南模式"；以家庭、联户企业等私营经济获得发展，从而累积小城镇建设资金的"温州模式"；借助与香港临近的地理优势，发展外向型经济从而推动小城镇发展的"珠三角模式"。加拿大学者麦吉根据对中国、印尼、日本等人口稠密的都市圈的研究，提出了灰色区域理论，即一种新型的在城乡两级同时作用下，村镇企业逐渐聚集壮大形成的不同于农村和城市的一种空间发展模式。其中，中国模式是基于"乡镇企业—小城镇—经济区"的空间发展方式，以逐步实现城乡一体化目标①。2004 年，时任建设部副部长仇保兴认为，中国的小城镇目前有 10 种发展模式，即：城郊的卫星城镇型、工业主导型、商贸带动型、交通枢纽型、工矿依托型、旅游服务型、区域中心型、边界发展型、移民建镇型、历史文化名镇型。②

可见，中国小城镇的发展不局限于工业引领，而是具有多元化特色的发展路径，小城镇的服务业基础薄弱，但依旧蕴藏着巨大的发展潜力。我国小城镇建设目前也存在着一些亟待解决的问题，包括：城镇产业发展方向盲目，甚至与当地优势和生态环境保护有所冲突；城镇空间规划缺乏科学性；土地利用政策和制度不完善；小城镇金融财政、社保就业、医疗养老等体制不完善；投资环境差；基础设施、公共服务设施建设跟不上发展；公众参与弱，社区与产业之间联系不紧密等。特别是从产业角度来讲，很多城镇因为没有找到经济增长的着力点和产业依托，而只能依靠出让土地来短期获利。

---

① 张群、秦川：《国内外小城镇建设理论与实践分析》，《小城镇建设》2008 年第 12 期。
② 仇保兴：《小城镇十种发展模式》，《建设科技》2004 年第 19 期。

2. 创意经济促进中国小城镇发展的契机与意义

创意经济带来的生产生活转型和互联网等新技术的发展，给小城镇带来了前所未有的契机，中国原来以大城市为主体的城镇服务业正在悄然发生着变化，通过创意经济实现小城镇的新发展和新突破成为可能。

首先，互联网时代让世界的每个角落都可以共享发展机会，小城镇在某些方面甚至也可以与大城市进行竞争。中国便利的物流体系和电商平台让全国大多数地区都可以在网上随时购买到生产与生活所需的原料、资料与用品，发达的高铁网和高速公路网也让人们能够更方便地进出乡镇腹地。这使得小城镇不再是被动的、边缘化的地理空间，而可能在时空压缩之后，成为不同级别的空间发展中心，使得创意产品的生产和销售都能够直接对接到繁华的中心市场中。小城镇既有优美的自然景观和相对自由、安静、闲适的生活氛围，又有与大城市对接的便捷区位，会成为中心城市与乡村链接的关键空间。

其次，小城镇发展创意经济有助于帮助解决大城市病，促进都市圈的城乡空间协调发展。在大城市空间日益紧张、人民生活工作需求越来越高的情况下，拥有魅力创意空间且基础设施完备、风景优美的小城镇会是下一种宜居宜业的空间模式。诸如博鳌、乌镇等小城镇，已经因此由单一依靠旅游产业的城镇转变为多功能复合的城镇，进而吸引各个阶层人群前来定居。小城镇吸引来的人口的居住和就业，会减缓大城市的人口流入和无序扩张，改变城市区域面貌。这一效应还能减缓都中心城市的产业虹吸效应，遏制城市病的发展，提升中心城市、卫星城、小城镇、乡村这一序列中各个层次的协调性。

再次，小城镇发展创意经济有利于促进农村地区的三次产业均衡，促进城市公共服务和基础设施向乡村延伸。小城镇有其独特的景观、文化和现状优势，注入合适的创意产业，与小城镇的自然风景、当地文化、民居建筑等元素和谐反应，会形成与大城市不同的更为丰富多样的空间体验。产业附加值高、污染小、占用资源少的创意产业可以成为小城镇发展的重要动力，并倒逼小城镇不断完善基础设施和公共服务体系建设，促进产业、公服和景观等的相互融合，形成可持续的发展模式。

最后，小城镇发展创意经济可以激活市场。从世界各地发展案例中可以看到，相比大城市来说，小城镇的发展主要是市场动力和内生资源促进的。目前，大城市基本都形成了完善的投资驱动发展模式，并开始向创新驱动发展模式转型，而大部分农村和小城镇的发展仍然处于资源拉动的初级发展阶段。但是，小城镇日益增多的人口创造了更大的市场，并辐射着更为广袤的农村地区，在"新常态"的城镇发展规律和国家"乡村振兴"、"特色小镇"等政策强有力的支持下，产业市场在小城镇中将会有更广阔的用武之地。

（二）依托创意经济发展小城镇的国际经验

1. 国际创意型小城镇发展路径

发达国家的城镇化起步较早，对小城镇建设与创意经济的结合有一定的经验积累。美国人口普查数据显示，2010 年美国总人口 3.09 亿，63.0% 的人口居住在 5 万人口以下的小城镇。2016 年德国统计年鉴数据显示，截至 2014 年底，德国总人口 8119.75 万人，其中 80% 的人口居住在 10 万人口以下的小城镇。在国际上，小城镇发展创意经济有很多成功案例，例如在法国，人口约 25.3 万的格拉斯小镇每年仅香水业就会创造 6 亿欧元的财富。

对比研究 20 个国际创意小镇案例（表 5-1），可以发现这些知名创意小镇的特点为：多具有悠久历史，多为自发慢速形成或市场机制引导产业集聚形成，纯旅游型城镇占比低，聚焦某类产业并使产业链纵向发展的城镇占比高。并由此可归纳出国际创意小镇形成的四种基本模式：文旅型、文旅拓展型、公司型、外溢承接型。其中，日本、韩国等亚洲国家多出现文旅或文旅拓展型，小城镇多为宜居宜游的文化和旅游集成的空间，动漫、影视剧、娱乐综艺等特色创意产业支撑的文旅型小镇在日韩较为普遍。在欧美，公司型或外溢承接型小镇较多，这种由小型城镇承担特色工业生产甚至作为国际品牌总部的情况在亚洲则较为罕见。

表 5 - 1 国际创意小镇研究案例与简介

国家	名称	简介	类型
美国	格林尼治	承接纽约产业溢出的基金小镇	外溢承接型
美国	好时小镇	好时总部所在地,巧克力生产、博物馆体验与旅游多产业支撑	公司型
美国	阿斯彭	滑雪产业特色的旅游度假小镇	文旅拓展型
美国	硅谷地区	依托湾区著名高校而逐渐形成的科技类公司群	公司型/外溢承接型
韩国	普罗旺斯	以葡萄酒和薰衣草文化为特色的旅游小镇	文旅型
韩国	小法兰西	《秘密花园》等多部流行剧拍摄地,欧式风情,可以体验法国文化	文旅型
日本	小樽市	历史建筑物为主的旅游城市	文旅型
日本	白川乡	具有独特景观的村落,世界遗产	文旅型
日本	柯南小镇	以柯南形象与元素为核心	文旅型
澳大利亚	谢菲尔德壁画小镇	以壁画、壁画展为核心的文旅镇	文旅型
法国	维特雷	依托发达的交通,工业小镇转型为古堡特色的旅游小镇	文旅型
法国	霞慕尼	历史悠久的以滑雪产业为特色的旅游度假小镇	文旅拓展型
法国	戛纳	以电影产业为特色的旅游小镇	文旅拓展型
法国	阿维尼翁	以戏剧产业为特色的旅游小镇	文旅拓展型
英国	温莎	著名的温莎城堡所在地	文旅型
英国	海伊	目前世界第一大的二手书镇	文旅型
瑞士	达沃斯	以滑雪度假兴起而后成为世界经济论坛举办地	文旅拓展型
保加利亚	卡赞勒克	以玫瑰及玫瑰加工产业为主的旅游小镇	文旅型
奥地利	瓦腾斯	施华洛世奇公司总部所在地	公司型
西班牙	胡斯卡(蓝精灵小镇)	《蓝精灵》的拍摄地,以蓝精灵形象为核心	文旅型

文旅型：这是历史最悠久且为数最多的一种创意小镇类型。国际创意小镇中，纯观光型小镇占比较少，地方大多数会根据自身核心元素形成某种体验式产业链，成为其经济支柱和不可替代的收入来源。与纯观光型小镇相比，度假设施更完善、体验更好的小镇可以增加到访者消费的时间与金钱，

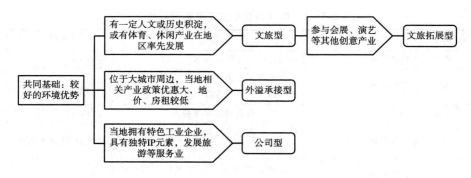

图 5 - 2 国际创意型小镇发展路径

例如滑雪度假小镇霞慕尼、保加利亚玫瑰城镇卡赞勒克等。

文旅拓展型：一些文旅型小镇在发展中找到了其他产业的突破点，形成以文化、旅游为基础以带动更高端产业发展的案例，如瑞士著名的旅游、度假、会议城镇，世界经济论坛的永久举办地达沃斯。

公司型：这一类型的小镇以工业生产为主，旅游体验为辅。小镇往往以某一拥有巨大商业价值品牌的总部为核心，以生产的产品或各种体验为特色，形成全世界独一无二的小镇，例如以施华洛世奇宝石为核心的奥地利瓦滕斯小镇、以好时巧克力品牌为主打的美国好时小镇等。

外溢承接型：在大城市的发展过程中，一些产生外溢的产业被周边某风景优美的小镇承接，逐渐形成产业集聚的特色小镇。这些城镇大多位于大都市一两个小时交通圈内，当地政府有时会给予某产业相当的优惠政策，从而促进小镇发展，如承接纽约金融服务产业的美国格林尼治基金小镇等。

（三）中国依托创意经济的小镇建设路径

与发达国家相比，中国的创意经济更多为大城市所承载，依托创意经济而得到良好发展的小城镇较少，但近年来也诞生了一些成功案例，成为中国有名的旅游目的地或就业吸引点。与国际创意小镇相比，国内出现了很多旅游观光型的创意小镇，其他产业型或综合性城镇大多为投资带动发展，起步通常较晚，多为改革开放后形成。本报告选取了 20 个中国发展良好的创意小镇（表5-2），以此归纳出中国创意小城镇的4种主要发展类型，即文旅型、文旅拓展型、产业升级型和投资布局型。

表5-2　国内创意小镇研究案例与简介

省区	名称	简介	类型
浙江	乌镇	以古镇风光为载体，通过戏剧和会展产业产生突破的城镇	文旅拓展型
浙江	横店镇	以工业起家，从影视行业中找到产业升级路径	产业升级型
浙江	云栖小镇	西湖区依托阿里巴巴云公司和转塘科技经济园区两大平台打造的以云生态为主导的互联网产业小镇	投资布局型
浙江	梦想小镇	余杭区的科技类、信息服务创业基地	投资布局型
浙江	玉皇山南基金小镇	对冲基金为主的财经类产业小镇	投资布局型
浙江	酷玩小镇	上海华昌投资的以潮流运动为主题的特色小镇	投资布局型
浙江	梁弄镇	以灯具产业和红色文化为特色的小镇	产业升级型
浙江	青瓷小镇	以青瓷制造、体验、旅游为主题的小镇	文旅型
海南	博鳌镇	从旅游度假兴起，后成为博鳌亚洲论坛的永久举办地	文旅拓展型
北京	古北水镇	合资企业投资而成的在司马台长城脚下独具北方风情的度假式小镇	文旅型/投资布局型
北京	宋庄	以自发形成的艺术家群落为特色的旅游、产业型小镇	文旅拓展型
贵州	茅台镇	以茅台公司为核心的酒文化小镇	产业升级型
云南	玫瑰小镇	以玫瑰为特色的旅游小镇	文旅型
云南	和顺古镇	以历史文化为主的古镇型旅游小镇	文旅型
四川	香格里拉镇（稻城亚丁）	以藏区风光和文化为特色的古镇型旅游小镇	文旅型
四川	阆中古城	以历史文化为主的古镇型旅游小镇	文旅型
江西	婺源古镇	以历史文化、乡村风光为主的古镇型旅游小镇	文旅型
山东	坊茨小镇	以历史文化为主的旅游小镇	文旅型
黑龙江	亚布力镇	以滑雪产业为特色的小镇	文旅型
吉林	二道白河镇	长白山脚下承接旅游服务功能的小镇	文旅型

文旅型：这是中国最常见的创意产业小镇类型，即充分利用当地的文化、自然景观形成的以旅游产业为支柱的特色小镇，如周庄、同里等江南古

镇等。一些区位或资源得天独厚的小镇会成为全国闻名的旅游胜地，其余很多文旅型小镇普遍面临着体验单一、游客消费少、同质化严重等问题的挑战。

文旅拓展型：中国很大一部分旅游资源，尤其是自然景观类资源，集中在广大的农村地区，小城镇由此成为乡村区域旅游的公共服务与公共设施集中提供点。发展良好的特色小镇既有优美的风景和宜居的环境，又有便利的设施和低廉的房价租金。一些小镇拥有较好的旅游或文化基础，并通过其他创意产业，如网络技术、演艺产业等的注入而获得第三产业的升级，如举办乌镇戏剧节、承接世界互联网大会的浙江乌镇，承接博鳌亚洲论坛的海南博鳌镇等。这些小镇一部分为民间资本投资开发，一部分为政府主导开发与设计。此类小镇的创意经济发展较好，大多成为当地的支柱性产业基地，在国内为数不多。

产业升级型：即小城镇通过创意产业的进入，实现了从第一产业或第二产业为主的经济形态换代为第三产业主导，从而获得可持续性更强的发展空间，如从制造业强镇转型为"制造业＋影视产业"并举的浙江横店镇。产业升级型与国际公司型相比，政府操作与政策支持在其中发挥了更多作用，也可看成迈向公司型的一个过渡阶段。产业换代型的小镇最终要达成的目的为：创造公司与小镇双重特色，实现独一无二的竞争力。

投资布局型：这是中国近年来新兴的一种快速建设模式，数量较为可观。这类创意小镇由政府或企业根据确定的产业策划和城镇规划，在风景优美的地区，在空白土地或仅有少量存量建筑物的土地上投资建设而成。这种小镇通常以高科技、互联网等产业为主，小镇设计与创意阶层的生活工作习惯相符合。例如由阿里巴巴主要投资打造的浙江云栖小镇，其主要承接高附加值、高技术性行业——投资方期望通过产业引入获得较大回报，才能以此负担新建小镇建筑和设施的高昂成本。此类小镇中的创意产业可以是其支柱产业，也可以依托于其他产业成为副产业。这类城镇在东南沿海地区近年频繁出现，未来能否实现长久发展仍需要经过实践检验。

表 5 – 3　国内外依托创意产业的特色小镇发展模式比较

国内模式	特点	特点	国际模式
文旅型	发展模式较为简单,主要依赖自然资源,服务品质较发达国家为差	旅游产品的纵向品类可以做到极致,自然资源是基础,核心是服务	文旅型
文旅拓展型	依托新兴产业,与同类旅游小镇差异化发展,形成的经典案例不亚于世界知名小镇	产业完善丰富,特色明显,盈利模式多,服务优良	文旅拓展型
产业升级型	成功案例通常抓住中国发展中缺少的产业缺口获得成功,也有一些盲目发展创意产业失败的案例。在世界小镇中独特性不显著	依托知名品牌公司总部等知识产权,在地区甚至全世界独一无二,但多数产业单一,受外部环境、消费方式和时间影响大	公司型
投资布局型	与国际外溢承接型相比,为政府或企业投资形成,发展快而主动。对投资方产业选择的敏感性强,运营和调控更为关键	多为自发形成,受规划因素影响小,发展慢而被动。虽较为坚实但受该产业发展影响大,有很多受冲击而没落的案例	外溢承接型

表 5 – 3 对比了创意小镇的国内与国际模式特点,可以发现中国在知识产权特色方面较为欠缺。中国的小镇在国内可形成较大名气,但在世界范围内独特性不明显,竞争力较弱,服务较落后,旅游、就业吸引力还远未达到发达国家水平。发达国家相比中国,承接大城市外溢产业的小镇类型数量更多,中国小城镇难以实现这一点,原因往往是小型城镇的生活基础设施和公服配套不尽完善。中国现今大多数高科技或创意阶层人群还是趋向居住、就业在大城市,但人们日渐注重生活成本和生活品质的平衡,今后具有完善生活设施的小镇逐渐会承接大城市产业的更多外溢需求,从而得到良好发展。

2014 年,时任浙江省省长李强提出"特色小镇"概念,这是中国"特色小镇"工作的开端。在中国第一批、第二批特色小镇建设名单中,浙江省小镇共 23 个,数量位居所有省份第一。因此,本报告在梳理法国阿维尼翁以戏剧兴城的创意小镇建设路径基础上,选取了浙江省的文旅拓展和产业升级两种创意小镇代表案例,即拥有着丰富文化底蕴与优美景观优势,而后拓展其他创意产业的桐乡市乌镇,以及通过影视产业完成了小镇产业升级的东阳市横店镇,来深入剖析中国创意型小城镇的成功发展路径。

二 案例7：法国阿维尼翁：戏剧兴城的
创意小镇建设路径

阿维尼翁（Avignon）位于法国东南部，是位于普罗旺斯（Provence）腹地的一座省会城市。其坐落于罗纳河谷，南距法国第二大城市马赛约 85 千米，北距法国第三大城市里昂约 220 千米。阿维尼翁的城市规模不大，面积约为 64.9 平方千米，历来仅有约 10 万人口①。

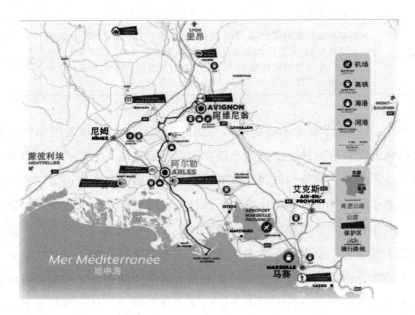

图 5－3 阿维尼翁区位与交通线路（含骑行路线）

资料来源：法国阿维尼翁大都市圈旅游局官网（Avignon Tourisme）。

阿维尼翁是西欧中世纪的代表性城市，始建于 12 世纪，兴起于 14 世纪，因克雷芒五世（Clément V）迁都后共有 7 名教皇定居于此，因此享有"教皇城"（Cité des Papes）的盛名。光辉褪去之后，阿维尼翁的城市发展

———————————

① 数据来源：法国国家统计局（Insee）。

陷入了漫长的衰退期（中世纪后期教皇迁回罗马，城市地位下降），直至 18 世纪末，作为曾经的教皇私人领地，该城在法国大革命的战火中经历了巨大变革，转属法国管辖，在变动中城市发展相对滞缓。19 世纪，阿维尼翁工业化转型缓慢，未能转变以农业为主的经济结构，经济逐渐与周边的工业化大城市里昂和马赛拉开差距，发展相对滞缓造成区域角色缺失与城市定位模糊。20 世纪，在两次世界大战中，阿维尼翁城市工业迅速衰退，并面临城市损坏的问题。二战后，百废待兴的阿维尼翁亟须扭转几个世纪以来的经济、文化和社会衰退，此时，一项特殊的创意活动——阿维尼翁戏剧节的诞生和发展，揭开了这座城市创新发展的序幕。阿维尼翁"戏剧兴城"的创意小镇建设路径可以总结为以下几个方面。

（一）以产带城，戏剧节重建城市文化名片

20 世纪 40 年代末，在二战后欧洲城市重建的浪潮中，阿维尼翁也开启了城市更新的道路，主要路径是以文化政策为主导的城市更新① （culture-policy-led regeneration），具体策略是以阿维尼翁戏剧节为媒介推动城市更新，即"戏剧兴城"② （festivalisation de la ville）。相比影响较为深远的英国在 20 世纪 70 ~ 90 年代的以文化政策推动城市更新的实践，阿维尼翁戏剧兴城的实践还早了近 30 年。

文化产业的成功引入是阿维尼翁实现产业结构转型的关键因素，也是二战以来阿维尼翁城市更新中的核心环节。阿维尼翁作为典型的南法农业小镇，直至 20 世纪中期产业结构仍较为传统，以花卉和蔬菜种植、红酒酿造等特色农业为主要产业，在农业活动的基础上扩展出了食品加工、纺织、化工等相关工业，并结合农产品优势和水路、陆路运输优势发展了农产品贸易业。因

---

① Frith, S. , " Knowing One's Place：the Culture of Cultural Industry," *Cultural Study from Birmingham*, 1991, 1, 135 – 155.

② Sohee Han, La Festivalisation：Approche du Festival d'Avignon par l'anthropologie de la communication, Université d'Avignon, 2018, https：//tel. archives – ouvertes. fr/tel – 02185065/ document.

其历史、政治地位的特殊性，阿维尼翁曾被称为"文化的沙漠"，城市在戏剧领域原本并无相关产业基础。阿维尼翁戏剧节的创建、迅速发展和影响力提升，主要得益于欧洲和法国文化政策、城市发展趋势的转变，以及创意人才自发的产业实践。阿维尼翁建设"戏剧之都"的历程，经历了2个重要转折点。

1. 在法国去中心化运动中，阿维尼翁建立戏剧节，从零到一引入戏剧产业

二战后，法国地区发展不均衡，"荒凉的外省"与"繁荣的巴黎"在产业分布、人口集聚等方面都面临着两极分化的情况①。为此，法国在文化领域和城市规划领域同时兴起了去中心化（décentralisation）的发展趋势。

阿维尼翁戏剧节是去中心化思潮在城市文化产业更新领域的具体体现。"阿维尼翁戏剧节"实际包含两个戏剧节板块——IN 戏剧节和 OFF 戏剧节，固定于每年7月中旬起举办3周的戏剧演出。IN 戏剧节在1947年创建之初是以法国戏剧家让·维拉尔（Jean Vilar）为核心的艺术家团体自发组织的一项戏剧兴城运动，在法国政府的资金和政策支持下发展为官方戏剧节。其一方面旨在实现法国的戏剧"去中心化"，把阿维尼翁改造为具有戏剧特色的城市，打破巴黎在戏剧领域的垄断地位，另一方面旨在以"大众戏剧"（théâtre du peuple）取代精英阶层的艺术垄断，重塑城市文化名片和市民的文化生活。随着戏剧节受众群体的扩大，1967年，诗人、戏剧家安德烈·贝内德托（André Benedetto）和吉拉尔·哲拉斯（Gérard Gelas）在 IN 戏剧节外围创立了"非官方"的 OFF 戏剧节，结合舞台艺术和街头艺术的形式，向更广泛的公众开放演出。

戏剧节促进了巴黎戏剧产业的迁移和阿维尼翁戏剧产业的引入，实现了双城文化资源的良性分配。创建初期，戏剧节团队在阿维尼翁和巴黎 TNP 剧团同时活动，有意识地促进了两城的戏剧产业交流和人才传导。戏剧节的两项主张和成功的产业实践，在很大程度上推动了 1964~1970 年间法国文化去中心化政策的制定，从而得到政策反哺，使阿维尼翁的戏剧产业迅速崛起。80年代，法国文化部细化出台"文化分权"的文化产业发展政策，倡

---

① Jean-Franoois Gravier, *Paris et le désert français*, 1947.

导在巴黎之外建设文化新城，结合 30 余年成功举办城市戏剧节的实践，阿维尼翁作为法国"戏剧之都"的地位得到进一步巩固和合法化。

2. 在欧洲文化之都、创意城市建设中，阿维尼翁凭借戏剧特色，打造国际影响力

1970～2000 年，欧洲开始了建设创意城市、欧洲文化之都等以文化产业为主导的城市更新实践，阿维尼翁较早探索了这两项建设。1964～1967 年间，在"相聚阿维尼翁"论坛（Rencontre Avignon）上，戏剧节管委会组织了 15 场公开论坛，就"文化与国家""文化与学校""文化与地区""文化与城市"等话题，开展了政策界、学界、艺术界与民间的多维对话，研讨了阿维尼翁建设文化城市、创意城市的可行性，同时也以论坛为抓手，促进了城市更新中的社区营造。20 世纪 90 年代，法国政府建立了如今被称为"文化达沃斯"的阿维尼翁国际文化论坛（Forum d'Avignon），在此阶段，论坛就文化产业与城市建设相关话题进行讨论，其中以查尔斯·兰德利、理查德·弗洛里达为代表的创意城市研究专家也分享了英国、美国创意城市的建设经验，对阿维尼翁的文化创意城市建设起到了一定的理论引导作用。

90 年代末，在戏剧节已形成规模，城市在法国国内和欧盟境内有一定影响力的条件下，阿维尼翁开启了建设欧盟"欧洲文化之都"的进程。2000 年，阿维尼翁与挪威伯尔根、意大利博洛尼亚、比利时布鲁塞尔、芬兰赫尔辛基、波兰克拉科夫、捷克布拉格、冰岛雷克雅未克和西班牙圣地亚哥在内的 8 座城市一同被选为欧洲文化之都，以"阿维尼翁 2000 计划"为核心，与其他城市开展了广泛的城市间文化合作，在阿维尼翁戏剧节、阿维尼翁国际文化论坛、"美"（Beauty）文化展等项目中都进行了跨城市文化联动，进一步扩大了城市影响力。

如今，经过 70 余年的发展历程，阿维尼翁戏剧节已是公认的世界三大戏剧节之一，其经营主体阿维尼翁戏剧节组委会业已成为全球规模最大的演艺公司[①]，活跃的戏剧活动、丰富的国际文艺交流为阿维尼翁打造了"国际戏剧之都"

---

① 信息来源：阿维尼翁戏剧节官网。

的城市文化新名片，达到了吸引游客的效果，从而起到了城市经济聚集的作用。至 2019 年，IN 戏剧节已举办 73 届，年度演出剧目 43 个，演出 413 场次，售票 10.7 万张，直接收益约合 2500 万欧元；OFF 戏剧节已举办 54 届，年度演出剧目 1592 个，演出 2.9 万场次，售票 9.6 万张、公开观赏卡 6.4 万张，直接收益约合 1 亿欧元[①]。阿维尼翁真正实现了"一个产业一座城"的文化创意城市建设。

（二）创意营造，戏剧节助力遗产保护与活化

阿维尼翁与阿尔勒（Arles）、尼姆（Nimes）等城市类似，是典型的欧洲历史古都，拥有丰富的古罗马遗迹和宗教建筑遗产。阿维尼翁城内共有 142 处历史建筑，主要集中在老城的历史城区和与之隔罗纳河相望的新城（图 5 - 4）。其中最知名的有教皇宫（Palais des Papes）、圣贝内泽断桥（Pont Saint-Bénézet）、圣母院大教堂等遗址。1995 年，上述遗址所在的阿维尼翁历史城区（Avignon historic area）被联合国教科文组织列入《世界文化遗产名录》。在此背景下，在阿维尼翁的城市更新中，如何合理保护、活化利用历史文化遗产就成了一大重要问题。

阿维尼翁戏剧节自建立之初就进行了对城市历史文化遗产的创意性活化利用，具体实践主要经历了 3 个阶段。

1. IN 戏剧节与内城历史建筑活化

IN 戏剧节自建立之初便开始了对城市历史文化空间进行创意营造的探索。1947 年，第一届 IN 戏剧节将舞台选址在阿维尼翁内城（intra-muros）最核心的建筑——教皇宫的光荣广场（Cour d'honneur）上，在完成基本的地面和建筑修缮后，进行了夏季临时舞台搭建（修缮、搭建前后对比如下图 5 -5）。随着戏剧节的成功举办，光荣广场成为 IN 戏剧节的固定舞台，夏日旺季运用对建筑影响较小的轻体材料和声光电的形式进行临时舞台搭建

---

① 数据来源：法国国家戏剧与室外演出中心（ARTCENA），系法国文化部下属官方机构，官网：https：//www. artcena. fr/actualites/vie - professionnelle/le - festival - davignon - et - 2019 - en - quelques - chiffres。

图 5 - 4　阿维尼翁主要文化遗产与旅游线路

注：左上：阿维尼翁新城；中：保护区；下：阿维尼翁内
城；右上：教科文组织世界文化遗产区域。

（图 5 - 6），淡季回归其作为历史建筑的原本风貌，同时进行保护性修复。
这一季节性的保护与活化交替进行的模式此后被普遍应用于 IN 戏剧节和
OFF 戏剧节的演出活动中。目前，IN 戏剧节共有 48 处舞台场址，其中有 15
处选址在内城、新城的历史古迹、宗教建筑内部或外部广场上。IN 戏剧节
每年利用 20 余个场地演出，其余场地也有机会轮流修复。

2. OFF 戏剧节与公共空间营造

OFF 戏剧节延续了 IN 戏剧节"大众戏剧"的文艺理念，在剧目遴选、
内容传达和表现形式上力求与大众契合。从舞台空间的角度看，OFF 戏剧节
被称为"公共空间中的剧场"①。其公开的 222 个备选舞台地址中，有 19 个
在户外开放公共空间和特别标记的街道空间中，其中包括老城的街心花园、

_____

① Paul Rasse, Théâtre dans l'espace public (Le) Avignon Off, 2003.

图 5 – 5　教皇宫光荣广场改造对比

注：左图：二战后被破坏的广场；右图：阿维尼翁戏剧节的修缮和夏季舞台改造。

资料来源：https：//upload. wikimedia. org/wikipedia/commons/8/8a/Cour_ d% 27honneur_ du_ palais_ des_ papes_ 1919. jpg；https：//www. festival – avignon. com/public_ data/diapo/ place/1462/1418053295/thumb/courdhonneur1_ crdl. jpg。

图 5 – 6　教堂舞台改造

注：戏剧表演结合视觉艺术手段，根据表演需求进行舞台临时灯光、技术搭建。

街道空间（图 5 – 7、图 5 – 8）。OFF 戏剧节每年约利用超过 120 个场地进行表演，不乏对上述公共空间中舞台的利用。

3. 戏剧节衍生文艺活动与空间营造

阿维尼翁内城有部分遗产保护建筑是私人建筑，为改善房主或建筑主无资金进行政府规定的保护性修缮的状况，法国政府与阿维尼翁市政府允许私人投资，经申报可对建筑用途进行改造。随着戏剧节规模的不断扩大，城市里的戏剧、文化相关产业也扩大了经营内容。创意酒店、会展论坛等文化活动、研究机构、手工艺等文创产品商店等业态的引入也相继促进了阿维尼翁城市老建筑的活化营造（图 5 – 9、图 5 – 10）。

图 5 – 7　蒙斯街道花园（Jardin de la Rue de Mons）剧场改造

图 5 – 8　老城街道空间利用

资料来源：新闻报道，网址：http：//cnecf. cn/nd. jsp? id = 89。

图 5 – 9　内城老建筑艺术商店改造

图 5 – 10　老美术馆（Vieille Maison d'Art）酒店改造

资料来源：旅游网站，网址：https：//www. oliverstravels. com/france/provence – alpes/avignon/la – vieille – maison – dart/。

（三）可持续发展，推动环境保护和社会融合

随着社会的发展进步，阿维尼翁这座城市进入了"可持续发展"时代。早在 20 到 21 世纪的新老世纪之交时，法国在《城市指导法》（1991）、《规划整治与国土开发指导法》（1995）、《社会团结与城市更新法》（2000）等与城市更新相关的规划法规中，强调了对交通规划、街区治理等过程中的环境问题，以及城市中市民团结等社会问题的治理。至 2015 年，联合国启动了《2030 年可持续发展议程》，明确了 17 项可持续发展目标（SDG），上述问题均在 169 项子目标中有所涉及。与此同时，阿维尼翁戏剧节的 IN 和 OFF 戏剧节都发展出了"可持续戏剧节"（Festival Durable）的理念，这就要求戏剧节不仅要注重为城市和居民带来经济效益，还有义务促进城市环境和社会方面的可持续发展。对此，阿维尼翁戏剧节的可持续发展具体实践如下。

1. 增加城市经济收入，推动城市就业

通过戏剧节演艺活动、转播授权等直接收入，以及会展、培训、旅游、住宿、餐饮、购物等产业带来的间接收入，每年 IN 和 OFF 戏剧节约为城市带来 3000 万欧元的收入，对于阿维尼翁这座贫困率排名法国前 10 位的城市起到了重要的经济贡献（SDG 1 无贫穷），戏剧节提供直接就业约 1700 人次、间接就业 4700 人次[1]（SDG 8 体面就业）。

2. 提倡可持续交通，践行循环回收

在戏剧节的带动下，阿维尼翁与周边城市、阿维尼翁老城与新城形成了旅游和交通联动，通过提供罗纳河沿线摆渡船（shuttle）服务、建设城际和城内骑行路线（见图 5-3 骑行路线），为实现可持续交通提供了基础设施和服务保障（SDG 9 产业、创新和基础设施；SDG 11 可持续城市和社区）。为解决因戏剧节产生的人群聚集而导致的垃圾乱投、能源浪费等问题，戏剧节专门设立了垃圾回收团队，每年约回收包括宣传单、会议资料等纸张 12吨。戏剧节还以 LED 设备替代传统灯具，降低电力耗能 14%（SDG 12 可持

---

① 数据来源：阿维尼翁戏剧节官网。

续的生产和消费）。

3. 鼓励各界参与，促进社会融合

戏剧节在内容编创、活动组织等方面，注重表达符合社会、城市发展规律的思路，同时鼓励社会各界的参与，建立了协调而全面的合作伙伴网络（表5－4）。（SDG 17 促进目标实现的伙伴关系）

表 5－4　主要利益相关者贡献

层级	主要利益相关者	具体贡献
国际	联合国教科文组织	1995 年阿维尼翁历史城区列入《世界文化遗产名录》
	欧盟	项目资金支持 2000 阿维尼翁加入欧洲文化之都项目
国家	法国政府	年度预算支持、文化政策支持
地方	罗纳－阿尔卑斯－蓝色海岸大区议会	年度预算支持
	罗纳省议会	年度预算支持
	阿维尼翁市	年度预算支持
	阿维尼翁国际文化论坛	组织文化、城市规划研讨和相关研究，社区营造
	阿维尼翁大学	戏剧节、城市发展相关研究 青年、儿童戏剧教育短期项目
机构	大阿维尼翁城郊共同体（Grand Avignon）	年度预算支持
	阿维尼翁戏剧节管委会	政界、艺术界共同构成，协调管理
个人	阿维尼翁市民	参与戏剧节经营、城市治理
	戏剧爱好者	年度预算支持，项目合作

三　案例8：乌镇：传统文化和人文景观铺垫文创节会进驻

乌镇是一个有 1300 年建镇史的江南古镇，它位于浙江省嘉兴市桐乡市，地处江浙沪"金三角"之地、杭嘉湖平原腹地，距杭州、苏州均为 60 公里，距上海 106 公里（图 5－11）。乌镇区域属太湖流域水系，河流纵横交织，京杭大运河依镇而过，是典型的中国江南水乡古镇，有"鱼米之乡、丝绸之府"之称。① 乌镇的创意产业与小城镇空间协同发展路径可以总结为以下几个方面。

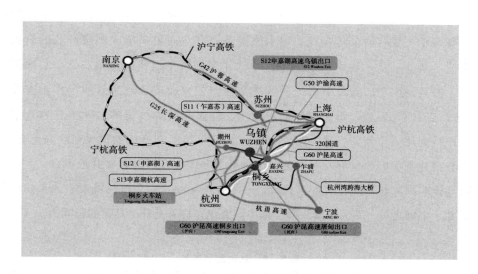

图 5 – 11　乌镇区位与交通

资料来源：乌镇官网·交通，http：//www. wuzhen. com. cn/web/traver/self。

（一）产业多元化发展，脱离传统古镇旅游模式

乌镇原本与周庄、同里、甪直等相似，是典型的中国江南水乡旅游古镇。当地既有香市、天贶晒虫、中元河灯等特色习俗和文化活动，乌锦、定胜糕等特产名吃，也有典型的水乡古镇景观。最初的乌镇作为旅游小镇，在 2001 年开放了东栅景区，一期景区面积约 0.46 平方公里，保护建筑面积近 6 万平方米，游程 2 公里，由老街、观前街、河边水阁、廊棚等元素组成，为观光型古镇。后来开放的西栅景区为度假型古镇，设有多个酒店以及民宿，与东栅的旅游观光功能形成有效配合。乌镇景区的运营主体是乌镇旅游股份有限公司，它是由中青旅控股股份有限公司和桐乡市乌镇古镇旅游投资

---

① "乌镇"（2020 – 01 – 12）［2020 – 03 – 25］，https：//baike. baidu. com/item/乌镇/5314？fr = aladdin。

有限公司共同投资经营的国有企业。

乌镇景区年收入超过 19 亿元，2018 年第三产业增加值为 30.95 亿元，依托景区的其他产业发展在整个镇区服务业中占比最大。乌镇与其他江南小镇显现区别主要有两个转折点，均为旅游观光产业向更高层次创意产业的升级而成（表 5 - 5）。第一个转折点是 2013 年民间资本运作的乌镇戏剧节首次举办，并获得成功。当时中国的景区在文化演艺方面多选取实景演出作为主要形式，同质化现象严重，媒体曝光度少，但民间资本投资的艺术节在古镇景区出现尚属一个新的尝试。第二个转折点即为 2014 年开始的世界互联网大会。大会搭建了中国与世界互联互通的国际平台和国际互联网共享共治平台，并结合乌镇戏剧节和传统江南古镇景观，在举办国际高水平会议的同时，让来宾欣赏到了中国之美，两大活动一同传播中国文化，显著提升了乌镇的影响力。

表 5 - 5   乌镇发展脉络

1991 年	被评为浙江省历史文化名城
2001 年	东栅景区正式对外开放
2003 年	启动西栅街区保护开发项目
2006 年	被列入世界文化遗产保护预备清单和中国世界文化遗产预备名单重设目录
2010 年	获得国家 AAAAA 旅游景区称号
2013 年	举办首届乌镇戏剧节
2014 年 11 月 19 日	成为世界互联网大会永久会址
2017 年	首批"嘉兴市创业小镇"
2020 年 1 月	浙江省 2020 年度美丽城镇建设样板创建名单

目前乌镇与文旅、创意相关的产业大致分为四个板块，分别为观光、度假、文化活动、会展活动，其关系如图 5 - 12 所示。四大板块互相交织形成了乌镇特色的综合型创意经济模式，做到了产业、盈利模式的多元化。其中，观光服务是乌镇运行的关键，东西栅良好的古镇景观和开发得当的各种设施为人们前来旅游或进一步消费提供了基础，其他的度假服务、文化活动和会展服务三个板块主要位于面积更大的西栅景区。在度假服务中，乌镇众多的酒店和民宿、大大小小的餐馆，为前来看展、参会、观剧的游客提供了

生活支持，乌村的一站式"农家乐"活动也丰富了游客的选择，对有小孩的家庭更有吸引力。乌镇戏剧节和互联网大会通常会选择在 10 ~ 12 月举办，是每年乌镇文化活动的高潮，极大地提升了乌镇的影响力和媒体曝光度，使得乌镇与其他同质化古镇迅速拉开距离。乌镇拥有多个艺术馆、陈列馆和博物馆，以及大小不同的会议展览场所，日常也可以承载丰富的文化、会展活动。每年都有多个公司、媒体选择在乌镇举办年会、拍摄节目、开发布会等。

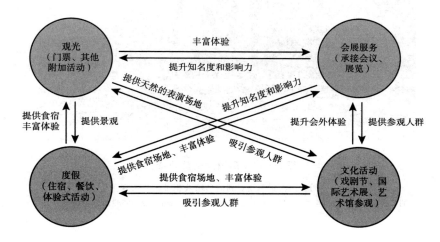

图 5 - 12 乌镇文旅 - 创意活动综合发展模式

（二）重要创意活动载体：乌镇戏剧节与世界互联网大会

"乌镇戏剧节"于 2013 年由黄磊、赖声川、孟京辉等著名导演共同发起。戏剧节在剧目品质、整体活动策划理念以及嘉年华活动的开展方面对标国际艺术节，但乌镇戏剧节又与国内外许多艺术节的发展有所不同。从源起与定位上看，乌镇戏剧节紧密依托于乌镇的古镇建设开发，是早期古镇旅游向文化旅游与文化生产转型的结果① （戏剧节相关现场、乌镇大剧院图片见图 5 - 13、图 5 - 14）。

---

① 胡娜：《乌镇戏剧节：中国文化创意产业发展视域下的艺术节探索》，《四川戏剧》2018 年第 5 期。

图 5 – 13　乌镇大剧院外景

资料来源："村游去．火到不用安利的乌镇戏剧节，终于在上周六去见了她的真面目，就一个字"酷'！"，https：//www. sohu. com/a/270658273_454393。

图 5 – 14　乌镇戏剧节外景演出、剧场演出

资料来源："村游去．火到不用安利的乌镇戏剧节，终于在上周六去见了她的真面目，就一个字"酷'！"，https：//www. sohu. com/a/270658273_454393。

　　举办首届戏剧节时，乌镇旅游业已经非常发达，餐饮住宿业与各种设施都具备接待艺术节来宾的能力。小镇优美的自然环境也可以给来参观的来宾以不同于城市的体验，故而被选为戏剧节的举办地。戏剧节由文化乌镇股份有限公司主办，举办时间为每年 10 月中下旬。分为特邀剧目、青年竞演、古镇嘉年华、小镇对话等单元（表 5-6）。这几个单元各有特色，可以吸引从业余观赏者到专业选手等几乎所有种类的戏剧人士前来，让戏剧节的客源变得非常多元。作为文旅拓展型创意产业小镇，乌镇选择了艺术节这一演艺载体进行发展，在其中又选择了戏剧这一高雅文化形式。艺术节可以极大地丰富小镇旅游的文化体验，让现代人文元素与自然遗存的景观和古镇进行最大融合，成为全国知名的旅游胜地。同时，戏剧节作为乌镇文化与商业平衡发展的重要元素，在盈利的同时保留了最大的文化氛围，成为中国小镇发展的典范模式之一。

表 5-6　乌镇戏剧节四大组成单元

组成单元	特邀剧目	青年竞演	古镇嘉年华	小镇对话
特点	高端、专业性	戏剧新生力量交流成长的重要舞台	随性、多元文化	交流性
形式	剧目演出	竞赛	街头表演	论坛、展览等
参与人群	中外受邀的一流院团	网络报名入围作品	世界各地艺术家	举办方、演艺人员及参观者

乌镇的"世界互联网大会"由中国国家互联网信息办公室和浙江省人民政府共同主办，是中国举办的规模最大、层次最高的互联网大会，也是世界互联网领域的高峰会议之一，截至 2019 年已举办了六届。最新一届世界互联网大会·乌镇峰会采取了"1+3"的新架构，"1"为 20 场分论坛（分为科学与技术、产业与经济、人文与社会、合作与治理 4 大板块），"3"为领先科技成果发布会、"互联网之光"博览会与"直通乌镇"全球互联网大赛。大会聚焦世界互联网最新发展趋势和前沿技术动态，举办人才、资本对接会，从多角度促进世界互联网企业、各级政府和民众的对接。会上发布了《世界互联网发展报告 2019》和《中国互联网发展报告 2019》，是每年世界上最前沿的互联网治理与发展研究成果（图 5-15）。

图 5 – 15　第六届世界互联网大会·乌镇峰会

资料来源："互联网大会闭幕－第六届世界互联网大会闭幕参观数超 10 万人次"，热话题，https：//www. rehuati. net/top/20191025/210440. html。

（三）创意空间营造

1. 系统规划，严格实施，打造高品质基础设施

1998 年乌镇委托上海同济大学城市规划设计院编制《乌镇古镇保护规划》，规划明确了乌镇古镇保护和旅游开发的整体发展方向，将整个古镇划分为四个不同等级的保护区域，提出不同等级的保护措施和保护范围。[①] 1999 年，乌镇东栅区块保护开发工程经过周密调查，制订了《乌镇古镇首期整治保护总体规划》和详细的修复与整治方案，并于 2001 年开放参观。乌镇以"一次规划、分步实施"的原则为指导，从"面、块、点"三个方面对乌镇镇区、保护区、重点建筑进行不同功能的规划[②]，为之后的创意产业进驻提供了完备的基础设施。

2. 保证视线连贯完整与分区合理

在开发过程中，乌镇成功运作了"管线地埋"、"改厕工程"、"清淤工程"、"泛光工程"、"智能化管理"等项目，实现了给排水系统和水电气系统的全面升级。乌镇将百货大楼等与古镇风貌相悖的建筑拆除，整理河道、铺地和街道等景观元素，在开发中形成了东栅、西栅、乌村三大旅游片区，

---

① "概述"［2020 – 03 – 28］，乌镇官网，http：//www. wuzhen. com. cn/web/introduction？from = singlemessage。

② 陆远：《改革开放视域下的"乌镇模式"分析》，《嘉兴日报》2019 年 1 月 14 日。

东西向线性的旅游控制区避免了游客动线与居民动线的杂乱交织，在不干扰当地居民生活的同时为游客提供了最好的景观。东栅景区保留了原汁原味的古镇景观，保存的建筑较多，新建的元素较少。面积更大的西栅景区融合了餐饮、民宿等功能，景观是统一设计和修缮的，也是乌镇创意空间最为集中的地区。西栅北部的乌村是安静的高端度假村，各种空间的合理布置为游客提供了多样的选择（图 5-16）。

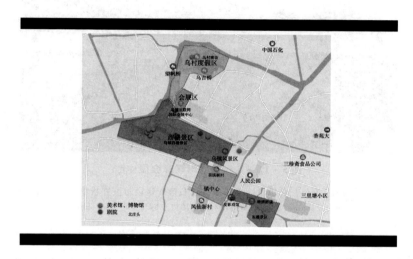

图 5-16　乌镇功能区以及创意点分布

3. 多种创意建筑为乌镇提供了与众不同的文化氛围

西栅景区及周围是乌镇最重要的创意产业区。乌镇运营方争取到了当地艺术家木心回归故乡安度晚年，并筹建了木心美术馆，与东栅的茅盾纪念馆遥相呼应。园林式的西栅布局将桥、公共空间、民宿、景点与各种商铺巧妙融合，移步换景，侧面形成了一个天然的大舞台。这个巨大的露天"舞台"与修真观戏台等特色演艺场所、8 个室内加室外演出场地、乌镇大剧院等大大小小、各种题材的专业演出场馆相融合，在乌镇戏剧节时形成了一个生动的大剧场，与城市中的演艺场所有着明显不同的体验，从而具有极强的吸引力。作为世界互联网大会永久会址的乌镇互联网国际会展中心由建筑大师王澍领衔设计（图 5-17），既运用了现代理念又结合了传统古典建筑元素，也成了游玩乌镇的必到打卡之处。乌镇各个功能的建筑为创意产业提供了丰富的空间和完美的体验。

图 5 – 17　乌镇互联网国际会展中心

资料来源："喜讯！乌镇景区荣获全省放心消费建设示范样板单位"，http：//zjnews. zjol. com. cn/zjnews/jxnews/201810/t20181011_ 8452808_ ext. shtml。

四　案例9：横店：以影视产业带动小镇服务业升级

与具有先天旅游优势的乌镇相比，同样是位于浙江省的东阳市横店镇则有一条完全不同的发展道路。现在，它拥有第一批中国特色小镇等 20 多项荣誉称号，有中国磁都、中国好莱坞之美誉，但改革开放前位于浙中的横店镇是极其贫困的。横店镇的发展依托于其著名乡镇企业横店集团，其工业发展理念是"非高科技不上"。改革开放后"以工促农"成效显著，80 年代中期又拓展到以影视行业为主的文化类服务业，并再次取得成功。近几年来，横店完成了国家、省级火炬、星火、科技攻关项目 70 多项，技改投入资金超 15 亿元，全镇高科技产品的产值占工业总产值的 60% 以上。① 横店

---

①　"乡镇发展"［2020 – 03 – 28］，东阳新闻网，http：//dynews. zjol. com. cn/dynews/xzfc/hdz/jjfz/。

镇拥有磁性材料、医药中间体等五个全国最大的生产和出口基地，并以磁性材料、机电产品、医药化工、轻纺针织、建筑建材、文化旅游为六大主导产业。2015 年，横店镇三次产业的比重为 1∶47∶52[①]，以影视为主的服务业在横店镇的经济中占有重要位置。

表 5-7 横店镇发展脉络

1975 年	创办横店丝厂
1980~1990 年	创办横店磁性器材厂、横店轻纺总厂、化工厂
1993 年	组建全国第一家大型综合性乡镇企业集团——横店集团
1994 年	创办横店大学（浙江横店影视职业学院前身）
1996 年	开始投资建设影视基地
1999~2002 年	成立博士后科研工作站、控股上市公司"青岛东方"、收购东华通用航空有限公司
2003 年	获批首个国家级影视产业实验区
2008 年	组建浙江横店电影院线公司
2010 年	横店影视城获得"国家 5A 级旅游景区"称号
2012 年	投资启动建设横店通用机场
2013~2017 年	横店集团旗下多个子公司上市
2016 年	横店镇入选中国首批特色小镇

（一）合理的产业选择，促进产业集群发展

横店的影视产业发展到今天，其核心即为影视相关产业形成的集群效应。1995 年，横店集团在乡镇企业发展中已经获得了原始资本积累，企业创始人徐文荣与当时正筹拍《鸦片战争》的导演谢晋结缘，为电影修建了"广州城"拍摄基地，横店影视城的建设序幕就此拉开。1997 年，陈凯歌导演拍摄电影《荆轲刺秦王》，横店为此建造了"秦王宫"景区。紧接着，横店又在两年内建成"香港街"、"清明上河图"、"明清宫苑"、"江南水乡"景区（图 5-18）。

---

① "全省小城市培育试点成绩发布横店连续两年列榜首"（2016-06-02）[2020-03-28]，https：//zj. zjol. com. cn/news/356865. html。

图 5 - 18   横店影视拍摄现场、明清宫苑景区

资料来源："横店光影   23 年捧起全域影视'金饭碗'"，https：//www. sohu. com/a/337451731_ 676493。

2000 年，横店推出了"免场租政策"，此举看似减少了场租收入，实质上却带来了住宿、餐饮等其他方面的增长。2003 年，横店影视城旅游营销公司成立，各景区营销队伍被统一整合，营销体制的创新为横店的发展打下了重要基础。① 之后几年华谊兄弟、香港东方娱乐等二百余家知名企业陆续入驻，横店影视产业逐渐进入大规模发展时期。现在，影视产业实验区已吸引了博纳影视、光线传媒、长城影视等又一批国内外有实力的企业入驻园区，同时也吸引了国内外众多优秀影视制作、发行和服务机构参与运作，共同打造中国影视产业要素集聚平台。横店影视产业的核心产业为影视（剧本）创作、影视摄制、后期制作与放映播出四个环节（图 5 - 19）。这些核心产业的大公司促进了产业集群的完善，带动了横店相关产业，如群众演员、道具服装制作、制景和设备运输等的发展。同时，教育培训、影视娱乐、影视旅游、休闲度假等前期、后期的外围产业更加丰富了横店影视产业的链条，给城镇带来更多元的盈利模式。

---

① 兰文龙：《空间维度下的横店影视产业集群研究》，中国城市规划学会、沈阳市人民政府编《规划 60 年：成就与挑战——2016 中国城市规划年会论文集（13 区域规划与城市经济）》，2016。

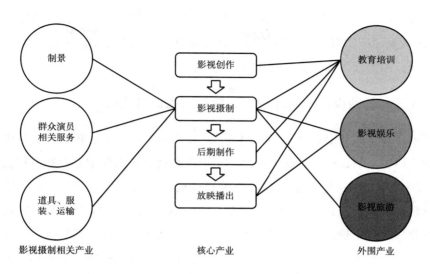

图 5-19　横店影视产业链条构成

（二）政策支持创造更好的创意经济环境

横店镇是通过市场机制的企业化运作模式发展起来的典型城镇。这种机制"以政府为引导，市场为运作手段，企业为经营主体"，其飞速发展离不开一系列非常有针对性的政策支持。在发展文化产业的背景下，影视行业逐渐成为国家关注和扶持的焦点行业。对此，国家相继出台了《关于促进广播影视产业发展的意见》《关于支持电影发展若干经济政策的通知》等一系列重要文件，设置电影精品专项资金，对电影产业实行税收优惠政策、金融支持政策，投入影院建设资金补贴，并实行支持影院建设的差别化用地政策。另外，近年来中国影视行业在文化大数据、文化企业发展、电影院建设、电影票房补贴、收视率等多方面也相继发布了多条以支持为主的政策。2004 年成立的横店影视产业实验区是国内首家国家级影视产业实验区基地，各级政府因此给予了特别的优惠政策，包括：为实验区设立文化产业发展专项基金，采取贴息、补助方式支持影视制作产业发展等。同时，横店确立了实验区"一城三带四区"的整体规划、设立影视企业贡献奖等多个发展规划或鼓励性措施。《东阳市域总体规划（2006～2020 年）》将横店镇定位为"国内乃至国际知名的特色城市与主题旅游区"，并以此形成了"一心一翼一主线，四大片区多节点"的现代服务业发展格局。

（三）公共设施与人才投入，取得当地民众支持

创意经济的核心即为创意人才的吸引。2005 年，横店集团分别与中国电影家协会、浙江传媒学院共同创立了中国影视文学创作中心和影视科技学院。2008 年，浙江横店影视职业学院正式成立，截至 2018 年 12 月，学院下设影视表演学院、影视制作学院等 6 个二级学院，有 24 个专业。这些机构都为横店的影视产业集群提供了大量的专业人才。另外，横店这个巨大的影视生产基地平均每年吸引一百多部电视剧和电影来此拍摄，高峰期对人才有着巨大的需求，因此吸引了大量的来此担任群众演员或寻找其他就业、创业机会的年轻人，即所谓的"横漂"群体。"横漂"以浙江本地人为主，也有江西、上海等周边省市的人员，其协调主体横店影视城演员公会成立于2003 年，是国内第一个专门为群众演员服务的组织。截至 2015 年底，在横店演员公会注册的人员已达 3.1 万人，累计为各类影视剧组提供 400 多万人次的群众演员演出[①]。

设施配套导向下的创意经济发展实现了对社会的反哺。从 20 世纪 80 年代中期开始，横店集团就参与到城镇基础设施建设中。2015 年，横店镇政府公布的数据显示：近三年，横店非国有投资占全社会投资比重的 92.6%，仅横店集团投资小城镇建设的资金就高达 150 亿元。[②] 横店集团成立 30 多年来，纯公益性建设项目的投资就达到将近 20 亿元，其中修建公路和桥梁的投资就达 1.9 亿元。这些基础设施投资完全不计回报，帮助城镇发展的同时给后续产业的升级换代提供了有力的支撑，这也是国内外成功的文创型特色小镇发展成功的共同点之一。此外，横店集团还投资了自负盈亏的多个公

---

① "横店演员公会正式注册'横漂'更有底气"［2020 - 03 - 28］，海外网，http：//m. haiwainet. cn/middle/345416/2016/0202/content_ 29611239_ 1. html.

② 董雷：《市场机制的小城镇模式——以横店镇为例》，《城市》2015 年第 12 期。

共项目，包括基础设施、农村水利建设、教育事业、社会福利事业、革命纪念馆和体育馆等7个大项。在横店影视城的建设过程中，水网、电网等市政设施也随之延伸至农村空间，加速了横店城镇化进程。横店集团在改善镇区基础设施的过程中积极吸纳农村人口就业，这些行动都充分取得了当地政府与民众的支持，反过来也为集团的发展增添了力量。横店的影视产业最初只布局在镇周围的山地，以取其良好的景观，但周边相关配套设施较少。近年来，横店影视产业逐渐从影视拍摄向度假休闲过渡，建设了多家各层次的酒店、餐饮和其他娱乐设施，这些服务性设施大多集中在镇中心。与乌镇不同，整个横店镇都分散着与影视产业有关的配套设施，为整个镇区带来了客流、消费和活力，横店影视城内每天都有旅游循环公交车，30分钟一班，只需1元就可以到达任意景区和横店影视城旗下的官方酒店（图5-20）。

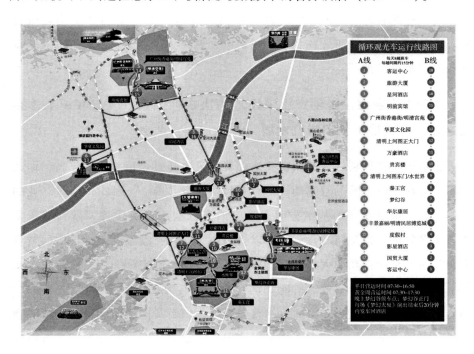

图5-20　横店镇旅游循环公交车路线图

资料来源："super爱旅行的小花花－中秋国庆横店亲子游实用攻略"，https：//you.ctrip.com/travels/hengdian1096/3729635.html。

五　小结：经验与展望

　　创意产业作为现在世界各国发展的强动力和新常态形势下经济的新增长点，在中国的发展中具有至关重要的意义。创意产业并非大城市的专利，良好的生活与工作环境是创意阶层最为看重的因素之一。在新的城乡关系到来之时，互联网时代的中国小城镇也迎来新的双重发展契机，小城镇在创意产业中逐渐占有一席之地并诞生了优秀的案例。但是，制度的改革、创意产业的植入与培养都是缓慢进行的，创意型小城镇在迎来前所未有的发展契机的同时，也面临着众多的问题与难点。为此，我们需要借鉴国际上创意小城镇的发展机制，让市场与政府互相引导辅助，改善小城镇的投资环境与生活生产环境，达到宜居、宜业、宜游及有强劲发展潜力的新型创意型小城镇目标。通过国内外比较研究，我们可以将以创意经济带动中国小城镇发展建设的经验启示总结如下。

（一）产业定位是创意小镇发展的决定性因素，应与城镇本体特色结合，与其他小城镇错位发展

　　查尔斯·兰德利认为，城市要达到复兴只有通过城市整体的创新，而其中的关键在于城市的创意基础、创意环境和文化因素。[①] 因此，创意产业的选择表明了城镇发展的基本方向，其应该充分利用自身优势，做到链条完整、要素集聚，避免同质化竞争，以提高小镇的可持续发展动力。中国特色小镇等相关实践正在如火如荼地进行，其间难免出现空降文化、旅游概念或者生搬硬套其他优秀案例的情况，这种没有坚实内在依托的发展风险巨大。特色小镇重质而不重量，因此应当首先考察小镇自身的资源和特色，再明确发展方向。在全世界来看，即使是发达国家，创意产业为主导的知名城镇也只占所有城镇数量中很小的一部分。

---

① 黄丹枫：《浅析创意城市与特色小镇关系》，《低碳世界》2019 年 9 月。

（二）关注基础设施建设，促进城镇稳步发展

优美的风景是几乎所有知名小镇的共同特点，而完备的公服设施和基础设施是特色小镇建设的另一个共同基础。理查德·弗洛里达等学者都认为：高效的便利条件和创意生活圈是吸引创意阶层的重要环境因素。例如，这些人群需要便捷畅快的互联网设施，灵活的办公空间，可以充分满足特殊作息的生活空间，高标准的安保、康体、娱乐、景观需求等。因此，创意小镇建设应开展人群和产业需求分析，确保小镇的配套设施与公共服务的数量合理、质量达标，保证基础设施健全。中国城市与农村之间的基础设施、公服配套配备程度相差较多，而以创意产业为主的特色小镇更应当注意二者的协调发展。创意阶层是城镇中创意产业的核心竞争力来源，并且与劳动阶层和服务阶层相比，其流动性更大，个体的不可替代性更强，因此城镇应努力提升服务水平，争取吸引并留住创意阶层。杭州周边的新建特色小镇，如梦想小镇的天街绿道、云栖小镇的水上游线、上百个公共开放活动空间，为创意人群提供了充分的创新空间与设施支持。

（三）避免追逐盈利与急于求成

文创产业有其特殊性，很难由资本而投入快速、直接显现盈利，大多需要慢慢培养，并更要关注人才建设和环境改善，而并非盈利指标以及其他经济数据。这也给中国的特色小镇事业敲响了警钟，一些区位较差、自然条件一般或产业定位与周围区域相似性高的小镇应避免盲目投资或跟风建设。从成功的乌镇来看，乌镇戏剧节初期完全没有盈利考虑，但逐渐给乌镇增加了每年几十万的人流量，从侧面给小镇带来经济推动力。

（四）政府引导与市场运作结合，注重小镇社区利益

国际的特色小镇大多为市场运作形成，近些年中国也出现例如乌镇、横店镇、云栖小镇等市场主导或市场高度参与的案例。夏洛克认为，小城镇发展旅游在很大程度上不仅要依靠政府的力量，而且要高度重视社区利益，并

把社区利益放在首位。罗伯特·马德里加认为，把社区利益放在首位，提高社区参与度，这是小城镇发展旅游过程中必须重视的问题，只有处理好这类问题，才能实现旅游产业的可持续发展，反之，宏观战略并无实际意义。[1]相对于有着天然吸引力的大城市，小城镇本身的吸引力较弱，而政府引导下的市场运作可以提高创业者或企业的积极性，政府的向好政策为企业松绑、助推，政府和市场互相配合是创意小城镇发展的原动力。特色小镇是一个生产、生活、生态相融合的社区，其基础设施和公服配套直接影响了当地居民、访客与创意阶层的生活便捷度，进而影响着创意产业的发展。

（五）以创意带动产业全面化与多样化发展

1924 年第一届冬奥会的举办地——滑雪小镇霞慕尼、1947 年创立的阿维尼翁戏剧节小镇、建于中世纪的古老旅游小镇普罗旺斯石头城等，这些小城镇本身有着悠久的产业传统，为某一产业的发起者或先行者，容易在垂直方向做到成功，而中国小城镇的发展想要后来居上，离不开产业的全面化与多样化。例如，浙江云栖小镇的新兴产业、旅游、社区生活三线并举；横店镇影视产业由拍摄向观光，再向度假转变；美国好时小镇在糖果生产获得成功后建造各种商业、教育和医疗等基础设施，建设巧克力主题乐园发展旅游业和创意产业，吸引了百万数量级的游客。产业全面化的小镇更容易做到公服设施的充足配备，更能抵抗各种风险的冲击，更有潜力拓展更多的可能性。

参考文献

吴军：《吸引创意阶层流动与聚集：人文环境与场景——西方创意阶层理论综述》，《中国名城》2019 年第 5 期。

---

[1] 韩沙沙：《国内外旅游小城镇研究综述》，《旅游纵览》（下半月）2013 年 11 月。

"2018 年我国常住人口城镇化率达 59.58%"（2019 - 08 - 16）［2020 - 03 - 25］，人民网，http：//finance. people. com. cn/n1/2019/0816/c1004 - 31298958. html。

张群、秦川：《国内外小城镇建设理论与实践分析》，《小城镇建设》2008 年第12 期。

仇保兴：《小城镇十种发展模式》，《建设科技》2004 年第 19 期。

"100 个国际特色小镇案例经验"（2018 - 03 - 17）［2020 - 03 - 25］，园林信息平台，https：//www. sohu. com/a/225777792_ 100102855。

Frith, S., "Knowing One's Place: the Culture of Cultural Industry," *Cultural Study from Birmingham*, 1991, 1, 135 - 155.

Sohee Han, *La Festivalisation: Approche du Festival d'Avignon par l'anthropologie de la communication*, Université d'Avignon, 2018, https：//tel. archives - ouvertes. fr/tel - 02185065/document.

Jean-Franoois Gravier, *Paris et le désert fran çais*, 1947.

Paul Rasse, *Thé âtre dans l'espace public (Le) Avignon Off*, 2003.

"乌镇"（2020 - 01 - 12）［2020 - 03 - 25］，https：//baike. baidu. com/item/乌镇/5314? fr = aladdin。

胡娜：《乌镇戏剧节：中国文化创意产业发展视域下的艺术节探索》，《四川戏剧》2018 年第 5 期。

"概述"［2020 - 03 - 28］，乌镇官网，http：//www. wuzhen. com. cn/web/introduction? from = singlemessage。

陆远：《改革开放视域下的"乌镇模式"分析》，《嘉兴日报》2019 年 1 月 14 日。

"乡镇发展"［2020 - 03 - 28］，东阳新闻网，http：//dynews. zjol. com. cn/dynews/xzfc/hdz/jjfz/。

"全省小城市培育试点成绩发布横店连续两年列榜首"（2016 - 06 - 02）［2020 - 03 - 28］，https：//zj. zjol. com. cn/news/356865. html。

兰文龙：《空间维度下的横店影视产业集群研究》，中国城市规划学会、沈阳市人民政府编《规划 60 年：成就与挑战——2016 中国城市规划年会论文集（13 区域规划与城市经济）》，2016。

"横店演员公会正式注册'横漂'更有底气"［2020 - 03 - 28］，海外网，http：//m. haiwainet. cn/middle/345416/2016/0202/content_ 29611239_ 1. html。

董雷：《市场机制的小城镇模式——以横店镇为例》，《城市》2015 年第 12 期。

黄丹枫：《浅析创意城市与特色小镇关系》，《低碳世界》2019 年 9 月。

韩沙沙：《国内外旅游小城镇研究综述》，《旅游纵览》（下半月）2013 年 11 月。

第三部分
创意与可持续发展：专家观点

第六章
创意资本理论框架下的中国创意空间探究

向 勇　李伯一*

长期以来，"创意城市"① 的概念都是学界和公众关注的焦点。无论是为了培养创业家精神，还是重构城市空间、增强经济竞争力②，人们都把创意当作构建城市网络的关键。但是另一方面，城市和文化的关系，特别是"文化生产和当地文化社群（社会网络）如何促进城市未来的发展？"这一问题仍未被很好地理解。③

在 2016 年发布的《文化：城市可持续的未来》的全球报告中，联合国教科文组织呼吁政策制定者、城市规划者、学者和商业团体都能将文化遗产和创意作为城市未来可持续发展的中心，尤其是创意企业家。同样，2016 年《基多宣言》中，联合国住房和城市可持续发展大会（UN HABITAT III）提出《21 世纪的城市规划》④，呼吁以创新方法规划设计城市空间，这一创新方法不仅可以促进文化生产、建设文化机构，还能促进文化开放、当地艺术文化的街头创作以

＊　向勇，北京大学文化产业研究院副院长，北京大学艺术学院教授；李伯一，英国埃克塞特大学助理教授。

① 　Florida, Mellander, Stolarick, 2008；Markusen, 2006；Stolarick and Florida, 2006.
② 　Cunningham, 2012；Florida, 2002；Hall and Hubbard, 1998；Throsby, 2010；UNCTAD, 2016.
③ 　Bingham-Hall and Kassa, 2017.
④ 　Sennett, Burdett, Sassen, 2018；UN-Habitat, 2016.

及文化在公共领域的推广。这一新议程展现了城市和文化两者之间互惠平衡的双向关系，从以前的新自由主义、民族工业主义、预测全球软实力，到现在揭示传统与现代、和谐与幸福、东方和西方之间富有意义的相互作用。

近十多年来，中国将文化创意产业作为推进城市化的新动力。[①] 文化创意产业近年来快速崛起而取得的骄人成绩有目共睹，不过也存在着不少问题与质疑。这背后不仅反映出了中国 1978 年改革开放取得的举世瞩目的成就，也反映出现代中国发展中遗留的问题，如自然环境灾害、人际信任危机、社会道德滑坡、贪污腐败盛行等。如今，中国致力于可持续的经济、环境、社会全面协调发展，而非牺牲某一方面作为发展代价。倘若不是对文化与社会的发展心怀宏愿，上述转变难以实现，也难以促进文化转型和社会进步。而文化创意企业是实现这一宏愿的关键。由于城市的人口、经济、社会形态不断变化发展，我们亟须探索重塑当代城市空间的新方法。建筑、音乐、博物馆、行为艺术等不再仅仅是参与者，而且能够为城市规范性规则的设计提供新思路、新方案、新理论，以实现未来可持续发展城市的愿景。[②]

资本这一概念总是从纯经济学的角度被狭义地理解为一种物质形态：为了市场交换而组织生产有价值的商品，即土地、机器、劳动力、金融资产等。布尔迪厄把资本分为经济资本、文化或美学资本。作为经济资源的资本，可在市场中用价格量化，与其他生产形态交换。作为社会、文化、美学资源的资本，嵌于社会的历史文化之中，其价值体现在人们共享的美学体验中，其核心内容是相对固定的，不是马上可以用于交换的，但人们却需要通过亲身体验和教育才能理解、习得。关于创意城市的解释理论一定是非经济形态的资本理论，且这种形态的资本可以累积、获取并转化为经济形态的资本。

布尔迪厄对 19 世纪巴黎艺术圈的研究包括诗歌、绘画、戏剧等，他从资本的角度重新阐释了"竞争"、"优势"、"权力"这些概念。经济参与者竭尽所能去获得这些资本，包括社会关系、家庭教育背景、与有名的艺术机

---

① Keane, 2013; O'Connor and Xin, 2006; Xiang and Walker, 2014.
② Bingham-Hall and Kassa, 2017; Sennett et al., 2018; UN-Habitat, 2016; UNESCO, 2016.

构发生关联而具备象征价值（比如艺术运动）①。在文化生产场域中，通过转化关系、文化、符号这些经济或非经济资本，行动者可获取竞争优势。非经济资本的累积并非依赖于理性经济人的行为，而是源于对纯粹艺术共同的习得和追求，即"为艺术而艺术"。② 布尔迪厄指出，经济理性与艺术追求是相对立的两极，两者合理存在且贯穿于文化生产的方方面面。以上对经济——文化拉力作用的洞见构成了创意资本的理论基础。

"创意资本"是文化企业家所获得的一种潜能，可动员关系、制度和文化"资产"，实现艺术创意的社会文化转变或商业转变，或两者兼而有之。文化企业家立足于由艺术家、教育者、艺术评论家、评估机构、收藏家、做市商、政府、公众、媒体等组织和个人结成的紧密的社会网络之中，通过获取非经济资本（如声望、信誉、美学认同、文化品位和文化认同）以收获身份地位、社会认同，并持续和同源的社会成员交流以巩固（再生产）这一认同感。创意资本可通过三种资本形式获得：关系资本、文化资本和象征资本。本文从文化经济的三个层面分析了创意资本理论下，城市空间的特点和空间规划的方向：即人们的日常生活（微观层面、嵌入式分析），组织机构（中观层面、生态环境分析）以及知识传统（宏观分析、历史分析）。

关系资本是指身处密切联系的社会关系中的行动者因其所处的社会位置而获取的能力。某种程度上，关系资本可以促使行动者的位置发生移动，促使网络的中心位置发生变化，从而获得行动者预想的结果，该作用与"结构洞"（structural holes）相关——这也被弗雷格斯坦（Neil Fligstein）和麦克亚当（Doug McAdam）称为"战略性的行为主体"（strategic agency）③。以下两种社会结构可具体展现关系资本的益处：人与人之间的信任和区域协同。前者是社会共同体形成的基本条件。基于相互信任，社会成员在日常生活中分享交流空间、工作空间和生活空间，在这一过程中累积并维持关系资本。密切相连的关系资本体现为成员之间的"团结"（solidarity），社会成员一起维护共同体利益，

---

① Bourdieu, 1993.

② Bourdieu, 1986.

③ Fligstein and McAdam, 2012.

以免受投机的、不正当的或其他反社会行为的侵害。基于人际关系，该共同体的结构紧密，社会成员欲分享各自的文化资本。当代城市的文化和创意经济侧重于构建艺术家和商业团体以及其他相关者之间的社群。比如，城市公共空间设计有意识地促进文化的公开透明性。文化创意经济受益于城市中关系资本的累积。跨越不同社会网络的中间人更易迸发创意（例如跨区域协同或美第奇现象）。现代城市将文化置于城市未来发展的中心，致力于将城市建设成为复杂社会网络空间，达成艺术和道德的双重理想。城市并不只是狭隘的交易市场、工业增长点，或是展现乡绅化和社会不平等的空间。①

文化资本是指个人或团体如何在世俗和理论的层面解释与交流美学体验的内涵。文化资本的定义强调城市空间中的个人、组织和社群的潜在能力，不同于经济学家对资本的理解②，其不是可以直接产生价值的有形或无形资产。拥有文化资产意味着文化企业家可以寻找新机遇或是给予那些缺乏美学认知能力的人以美学视角；发展出一套完善的艺术理论（文章、演讲、采访、讲座等），让他人共享这一新奇、先验的美学体验。文化资本是天然形成的，可以被人们习得且可跨越时间和空间传递。紧密相连的社群中，艺术家、教育家、评论家和公众共产共享文化资本，且在这些艺术活动中获得身份认同。就像知识和技术那样，文化资本的发展需要时间、耐心，更为重要的是空间，有相同世界观和归属感的人们需要空间交流、实践。在学习与探寻、联络、建立关系、分享缄默知识等一系列动态过程中，文化资本逐渐累积。处于这一互动网络、教育网络、知识生产网络中的艺术家和艺术企业要找到合适的空间与社会生活相适应，以完成上述过程。对空间的需求使文化资本的动态累积成为可能，而在制造业和技术创新领域，这种空间需求的问题也屡见不鲜。近年来对"创意城市"的研究也渐渐聚焦于文化企业的空间性。

象征资本是指个人或企业创造或重新构建象征物与文化意义之间的新联系。在文化生产领域，符号象征的重要性基本等同于社会地位，比如声誉、时尚品

① Harvey，1992，2013.
② Throsby，2010.

牌、思想派别、毕业院系等。正如前文所述，与经济领域相比，艺术价值很难衡量，具有很大的不确定性。象征资本可以保证文化生产的经济效率和对外连接性（不仅仅指市场投资者，还指具备文化兴趣的公众）。象征资本可以理解为一种功能性的认知工具（学位、技能等级、资历等），其表达的有关个人、创意项目、商业实体等的质量、可信任度、潜在风险等信息往往可以为商业决策提供依据。就个人和组织层面而言，象征资本的积累可带来品牌价值，获得社会的正面认可，而这些都可转化为经济利益。就地区的层面而言，上述内容可以帮助构建文化遗产和文化认同。批评家常使用"符号暴力"的概念表达对现代社会种种不公正的担忧（性别和女权、宗教自由、马克思主义的阶级斗争）。社会的话语权被社会精英或某一阶层所主导和控制，用以证明其社会权力的合法性。同样地，社会权力较弱、处于劣势的阶级也可以构建他们的符号意义，以此认识社会，力求社会公正，就如同马克思主张的那样。总而言之，象征资本与社会权力和等级密切相连，行动者如何有意识地不受符号霸权的干扰，创造出一套认知理解的方式极为重要。象征资本的生产也意味着文化企业和艺术家参与了社会的权力斗争，具备了解释象征意义的能力。

表 6－1　创意资本的概念框架

空间层级	关系资本	文化资本	象征资本
日常生活（微观层面，人类学角度）	社会嵌入： • 创意网络在地理上如何分布？如何促进人际间的信任？ • 未来城市空间会如何变化？人与人之间是否更易遇见、发生联结？ • 公共空间（博物馆、大学、街道、马路、街区等等）和私人空间（办公楼、住宅区和家庭活动）的意义何在？ • 公共空间和私人空间以何种方式连接？	文化嵌入： • 旨在培养受过良好教育，博学多闻的创意阶级。 • 人们交流创意、相互学习的空间何在？哪种艺术形式和空间更易让创意阶级获得灵感？ • 如何设计公共空间以促进沟通、学习？（公共图书馆，书店，大学，博物馆，等等）	认知嵌入： • 是否有关于城市文化生活的信仰、神话、叙事的体系？城市如何建立符号生产和自身文化认同之间的联系，并保持平衡？ • 如何根据遗产、传统规划城市空间，建立社会经济的互动？"美好生活"如何具体规划？ • 城市的空间规划如何反映城市的社会经济问题？即迁移和集聚、社会不平等、老幼关怀缺失、闲暇时间不足、环境问题等。

续表

空间层级	关系资本	文化资本	象征资本
组织机构（中观层面，生态学视角）	作为机制架构的组织机构： • 文化的基础设施是什么？在创意生态中是否也存在三螺旋模型？（政府——大学——产业） • 城市如何促进重要机构之间的交互作用，政府、文化企业和商业群体？（政府——艺术——企业） • 如何形成机构之间合作的常态？ • 促进或限制这些机构之间交互合作的关键动因是什么？	富含知识的组织机构： • 作为文化生产的关键联结点，该如何定位文化机构？ • 人们如何习得文化资本并分享见解？文化品位是如何形成、具有影响力并最终成为城市的文化遗产的？ • 文化机构如何在社会上发挥其美育功能？ • 促进美育的过程中，政府发挥了什么作用？ • 创意阶层的崛起，艺术友好型城市环境的营造，商业群体从中受益的同时又是如何支持文化组织的相关活动的？	产生文化认同、作为文化遗产的组织机构： • 哪些重要的文化组织、文化事件或是历史遗迹为城市建构了独特的品牌？ • 城市如何通过人们在城市网络中的生活工作体验，给予其特有的城市象征价值？比如，一所大学的文凭广受认可和推崇。 • 城市如何给出创意独特、个性化的方案以解决基本的发展问题？比如，市民的权利、社会的公正、环境问题、对老人孩子的关爱。 • 社会和经济的不公正是如何影响城市的现有空间的？针对现存问题有哪些可供选择的方案和建议？
现代性和美学（宏观层面，历史学角度）	现代化的艺术机构： • 创意企业如何从美学角度理解并践行"现代性"和"美好生活"？ • 何为创意网络的空间分布？创意企业如何交流、分享、共同创造艺术的新形式？ • 文化企业如何在当代日常生活中为文化传统和文化遗产注入新活力？	后（现代）的学术论坛： • 有关现代性、当代艺术、文化遗产的核心争论是什么？ • 社会力图建构和维持的有关伦理、公正、社会价值的主要结构是什么？ • 当下有关社会评论、艺术评论的研究论文的关注点是什么？	作为规范的现代性： • 社会理论权威是否已经主导了现代性和当代艺术发展的话语权？他们是如何成为规范的（以历史视角考察）？这些权威如何行使他们的象征权力？ • 不同学派之间的理论争论是如何影响创意企业获得品牌和社会认可的？ • "可持续性的文化"（culture for sustainability）在何处能达成共识？谁是该领域的主导者？他们如何具有影响力？

资料来源：作者自行整理。

创意资本理论既关系到文化生产活动的内容，也关系到文化生产活动的形式。关于艺术生产内容的讨论，比如文化/美学意涵、社会价值、经济价值等，总是和艺术形式（文学、电影、绘画、诗歌、设计、音乐等）割裂开，使得艺术管理的理论研究陷入一个两难的境地：或是只关心文化意义（纯理论研究，为艺术而艺术），或是只关心文化生产的过程（企业管理层面、产业、知识产权及其相关的产业链、生态系统）。构建"创意城市"理论必须基于文化生产活动的多维框架，即：日常生活、机构组织联结以及现代性的沉思。

创意城市的发展不仅仅要依靠政策上的物质激励，如激励文化企业创值增值，发展新的经济增长点。创意城市理论实则着眼于城市生活的质量与满意度，这与文化的学习过程、网络社群的构建、社会运动以及未来城市如何建造蕴含美学内涵的城市建筑息息相关。创意资本的理论给予城市规划者、政策制定者、从业者以机会，通过挖掘艺术美学价值，提出关于城市重建的现实问题；建立过去和未来的联系，以品味城市的文化历史遗产。

创意资本的理论框架可看作展现未来创意城市重要性的理论开端。之后的研究应当试图厘清下列重要问题。例如，我们还不明确，中国创意空间中社会网络与组织结构的连接模式以及中国理解现代性的方式。我们还不知道社会纽带（社会关系）、机构的组织（地区的创意系统）同抽象层面上艺术文化生产的美学理想这两者的对应关系，又或许上述对应关系会因时间地点、国内国际的不同而改变。这些未知的问题激发起本文进一步的探索欲望，希望能够对城市空间有更深刻的研究，探索有关现代性的相关理论。

（北京大学艺术学院　王雅涵译）

参考文献

Amin, A. , & Robins, K. (1990) . "The Re – Emergence of Regional Economies? The Mythical Geography of Flexible Accumulation," *Environment and Planning D: Society and Space*, https: //doi. org/10. 1068/d080007.

Bingham-Hall, J. , & Kassa, A. (2017) . *Making Cultural Infrastructure*, London. Retrieved from http: //eprints. lse. ac. uk/85683/1/Bingham – Hall _ Kaasa _ Making cultural infrastructure. pdf.

Bourdieu, P. (1986) . "The Forms of Capital," In J. Richardson (Ed.), *Handbook of Theory and Research for the Sociology of Education*, New York: Greenwood. https: //doi. org/ 10. 1002/9780470755679. ch15.

Bourdieu, P. (1993) . *The Field of Cultural Production. Columbia University Press*, https: //doi. org/10. 1111/b. 9781444331899. 2011. 00023. x.

Cooke, P. , Gomez Uranga, M. , & Etxebarria, G. (1997) . "Regional Innovation Systems: Institutional and Organisational Dimensions," *Research Policy*, https: //doi. org/ 10. 1016/S0048 – 7333 (97) 00025 – 5.

Cunningham, S. (2012) . The creative cities discourse: Production and/or consumption? In *Cities, Cultural Policy and Governance*. https: //doi. org/10. 4135/9781446254523. n8.

Fligstein, N. , & McAdam, D. (2012) . *A Theory of Fields. A Theory of Fields.* https: //doi. org/10. 1093/acprof: oso/9780199859948. 001. 0001.

Florida, R. (2002) . "Bohemia and Economic Geography," *Journal of Economic Geography*, https: //doi. org/10. 1093/jeg/2. 1. 55.

Florida, R. , Mellander, C. , & Stolarick, K. (2008) . "Inside the Black Box of Regional Development - Human Capital, the Creative Class and Tolerance," *Journal of Economic Geography*, https: //doi. org/10. 1093/jeg/lbn023.

Hall, T. , & Hubbard, P. (1998) . *The Entrepreneurial City: Geographies of Politics, Regime and Representation*, John Wiley & Sons.

Harvey, D. (2013) . *Rebel Cities, from the Right to the City to the Right to the Urban Revolution*, New York, London: Verso. https: //doi. org/10. 4067/S0250 – 71612014000100013.

Keane, M. (2013) . *China's New Creative Clusters: Governance, Human Capital and Investment. China's New Creative Clusters: Governance, Human Capital and Investment*, https: //doi. org/10. 4324/9780203124505.

Markusen, A. (2006) . "Urban Development and the Politics of a Creative Class: Evidence from a Study of Artists," *Environment and Planning A*, https: //doi. org/10. 1068/a38179.

O'Connor, J. , & Xin, G. (2006) . "A New Modernity?: The Arrival of "Creative Industries" in China," *International Journal of Cultural Studies*, https: //doi. org/

10. 1177/1367877906066874.

Saxenian, A. (1994). "Inside- Out: Regional Networks and Industrial Adaptation in Silicon Valley and Route 128," *Cityscape*, *2*, 41 – 60, https://doi. org/10. 2307/3158435.

Sennett, R., Burdett, R., & Sassen, S. (2018). *The Quito Papers and the New Urban Agenda*, https://doi. org/10. 4324/9781351216067.

Stolarick, K., & Florida, R. (2006). "Creativity, Connections and Innovation: A Study of Linkages in the Montréal Region," *Environment and Planning A*, https://doi. org/10. 1068/a3874.

Throsby, D. (2010). *The Economics of Cultural Policy*, https://doi. org/10. 1017/CBO9780511845253.

UN-Habitat. (2016). "Quito Declaration on Sustainable Cities and Human Settlements for All," *Habitat III Issue Papers*, https://doi. org/10. 3389/fmicb. 2015. 00023.

UNCTAD. (2016). *Creative Economy Outlook and Country Profiles: Trends in International Trade in Creative Industries*, *UNCTAD Publications*, https://doi. org/10. 1097/TP. 0000000000000149.

UNESCO. (2016). *Culture Urban Future: Global Report on Culture for Sustainable Urban Development*, https://doi. org/10. 1016/j. jcin. 2009. 09. 017.

Xiang, H. Y., & Walker, P. A. (2014). *China Cultural and Creative Industries Reports 2013*, Beijing: Springer.

第七章
垃圾管理：促进城市可持续发展

梅里·马达沙希[*]

　　近 10 年来，决策者一直忽略了一个紧迫的问题，即垃圾（包括固体垃圾、塑料垃圾和电子垃圾）是如何长期给我们环境的可持续性发展带来负面影响的。本文指出了人口过多与水、粮食和能源等不可再生资源过度消费之间的因果关系。环保主义者和科学家们正在关注我们的海洋或陆地上堆积的垃圾，并迫切呼吁解决垃圾问题。

一　垃圾问题是如何产生的？

　　世界人口正在迅速增长。在 20 世纪初，世界人口还是 15 亿[①]，但在 20 世纪的发展进程中，世界人口激增了 60 亿。到 2050 年，世界人口将达到近 100 亿。

　　在世界各地，人口增长速率都不相同。未来 30 年内，西非人口将增长两倍，印度将有 16.8 亿人口，成为世界上人口最多的国家[②]。

　＊　梅里·马达沙希，联合国教科文组织国际创意与可持续发展中心咨询委员，前联合国高级经济官员，华南理工大学客座教授。

　①　根据美国人口研究局（Population Reference Bureau，PRB）在 2018 年世界人口数据表中的预测结果。World Population Data Sheet（September 14，2015 – October 29，2015 – August 24，2016 – September 17，2019 and 2018），Projection by Population Reference Bureau（PRB）.

　②　www. ourworldin data. org.

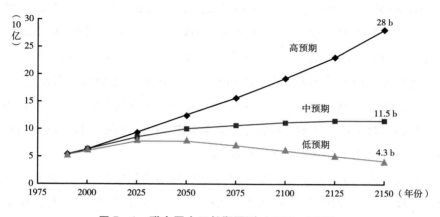

图 7-1 联合国人口长期预测（1990-2150）

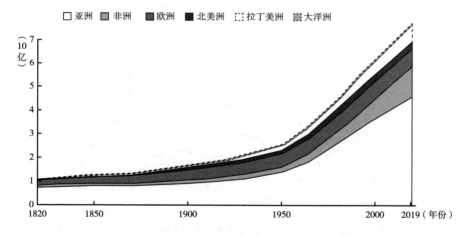

图 7-2 全球人口数量图（2019 年数据，按照区域统计）

资料来源：ourworldin data. org。

　　按比例计算，经济财富与垃圾的产生有直接联系。随着城市化进程的推进，城市将容纳近 70% 的世界人口[1]，这将增加对粮食、水和其他资源的需求。美国一直都被称为"一次性国家"、"一次性社会"（Throwaway Country

---

① International Indicators – Percentage of Population in Urban areas – 2019.

and Society）①。美国每年产生大约 2.5 亿吨固体废物。其中，只有 34% 被回收利用，剩下的 66% 最终被扔进了垃圾填埋场。目前，美国垃圾填埋场中三分之二的空间已被耗尽，预计未来 5 年内还将占用五分之一的空间。

在垃圾问题发展到无可挽回的地步后，美国城市开始增设宏伟的目标，例如 "零废" 计划 （zero waste goals）②，或采取行动减少垃圾、重复利用本该填埋的废物。这些计划往往都包括垃圾回收利用，但不会将回收作为核心举措，而是在多个计划中植入回收措施。

在过去的几十年中，垃圾管理从未发展到如此系统的程度。因此，在美国，垃圾管理业雇用了近 50 万之多的工人，每天为每个美国人处理至少 4.4 磅的垃圾③。

放眼美国之外，东亚人口激增，也就意味着东亚在 21 世纪中叶将依旧是垃圾问题最为突出的地区。

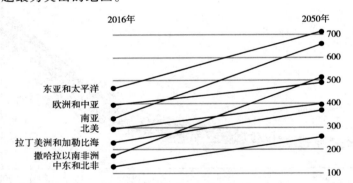

图 7 - 3　21 世纪中叶东亚将成为垃圾问题最严重的地区 （2016 年至 2050 年全球垃圾生成量预估，按照地区统计，单位：百万吨）

来源：世界银行。

---

① 1955 年 8 月 1 日美国《生活》（*Life*）杂志上的文章《一次性的生活》（*Throwaway Living*）中首次提出了 "一次性社会" 的概念。
② 2018 年，波士顿率先推行 "零废波士顿" 计划 （Zero Waste Boston），具体措施和落实情况可参见波士顿市官网：https：//www. boston. gov/environment－and－energy/zero－waste－boston。
③ UN Environment Program （Fact and Figures about materials, waste and recycling－National overview）Nov 2019.

根据世界银行（World Bank）估计，截止到 2025 年，中国城市人口将增加 8.1 亿，产生约 5.1 亿吨垃圾，比 2012 年预估增加 67%。2012 年，中国城市人口约为 5.12 亿。到 2016 年，中国约 63% 的城市家庭垃圾仍被倾倒在垃圾填埋场，而有 35% 的垃圾被焚化。

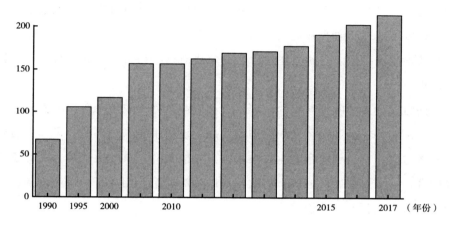

图 7 - 4 中国垃圾生成量（按照处理过的垃圾量统计，单位：百万吨）

中国成为世界城市固体垃圾（MSW）生成量第二多的国家。2017 年 3 月，中国政府宣布了全国 46 个主要城市试点项目的强制性垃圾分类处理系统，该计划将在 2025 年之前在 300 个城市中启动①。垃圾分类被习近平主席视为"关键小事"之一。2019 年 1 月，上海通过相关法规，成为中国第一个强制执行垃圾分类的城市。新的垃圾分类行动仅在上海就需要投资 76 亿元人民币，其中四分之三将用于垃圾处理，包括焚烧、回收设施和厨余垃圾处理。根据上海的经验，建设新的厨余垃圾处理设施将需要耗费约 2000 亿

---

① Reuters（China launches pilot "waste free city plants to, …" March 30, 2017 by Jason Lee. This plan has increased to 16 cities in 2019（China Daily May 14, 2019），The Chinese Government on July 1, announce a nationwide compulsory waste sorting and processing systems through 46 pilot projects to be implemented by 2020 and applied in 300 cities by 300 cities by 2025. China's environmental clean - up is considered one of the three "critical battles" launched by President Xi Jinping.

元人民币，而厨余垃圾占整个家庭垃圾的 50% – 60%[①]。

中国快速的工业化进程还会产生各种形式的垃圾。随着电子制造技术的快速发展，电子产品需要特殊的回收方法，尤其是大多数使用稀有贵金属和化合物制造出的产品。它们还会产生有毒化学物质，造成环境问题。因此，废弃电子产品被归为有害垃圾，需要严格的环境安全应对措施。通过采用适当的回收方法（例如使用超高温等离子炬），我们可以回收大部分的铂，并使其获得二次生命。这种方法可以帮助解决对这些昂贵和稀有材料不断增长的需求。

同时，大多数欧洲城市的垃圾管理计划都已处于成熟阶段。阿姆斯特丹正在尝试循环经济和循环垃圾管理。因此，该城市越来越多的公司选择向循环经济过渡，这为创新和新生产技术与商业模式的出口提供了机会。对于公民而言，一个更加循环的城市将改善市民生活质量，创造新的就业机会，并为企业家形成新的商业模式。

产品和生产链的模块化和灵活设计提高了系统的适应性。通过生产、分销和消费的新商业模式，人们可以从拥有商品转向使用和重复使用商品。未来的这种循环方案是在已有措施基础上发展出来的，包括阿姆斯特丹 43 万户家庭对有机垃圾源头的分类。分类回收可以让有机垃圾派上新的用途，例如生产用于饲养动物的蛋白质、化学行业的沼气和基础材料、生物塑料等。此外，还有来自食品加工业的有机垃圾。

目前的农业和食品加工业有 1 万个就业岗位，采用分类回收方案后，预估将在阿姆斯特丹额外创造 1200 个岗位[②]。垃圾回收基础设施需要进行调

---

① Ibid. Reuter and Asia Research（a corporate data and news service from Nikkei and the Financial Times）by Kelly Zhang，a contributor to Financial Times – 2019.

② A Circular Economy in the Netherlands by 2050 – Government – wide Programme for a Circular Economy Netherland. The Minister for the Environment Sharon A. M. Dijksma, The Minister of Economic Affairs H. G. J. Kamp – Parliamentary documents II, 34 300 XII no. 27 Acceleratio（2015）. Barriers & Drivers towards a Circular Economy. Unpublished. Accenture（2014）. Circular Advantage Innovative Business Models and Technologies to Create Value in a World without Limits to Growth AEB（2015）.

整，因此将涌现出一些新的工作，包括安装地下容器，为分类垃圾提供运送服务以及更复杂的垃圾处理。

上海市在废料回收计划中也将采用阿姆斯特丹的方案，并进行一些修改，一些垃圾将被用于生产砖块和水泥。上海老港再生资源利用中心已承诺，2030 年前将其三分之一的焚化垃圾转化为能源。

二　塑料垃圾：疫情下的问题

塑料是另一种工业废弃物，对环境可持续发展构成重大挑战。每年约有 800 万吨至 1200 万吨塑料（相当于 51 万亿件）从环太平洋地区的国家（包括亚洲、北美和南美国家）流入海洋[①]。

据海洋保护协会（Ocean Conservancy）统计，海洋中已经存在约 1.5 亿吨塑料垃圾。除此之外，据英国研究公司 Economia 估计，仅海底就有多达 7000 万吨的塑料垃圾。《科学进展公告》（Science Advances Bulletin）2013 年的一项研究显示，美国每年向海洋倾倒的塑料垃圾多达 2.42 亿磅（约 10.98 万吨）。图 7 - 5 体现了未经回收就被倾倒的各类垃圾量。

自 1992 年以来，中国受托回收了世界上约 45% 的塑料垃圾。仅美国每天就有近 4000 个塑料容器被运往中国[②]。近日，中国政府已决定禁止进口大多数塑料垃圾。该决定将对美国和其他工业化国家构成重大挑战，因为他们必须寻找新的垃圾处理方式。

塑料可在生物组织的各层面影响动物，它可以改变基因、细胞和组织。因此，它可能导致死亡，改变人口规模。美国亚利桑那州立大学环境健康工程学教授罗尔夫·哈尔登（Rolf Halden）认为，在发达国家，每个人的血液中都含有微量的塑料成分。

---

① Global Waste Management Outlook, United Nations Environment Program 2018 and, World Waste Platform is the first global and large scale and systematisation of waste data. The global database combines information about the location, types, origin and other indications for analysis.

② Figure：The Atlantic – Is this the end of recycling? by Alana Samuels – March 5, 2019.

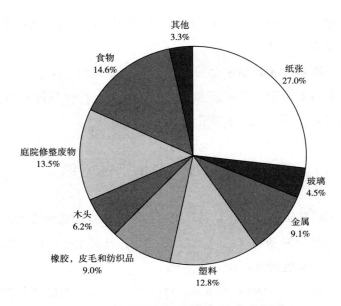

图 7-5　未经回收就被倾倒的各类垃圾量

资料来源：美国环境保护组织（EPA）于 2013 年发布的文件

针对数百万吨垃圾，人们采取了各种措施。海洋清洁项目（Ocean Cleanup Project）派出了一个巨大的漂浮式垃圾收集器，试图将这些垃圾收集起来；由海洋保护协会发起的国际海洋清洁日号召全世界人民清除海滩和水道的垃圾。2016 年的国际海洋清洁日取得了成功，来自全球 112 个国家/地区的逾 50 万名志愿者孜孜不倦地工作，在沿海地区收集了超过 1800 万磅（约 8165 吨）的垃圾[①]。

根据《全球垃圾管理展望》（Global Waste Management Outlook），每年有数百万吨非法废物被埋入沙漠，流入海洋。虽然许多组织在世界各地监测垃圾，但目前仍然面临难以进行垃圾测绘的问题。"世界垃圾平台"（World Waste Platform）是第一个全球性的、大规模的垃圾数据化系统。这个全球数据库结合了关于垃圾排放地点、排放类型、来源和其他指标的信息进行分析。

---

① Ocean Conservatory：International Coastal Cleanup – annual report 2016. This reports are updated on a yearly baises.

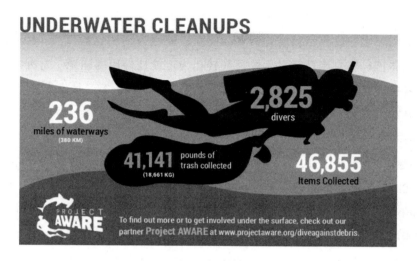

图 7 - 6 国际海洋清洁日数据图

资料来源：Ocean Conservatory Status Report：Science，Policy and Partner，2017，site：www. oceanconservatory. org。

解决这一问题需要全球范围的努力，其中包括个人、政策制定者和行业的贡献。正如普利茅斯大学国际海洋垃圾研究小组负责人理查德·汤普森（Richard Thompson）所说："我们使用塑料的方式，包括从设计到使用再到处理的过程，必须以更高效、更环保的方式进行。"

三 科技的重要性

当我们设想一个可持续发展的社会时，垃圾管理技术至关重要。正如我们上文讨论过的，随着世界不断发展，工业过程和城市生活的产出中有很大一部分是垃圾，对环境产生的影响巨大。将"线性"经济生产转变为"闭环"无废经济（No - waste economy）是可持续设计原则的首要任务。在地方和国家层面，新设计和新技术都可以发挥重要作用[1]。

---

[1] The future of waste：five things to look for by 2025，The International Edition of Guardian Feb 2015.

　　创新和技术进步对于管理全球日益增长的垃圾至关重要。垃圾管理行业最大的创新之一是将垃圾转化为实际能源，被称为"消化器"（digester）的新型机器可以将垃圾及其产生的沼气转化为可就地使用的能源。这种技术可用于各种垃圾，包括厨余垃圾、动物粪便、农业残余等。如今，生物反应器、微型涡轮技术甚至燃料电池均可用于处理垃圾。热转化（Thermal Conversion）是另一种新技术，可用于将垃圾转化为特殊产品。此外，还有一些关键领域可以应用新技术进行改造，例如新型回收（Improved Recycling）、通过使用配备机械臂的自动卡车进行路径优化（Route Optimization）、现代化垃圾填埋、粉碎机粉碎以及有机垃圾分离等。国际社会应当考虑将这些技术，以及更多的措施紧急投入使用。海洋保护协会首席科学家乔治·伦纳德（George Leonard）表示："时间紧迫。在垃圾和塑料淹没我们的蓝色星球和海洋之前，我们必须面对这一挑战。"

参考文献

Projections by Population Reference Bureau（PRB）included in the 2018 World Population Data Sheet.

Keeley M., Benton – Short L.（2019），"Waste，" In：*Urban Sustainability in the US*，Palgrave Macmillan，Cham.

Forward Intelligence，Shenzhen – based market research company.

Shanghai – based brokerage Orient Securities.

https：//www. norcalcompactors. net/technology – innovating – waste – management/.

https：//www. norcalcompactors. net/technology – innovating – waste – management/.

Science Advances Bulletin June 2019；Significant Research，Global Impact Vol 1 – 5，2015 – 2019（Articles are provided curtesy of American Association for the Advancement of Science）.

A Circular Amsterdam，A Vision and Action Agenda for the City and Metropolitan Area.，2017.

United Nations Environment Program（UNEP）；www. unenvironment. org.

Collective efforts of UNEP and the International Waste Management Assoc. Prepared as a follow – up to Rio + 20 Summit. .

Global Waste Management Outlook 2018.

Article by Doyle Rice in the "USA TODAY", Sep 7, 2018.

Doyle Rice USA TODAY, Sep 7, 2018.

The Financial Times Limited 2019 (special edition).

第八章
大城市传染病防控风险及空间规划研究

陈春　谌曦[*]

　　在城市化进程中，由于环境污染、气候剧烈变化等因素的影响，人口密集、社会网络复杂的大城市面临着潜在的公共安全风险。在当前城市化和全球一体化背景下，大城市传染性疾病的传播范围和速度进一步提升，甲型H1N1、非典型肺炎、禽流感以及近期暴发的新冠肺炎疫情等新型传染性疾病的出现给公众生命安全带来了严重威胁，使公共卫生和城市规划领域面临重大挑战。

　　为应对传染性疾病带来的严峻的公共健康问题，学者们开始结合环境健康学、公共卫生学科以及流行病学对城市空间环境与公共健康之间的关系进行研究，以健康为诉求的现代城市规划学科开始诞生。地理学和城市规划领域对于传染病防控的研究主要包括：公共卫生管理研究、公共政策研究、传染病监测与评估和基层社区质量管理研究等。规划学和地理学领域的学者在传染病防控的研究中对 GIS 的应用不断拓展，主要包括：传染病的监测、传染病空间分布现状分析以及环境空间因素影响分析等方面。

　　学者们指出，可以通过提升城市公共交通系统的防灾防疫能力、完善城

---

　　* 陈春，重庆交通大学建筑与城市规划学院教授；谌曦，重庆交通大学建筑与城市规划学院研究生。

市公共卫生管理体系、将防疫规划纳入城市防灾减灾规划等规划和管理方面的措施来保障公共健康。新冠肺炎疫情的暴发，再次引发了关于城市规划如何在空间治理层面防控疫病的思考，有必要从城市规划的角度梳理公共风险较大的大城市在应对疫病过程中面临的挑战，并提出相应的规划干预措施以提升大城市应对公共风险的能力，发挥城市规划对于提升公众健康水平的积极作用，实现公共卫生和城市规划学科的有机融合。

从全球范围来讲，2019 年新冠肺炎的感染者大多集中在大城市，大城市的感染者数量明显多于农村地区。与小城市和乡村地区相比，大城市一旦暴发疫情，其扩散性更强，遭受疫情的负面影响更大。大城市遭受传染病疫情影响的主要特点为：

1. 扩散性强

新冠肺炎传染病主要是依靠空气传播和社会网络等方式进行传播，在这个动态的系统中，大城市是整个传染病传播网络中的节点，增加了传染病病原体、媒介生物和易感人群之间的接触，为疫病的暴发提供了机会，并带来严重的公共卫生后果。在交通发达，人口密度大的大城市中，人们接触到病毒的概率更大，人口流动强度和城市空间结构影响着疫病的传播速度和范围。与乡村地区和小城市相比，大城市交通网络更发达，在疫情防控上更难以管控，传染性疾病的扩散性更强，一旦出现传染病，往往难以控制。

2. 危害性更大

在经济发达的大城市中，人口高度集中，环境承载负荷过大导致土地、水资源、医疗资源等供不应求，使城市公共安全面临严峻挑战。由于人口过多，大城市医疗卫生资源在面对突发性公共卫生事件时也面临巨大压力。一旦大城市出现传染病，其扩散性强的特点导致大城市感染人数短期内激增，对城市医疗卫生体系造成巨大冲击。一旦出现传染病，在短期内疫情会迅速蔓延，造成严重的公共卫生后果。由于大城市在社会、经济生活中的枢纽地位，疫情不仅对大城市市民的健康安全造成危害，对停摆的地区经济也会造成不可忽视的损失。

在疫情之中，大城市空间体系面临着以下挑战：

1. 高密度的城市空间结构易造成疫情的快速传播

城市人口密度和交通发达程度影响着传染病的传播范围和速度。传染病的传播主要是通过社会网络，因此受到人口流动强度和地理空间区位等因素的影响。在城市发展的过程中，随着城市人口不断攀升，城市规模不断扩大，对于土地资源的高强度开发使得我国大城市中心城区的空间分布格局过于密集。来自不同城市、国家的人口都在城市中心区域集聚且高频率流动，增加了疫情蔓延的风险。规模越大、城市网络结构越复杂的城市，病毒的蔓延速度越快，高度集聚的中心区位一旦发现疫情便难以控制。因此，如何优化城市整体空间布局结构，提升城市空间应对疫情的防御能力，已成为当前城市规划需要考虑的重点问题。

2. 公共设施空间布局规划缺乏对于公共卫生安全方面的考虑

疫情的暴发，导致城市医疗卫生体系受到严重冲击，暴露出我国城市现有医疗资源在应对重大公共卫生事件时的短板。除了医疗设施之外，体育馆等具有较大公共空间的建筑在疫情防控上也能发挥重要作用。目前大多城市的公共服务设施在规划时，一般直接将规划区域划分为多个不等的规划小单元，然后根据这些规划小单元配置相应的医疗、文化、教育等基础设施。每个独立的单元中的公共设施资源难以统一调配，在应对传染病带来的重大公共安全问题时，还缺乏充分的认识和准备。

3. 城市基本生活空间对于防控疫情的应急能力有待提高

在规划层面，过去蓝图式的规划已经难以满足人们日益增长的对于健康的诉求。疫情的暴发使我们认识到了城市空间治理的重要性，而要提升空间治理能力必然需要提升城市对于疫情的应急反应能力。社区作为城市基本生活空间单元，是疫情防控的重要防线。此次疫情的爆发，显露出了社区在防控传染病方面的一些问题：大城市社区人口密集，住宅区多为高层住宅，公共通风系统带来的安全隐患导致高密度住宅区易发生交叉感染；配套的基础设施难以满足居住区内所有人的需求，生活物资和生命安全难以保障；社区卫生环境条件有待完善，如在垃圾处理、污水处理等方面存在一定的卫生安全隐患。由此看来，提高城市基本生活空间单元的防疫能力，优化社区空间环境成为未来城市规划中面临的又一项挑战。

4. 公共交通体系的高流动性与防控疫情下的交通管制存在矛盾

在防控传染病过程中，城市交通网络体系发挥了重要作用。一方面，防控疫情需要降低城市交通的流动性。对疫情重灾区封锁交通可以一定程度上有效阻止病毒传播，这些交通管制措施在保护居民健康方面发挥了重要作用，但同时也限制了居民的日常出行。在疫情暴发的中后期，随着疫情形势逐渐好转，各行各业开始恢复生产和运营，城市居民的出行需求快速增长，公共交通面临着巨大压力。如何在满足城市居民的日常出行需求的同时，降低复杂的公共交通网络带来的公共卫生风险成为当前交通管理和规划部门面临的重大挑战。另一方面，交通又在应急物资输送和人员救治方面发挥了重要作用，医疗资源的调配、居民应急物资的供应都依赖于交通系统。因此，从城市防灾防疫的角度思考如何对城市公共交通体系进行完善，开展应急交通规划成为未来规划领域需要考虑的重点内容。

从传染病防控的角度，在城市空间规划上可以进行几点尝试：

1. 发展分散的组团式城市空间结构，并设置卫生隔离带

疫病的蔓延与城市空间规模和社会网络结构密切相关，大城市的无序蔓延导致其空间网络结构复杂，难以对整个城市空间进行统一管制，给疫病防控带来了挑战。因此，有必要在城市总体规划布局上考虑防疫需求，转变之前单一的扩张性规划的思维方式，从分散、隔离的角度思考如何优化城市空间结构。建议可以发展分散的组团式城市空间结构，通过空间分隔的方式使用地布局、人口和就业相对分散。一旦出现疫情，各组团可以独立运行，可以减轻整个城市空间系统在应对突发性公共卫生事件的压力。

同时，建议在各组团、各功能区之间设置卫生隔离带，以防止疫病传播。从此次新冠肺炎疫情的特点来看，新冠病毒还可以通过气溶胶进行传播，城市绿地植物的阻挡作用、吸附作用能够减弱传染病带来的安全风险，在一定程度上起着卫生隔离作用。因此，建议增加城市绿地，并严格控制绿地比例，通过增设部分应急保障和辅助设施来提高绿地的防灾避险能力。

2. 合理配置城市公共空间资源，开展预防、应急规划

为缓解此次新冠肺炎疫情对城市医疗卫生系统带来的压力，很多城市通过征用体育馆、学校等有较大公共空间的现有建筑建立可移动的方舱医院，对因疫情暴发而闲置的公共空间进行合理调配，一定程度上弥补了城市现有医疗空间资源上的不足。城市公共设施的空间布局在满足人民日常生活需求的同时，也应重点考虑疫情和灾情可能带来的严重公共安全风险。因此，应综合布局城市防疫空间资源，发挥公共空间资源在防灾防疫方面的重要作用。

建议从空间角度综合分析和评估城市现有公共基础设施可能存在的健康风险以及防灾避险能力，并按照防灾避险能力分等定级，通过制定相应的改造、新建措施或优化空间布局，开展预防和应急规划，以发挥公共空间对于公共健康的积极作用，同时提升城市公共空间的应急能力。在空间布局上，建议预留城市白地，作为城市应急用地。预留的防疫设施用地应尽可能位于城市主导风向的下风向，尽量远离城市中心人口集聚区域和水体，以避免疫情暴发后被动选址造成的影响。

3. 优化社区各功能设施布局结构，改善社区通风、采光和卫生条件

社区作为城市的基本社会空间结构单元，是防控疫情的重要阵地。此次疫情暴发后，政府推出的封闭式社区管理方式是控制疫情的重要举措，且成效显著，减慢了疫情传播速度，但社区空间的防疫服务能力还有待提高。鉴于社区在防控疫病方面发挥的重要作用，有必要从规划层面对城市基本空间单元进行科学治理，强化基层社区的防疫力量。

在规划层面，建议以提升防灾防疫能力为基本要求，优化社区各功能设施布局结构，完善基础设施配置，改善社区通风、采光和卫生条件，以满足居民日常生活和基本防疫防灾要求。对社区公共建筑的空气流通状况进行评估，制定社区风环境的评估标准，对不符合防疫要求的建筑空间进行适度改造。在建筑布局上，严格控制建筑间距，规划通风廊道，改善社区整体通风环境和采光条件。垃圾站应布局在通风条件好的地区，并增设卫生隔离保护设施，定期进行消杀处理。推进智能化、健康化社区建设，通过构建信息技

术网络平台监测和管理社区居民的日常健康状况，以便及时提供治疗和应急方案。

4. 完善城市公共交通网络空间，规划设置应急通道

城市交通网络影响下的人口流动强度，影响着传染病的传播范围和速度。交通网络在控制传染病蔓延、医疗资源的调配、应急物资输送方面都发挥了重要作用。由此看来，在控制传染病蔓延方面，可以通过优化城市公共交通网络，降低人口集聚度和流动性，阻断病毒的传播途径，从而大大降低接触性病毒的感染风险。建议在城市公共交通空间规划中，增加慢行系统的空间规划与设计，倡导绿色出行方式。

在应急交通规划方面，应加强应急交通保障方面的研究，在规划设计时必须考虑到防灾防疫需求，提高交通体系的应急反应能力。建议在防灾规划中设置防疫应急通道（如应急物资输送和调配的专用物资通道、紧急救援通道等），形成区域单元内的网络结构体系，分区域进行管控，为应对突发性公共卫生事件提供交通保障。

参考文献

Harris, Jenine K., Clements, Bruce., "Using Social Network Analysis to Understand Missouri's System of Public Health Emergency Planners," *Public Health Reports*, 122 (4): 488 – 498.

Gao X., Li Y., Leung G., "Ventilation Control of Indoor Transmission of Airborne Diseases in An Urban Community," *Indoor & Built Environment*, 2009, 18 (18): 205 – 218.

Degroote Stéphanie, Kate Z., Ridde Valéry., "Interventions for Vector-borne Diseases Focused on Housing and Hygiene in Urban Areas: A Scoping Review," *Infectious Diseases of Poverty*, 2018, 7 (1).

Ranasinghe S., Wickremasinghe R, Munasinghe A, etal., "Cross-Sectional Study to Assess Risk Factors for Leishmaniasis in an Endemic Region in Sri Lanka," *American Journal of Tropical Medicine & Hygiene*, 2013, 89 (4): 742 – 749.

Class G. E., Schwartz B. S., Morgan J. M., etal., "Environmental Risk Factors for Lyme DiseaseIdentified with Geographic Information Systems," *American Journal of Public Health*,

1995 （85）：944 – 948.

宋信杰、徐红、贾凡：《浅谈公共卫生管理在传染病预防中的定位及干预方法的应用》，《当代医药论丛》2013 年第 11 （7）期，第 332 ~ 332 页。

吴家禹：《基层社区传染病质量管理存在的问题与对策分析》，《现代医药卫生》2014 年第 19 期，第 3026 ~ 3027 页。

秦波、焦永利：《公共政策视角下的城市防灾减灾规划探讨——以消除传染病威胁为例》，《规划师》2011 年第 6 期，第 106 ~ 110 页。

黄翠、陈晓晖、谢峰等：《GIS 在传染病防控方面的应用》，《公共卫生与预防医学》2017 年第 28 （01）期，第 77 ~ 80 页。

张帆：《传染病疫情防控应尽快纳入城市综合防灾减灾规划——应对 2020 新型冠状病毒肺炎突发事件笔谈会》，《城市规划：1》[2020 – 04 – 17]，http：//kns. cnki. net/kcms/detail/11. 2378. TU. 20200211. 1757. 008. html。

赵杰、张子栋：《提高公交系统防灾防病能力保障城市交通公共安全〈城市公共交通与防治流行性传染病相关问题及对策研究〉的思考》，《城市规划通讯》2004 年第 2 期，第 12 页。

李秉毅、张琳：《"非典"对城市规划、建设与管理的启示》，《规划师》2003 年第 S1 期，第 64 ~ 67 页。

闪淳昌：《关于建设安全城市的思考》，《中国减灾》2016 年第 5 期，第 28 ~ 31 页。

Otmani del Barrio, Mariam, Simard, Frédéric, Caprara, Andrea. , "Supporting and Strengthening Research on Urban Health Interventions for the Prevention and Control of Vector-borne and Other Infectious Diseases of Poverty: Scoping Reviews and Research Gap Analysis," *Infectious Diseases of Poverty*, 2018, 7 (1): 94 – 102.

杨俊宴、史北祥、史宜等：《高密度城市的多尺度空间防疫体系建构思考》，《城市规划：1 ~ 8》[2020 – 04 – 26]，http：//kns. cnki. net/kcms/detail/11. 2378. TU. 20200319. 1535. 002. html。

第九章
老龄化社会背景下的城市
更新策略与路径选择

宋　煜[*]

近年来，随着中国城市发展逐步由粗放式扩张转向内涵式增长，从增量开发转变为存量开发，国内经济发达地区大都启动了以"城市更新"为目标的城市发展新路径。作为一种城市建设与发展的新理念，城市更新因其更强调经济与社会协调，以及可持续发展的包容性增长，而区别于以往更关注物理空间的"城市建设"与"城市改造"。

城市更新的核心理念之一就是关注城市中的人，尤其是不同群体的需要，也更为重视城市更新所带来的社会问题，如建立多方参与机制等，从而更好地处理效率与公平的关系，激发城市的自我更新能力。当前，中国的众多城市面临着老龄化日益严重的现实状况，也在一定程度上引发了城市空间需求的转型。政府、企业与社会公众都必须充分考虑到老龄化因素在城市更新中所产生的重要影响。

一　老龄化现象带来的城市更新议题

世界银行于 2018 年发布的《中国养老服务的政策选择》的报告中预

---

[*] 宋煜，中国社会科学院社会学研究所助理研究员，西南交通大学国际老龄研究院特聘研究员。

测：从 2002 ~ 2027 年，中国将从一个"老龄化"社会转变为一个"老龄"社会，意味着我国 65 岁及以上老年人口所占比例将从 7% 上升到 14%。预计到 2050 年，中国 65 岁及以上老年人口的比例将达到 26%，80 岁及以上的老年人口占比将达到 8%。在这一背景下，城市决策者在城市建设、改造和更新过程中都必然要将老年人的居住需求和养老需求考虑其中，在基础设施、配套设施以及社区规划上予以体现，建立与城市老年居民需求相符的"适老化"社区。

（一）适老化与无障碍设计

在当前的城市更新建设中，普遍出现了两种适老化类型。一种是创建养老社区，从老龄事业与产业发展的角度，完全按照老年人生活与精神需求来建设一个老年人集中居住的生活区，如以康养为主题的特色小镇建设。另一种则是改造老旧小区，通过对原有社区基础设施渐进式的微更新，以适应老年人的需要，后者也是当前城市更新中应对老龄化的适老化议题的主流方式。无论是哪一种类型，在适老化语境下的城市更新都离不开家庭与公共环境这两个部分。前者是家庭居住空间，后者则涉及公共空间的改造问题，因此往往也与无障碍环境建设一并被讨论，成为城市更新所重点关注的议题之一。

（二）社会参与与赋能

一般认为，城市更新不仅会影响到城市的空间环境和经济发展，也会影响到城市的社会结构和公平正义。从这个角度看，适老化改造指的是硬件设施的适应性问题，而保障老年人参与城市更新过程则是维护社会正义的重要体现。由于老年人在本地区文化传承上往往发挥着重要的作用，因此在具体实践中，老年群体的参与就成了一件理所当然的事情。通过合理的规则、程序和要求，培育老年人和相关社会组织参与城市更新的能力，从而发挥积极作用，已成为一个重要的城市更新议题。

（三）绅士化与空间正义

近年来，与城市更新相关的绅士化研究和空间正义备受关注。目前，国内城市更新推进过程中虽然也突出了社会和谐，但大多数更加强调其对经济发展和产业创新的促进作用，结果就是在"科学"和"提升"的外衣下实现了空间权力的置换，城市更新所带来的绅士化和消费主义倾向十分明显。另一方面，由于信息的不对称以及话语权的缺失，导致城市更新中的老年群体难以发声，最终在空间资源配置上难以获得公平。一部分老年人受制于信息能力的不足，对城市更新表现出即期望又失望的复杂心态，对决策过程充满质疑，这在一定程度上也影响了城市更新的进程和价值。

二　应对老龄化的城市更新基本策略

（一）文化导向的策略

城市更新基本策略之一是文化导向的，即将文化视为区域更新"复兴的催化剂与引擎"，致力于提升区域文化旅游和解决当地就业。正如前文所述，老年群体往往是在地文化的载体，甚至是唯一的传承者，因此必须充分挖掘和整理区域文化记忆，发挥好老年人的积极主动性。但是，文化导向型的策略很容易产生忽视低收入群体生活的问题。城市更新通过推动社区升级和城市景观改善，满足了一些高收入人群的需求，却在无形中提高了日常生活成本，使得原有的低收入群体，特别是一些老年人被"挤出"了原有社区，让"城市更新"成为"资本故事"，违背了文化导向的本意。

（二）底线公平的策略

为了避免出现上述问题，城市更新需要一条"底线"。满足本地居民对美好生活的需求，并在改善民生的同时激发新活力是各地开展城市更新的初衷，但如何保障社会公平则是一个大问题。"底线"可以理解为一种"界限",应当是清晰且必须得到大众的广泛认同的。各类主体应在底线公平的基础上最大限度地形成共同性,找到均衡点,提高协调的效果,进而实现社会正义的目标。这里的关键是如何在城市更新过程中确定好"底线"。底线以下部分体现权利的一致性,底线以上则体现出权利的差异性,所有人及组织在这条"底线"面前具有的权利是一致的。老年人具有相对丰富的生活阅历,更易于理解、认同和参与到城市更新"底线"的价值讨论中。

(三)可持续发展的策略

应对老龄化的城市更新还要遵循可持续发展的策略。城市发展的关键是人,城市的可持续发展依赖于人的发展,而人的全面发展很大程度上又受到了城市环境和城市精神的影响,老年人也是如此。联合国在 2002 年通过的《老龄化马德里政治宣言》中将"积极老龄化"作为全人类应对和解决人口老龄化问题的发展战略。老年人口不仅不是社会的负担,而且是家庭和社会的宝贵资源,应当积极主动参与社会的发展。通过调动与发挥每一个老年人在体力、治理能力、技术等方面的潜能,引导和鼓励老年群体参与城市更新,是实现城市可持续发展的重要手段。

三 老龄化社会城市更新的路径选择

(一)转变城市更新的发展理念,强调底线公平的价值

我们应当将城市更新的落脚点放在基于社会公平的有机更新上,并以此为基础带动城市协调发展,从而保障不同群体特别是老年群体的基础性需求,并将其落实在规划、设计、实施与评估的全周期中。按照一般经验,针对老年群体的"底线"主要体现在三个方面,包括居住和饮食、公共卫生和医疗保障,以及社会交往和教育。其中,政府应当发挥更大的作用,诸如明确政府的责任底线以及与市场的边界、政府责任和能力的基础部分和非基础部分、社会政策的制定与执行等。

（二）加强适老化设施建设，营造良好的社会舆论环境

改善民生是城市更新成功与否的关键所在。老年人相关设施建设应以满足底线需求为准则，不需要"高大上"，要鼓励发展"小而灵"的服务业态，坚持适度的建设。要高度关注民生需求，优先解决好政府服务和公共出行的适老化问题，不断完善政策保障，以点带面推动系统化建设。要创新宣传形式，推动社会公益项目，让每个人都能意识到适老化建设不仅仅是老年人所专享的，而且涉及每一个人。

（三）发挥老年人的积极主动性，不仅是参与，更要见实效

老年人群在生理和心理上都具有一定的特殊性，因此要为他们提供适当的参与渠道，让老年人在议事和管理的实践当中提升参与的意识水平和能力水平。要做到参与有结果、有效能，提高协商议事结果转化为实际政策和行动的转化率，让大家能够看到参与的实际成果，让参与反馈的机制更为健康。

此外，要建立健全老年群体与青少年之间的互通交流体系，如在城市更新过程中举办社区口述史采集整理工作，充分发挥好社区图书馆的记忆载体作用，进而形成良性的互动机制，让渐进微更新产生规模化效应，打造城市文化内核，让老城焕发新的活力。

参考文献

宋煜：《社会共生与底线公平：一种尝试性的城市更新逻辑——以北京"共生院"为例》，《城市更新与可持续发展》，东南大学出版社，2020。

李媛媛、曾鹏、李晋轩：《他山之石：城市存量空间适老化更新的规划实践与运营机制研究——日本经验的阐释》，《天津大学学报》（社会科学版）2020年第4期。

张海、卢松、饶小芳：《西方绅士化研究进展及其对我国城市建设的启示》，《地理与地理信息科学》2020年第1期。

吴龙恩、马欣:《绅士化研究及对我国的城市规划建议》,《建设科技》2019 年第 15 期。

孔庆晨:《城市更新背景下的老旧社区适老化改造设计研究——以南京天津新村为例》,《城市建筑》2019 年第 16 期。

宋煜:《科学规划街区空间提升城市治理现代化水平》,《中国国情国力》2020 年第 12 期。

附　录
创意对城市可持续发展的经济贡献分析
涉及的主要城市及其创意经济统计范围

附表 1　创意对城市可持续发展的经济贡献分析涉及的主要城市及其创意经济统计范围

城市名称	创意类别	所属国家	所属区域	本报告中该城市创意经济统计范围
悉尼	电影	澳大利亚	大洋洲	艺术和娱乐服务（文化遗产活动、创意及演艺活动、体育及娱乐活动、博彩活动）；专业、科学和技术活动；信息媒体和电信
惠灵顿	电影	新西兰	大洋洲	艺术和娱乐服务；专业、科学和技术服务；信息媒体和电信
青岛	电影	中国	亚洲	文化、体育及娱乐业；科学研究和技术服务业；信息传输、软件和信息技术服务业
长沙	媒体艺术	中国	亚洲	文化、体育及娱乐业；科学研究和技术服务业；信息传输、软件和信息技术服务业
约克	媒体艺术	英国	欧洲	IT、软件和计算机服务；音乐表演与视觉艺术；广告和市场营销；建筑；电影、电视、录像、广播及摄影；设计：产品、图形和服装设计；出版
里昂	媒体艺术	法国	欧洲	艺术、文化和娱乐；媒体和通信；其他创意部门
澳门	美食	中国	亚洲	文娱博彩及其他服务业；科学研究和技术服务业
顺德	美食	中国	亚洲	文化、体育及娱乐业；科学研究和技术服务业；信息传输、软件和信息技术服务业
扬州	美食	中国	亚洲	文化、体育及娱乐业；科学研究和技术服务业；信息传输、软件和信息技术服务业

续表

城市名称	创意类别	所属国家	所属区域	本报告中该城市创意经济统计范围
成都	美食	中国	亚洲	文化、体育及娱乐业；科学研究和技术服务业；信息传输、软件和信息技术服务业
北京	设计	中国	亚洲	文化、体育及娱乐业；科学研究和技术服务业；信息传输、软件和信息技术服务业
深圳	设计	中国	亚洲	文化、体育及娱乐业；科学研究和技术服务业；信息传输、软件和信息技术服务业
上海	设计	中国	亚洲	文化、体育及娱乐业；科学研究和技术服务业；信息传输、软件和信息技术服务业
武汉	设计	中国	亚洲	文化、体育和娱乐业；科学研究、技术服务业；信息传输、软件和信息技术服务业
名古屋	设计	日本	亚洲	信息通信业（通信/广播、信息服务·影像声音文字信息制作业）；专业科学技术服务；生活相关服务及娱乐业
神户	设计	日本	亚洲	信息通信业；专业科学技术服务；生活相关服务及娱乐业
迪拜	设计	阿拉伯联合酋长国	亚洲	艺术、娱乐和休闲专业、科学和技术服务信息和通信
曼谷	设计	泰国	亚洲	工艺；广告；设计；音乐、表演和视觉艺术；建筑；电影、电视、录像、广播与摄影；软件和 IT；出版；博物馆、画廊和图书馆
蒙特利尔	设计	加拿大	北美洲	艺术、娱乐和休闲；专业、科学和技术服务；信息和文化产业
赫尔辛基	设计	芬兰	欧洲	艺术、娱乐和休闲；专业、科学和技术活动；信息和通信
杭州	手工艺与民间艺术	中国	亚洲	文化、体育及娱乐业；科学研究和技术服务业；信息传输、软件和信息技术服务业
苏州	手工艺与民间艺术	中国	亚洲	文化、体育和娱乐业；科学研究、技术服务业；信息传输、软件和信息技术服务业
西雅图	文学	美国	北美洲	建筑与工程；艺术、设计、娱乐和媒体；商务和金融运营；计算机；建筑和提取；教育、培训和图书馆；管理；生产
墨尔本	文学	澳大利亚	大洋洲	艺术和娱乐服务（文化遗产活动、创意及演艺活动、体育及娱乐活动、博彩活动）；专业、科学和技术活动；信息媒体和电信

续表

城市名称	创意类别	所属国家	所属区域	本报告中该城市创意经济统计范围
爱丁堡	文学	英国	欧洲	IT、软件和计算机服务;音乐表演与视觉艺术;广告和市场营销;建筑;电影、电视、录像、广播及摄影;设计:产品、图形和服装设计;出版
南京	文学	中国	亚洲	文化、体育及娱乐业;科学研究和技术服务业;信息传输、软件和信息技术服务业
布拉格	文学	捷克共和国	欧洲	艺术、娱乐和休闲;专业、科学和技术活动;信息和通信
阿德莱德	音乐	澳大利亚	大洋洲	艺术和娱乐服务(文化遗产活动、创意及演艺活动、体育及娱乐活动、博彩活动);专业、科学和技术活动;信息媒体和电信
利物浦	音乐	英国	欧洲	IT、软件和计算机服务;音乐表演与视觉艺术;广告和市场营销;建筑;电影、电视、录像、广播及摄影;设计:产品、图形和服装设计;出版
格拉斯哥	音乐	英国	欧洲	IT、软件和计算机服务;音乐表演与视觉艺术;广告和市场营销;建筑;电影、电视、录像、广播及摄影;设计:产品、图形和服装设计;出版

注:以联合国贸发会关于创意经济的分类为基础,并根据不同国家、地区统计分类有所调整。

图书在版编目（CIP）数据

创意与可持续发展研究报告 . No. 1，创意经济与城市
更新 . 2019 - 2020 / 联合国教科文组织国际创意与可持续
发展中心主编 . ﹣﹣北京：社会科学文献出版社，2021.7
　ISBN 978 - 7 - 5201 - 8414 - 4

　Ⅰ. ①创… 　Ⅱ. ①联… 　Ⅲ. ①经济可持续发展 - 研究
报告 - 世界 　Ⅳ. ①F113.4

　中国版本图书馆 CIP 数据核字（2021）第 103118 号

创意与可持续发展研究报告 No. 1
创意经济与城市更新（2019～2020）

主　　编 / 联合国教科文组织国际创意与可持续发展中心

出 版 人 / 王利民
责任编辑 / 刘学谦

出　　版 / 社会科学文献出版社 · 当代世界出版分社（010）59367004
　　　　　　地址：北京市北三环中路甲 29 号院华龙大厦　邮编：100029
　　　　　　网址：www. ssap. com. cn
发　　行 / 市场营销中心（010）59367081　59367083
印　　装 / 三河市东方印刷有限公司

规　　格 / 开 本：787mm × 1092mm　1/16
　　　　　　印 张：14　字 数：208 千字
版　　次 / 2021 年 7 月第 1 版　2021 年 7 月第 1 次印刷
书　　号 / ISBN 978 - 7 - 5201 - 8414 - 4
审 图 号 / GS（2021）2865 号
定　　价 / 98. 00 元

本书如有印装质量问题，请与读者服务中心（010 - 59367028）联系

▲ 版权所有 翻印必究

资产价格波动
对居民财产性收入分配
影响机制研究

STUDY ON
THE MECHANICS OF THE IMPACT OF

ASSET PRICE
FLUCTUATION

ON PROPERTY INCOME

DISTRIBUTION

冯 涛 著

社会科学文献出版社
SOCIAL SCIENCES ACADEMIC PRESS (CHINA)

摘　要

改革开放及市场化发展带来了中国财富的迅猛增长，财产性收入已成为居民收入的重要来源。但是，我国作为新兴市场，资产市场发育不成熟使得资产价格波动颇为剧烈，这种价格波动直接影响居民财富配置状况，从而决定居民财产性收入的分布和收益，居民财产性收入分布的状况会进一步增强收入分配关系的变动。"十二五"规划指出，要提高劳动报酬分配比例，创造条件提高居民财产性收入。因此，如何提高居民财产性收入、改进财富配置状况成为收入分配领域里的热点和难点问题。

本书在对国内外居民财富配置状况进行统计性分析的基础上，首先，建立资产价格波动对居民财富配置的分析框架。基于资产组合理论以及生命周期理论建立消费者资产配置的理论模型，并且根据成熟市场经济国家的经验对这一模型进行验证，结合我国"渐进＋转轨"的特征，分析市场经济发育不成熟、要素市场不完备以及"潜规则"对资源配置的影响，进而揭示转型时期我国资产价格波动的内在机理。其次，对我国资产价格波动对居民财富配置的影响进行分析。通过政府主导型经济模式的分析，概括了转型时期我国资产价格波动的特殊性，以及这种波动对我国居民收入分配制度的影响。再次，运用面板数据回归方法检验了渐进改革、资产价格波动对国民收入的影响以及对居民财产性收入分配的影响，进而验证资产价格波动中财富配置的非对称性。最后，基于城中村改造中的政府、房地产商、居民的利益分配关系，对后改革时期我国居民财富分配的完善和调整进行了研究，从而得出结论和政策建议。

本书的基本结论和创新集中体现在以下六个方面。

（1）通过对中国"新兴＋转轨"经济中的资产价格波动的形成机理和

特性研究，发现中国资产价格的定价机制存在着显著的非市场定价特征，主要原因在于土地要素供给的垄断性和市场交易力量的不对等性（在证券市场和房地产市场上表现尤为显著）以及各种潜规则对资源配置的逆市场化影响。这种操纵性的定价机制对资产价格波动具有显著的强化作用。进而，推进要素市场建设与完善资本市场的基础性制度建设是促进我国资产价格定价机制成熟的基础。这是对资产定价理论结合"新兴＋转轨"经济的突破和发展。

（2）通过对我国近年来资产价格波动的研究，揭示了资产价格变动对国民收入分配的影响机理。在房地产市场上，研究发现，资本收入份额和房价波动有很强的内生强化关系，其影响弹性系数东部地区为 1.06，中部地区为 0.94，西部地区为 - 0.10，这与东部、中部地区资本收入占比较高和房地产投入偏高的现状十分吻合。同时，房地产的高利润又进一步强化了对资本密集型行业和高利润行业的投资冲动，导致了资本收入份额的进一步提高，不但进一步扭曲了资本和劳动的分配关系，而且使得实体经济结构调整和经济增长方式转换陷入了更艰难的困境。因此，抑制房价的过快上涨不但有利于经济结构的调整，而且也有助于优化收入分配结构。在股票市场上，由于发行制度、信息分布等因素的制约，股票价格波动造成居民财富配置不均衡的现象尤为明显。

（3）通过对我国近年来房地产价格过快上涨现象以及股票价格波动的周期性研究，揭示了房价变动和股票价格波动对居民财产性收入影响的非对称性。研究发现，由于市场化改革的差异，房地产价格波动对城镇居民财产性收入的影响要大于农村。从结构上看，高档住宅价格波动对财产性收入的影响强于普通住宅；从不同收入群体居民来看，房地产价格波动对高收入群体的影响程度强于低收入群体，对最低收入群体的影响程度不明显。此外，居民通过出售房产来提升财产性收入在市场程度较高的地区较为明显。因此，房地产价格波动对居民财产性收入的影响呈现非对称性特征。在股票市场上，由于我国特殊的发行、定价、再融资政策使得股票价格波动较剧烈，不同类型的投资者和不同财富规模的投资者信息拥有程度差异较大，从而使得收益呈现非对称性。一方面，在单边上涨或单边下跌的周期中，投资者亏损的幅度要大于收益的幅度；另一方面，机构投资者的收益要大于散户投资者的收益。

（4）通过对资产价格波动的财富效应与居民消费行为的关系进行深入研究，发现资产价格上涨的财富分配效应不均等。城镇居民资产组合中的储蓄和房产的正向财富效应较为明显，农村居民房产的财富效应非常小；股票价格波动的财富效应在城乡之间的效应较小，原因在于人口总量上平滑了不同群体之间的差异性，掩盖了部分群体居民通过价格波动来获取财富的现象；房价和股价的上升对居民消费支出有显著效应，但这种效应在城镇居民和农村居民之间以及资产市场发育程度不同的地区有明显差别。

（5）通过对造成资产价格波动超出其他国家的现象进行揭示，发现政府行为及政策干预效应对资产价格波动起着推波助澜的作用。同样，由于近年来在初次分配中政府收入增长过快，从而抑制了居民财富的增长。因此，充分发挥市场机制的作用，减少政府对资产价格和收入分配的不利影响，有助于居民财富结构的优化和消费水平的提升。

（6）通过对历年来我国城镇化进程中的城中村改造案例分析，揭示了政府、村集体、农村居民和房地产开发商之间的利益博弈关系演变。基于特定的案例，演绎了在新的财政约束和政绩考核的激励下，政府逐步退出土地一级市场开发，村集体和农村居民通过谈判协商来争取财产性收入，最终实现多方博弈的共赢的制度安排。这对后改革时期如何盘活资产市场、消除资产价格过度波动、改进城市和农村资产配置状况具有一定的启发意义。

Abstract

Since the beginning of reform and opening up, China's rapid economic growth has led to continuous increase of wealth. The development of the financial market makes citizens' income property income grow fast. Economic reform has brought factors of production such as land, stock, patent knowledge and so on gradually involved in the distribution of income, resulting in the increasing of property income. Since China's reform following the gradual reform process, subject to the relevant policy influence, the asset price volatility is more obvious than the developed countries. The fluctuation of asset prices directly affects the wealth allocation, so as to determine people's property income level. The "Twelfth Five – Year Plan" points out raising labor distribution ratio, making the condition to improve the residents' property income. Therefore, how to improve the residents' property income, and improve wealth allocation have become hotspot and difficult problems.

This book focuses on the effect of assets price fluctuation on residents' wealth allocation in the transformation period.

Firstly, it compares the household wealth allocation in different countries, then it establishes framework of the impact of asset price fluctuations on residents' wealth allocation. Based on portfolio theory and life cycle theory, it sets up a consumer asset allocation model. According to the international experience of the mature market economy, combined with China's experience in gradual transition, it analyzes the market economy development inadequacy, elements of imperfect market and "hidden rules" impact on resource allocation, analysis asset price fluctuation mechanism of the transition period, so as to establish the analysis framework. Secondly, the book lays on China's asset price fluctuation on residents' wealth distribution effect. By government dominant model of economic analysis, the book summarizes the transformation period of our country asset price fluctuation characteristic, and thus formed a unique system of income distribution, thereby affecting the residents' wealth allocation. Again, the book uses panel data regression analysis of gradual reform, assets price fluctuation on residents' property income distribution effect and wealth effect. Finally, it dwells on the improvement of the distribution of wealth, conclusions and policy recommendations based on the urbanization process.

The basic conclusion and innovation of this book embodied in the following six aspects.

(1) By analyzing fluctuation of asset price formation mechanism and characteristics of China's asset price in "emerging and transitional" periods, the book finds that the pricing mechanism has the remarkable non – market characteristics, main reason depending on land supply monopoly and market forces unequal (particularly remarkable in stock market and real estate market), as well as a variety of hidden rules in resource allocation to the reverse influence of marketing. This manipulation of the pricing mechanism of assets price fluctuation has the remarkable enhancement. Further, advance elements of construction market and the perfection of capital market on the basis of system construction are key factors of promoting our country asset pricing mechanism. This is the breakthrough and development on the asset pricing theory with "emerging and transition" features.

(2) By analyzing real estate prices fluctuation in recent years, the book reveals the influence mechanism of the real estate price fluctuation to the distribution of national income. It finds that capital share of income and price fluctuations have a strong internal strengthening relations, the effect of elastic coefficient of area of the east area 1. 06, mid area 0. 94, the western region – 0. 10, which the east midlands capital income is relatively high and real estate investment at the situation very well. At the same time, real estate high profit further strengthens on

capital – intensive industries and high profit industry investment, leading the capital income share rise further, not only further distortion of the capital and labor allocation relation, but also making the economic structure adjustment and economic growth mode transformation more difficult. Therefore, curb the rapid rise in prices is not only conducive to the adjustment of economic structure, but also help to optimize the structure of income distribution.

(3) It reveals the residents property income asymmetry impact of the house price and stock price volatility. Due to the difference of the market – oriented reforms, real estate price fluctuations on the property income is more obvious in urban residents than rural residents. From a structural point of view, the high – class residential price fluctuations on property income is stronger than ordinary residential; the impact of fluctuations in real estate prices in high – income groups is more obvious than the low – income groups, but less obvious impact on the lowest income groups. Therefore, the real estate price fluctuations on the property income of residents showed asymmetric characteristics. In the stock market, due to special issue, pricing, refinancing policy make the stock price more severe fluctuations. Different types of investors and wealth scale investor own different information, so the income showed asymmetry. The unilateral rise or unilateral down cycle, the magnitude of losses is greater than the magnitude of the gains, on the other hand, institutional investors gains greater than personal investors.

(4) This book also analyzes on wealth effect of assets price fluctuation and consumption behaviors, finding that the rising asset prices effect of wealth distribution inequality. Urban resident savings and real estate portfolio positive wealth effect is more obvious, rural residential real estate wealth effect is rather small. The stock price changes of the wealth effect in urban and rural between most of the cases are not significant; house and share prices rise on residents' consumption expenditure has the remarkable effect, but this effect in urban residents and rural residents as well as the property market development in different regions has obvious difference.

(5) It analyzes the causes of assets price fluctuation beyond other countries,

finding that the government behavior on the volatility of asset prices role is adding fuel to the flames. At the same, because income allocation is more inclining to the government, it blocks growth of wealth of the residents. Therefore, fully playing a role in the market, reducing the government to asset prices and income distribution of adverse effects, contribute to the residents of wealth structure and optimization and consumption upgrade.

(6) Through the analysis of the case of the transformation of villages in China's urbanization process over the years, it reveals the government, villagers and real estate developers interests evolution. Based on the specific case, the subject interpretation of the new fiscal constraints and performance evaluation of incentive, the government gradually withdraws the land market development, then the village collective and rural residents gain more income from property through negotiations and consultations, leading the final multi – game win – win institutional arrangements. How to make an inventory of asset markets, the elimination of excessive asset price fluctuations, and to improve the urban and rural asset allocation is the key point in the post – reform period.

目　录

Contents

第一章 绪论

一 研究背景与意义

改革开放 30 多年来，中国经济高速发展，国民收入不断提高，中国经济实现年均 9.8% 的高速增长率，截至 2011 年我国 GDP 总量为 471564 亿元，经济总量在 2010 年超过日本，位居世界第二。经济的高速增长带来财富的迅速积累。从资产的角度来看，1978 年底城乡居民人民币储蓄存款余额为 211 亿元，2010 年底城乡居民人民币储蓄存款余额达 30.3 万亿元，增长 1435 倍，当然这仅仅是没有考虑价格因素的简单比较。从 2000 年到 2010 年，中国人均财富从 6000 美元增加到 18000 美元，不过距离 2010 年全球人均财富 4.38 万美元还有很大差距①。根据《2011 年中国私人财富报告》的统计，截至 2011 年底，中国个人拥有可供投资的资产总额达 62 万亿元，是同期 GDP 的 1.31 倍；2008 ~ 2010 年中国个人可投资资产规模实现 32% 的年均复合增长率②。另据美林与凯捷公司联合发布的 2011 年《亚太区财富报告》，2010 年亚太地区富裕人士（资产规模达 100 万美元以上）的数目首次超越欧洲，直逼北美。其中中国富裕人士占比达到 16.1%（53.5 万人），财富规模达到 26570 亿美元。就国别来看，美国以 54.6 万亿美元位居第一，日本以 21.0 万亿美元位居第二，中国则位居第三。按照目前的增长速度，中国将于 2015 年达到 35 万亿美元，超过日本位居全球第二。

---

① 瑞信银行 2011 年《全球财富报告》。
② 数据来源于中国建设银行与波士顿咨询公司联合发布的《2011 年中国私人财富报告》。

在财富急剧增长的同时，财富配置的不均等现象仍在加剧。一方面，财富的分配过分集中在企业赢利以及政府财政收入上，集中在资源和资本上，劳动报酬占 GDP 比重近些年不断下降，从 1995 年的 53.4% 下降到 2006 的 41%，随后一直在 40% 左右徘徊。另一方面，城乡居民间财富差距仍在拉大。城乡住户抽样调查资料显示，1988 年我国城乡居民人均总收入之比为 2.19∶1，1995 年上升到 2.72∶1，2002 年该项比值为 3.30∶1，2009 年则上升到 3.66∶1，2011 年该项比值由于农副产品价格和农民工工资的上升而略有下降，为 3.44∶1。居民财富的快速增长以及分配不公的问题日益成为社会关注的热点和焦点。

伴随着中国经济的高速发展，中国资产价格的波动程度也在加剧。这里重点关注股票和房地产这两大市场的价格波动情况。

近几年，我国股票市场波动加剧。图 1-1 给出了 1995 年以来上证综合指数变化情况。总体上看，在 2005 年以前，我国股票市场的价格指数呈"倒 U"形走势，具体可以分为 2000 年以前股指的向上攀升和 2000~2005 年的周期性下挫，从股指水平来看在 1000~2000 点之间波动。2005 年股权分置改革带来了我国股指的巨幅攀升，上证综指与深证成指在 2007 年达到历史最高点。随后在内部宏观调控和外部金融危机的影响下，以中国石油回归 A 股市场、中国平安再融资为标志事件，掀起了 A 股市场的短期下挫。仅仅一年时间，我国上证综指从最高的 6124 点跌到 1664 点，整个 2008 年我国上证综指最高跌幅达 72.8%，90% 以上的投资者亏损，2007~2008 年我国股市跌幅位居全球第三。在全球联手应对金融危机的背景下，为防止经济下滑，我国推出"四万亿经济刺激计划"，大批流动性资金通过地下钱庄、虚假贸易等途径流入股票市场和房地产市场，2009 年我国股票市场探底回升，上证综指一年间从 1664 点恢复至 3126 点，恢复至金融危机前的一半水平，于 2009 年 8 月 4 日达到了金融危机以来的新高，报收于 3478 点。2010~2011 年我国股票市场在宏观调控的背景下又形成大幅下挫的走势，2010 年全年沪指跌幅达 14.31%，2011 年我国沪指跌幅更是高达 21.68%，股指重新回归到十年前的原点，与中国"入世"十年来的经济高速增长格局出现了严重背离。

再来看近年来流动性扩张下的房地产价格波动，图 1-2 给出了 2000~

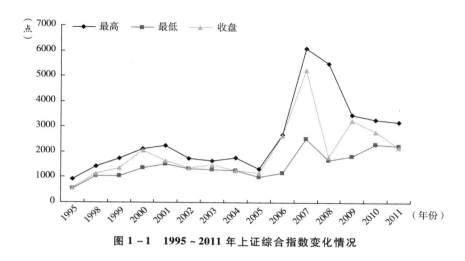

图 1 - 1　1995～2011 年上证综合指数变化情况

2010 年我国新房和二手房价格变动情况。从整体上看，全国住宅销售价格指数在这十年间变化巨大。自 1998 年启动住房改革以来，我国房地产价格不断攀升，1998～2005 年我国新房价格指数不断上涨，增幅也逐渐扩大，从 2000 年初的 2% 逐渐扩大到了 2004 年同比 10% 的涨幅。二手房价格指数的涨幅要大于新房价格指数，在 2004 年以前维持在 5% 左右，2004 年同比价格增幅则达 15% 以上。2005～2006 年的两年中，无论是新房还是二手房价格指数都出现增幅趋缓的现象，同比增长在 8% 以下。这一趋势在 2007 年被打破，2007 年我国房地产市场活跃、投资高涨，房价和地价轮番飙升，新房和二手房价格指数同比上涨在 12% 左右。随后房地产调控实施更为严厉，再加上 2008 年爆发的金融危机使得房地产投资下滑，房价随后出现下挫。新房和二手房价格指数同比增幅下滑，甚至在 2009 年初出现负增长，为近十年来之罕见。随着"四万亿救市政策"的推出，房地产价格迅速恢复上涨，2007 年的增长态势在 2009～2010 年重新上演，并且愈演愈烈。为了防止房地产价格泡沫破裂给宏观经济带来的危害，2010 年我国实施新一轮的房地产价格调控，房地产价格上涨趋势趋缓，至 2011 年底，全国房价回落趋势显现。不过由于经济放缓，随着 2012 年我国宏观政策的微调，房地产价格回暖的势头逐渐显现。由此可见，我国房地产价格波动尤为明显，尤其是近五年时间，房地产价格在政策的干预下一改过去增幅不断攀升的局面，出现了数次上下波动。

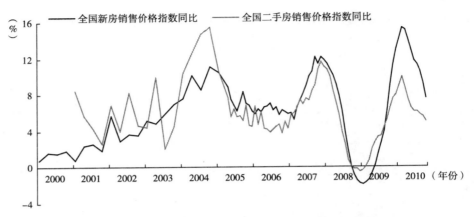

图 1 - 2 2000 ~ 2010 年我国新房和二手房价格变动情况

资料来源：国家统计局。

如果以更宽的视角来看待我国的资产价格波动，可以有一个更加清晰的认识。在过去的五六年间，全球金融市场发生了剧烈动荡，2008 年的全球金融危机使得全球的资产价格深幅调整，尤其以美国的房地产为代表，股票市场、债券市场、外汇市场以及其他大宗商品市场均出现大幅调整。与以往金融危机不同，此次金融危机发源于美国为首的发达国家，比较而言，新兴市场经济体受到的影响相对较小，因此资金逐渐流入新兴经济体，这些国家的资产市场率先在金融危机后上扬，随即发达国家在联手应对危机的资金刺激之下出现恢复性上涨。在金融危机后短短的一年内，全球资产价格恢复上涨，这种上涨是在大量货币投放的前提下实现的，必然埋下通胀的种子。2009 年以后，全球市场冷热不均，美国在次贷危机后金融市场恢复上升，而欧洲在刺激政策后的债务问题愈演愈烈，中国在宏观调控措施下资产市场开始降温，从 2010 年中期以来，资产市场回落。以中国股市为代表的金融市场的价格大幅度回调，已经回调到接近 2008 年市场底部的区域。表 1 - 1 给出了 2001 年以来主要国家和地区股票市场变动情况。在过去的十年中，中国股票市场偏弱的年份居多。可以看出，尽管全球主要股指在 2001 ~ 2002 年、2008 年及 2011 年都大幅下挫，然而波动的范围大有不同。中国沪指在 2006 年的涨幅远高于其他股指，而 2008 年和 2011 年的跌幅也远高于其他股指，可见中国股指波动幅度之大。

表 1 - 1　2001 ~ 2011 年世界主要股指变动情况

单位:%

年份	中国沪指	美国 道琼斯	伦敦金融 时报	日经 225	法兰克福 DAX	巴黎 CAC	香港恒生
2001	- 20. 62	- 20. 62	- 18. 23	- 23. 52	- 17. 39	- 21. 97	- 24. 50
2002	- 17. 51	- 17. 75	- 25. 19	- 16. 67	- 44. 50	- 34. 40	- 18. 89
2003	10. 26	24. 98	13. 46	24. 45	39. 30	15. 19	29. 66
2004	- 15. 40	3. 31	7. 67	7. 61	7. 34	7. 59	13. 15
2005	- 8. 33	0. 61	16. 38	40. 24	26. 74	23. 42	4. 54
2006	130. 43	16. 29	10. 71	6. 92	21. 04	16. 55	34. 20
2007	96. 66	7. 24	3. 99	- 11. 13	21. 94	0. 99	37. 09
2008	- 65. 39	- 33. 84	- 31. 33	- 42. 15	- 40. 37	- 42. 70	- 48. 27
2009	79. 98	18. 82	22. 07	19. 04	23. 85	22. 32	52. 02
2010	- 14. 31	11. 02	9. 00	- 3. 28	16. 06	- 3. 84	5. 32
2011	- 21. 68	5. 53	- 5. 55	- 17. 10	- 14. 69	- 16. 95	- 19. 97

资料来源：李幛喆：《中国股市发展报告·2011 年》，中国经济出版社，2011。

资产价格波动的原因有多种，经济周期、政策变化和重大事件都会带来资产价格的波动。资产价格的波动同时带来财富的重新分配，因为不同的财富配置在危机来临时可能是灾难，也可能是机会。与发达经济国家不同，我国财富的迅速积累与改革开放密切相关。改革的深入使得要素市场不断发育成长。以房地产市场、股票市场为代表的资产市场的成长给居民财富带来了新的配置渠道，同时也使居民的财富结构发生了非常大的变化，原有的纯粹依靠储蓄存款的形式日益多元化。随着证券市场规模的扩大，居民购买证券、基金等金融资产的比例大大提高。1998 年房改之后，我国房地产市场伴随城市化进程呈现了快速发展的势头，部分居民的房产财富迅速增加。对于不同收入群体而言，掌握着大量房产和股票的居民比其他人拥有更多的市场信息，容易在变化的资产市场中获利；而对于中低收入群体而言，除了劳动收入外，其他收入渠道狭窄，收入处于缓慢的增长阶段。此外，由于资产市场特别是房地产价格的不断上涨，中低收入群体在获得房产方面付出的成本愈加高昂，使得收入差距悬殊问题愈演愈烈。

由此看来，资产市场结构、宏观政策调整、资产价格波动给居民收入分配带来的影响越来越重要。为什么中国资产价格波动超过其他国家？资产价格波动如何影响居民的财富配置？财富的不同配置又如何影响居民的收入分配关系？把握上述问题的内在联系需要从新的视角进行解读。

　　从现有研究来看，单独研究资产价格波动的文献和研究收入分配的文献相对较多，然而研究资产价格波动与收入分配关系的文献十分有限，具体到资产价格波动与居民财富配置行为的研究就更为稀少。人们关注资产价格的波动，一般从波动的动因、对宏观经济运行的影响等视角出发。收入分配领域的研究大多是有关经济发展与收入差距的关系，少有文献探讨资产价格波动对收入分配的影响，更何况对财产性收入问题的关注，这在收入分配领域也是刚刚起步。事实上，随着经济的发展，金融资产和房地产在居民财富中的占比将日趋上升，金融资产和房地产价格的波动将直接影响到居民财产性收入的净值，并且对不同地区、不同收入状况的居民的影响程度也大不相同。因此，资产价格波动事实上起到了对居民财产性收入的再分配作用。根据国务院"十二五"规划，我国将坚持和完善按劳分配为主体、多种分配方式并存的分配制度，逐步形成更加合理的收入分配格局，同时不断提高居民收入在国民收入中的比重，增加居民劳动收入在初次分配中的比重，提升居民财产性收入。所以研究资产价格波动对居民财产性收入分配的影响，具有重大的理论和现实意义。

二　概念界定和研究思路

（一）相关概念界定

1. 资产

　　在财务学中，资产是指"人们通过过去的交易所形成的、实际拥有或者控制的资源，这种资源能给经济主体带来经济利益"①。在经济学中，资产是指"经济主体根据其对收益和风险的主观偏好或客观需要，

---

① 财政部《企业会计制度》。

构建持有财富的组合"。

　　Bertaut 和 Starr-McCluer（2000）的研究将美国家庭投资组合中的金融资产分为两类：低风险金融资产和风险性金融资产。风险性金融资产主要包括股票（直接持有）、共同基金持有股票（不包括货币市场共同基金）、公司债券、信托和管理资产、外国债券、贷款担保债券以及其他金融资产。低风险金融资产主要包括实业投资和投资性房产。表 1 - 2 给出了金融资产和非金融资产所包含的产品种类。

表 1 - 2　国外居民资产负债类别

金融资产	非金融资产
流动账户（支票、储蓄、货币市场存款账户）	住宅
存单（定期）	房地产投资
政府公债	企业股权（私人所有）
其他债券（包括公司和外国债券）	其他（如交通和娱乐工具、工艺品、古董、家具、收藏品）
股票	
共同基金（不包括货币市场基金）	
退休账户	
人寿保险货币价值	
信托及其他托管资产	
其他金融资产（如版权、期货合约）	

2. 财产性收入

　　财产性收入是指一定时点人们拥有资产的货币净值。按照国家统计局城镇住户调查方案的定义，财产性收入包括通过动产（银行储蓄存款、有价证券等）、不动产（土地、房屋等）交易所获得的收入，具体的形态有利息、租金、专利收入、红利收入、财产增值收益等[①]。随着

[①]　值得一提的是，国家统计局对财产性收入的调查口径在 2002 年前后有所差别。在 2002 年以前的调查中，财产性收入包括利息、红利、其他财产租金收入。从 2002 年开始，财产性收入包括利息收入、股息与红利收入、保险收益、其他投资收入、出租房屋收入、知识产权收入、其他财产性收入七类。

居民可投资范围的扩大，财产性收入又可以扩展到以下几种：基金、债券、外汇、收藏品估值、现金、股票、理财产品、银行存款、自有住房市值以及做生意占用资金所带来的收入。

对财产性收入的度量，有两种方法：一种是存量观点，指居民每年拥有的财产按照货币度量的价值；另一种是流量观点，亦即居民用货币度量的财产性收入现值。就存量而言，财产性收入可以分为金融资产和非金融资产（主要为房地产财富）。金融净财富，即金融净值，等于金融资产扣除金融负债后的净额。家庭净财富等于金融净财富加上房地产财富减去房地产抵押贷款（买房借款）。城镇居民家庭的实物财产种类相对多元化，有洗衣机、电视机、移动电话、自行车、家用汽车、金银珠宝、房屋等。表1-3给出了我国居民家庭资产的分类与明细，对比表1-2可以看出，在具体的产品类型上国内外资产范围不尽相同，在不同产品上的参与程度也相差甚远，这会在本书的国际比较部分进行详细分析。

表1-3　我国居民家庭资产分类

金融资产	实物资产
现金、银行存款	住宅
黄金、外汇	房地产投资（非住宅）
有价证券（直接持有债券、股票等）	收藏品
基金、理财产品（间接持有债券、股票等有价证券）	其他（如交通娱乐工具、家具、工艺品等耐用品）
借出款	企业股权
住房公积金	
养老金	
保险金	
其他金融资产（如版税、期货等）	

3. 资产价格

由于资产价格波动带来财富的升值或者贬值，因此，资产价格无疑是本书关注的核心概念。本书重点关注股票、房产、土地等几大要素，而土地和房产结合起来实际上就是房地产的价格。储蓄资产在居民金融财富中占比较大，不过居民出于预防性储蓄的需要，比较收益性，居民更多关注的是储蓄资产的安全性，而对利率（资金价格）变动相对不敏感。因此本书讨论资产价格，主要集中在两种资产上，即权益（Equity）和财产（Property）。前者主要指股票，后者主要指房地产。根据国际经验，尤其是美国和 OECD 发达国家，房地产和股票占到居民资产结构中大部分比例，其中住房接近 2/3，居民通过直接或间接渠道参与股市比例占到全部居民的 1/2，这两种资产成为居民财富的主要形式。从价格来看，股票和房地产价格波动剧烈，对居民财富净值的影响程度较大，因此成为研究资产价格波动的主要对象。

4. 财富效应与财富配置效应

"财富效应"进入经济学家的视野，源于 Modigliani（1972）的研究。一般来说，家庭的消费不仅仅和收入相关，而且和诸如房地产、股票等资产相关。当资产价格上升时，即便居民的工薪收入没有发生变化，在资产升值的驱使下，消费也有可能增加，这种效应称为财富效应。从中可以看出，财富效应一般多从宏观视角观察，是指居民的财富总量和结构变化对社会投资、消费及经济增长等宏观指标带来的影响。

财富配置效应既有宏观因素影响又有微观因素影响。宏观因素主要指利率、税率、汇率、价格及交易成本等因素对居民财富配置选择的影响，微观因素主要指居民个人偏好、财富初始禀赋、人力资本构成及生命周期等因素对居民财富配置选择的影响。综合这些影响，财富配置会发生怎样的变化，财富结构和财富分布状况的变化如何影响社会财富分配关系的变动，而这种变动又如何进一步间接影响社会宏观经济结构（诸如消费、投资、价格等）的变动，这些问题无疑构成了财富配置效应研究的内容。出于本书的宗旨，本书更加关注对财富配置效应的研究。

（二）研究思路与方法

1. 研究思路

基于上述背景的分析，本书研究转型时期资产价格波动对居民财产性收入分配的影响。对这一问题的认识需要着重解决三个问题：首先是资产价格波动的机制及影响因素。我国资产市场的特征是什么？资产价格是如何波动的？资产价格波动的程度如何？与发达国家相比，我国资产价格波动的异同点是什么？其次是影响居民财产性收入分配的渠道。国外发达国家居民是如何配置财富的？我国居民财富配置与发达国家在财富配置上有什么相同点和不同点？最后是资产价格波动对居民财富分配的影响机理。资产价格波动是如何影响居民财富配置的？其直接渠道和间接渠道是什么？在这三个问题研究的基础上，为改进资产市场及其定价机制以及完善收入分配提出相应的政策建议。

　　一般来说，影响财产性收入分配的因素也可以分为市场因素、制度和政策因素、要素禀赋因素等。经济学界对要素禀赋和经济发展关系的关注由来已久，基于要素禀赋基础上的比较优势是一国经济发展的基本条件，初始禀赋的差异对一个人获取财富的程度具有较大的影响；而制度结构不同和政策干预带来的资产价格波动在转型经济体中比较明显，同样，政策和制度对财产性收入分配的影响也不容忽视。除了要素禀赋，获取信息能力的差异也是影响财富分布的重要因素。金融的核心是信息配置，基于信息的易变性和传递的边际成本近似为零的特性，获取信息的渠道和非均等性是资本价格波动和收益的诱因。与现有文献不同，本书在探讨资产价格波动和居民收入分配的变动关系时，会更加关注市场和政策的双重力量对资产价格波动的影响，以及这种波动是如何拉大收入分配差距的。

2. 研究方法和数据来源

（1）研究方法

　　根据本书的研究目标，在分章节的研究中将采用构建数理模型、描述统计分析、进行实证检验、案例分析等方法。

　　随着资产组合理论的发展，研究资产价格波动的模型也日渐丰富，本书对经典的资产组合理论模型进行修正，引入渐进改革的因素，对房地产和股票价格波动进行建模分析，同时建立居民财富配置的模型，将影响居民财富配置的因素引入模型中，更加清晰地揭示相应机理。近年来，随着统计体系的完善，从实证角度研究资产价格波动和居民资产价格波动的条件日益具备。我们将大量借助计量经济学中的面板数据回归模型、联立方程、协整分析、单位根检验和向量误差回归模型等计量方法。在实证研究的基础上，针对近些年在部分城市出现的改革新措施，本书结合案例研究的方法，对其进行进一步的分析。

（2）数据来源

本书借助大量的数据资料，数据来源有国泰安数据库、CCER 数据库、威盛数据库、中国社会科学院历次住户调查数据（CHIPS）（1988年、1995 年、2002 年）、国内外有关研究机构出版的财富报告，以及统计局出版的其他相关统计年鉴，如《中国价格及城镇居民收支调查》《中国房地产统计年鉴》《中国统计年鉴》《中国城市（镇）生活与价格年鉴》等。本书数据主要来自中国资讯行高校财经数据库、中宏网、国泰安数据库。

三　研究结构与框架

本书共十二章。第一章绪论部分介绍研究背景与意义，对基本概念做出界定，综述本书的研究思路和方法。第二章回顾资产价格波动与居民财富配置的国内外文献。第三章和第四章为统计分析部分。第三章对代表国家资产价格波动情况和居民财富配置情况进行比较，第四章则分析我国资产价格波动与居民财富配置情况。第五章在大量统计描述的基础上，建立资产价格波动与居民财产性收入分配影响的分析框架。第六章至第十章为实证分析部分，分别对资产价格波动对投资和消费的影响分房地产、股票、储蓄等市场进行研究。第六章研究房地产价格与国民收入的互动性，第七章分析房地产价格波动对居民财产性收入分配的非对称性影响，第八章研究股票价格波动对财产性收入的非对称性，第九章研究股票价格波动对储蓄转移的消费效应，第十章分析资产价格波动对财富效应的混合效应。第十一章为案例分析，以石家庄城中村改造为例，研究后改革时期资产价格与居民财富配置的关系演变。第十二章是结论与政策建议部分，对本书的创新点进行总结。

本书的研究结构见图 1－3。

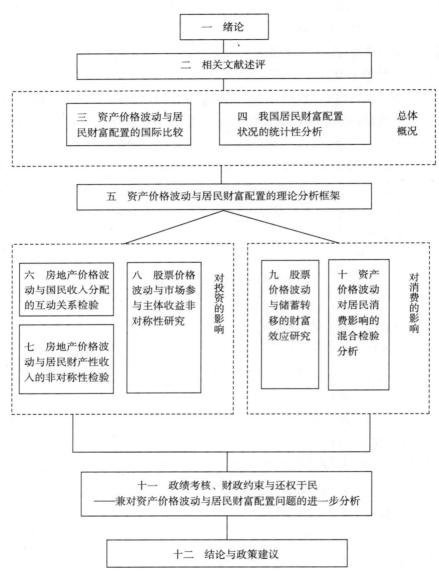

图1-3 本书的研究结构

第二章　相关文献述评

一　资产价格波动的相关研究

资产定价理论是现代金融理论的重要支柱，主要解释不确定条件下未来支付的资产价格或者价值。目前存在着两大类资产定价方法，通常称为均衡定价与套利定价。均衡定价法企图找出隐藏在价格背后的风险来源，主要分析影响经济结构的宏观变量，如消费者的消费偏好、投资者的效用函数、政府的经济政策等。套利定价法现已成为资产定价理论的重要框架之一。在不存在套利机会的无摩擦市场里，当市场均衡时，资产价格与其未来收益一定存在某种必然的内在联系，即定价规律。

自 20 世纪 50 年代中期以来，公司金融理论得到长足发展。公司金融的核心在于资产定价，而资产定价的核心是如何度量风险。Markowitz（1952）、Tobin（1958）、Sharpe（1964）的贡献在于通过运用均值 – 方差模型实现了对资产收益和风险关系的度量。不过后来人们发现，这一理论和现实有着较大的偏离，特别是马克维茨定价理论假定风险呈正态分布，然而在现实中风险通常呈"尖峰厚尾"形分布。此外，Mehra 和 Prescott（1985）提出的股票溢价之谜以及 Hall（1978）和 Browning 等（1987）发现的消费平滑之谜对传统的资产定价理论提出挑战。人们发现，资产的定价不仅取决于资产收益和市场风险，同时受投资者行为的影响。以 Merton（1969）为代表的研究，开创了大量关于最优跨期资产配置的理论与实证研究，他将消费引入资产定价模型，称之为消费资本资产定价模型（CCAPM）[①]。消费资本资产定价模型的发

[①]　关于消费资本资产定价模型的系统介绍，可参见陈彦斌《行为资产定价理论》，中国人民大学出版社，2006。

展，将经济学和金融学有机地结合起来，微观经济学中的分析范式被大量引入资产定价中，使得理论与实践的契合程度越来越高，家庭金融和公司金融成为金融领域的两个重要分支。

McCarthy（2002）对住户资产配置的理论研究做了一个很好的综述。他从实证研究入手，回顾了 2000 年以前代表国家居民资产配置的状况，并且根据年龄和财富状况进行讨论。此外，他在回顾资产配置理论的同时，对影响财富配置的其他因素，诸如不完美市场、偏好以及家庭财富的初始禀赋进行了讨论。王培辉（2010）运用平滑转移向量误差修正模型讨论了产出、消费者价格、货币和股票价格之间的关系，实证结果显示，货币冲击对股票价格产生非对称性影响。下面将对这方面的文献进行分类介绍。

（一）资产价格影响实际经济的渠道

资产价格的大幅波动能够对一国宏观经济和金融的稳定带来巨大的影响，大致可以从消费、投资、产出、通货膨胀水平以及中央银行货币政策反应等方面进行分析。Mishkin（2001）从企业和家庭两个维度研究股票价格对实体经济的影响，股票价格的波动通过托宾 q 和资产负债表效应来影响企业，通过财富效应影响家庭的消费和资产流动性。房地产价格波动主要影响家庭的住房支出以及直接影响银行资产负债表从而影响宏观经济。Chirinko 等（2004）的研究表明，配置渠道较之配置效应对于这一问题更加重要。以股票为例，股价上涨可能通过资产负债表渠道和股票融资渠道刺激投资支出，宏观上 GDP 会因为巨大的调整成本而降低，从而引起特定部门的投资下降。随后的实证研究表明，资产价格冲击的效应在不同国家表现迥异，这种差异与一国的金融结构紧密相关。此外，货币政策仅对股票价格冲击做出了反应，对房地产价格冲击的反应较弱。Altissimo 等（2005）的研究表明，除了托宾 q 和资产负债表效应，股票价格通过信心渠道来影响实体经济，比较而言房地产价格对投资的作用则体现在托宾 q 效应上。

何德旭、饶明（2010）通过构建资产价格的局部均衡分析模型和 IS – LM 扩展模型研究了资产价格波动对实体经济波动的影响，基于时间序列实证分析方法发现资产价格波动与经济波动之间存在正相关关系。

（二） 资产价格对消费的影响——资产财富效应研究

"财富效应"进入经济学家的视野，源于 Dreze 和 Modigliani （1972） 的研究。一般来说，家庭的消费不仅和收入相关，而且和诸如房地产、股票等资产相关。当资产价格上升时，即便居民的工薪收入没有发生变化，在资产升值的驱使下，消费也有可能增加，这种效应称为财富效应。自财富效应概念提出后，人们开始用不同国家的数据进行验证。下面我们对国内外近期相关文献进行述评。

对财富效应的研究可以溯源到凯恩斯的经典著作《通论》，他对货币政策和经济稳定的研究涉及财富效应。从凯恩斯的绝对收入理论到弗里德曼的永久收入假说，再到莫迪格里安尼的生命周期理论，以及霍尔的随机游走消费理论、迪顿的流动性约束消费理论等，经济学家不断对收入消费模型进行修正，以求解释居民的经济行为。在消费理论的支撑下，国外实证文献集中在验证消费和收入之间的关系、消费的跨期动态以及税收和遗产问题等几个方面，如 Antonia Diaz 等 （2003）。此外，人们把市场的完备性和财富分配相结合，考察不完全市场的财富分配均衡机制 （Wang Neng，2007；Carl Chiarella et al.，2006）。就房地产而言，房地产所有权以及价格波动的财富效应是文献研究的重点。Alexander Ludwig 和 Torsten Slok （2002） 利用 16 个 OECD 国家的数据分析了房地产和股票价格波动对消费的影响。从机制上讲，资产价格变动对消费的影响在市场导向型金融体系的国家效应较大，股票价格波动的财富效应大于房地产价格变动。进一步，Turner 和 Luea （2009） 使用 Panel Study of Income Dynamics （PSID） 数据研究了 1994 年、1999 年和 2001 年房地产价格变动对住宅拥有者财富积累的影响。研究发现，房屋拥有者净财产年均增长 1.37 万美元；高收入房屋拥有者的财产增加净值要高于低收入房屋拥有者。Bostic 等 （2009） 运用消费金融和消费支出调查数据 （Survey of Consumer Finance and the Consumer Expenditure Survey） 验证金融和房地产价格波动的财富效应，他们发现 1989~2001 年房地产价格变动的财富效应弹性为 0.06，高于金融财富效应弹性 （0.02）。

近年来，随着房地产市场的发展，国内对房地产的研究也多了起来。

从研究的视角来看，主要集中在分析房地产的波动程度、波动原因和宏观经济影响等几个方面。史永东、陈日清（2008）运用随机最优控制模型分析房地产价格决定因素，通过分析他们发现，较之其他因素，在居民的适应性预期作用下，房地产自身价格变动冲击是房地产价格上升的主要因素。张涛等（2008）从政府控制土地供应的角度探讨居民购房意愿和房地产泡沫的关系，发现政府加大公共基础设施投入可以提高居民的购房支付意愿。沈悦、刘洪玉（2004）运用1995~2002年14个城市的数据验证了经济基本面和房地产价格的关系，实证结果显示，由于投机的影响，2000年后房地产价格和经济基本面的均衡关系发生变化。类似的研究还有刘莉亚、苏毅（2005），不过他们以上海的房地产价格为例。杨朝军、廖士光（2005）关注批租制度下中国土地的投资价值，认为不完备产权制度下中国地产高度依赖宏观经济运行状况，仅有使用权没有办法保证房产投资的增值收益。张晓晶、孙涛（2006）分析了房地产价格上升可能给金融稳定带来的潜在影响，包括银行信贷风险暴露、政府担保和信用错配等问题。

尽管财产是反映居民收入水平的重要形态，但是现有文献对居民财产性收入的关注并不多，原因在于《宪法》修订之前，法律对居民财产的界定和承认不足，再加上居民财产大幅增加也只是最近十多年的事情。所以，一般对中国问题的关注主要是依据消费理论对中国居民的储蓄和消费问题进行研究。早期对居民财产性收入进行研究的文献有赵人伟等（1994，1999）、李实等（2000）。他们利用中国社会科学院中国居民收入分配课题的调研数据对城镇居民财产构成进行折算，并进行分解来测算财产收入差距，得出财产性收入比收入分配更加不均等的结论。这一结论在随后的研究中，增加了2002年的调研数据（李实等，2005）。不同的是，2005年的研究补充了城乡之间的财产性收入差距。Li Shi and Zhao Renwei（2007）关注到渐进改革对居民财产分布的影响，尤其是改革过程中的寻租、腐败和行业收入差距的因素。Xin Meng（2007）利用CHIPS数据研究中国农村地区的财富分配演进情况，研究发现农村居民财富增长来自非储蓄渠道，高收入群体的财富增长大于低收入群体。值得一提的是，上述研究都是利用中国社会科学院的三次调研数据得出的。国家统计局城市司、广东调查总队课题组（2009）对2002~2007年我国城镇居民家庭财产进行了测算，并对影响居民财产性收入的原因进行了实证分析，研究发现财产性收入增长的非对称性。基于国外研究的示范作用，国内学者积极利用中国的数据对财富效应进行检验。由于中国住户数据调查从 1988 年开始至今进行了 3 次，因此已有不少文献利用微观数据探讨城乡居民收入差距的大小和决定因素。对居民消费行为的研究则大多从消费理论出发，较少纳入资产结构的财富效应。宋勃（2007）运用误差修正模型和格兰杰因果检验探讨了 1998~2006 年我国通货膨胀率、房屋价格指数、土地交易价格和居民消费价格之间的关系，虽然从中得出房地产价格的财富效应，但是没有比较区域效应的差异。骆祚炎（2007）比较了城镇居民金融资产与不动产财富效应的大小，通过利用 1985~2005 年的年度数据，得出不动产财富效应大于金融资产财富效应的结论，然而对造成差异的原因探讨缺乏进一步的实证研究。刘建江（2007）根据《中国统计年鉴》的相关数据检验了房地产和储蓄的财富效应，他用投资额代表房地产财富，用储蓄、股票流通市值和国债代表金融资产，回归结果显示，房地产的财富效应为 -0.29，储蓄的财富效应为 0.40，股票的财富效应为 -0.02。唐绍祥等（2008）检验了股价的财富效应，通过运用分布滞后模型和状态空间模型，他们发现股票市场的财富效应为 -0.031~0.012。陈强、叶阿忠（2009）运用单位根和协整方法检验股价波动与居民消费的关系。检验结果显示，尽管股价波动对居民消费的影响较为明显，然而效应的大小取决于股市收益、经济风险和消费者风险偏好等因素。

尹志超、甘犁（2009）运用 CHNS 数据检验了住房改革对居民耐用消费品的影响，住房制度的改革使得家庭在耐用消费品上优先选择必需的耐用品，然后扩展到其他耐用品，这种财富效应提高了家庭效用水平，从而有力地增进了社会福利。

（三）资产价格对投资的影响——托宾 q 效应研究

一般来看，资产价格对投资的作用主要体现在托宾 q 效应上。以房地产为例，当公司建造更多的房屋有利可图时，房屋的供给会增加，伴随着房屋价格的升高，房屋投资会进一步增加。Laurence Boone 等（2001）的研究发现，比利时、丹麦、荷兰和西班牙在 1980~1999 年期间住房投资与实际住房价格间的正相关系数在 0.8 以上，对于其他国家而言，托宾 q 与私人住房投资的长期关系并不确定。Barot 和 Yang（2002）研究了瑞典和英国的住房价格和住房投资，格兰杰因果检验结果证明托宾 q 是住房投资的 Granger 原因，进一步研究发现，在英国，托宾 q 短期是显著的。对于股票而言，股票价格的变化意味着公司投资的股权融资成本的变化，因此股票价格应该反映未来现金流贴现值所决定的公司价值以及关于公司的所有可获得的信息。Blanchard、Rhee 和 Summers（1993）的研究区分了股票的基础价值和市场价值，研究发现给定基础价值，股票市场价值的变化对投资的影响作用非常小。Chirinko 和 Schaller（2001）采用托宾 q 投资模型证实了日本 20 世纪 80 年代后期存在泡沫现象，股票价格的上涨确实影响了企业的实际投资。

二　影响居民财富配置的相关研究

就目前而言，理论界对家庭资产配置的研究从内因和外因两个角度出发，外因主要包括利率、汇率、大宗商品价格的变动对居民资产选择和配置的影响，内因主要从居民的收入、偏好、教育背景、年龄等角度来考察其资产选择行为。接下来我们选取代表性文献从内因和外因两个角度进行述评。

（一）影响资产配置的内因方面

1. 生命周期理论

对家庭财富配置研究的模型研究，主要借鉴微观经济学中消费理论的分析工具，尤其是生命周期理论，代表性的研究有 Gervais 等（2002）、Robert Martin（2003）。新近的研究扩展了不同类型的财富和消费者的偏好，将住房等非金融资产考虑在内，并且将租房者和购房者的行为进行区分，使得模型设计更加贴近现实（Yang Fang，2009）。

Bodie、Merton 和 Samuelson（1992）引入生命周期模型来解释投资者的最优投资和消费决策。Yao Rui 等（2005）认为，房地产价格波动对不同投资者群体消费和福利的影响不同，年轻无房一族和年老有房者对住房价格变动较为敏感，房地产价格上升能够增加中老年有房者的净资产，但是要区分自有住房和投资住房。Emmanuel Farhi 和 Stavros Panageas（2007）通过最优消费和资产组合理论模型来分析退休时间的选择与储蓄、股市参与之间的关系，结果发现退休时间提前能够减少相对有效风险规避行为，提升股市参与度。Claudio Campanale（2007）的研究运用生命周期资产配置模型来探讨不同投资者和财富配置的差异性问题。

从实证文献来看，早期文献主要运用截面数据来分析不同投资者的特征与资源配置之间的关系，随着计量方法的发展和数据的逐渐完备，越来越多的学者采用面板数据来进行实证检验。Heaton 和 Lucas（2000）的研究发现，家庭金融财富中投资股票的比例随着居民工作生涯的发展不断上升，一直维持到退休，之后呈现下降趋势。Flavin 和 Yamashita（2002）探讨不同年龄投资者行为的差异，对于年轻家庭而言，出于偿还住房贷款或者投资技能的缺乏，往往投资于安全性比较高的资产；对比而言，年长的家庭由于房产占比下降，因此在扣除健康保险和风险支出等因素后，偏好投资股票来获得收益。Holden 和 Vanderhei（2003）根据 1996～2003 年"401（k）计划"参与者的统计数据来研究退休账户资产配置情况，结果发现退休账户中用于配置股票的比例跟年龄负相关。Sunden 等（2003）则运用美国 20 世纪 90 年代"401（k）计划"统计的近 7000 个数据来观察投资者的年龄效应，发现年龄和直接投资股票的负相关效应。从性别来看，男性投资股票和交易的频率要高于女性。Tokuo Iwaisako（2003）根据日本家庭持股情况与欧美国家进行对比，同样发现股票持有与年龄的驼峰特征，不过持有股票在生命周期内呈平坦分布。

2. 企业家精神

作为投资者禀赋的一种，企业家精神同样对资产选择有一定影响。John Heaton 和 Deborah Lucas（2000）通过税收模型来研究企业家精神和资产选择之间的关系。通过结合 SCF 的调查数据，他们发现经商收入的住户持股比例要少于其他住户，涵盖财产收入的资产定价模型的解释力要优于考虑工资收入的资产定价模型。William Gentry 和 Glenn Hubbard（2004）针对企业家精神、居民储蓄和财富积累之间的关系，运用 SCF 数据进行实证研究，发现企业家精神对居民持有财富增长性资产有激励作用，这种激励效应并不受居民年龄的影响。

3. 偏好

研究发现，背景风险会影响家庭对股票的持有。Arrondel（2000）的研究以法国数据为基础，发现工资与收入风险之间存在微弱的关系。Eeckhoudt 和 Gollier（2001）的研究表明，如果工资收入与股票紧密相关，那么投资者将会减少持有股票。Annette Vissing – Jorgensen（2002）实证指出，具有高背景风险的家庭一般不会直接参与股市，因此持有股票相对较少。Jermann（2002）通过建立一个一般均衡模型来研究跨国财富配置问题，该模型包括劳动力供给和消费内生决定因素，研究解释了投资者本土偏好问题。Viktoria Hnatkovska（2010）分析了投资者股票投资的本土偏好和国际资本流动的交易频繁之谜，认为正是由于一国生产贸易品和非贸易品的特定性，使得消费品的偏好不可分，以及资产市场不完备。任何本土偏好和国际资本流动均来自生产率变动带来的相对价格的变化，但是衡量贸易效应的方差影响了外国资产的套利能力，因此导致多样化程度不足。这对于理解投资的本土偏好和国际资本的交易频繁具有重要的意义。

汪红驹和张慧莲（2006）选取 2001～2005 年的数据，运用最优资产选择模型，模拟通货膨胀、股市收益率、利率等因素对储蓄存款的影响，结论获得一定的支持。陈学彬、傅东升和葛成杰（2006）探讨了居民消费投资行为的基本特征与实践偏好、风险厌恶以及股票投资风险之间的关系。

4. 人力资本

Bertaut 和 Starr – McCluer（2000）的研究分析了投资者年龄、职业、教育背景等因素对金融资产选择的影响。Guiso 和 Jappelli（1996）的研究证明了金融资产在总资产中占比的变化情况，比较而言，富裕家庭倾向于投资风险资产，风险资产和财富之间存在较大关联。Barber 和 Odean（2001）强调了不同因素对家庭资产选择决策的影响。Lucy Ackert，Bryan Church 和 Basil Englis（2002）研究财富、性别、年龄等因素对资产组合的影响，结果仅仅发现年龄对资产组合存在一定相关关系。Faig 和 Shum（2006）运用 SCF 调查 1992～2000 年的数据，发现家庭持有股票的决策受年龄、投资期限等因素的限制。Farhi 和 Panageas（2007）运用 BMS 模型研究人力资本与金融投资意愿之间的关系，结果显示投资者在早年的投资可以增加储蓄，随着年龄和财富的增加，投资者增加金融财富的比重仍然是最优选择。

（二）影响资产配置的外因方面

1. 宏观经济背景

毋庸置疑，居民财富配置受宏观经济背景的影响，较有代表性的宏观因素为税率。James M. Poterba 等（2001）分析了资本所得税与金融资产比例之间的关系，由于金融资产的征税时间和税率不同，金融资产的风险与变化趋势也不尽相同。

2. 产品异质性

Bertaut 和 Starr-McCluer（2000）的研究使用了 SCF 1983～1998 年的调查数据，结合投资者的职业、受教育程度、财富等因素来分析资产组合的决定因素，结果发现股票、债券、房地产以及实业均为资产组合的重要成分，实证结果显示，年龄和财富对居民资产组合的影响较大。Luc Arrondel 和 Bruno Lefebvre（2001）运用法国国家统计局"Actifs Finance"统计数据（1991～1992 年）研究居民财富配置因素，结果显示控制年龄、教育等其他影响因素，住房资产对资产配置的效应要弱于金融资产，居民投资房产与年龄增长呈"驼峰"形分布。Marjorie Flavin 和 Takashi Yamashita（2002）运用均值－方差模型研究居民资产组合选择问题。考虑抵押贷款的居民资产组合中包括现金、债券、股票等，即便是偏好相同，由于区域分布、年龄以及住房拥有状况等因素影响，居民的资产组合也不尽相同。Cornelia Kullmann 和 Stephan Siegel（2003）利用 PSID 历年的数据研究考察房地产市场风险对居民资产组合的影响。考虑到背景风险和房地产市场风险，居民更多偏好于持有其他低风险金融资产，由于收入约束，住户比租房者更愿意参与到股票市场中。Brown，Nellie Liang 和 Weisbenner（2007）运用了"401（k）计划"1991～2000 年的面板数据分析了投资选择与居民资产配置之间的关系。Doug Waggle 和 Don Johnson（2009）运用均值方差法比较了债券、股票与住房的收益率，结果显示住房和房租的收益率合计为 12.3%，凸显了住房在居民尤其是单亲家庭资产中的重要性。Olena

Stavrunova 和 Oleg Yerokhin（2012）利用澳大利亚收入动态调查数据研究背景风险、固定成本效应与居民风险暴露之间的关系。在控制财富水平和人口特征后，拥有收入风险的居民较少参与股票市场，只是选择一些风险相对小、流动性较强的金融产品。

3. 交易成本

20 世纪 60 年代以后，交易成本在资产定价中的重要性逐渐被考虑进来，交易成本的高低决定了资源配置效率的高低和居民效用能否实现最优。Constantinides（1986）的研究考虑了交易成本对均衡资产收益率的二阶效应，由此对居民资产组合产生一定相关性。这种影响有可能影响居民交易的频率和交易量。在应用层面，Hochguertel 和 Soest（1996）基于二元回归模型研究住房资产和金融资产的投资组合问题，在考虑转换成本的约束下，购房者和租房者对金融资产的选择存在较大差异，住房资产与其他金融资产存在一定程度的替代性。Hochguertel、Alessie 和 Van Soest（1997）基于荷兰家庭 1988 年的数据，运用 Probit 模型研究家庭投资决定因素时发现，边际税率、资产量与风险资产选择相关。Philip H. Dybvig（2005）讨论了不同类型的交易成本对资产组合的影响。

4. 流动性约束

同样，流动性约束对于居民资产选择具有极其重要的意义。Pelizzon Loriana 和 Weber Guglielmo（2008）在研究居民住房选择在资产组合中的重要性时，提出流动性对于不同资产选择回报的差异性，由于不同资产的回报是相关的，因此住房资产通过风险规避和套期保值来影响最优资产比例。实证研究的结果显示，如果仅仅考虑金融资产，住户的资产组合近乎有效；如果进一步考虑住房抵押贷款、债务等，部分资产组合证实有效；扩展到无风险资产、风险资产和住房的资产组合，均值－方差结果只能解释 1/7 的假说。

三　居民财富配置的实证研究文献

国外学者对家庭金融资产选择的研究大多运用微观数据进行，诸如美国的消费者金融调查（SCF）和收入动态调查（PSID）、英国的家庭资源调查（FRS）、德国的收入与储蓄调查（GIES）、日本的国民调查数据（JNSD）、中国的居民收入调查（CHIPS）等，详见表 2-1 和表 2-2。

表 2-1　代表国家家庭资产组合调查微观数据库情况

国　别	调查名称	基本情况	资料来源
美　国	消费者金融调查 Survey of Consumer Finance（SCF）	研究美国家庭的资产、负债特征；1983～2007 年，每 3 年一次	美联储 http：//www. federalreserve. gov
	健康和退休调查 The Health and Retirement Study（HRS）	始于 1992 年，对 50 岁以上人群的健康状况、保险、财富状况等的调查	密歇根大学 http：//hrsonline. isr. umich. edu/
	退休及残疾人政策调查 Survey of Retire and Disable Policy（SRDP）	1982 年、1991 年，对人口特征、就业、婚姻、家庭构成、收入资产等的调查	新受益人调查 http：//www. ssa. gov/policy/ docs/microdata/nbds/
	居民支出调查 Consumer Expenditure Survey（CES）	始于 1980 年，对人口特征、消费和收入进行调查	劳工部 http：//www. bls. gov/cex/
英　国	家庭资源调查 The Family Resources Survey（FRS）	始于 1992 年，对超过 24000 个家庭的调查	工作及养恤金部 http：//research. dwp. gov. uk/asd/frs/；http：//www. dataarchive. ac. uk
荷　兰	储蓄调查 DNB Household Survey（DHS）	始于 1993 年，对超过 2000 个家庭的工作、住房、收入、贷款等信息的调查	丁伯根大学数据中心 http：//www. centerdata. nl/ en/TopMenu/Databank/DHS _data/index. html
新加坡	住户支出调查 Household Expenditure Survey（HES）	始于 1988 年，每 5 年一次	新加坡统计局 http：//www. singstat. gov. sg/ stats/themes/people/house. html
意大利	家庭收入财富调查 Survey of Household Income and Wealth（SHIW）	始于 1960 年，对超过 8000 个家庭的财富和其他经济情况进行调查	意大利银行 http：//www. bancaditalia. it/bancaditalia
澳大利亚	住户支出调查 Household Expenditure Survey（HES）	1974 年发起，6 年一个周期	澳大利亚统计局 http：//www. abs. gov. au

续表

国 别	调查名称	基本情况	资料来源
中 国	消费者金融调查 China Survey of Consumer Finances（CSCF）	2008 年发起，每年对 2000 个家庭调查，持续 3 年	清华大学中国金融研究中心 http：//www. ccfr. org. cn/
	投资者行为调查 Investor Behaviors Suvey（IBS）	2007 年对中国 15 个城市 1355 名投资者进行调查	中国人民大学奥尔多中心 http：//www. aordo. org/
	城市家庭财产调查 China Urban Household Property Survey（CU-HPS）	国家统计局城市调查队 2002 年对 8 省 3997 个家庭财产进行调查	国家统计局专题调查 http：//www. stats. gov. cn/tjfx/ztfx/csjtccdc/t20020927_36432. htm
跨 国	欧洲健康、年龄和退休调查 Survey of Health, Ageing and Retirement in Europe（SHARE）	对超过 45000 个年龄在 50 岁以上（含 50 岁）的 11 国投资者基本情况进行调查。2004 ~ 2007 年进行过 2 次	丁伯根大学数据中心 http：//www. share-project. org/
	欧共体住户调查 The European Community Household Panel（ECHP）	对欧洲 15 个国家居民收入、健康、教育、住房、工作情况等的调查，1994 ~ 2001 年	欧盟统计局 http：//circa. europa. eu/irc/dsis/echpanel/info/data/information. html
	卢森伯格财富调查 Luxembourg Income Study（LIS）	包含 Luxembourg Income Study Database 和 Luxembourg Wealth Study Database。始于 1983 年，收入研究数据库包含 35 个国家和地区，财富研究数据库包含 10 个国家	纽约城市大学卢森伯格收入研究中心 http：//web. gc. cuny. edu/liscenter/index. htm
	欧盟消费金融调查 Euro Survey of Consumer Finance（EU – SCF）	欧元区 10 个国家财富、资产选择和消费的调查	欧元区调查公司 http：//www. eurosurvey. nl/

表 2－2　代表国家家庭收入调查情况

国　别	调查名称	基本情况	资料来源
美　国	收入动态调查 Panel Study of Income Dynamics (PSID)	超过 7000 个家庭的经济状况、健康状况、教育以及其他。始于 1968 年，年度统计	密歇根大学社会研究中心 http：//psidonline. isr. umich. edu
德　国	德国家庭社会经济面板数据集 German Socio-Economic Panel (GSOEP)	始于 1984 年，对超过 12000 个家庭的收入支出调查	德国经济研究中心 http：//www. diw. de/ en/soep
英　国	英国住户调查 British Household Panel Study (BHPS)	始于 1991 年，对超过 5500 个家庭的收支调查	经济社会数据服务中心 http：//www. esds. ac. uk/findingData/bhpsTi-tles. asp
澳大利亚	住户收入劳动动态调查 The Household Income and La-bour Dynamics in Australia (HILDA)	始于 2001 年，对超过 7000 个家庭的收支调查	墨尔本大学经济与社会研究院 http：//www. melbournei-nstitute. com/hilda/
瑞　士	瑞士住户调查 The Swiss Household Panel (SHP)	始于 1999 年，对 5074 个家庭的收支调查	瑞士社会科学研究中心 http：//www. swiss-pan-el. ch/
加拿大	加拿大劳工收入动态调查 Canadian Survey of Labour and In-come Dynamics (SLID)	持续 6 年，对超过 15000 个家庭的调查	加拿大统计局 http：//www. statcan. gc. ca/start-debut-eng. html
韩　国	韩国劳工收入调查 Korea Labor Income Panel Study (KLIPS)	始于 1998 年，超过 5000 个家庭的住户调查	韩国劳工收入研究中心 http：//www. kli. re. kr/ klips/en/about/intro-duce. jsp
印　度	印度居民发展调查 India Human Development Sur-vey (IHDS)	2004～2005 年，对 41554 个家庭基本情况的调查	马里兰大学 http：//ihds. umd. edu/
中　国	中国居民收入调查 Chinese Household Income Pro-jects (CHIPS)	1988 年、1995 年、2002 年三次全国范围内住户收入、支出特征调查	中国社会科学院经济研究所收入分配课题组 http：//ie. cass. cn/

（一） 国别研究

事实上，在分析影响居民财富配置的内外因素时，就考虑到不同类型的实证文献，不过鉴于典型数据库在各国的运用情况，有必要对代表性的文献进行归结。Alessie 和 Soest（2000）根据 Center Savings Survey 数据分析了 1993～2000 年新西兰居民资产选择情况。Iwaisako（2009）根据 Nikkei Media Marketing 调研数据分析了日本居民的资产组合情况。20 世纪 90 年代，日本居民直接持有股票的比例维持在 20% 左右，呈现下降态势。通过共同基金持有股票的比例维持在 6%～9%，居民资产中房地产比例一直在 40% 以上，20 世纪末略微上升。拥有住房的居民金融资产中股票的参与度较高，而年轻人更多持有风险较低的资产，通过财富积累来购买住房。Sang – Wook（Stanley）（2010）运用生命周期理论分析韩国居民的财富积累和资产选择行为。根据 KLIPS 的调查统计，住房在居民财产中占比超过 60%，而金融资产在年轻人财产中占比较高（25～34 岁人群中占比超过 60%）。他构建了一个局部均衡的生命周期模型，从而实现了与居民财富选择和资产选择的匹配。根据消费资本资产定价模型，居民的财富选择通常包括几个部分，将一部分资产用于消费，另一部分资产用于投资来获得资本所得。在早期的宏观经济学中，由于所有理论模型都假定不存在借贷市场，所以消费与资产价格并没有关联。消费理论从凯恩斯的发展预防性储蓄到莫迪格里安尼的生命周期理论，再到持久收入假说等，都是研究消费和收入的关系的。随着金融市场在现代经济中的地位越来越重要，对消费的研究就不能仅仅考虑收入的因素了。特别是随着消费资本资产定价模型的发展，资产收益率和利率一并进入消费理论中。现实中，由于金融资产和房地产在居民财产结构中占主导，所以研究资产价格波动的财富效应就不能撇开其中任何一者单独进行研究。

我国对居民金融资产选择的研究刚刚起步，根据奥尔多的调研，于蓉（2006）实证分析了我国城镇居民金融资产选择行为的影响因素，注重考虑年龄、收入、教育、住房拥有状况等因素对于金融资产选择行为的影响。姚佳（2009）根据奥尔多中心投资者行为调查数据（2005 年）对我国家庭资产组合行为进行研究。类似于国外的调查，她试图通过年龄、受教育程度和收入规模来分析不同行为主体的投资选择。结果发现房地产、储蓄存款和股票是居民财产的主要形态。由于调查数据的局限，她的研究仅仅是 2005 年的截面分析，不能了解居民资产结构的动态变化。与姚佳的分析方法不同，韩洁（2008）没有从测算的角度进行分析，而是用数值模拟的方法对家庭资产组合因素进行分析，考虑了有无住房、风险偏好和时间偏好等多方面的因素，对适合我国国情的居民资产组合模式进行探讨，然而缺乏实证的相关支持使得分析存在一定局限。

邓可斌（2006）集中研究了投资者风险偏好与资产选择的关系。该文献实际上是从行为金融学的视角对个人投资者的决策进行分析，在文献的实证部分，他选择《中国统计年鉴》等的数据对储蓄、股票资产、消费和居民收入的关系进行讨论，结果发现我国个人投资者未出现明显的风险规避趋势，投资者跨期替代弹性较低、时间序列风险偏好较低并且投资者具有较好的耐心，反映到模型中亦即主观折现因子较小。

国家统计局城市司、广东调查总队课题组（2009）对 2002～2007 年我国城镇居民财产性收入进行测算。他们根据收入 - 财产（生活型和投资型）- 财产性收入的相互关系，一方面对城镇家庭的财产总量进行测算，另一方面结合城镇居民收支调查数据从流量的角度进行分析。测算结果显示，2007 年我国城镇居民户均财产总量为 31.0 万元，较 2002 年增长 1.34 倍。财富增值的主要来源是金融资产和住房财产，2002 年我国城镇居民住房占总资产的比重为 64%，2007 年上升到 66%。从流量的角度看，2007 年我国城镇居民人均财产性收入为 348.5 元，较 2002 年增长 241.3%。杨新铭（2010）根据国家统计局天津调查总队 2007 年和 2008 年的调查数据研究了影响居民财产性收入的因素，结果发现金融抑制对居民财产性收入有着重要影响，人力资本和金融危机的外部冲击分别是影响居民财产性收入的内外因素。

刘江会、唐东波（2010）探讨了财产性收入差距、市场化程度与经济增长的关系，实证研究发现三者之间的协整关系，经济增长有利于缩小城乡财产性收入差距，市场化程度则会加剧收入差距，从区域来看，西部地区相关影响要大于东部地区。孟祥轶等（2010）对北京市八城区居民的炫耀性消费特征进行实证分析，研究发现教育程度、家庭供养人口、行业及职务对居民的炫耀性消费有着重要影响。梁运文等（2010）运用奥尔多调研数据对中国城乡居民财产性收入分布进行了实证研究，发现城乡居民财产性收入差距悬殊，究其原因在于金融资产与房产对财产性收入的带动作用。此外，职业、受教育程度及政治身份也是造成财产性收入悬殊的重要因素。史青青等（2010）通过建立跨期迭代模型分析了房地产均衡收益率与人口变量的关系，实证结果显示，在转轨经济过程中房地产投资收益率与人口城市化呈正相关。李实、罗楚亮（2007）运用住户调查数据对收入差距进行修正和估计，研究发现如果不考虑高收入群体的代表性，真实的收入差距将会被严重低估，收入差距的拉大急需收入分配政策的调整和再分配政策的实施。邓春梅、肖智（2011）对 2002～2009 年城镇居民不同类型的收入分配现状以及税收对收入的调节作用进行研究，结果发现财产性收入的分配差距要大于其他收入差距，税收对经营性收入和财产性收入的调节作用要弱于工薪收入。余劲松（2011）通过测度城镇居民股市参与广度和深度来研究其对居民财产性收入的影响，实证结果显示股市参与对居民财产性收入有正向作用，房地产价格的波动容易导致居民财产性收入的差距拉大。吴卫星等（2010）运用奥尔多调研数据分析了我国居民家庭投资结构的特征和影响因素，研究发现居民投资的"钟形"结构以及房地产对居民流动性的显著影响。

由于现有统计主要搜集城镇居民财产性收入变动情况，因此农村财产性收入通常被排除在分析范围之外。事实上，关乎农村居民收入的土地、住房的流转对于农村进一步的改革事关重要。与上述文献不同，程国栋（2006）关注了我国农民的财产性收入问题。尽管缺乏详尽的数据支撑，他的分析仍然涉及农村城市化过程中的农村住房拆迁收益保障、土地承包流转、农村金融组织欠缺造成的金融资产缺失等问题。无疑，对于农村人口占主体的中国而言，这样的探索是有益的。

（二）跨国研究

研究财富配置的另外一个视角，在于研究投资者跨国资产配置行为。表 2 - 3 给出了跨国比较研究的文献。

表 2 - 3　财富配置国别效应文献

类别	作者	主要内容	研究方法和数据来源
跨国研究	Luigi Guiso, Michael Haliassos, Tullio Jappelli（2002）	股市的参与与投资者教育水平相关，与年龄呈驼峰分布，投资者积极参与增加了财富	所研究国家的住户调查数据
	Luigi Guiso, Michael Haliassos, Tullio Jappelli（2000）	分析 20 世纪 90 年代不同国家居民持有股票的形式和比例，风险资产在总资产中的情况	美国、英国、意大利、德国、新西兰调查数据
	James B. Davies et al.（2006）	30 多个国家 2000 年前后财富水平的度量和财富构成	资产负债表（Household Balance Sheet, HBS）调查数据
	Patrick Honohan（2006）	150 多个国家 2005 年财产构成	EU 数据，WSBI 数据
	Christian Rog（2006）	1989 ~ 1997 年非洲国家居民财产结构	埃塞俄比亚农村住户调查 Ethiopia Rural Household Survey（ERHS）
	Sergei Guriev and Andrei Rachinsky（2006）	俄罗斯和中东欧国家居民资产组合	各国住户调查数据
	Florencia Torchel and Seymour Spilerman（2006）	2000 年拉丁美洲国家居民资产结构	拉丁美洲住户调查 Household Surveys in Latin America
国别研究	Tokuo Iwaisako（2009）	分析日本居民资产选择	日经传媒 Nikkei Media Marketing
	Alessie, R. Hochguertel, S. Soest, A. Van（2000）	新西兰居民 1993 ~ 1998 年资产组合	数据中心居民储蓄调查 Center Savings Survey, 1993 - 1998
	Stephen G. Dimmock and Roy Kouwenberg（2007）	研究新西兰居民风险偏好程度与资产配置的关系	数据中心居民储蓄调查 Center Savings Survey（CSS）1997 - 2002
	Reeve Vanneman, Cecily Darden Adams, Amaresh Dubey（2007）	根据印度人类发展调查数据研究印度收入、消费和资产分布情况	印度人类发展调查 India Human Development Survey
	Carol Bertaut, Martha Starr-McCluer（2000）	研究 1983 ~ 1998 年美国居民资产组合情况	SCF、美联储基金流量账户 Federal Reserve Board's Flow of Funds Account
	Rob Alessie, Stefan Hochguertel and Arthur Van Soest（2000）	研究荷兰居民资产组合情况	数据中心居民储蓄调查 Center Savings Survey, 1993 - 1998
	Sang-Wook（Stanley）Cho（2009）	研究韩国居民财富积累和资产组合情况	韩国劳工收入调查 Korean Labor Income Panel Study Data, 1999 - 2005

续表

类别	作者	主要内容	研究方法和数据来源
国别研究	Andrew C. Worthington（2009）	研究澳大利亚居民地域、社会经济特征、风险规避与资产配置的关联	HILDA 数据
	S. Subramanian and D. Jayaraj（2006）	研究 1961～2002 年印度居民财富配置状况	债务与投资调查 Surveys on Debt and Investment
	Shi Li and Renwei Zhao（2007）	研究 1995～2002 年中国居民财富配置情况	中国居民收入调查（CHIPS）数据（1995 年、2002 年）
	国家统计局城市司、广东调查总队课题组（2009）	研究 2002～2007 年中国城镇家庭财产性收入状况	《中国统计年鉴》
	姚佳（2009）	对中国家庭资产组合选择行为的差异性进行分析	奥尔多中心"投资者行为调查数据"（2005 年）
	于蓉（2006）	我国城镇居民金融资产选择行为分析	奥尔多中心"投资者行为调查数据"（2005 年）

Luigi Guiso 和 Tullio Jappelli（2001）通过欧美国家调查数据研究不同居民股票市场参与情况。结果发现，随着市场参与程度的提高，财富也在增加。这不仅包括金融财富，也包括非金融财富。Rapach 和 Wohar（2009）运用 CCV（Campbell and Cambell – Viceira）范式，以美国、澳大利亚、加拿大、法国、德国、意大利和英国在全球金融数据库（Global Finance Data）中的数据为样本研究了投资者对股票和债券的多期资产组合与跨期套利需求。通过对向量自回归（VAR）模型的研究发现，英国和美国的投资者对跨期套利需求小于其他国家。Alexander Ludwig 和 Torsten Slok（2002）利用 16 个 OECD 国家的数据分析了房地产和股票价格波动对消费的影响。Nicola Fuchs-Schündeln 和 Norbert Funke（2004）使用 16 个新兴市场的面板数据来验证股票市场是否存在财富效应，研究发现，3 年之中 10% 的股票价格下降会带来 0.2%～0.4% 的私人消费下降。从机制上讲，房地产价格变动通过跨国的实证分析显示，资产价格变动对消费的影响在市场导向型金融体系的国家效应较大，股票价格波动的财富效应大于房地产价格变动。Monica Paiella（2007）研究了意大利财富和消费的关系。进一步，

Turner 和 Luea（2009）使用 Panel Study of Income Dynamics（PSID）数据研究了 1994 年、1999 年和 2001 年房地产价格变动对住宅拥有者财富积累的影响。研究发现，房屋拥有者净财产年均增长 1.37 万美元；高收入房屋拥有者的财产增加净值要高于低收入房屋拥有者。Bostic 等（2009）运用消费金融和消费支出调查数据（Survey of Consumer Finance and the Consumer Expenditure Survey）验证金融和房地产价格波动的财富效应，他们发现 1989 ~ 2001 年房地产价格变动的财富效应弹性为 0.06，高于金融财富效应弹性的 0.02。

四　对现有文献的评论

上述文献无疑为本书的研究提供了必要的理论基础和分析方法。例如，关于资产价格的形成理论、关于资产价格的影响因素分析、关于资产价格波动效应以及跨国比较的经验性分析都为本书的研究提供了非常有益的理论借鉴。但前人的理论不足表现在：经济理论更多强调在消费与储蓄之间做决策，而不是家庭资产选择；金融理论则关注资产定价模型的研究，对资产选择的研究也主要是针对机构投资者，很少研究家庭的资产决策行为。而且，现有的家庭资产选择模型关注的是家庭的"有限参与"之谜，忽略了一些重要的因素（于蓉，2006）。对中国的研究只是简单运用国外模型进行验证，忽视了中国经济转型这个特征，尤其对转型中垄断、内幕交易等因素带来的财富配置失衡关注较少。此外，尽管中国资产市场也经历了价格的大幅波动，近些年居民财富结构与其他国家相比也呈现趋同性，但是资产市场和居民财富结构背后的财产权利与国外市场有较大的区别，主要表现为所有权和使用权的分离，如土地市场、住房市场，居民只是拥有一定期限的使用权而不是所有权，在股票市场上长期时间内国有股权占主导地位，即便是股权分置改革完成之后这一局面仍未发生根本转变。资产价格波动的运行机制及其对居民财富结构的影响机制较之国外有很大的不同。

比较而言，国内对房地产价格的研究大都集中在房地产价格波动的原因、泡沫的程度和对宏观经济政策的影响上，少有文献研究房地产价格波动的财富分配效应。研究财产性收入分配的文献又较少结合资产价格波动进行分析，更多的是关注资产价格波动对宏观经济的影响。对财富配置的总量研究较多，结构研究较少。现有研究忽略了对农村地区财富配置的影响，实际上资产价格波动与农村居民的财产性收入也密切相关。

从方法上看，现有研究多采用模拟研究，其特点是运用生命周期理论分析居民消费投资行为及其影响因素。这种研究的局限性在于理论模型与中国现实脱节较大，特别是在转轨过程中，不同政策制度的变迁带来的影响在微观模型中难以佐证，经典的生命周期理论分析与现实的状况脱节较为明显。

就实证所采用的数据而言，现有文献一般采用各国住户调查数据，如收入动态调查（Panel Study of Income Dynamis，PSID）数据、英国家庭支出调查（British Household Panel Study，BHPS）数据、消费者金融调查（Survey of Consumer Finances，SCF）数据、中国居民收入调查（Chinese Household Income Projects，CHIPS）数据等。不同于其他国家的住户调查，中国的居民收入调查到目前为止仅仅进行了 4 次，最近的一次全国范围的调研是在 2007 年，而这期间中国房地产价格波动尤为明显，从而使得实证研究有一定的局限性。由于居民的财产性收入分配不仅仅表现在财产的占有，更表现在价格波动带来的收入变动，因此本书试图探索房地产价格波动对居民财产性收入分配的影响机制。

基于以上的讨论，本书从"新兴 + 转轨"的市场特征入手，首先分析中国"政府主导型的市场经济"的发育特征，进而分析这些特征因素如何影响中国资产市场的结构，以及由此产生的资产价格波动幅度过大的特殊现象，尤其要深入探讨政府行政垄断及社会"潜规则"对要素市场的影响，揭示影响资产价格波动背后的政策动因。在此基础上，分析在这种制度背景及市场机制的影响下，居民的财富配置发生了怎样的变化，这些变化又如何进一步影响居民收入分配关系的变动，从而为增加居民财产性收入、提升财富配置水平、促进收入分配的结构调整寻求新的路径。在研究方法上，本书首先引入转轨经济的特征变量，修正资产定价模型，揭示转轨经济中资产价格波动的特殊机理；其次从实证上，运用连续的年度、季度数据检验房地产价格波动、股票价格波动对城乡之间以及城镇内部不同收入群体财产性收入分配的影响程度。

本书旨在为促进中国资产市场的健康发育，进而为改善居民的收入分配关系提供必要的理论支持。

第三章 资产价格波动与居民
财富配置的国际比较

在梳理了资产价格波动与居民财富配置的相关文献之后，本章对这一问题的国际经验进行对照分析。本书选取了美国、日本、英国、法国、德国、加拿大和澳大利亚等国的数据进行分析，并对这几个国家近年的资产价格波动以及家庭的资产选择行为进行比较。本章首先分析近年代表国家资产价格波动与居民财富配置的演进；其次根据凯捷公司的相关报告对总体的财富配置情况进行比较分析；最后对国际经验进行总结，分析其对我国的启示。

一　代表国家资产价格波动与居民财富配置

（一）美国

1989～2007 年美国经济经历了黄金增长期，2000 年前后 IT 泡沫破裂，2000～2007 年新的增长周期在 2007 年底次贷危机的冲击下步入增长的低谷。图 3-1 给出了 1989～2008 年美国股票价格指数和住房价格指数的变动趋势。从中可以看出，1989～2008 年住房价格指数呈现缓慢上升的态势，比较而言，股票价格指数波动幅度要远远大于住房价格指数，并且在 1999 年前后和 2007 年出现两个波峰，2003 年为波谷。由于数据限制，美国股票价格指数在 2008 年末出现新的低点，在 2011 年美国股市已经恢复至金融危机前的水平。资产价格波动对居民财富的影响，需要结合更为微观的数据进行分析。

美国消费者金融调查数据显示，按照 2010 年的价格计算，1989 年美国居民家庭净财富平均为 18.59 万美元，1998 年增长到 28.29 万美元，到 2007 年上升到 55.80 万美元，2008 年金融危机之后，美国居民家庭净财富平均值下降到 49.88 万美元。

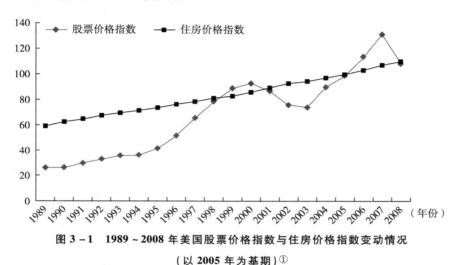

图 3 - 1　1989 ~ 2008 年美国股票价格指数与住房价格指数变动情况

（以 2005 年为基期）①

表 3 - 1 给出了美国家庭 1989 ~ 2010 年不同分位的财富配置情况。1989 ~ 2010 年，工资收入占家庭收入的比例超过 60%，2000 ~ 2004 年这一比例超过 69%，只是在 2007 年略有下降；金融投资和资本所得在全部家庭收入中占比大约在 10%，这两项收入占比之和在 1989 年为 11.6%，1990 ~ 1998 年维持在 7% 左右，2000 年前后这一比例重新超过 10%，2004 年又下降到历史的最低，合计为 6.7%，2007 年占比之和为 10.4%。

表 3 - 1　美国历年 SCF 调查数据摘要

单位：%

收入来源	财富百分位					全部家庭
	0 ~ 24.9	25 ~ 49.9	50 ~ 74.9	75 ~ 89.9	90 ~ 100	
1989 年						
工资	78.6	82.0	76.3	72.3	44.2	65.8
利息或分红	0.1	1.5	2.0	4.8	14.1	6.4
商业、农场、自主职业	1.6	3.5	3.5	9.1	23.0	10.9

---

①　根据 OECD 价格数据绘制，http：//stats.oecd.org/index.aspx。

续表

收入来源	财富百分位					全部家庭
	0 ~ 24.9	25 ~ 49.9	50 ~ 74.9	75 ~ 89.9	90 ~ 100	
资本所得	0.2	0.4	1.9	2.6	12.3	5.2
社保或退休所得	7.8	9.0	11.1	9.5	5.2	8.2
转移或其他	11.7	3.6	5.1	1.8	1.2	3.5
合　计	100	100	100	100	100	100
1992 年						
工资	74.1	81.3	72.5	63.9	43.3	63.0
利息或分红	0.2	0.5	1.8	4.4	11.9	5.2
商业、农场、自主职业	1.9	3.3	6.3	8.7	29.0	13.2
资本所得	0.1	0.1	0.4	1.5	4.5	1.9
社保或退休所得	8.0	7.1	9.6	9.9	5.4	7.7
转移或其他	15.7	7.7	9.4	11.6	5.9	9.0
合　计	100	100	100	100	100	100
1995 年						
工资	80.2	85.4	80.4	72.5	50.5	69.9
利息或分红	0.2	0.4	1.3	3.3	12.2	5.0
商业、农场、自主职业	1.9	2.7	5.5	8.2	24.8	11.6
资本所得	0.7	0.5	1.0	1.2	6.0	2.6
社保或退休所得	7.8	8.0	10.0	14.2	5.3	8.6
转移或其他	9.2	3.1	1.8	0.7	1.1	2.3
合　计	100	100	100	100	100	100
1998 年						
工资	85.1	86.8	79.9	72.1	46.7	68.5
利息或分红	0.1	0.4	1.3	3.6	9.1	4.2
商业、农场、自主职业	1.6	3.5	4.5	9.6	26.9	12.8
资本所得	0.1	0.5	0.6	2.3	11.2	4.5
社保或退休所得	7.3	7.0	12.1	11.2	4.8	8.1
转移或其他	5.8	1.8	1.6	1.1	1.2	1.8
合　计	100	100	100	100	100	100
2001 年						
工资	84.2	86.9	82.3	74.7	49.5	69.3
利息或分红	0.1	0.4	1.1	3.5	8.7	4.2

续表

收入来源	财富百分位					全部家庭
	0~24.9	25~49.9	50~74.9	75~89.9	90~100	
商业、农场、自主职业	1.9	1.3	4.4	7.2	23.9	11.7
资本所得	*	0.3	1.1	2.6	12.4	5.5
社保或退休所得	8.9	8.9	10.2	10.7	4.4	7.8
转移或其他	4.8	2.2	1.0	1.3	1.1	1.6
合　　计	100	100	100	100	100	100
2004 年						
工资	82.1	85.5	79.3	72.4	53.0	69.7
利息或分红	*	0.3	0.7	1.9	8.2	3.5
商业、农场、自主职业	1.1	2.6	5.1	8.6	21.5	10.9
资本所得	*	*	*	1.2	8.3	3.2
社保或退休所得	9.6	9.2	13.2	15.3	8.2	10.9
转移或其他	7.2	2.5	1.7	0.7	0.8	1.8
合　　计	100	100	100	100	100	100
2007 年						
工资	79.9	80.0	77.7	72.3	46.2	64.5
利息或分红	0.1	0.3	0.7	1.9	7.8	3.7
商业、农场、自主职业	1.8	5.3	6.9	7.9	24.7	13.6
资本所得	0.1	0.4	1.3	2.9	14.4	6.7
社保或退休所得	9.5	10.9	11.8	14.2	6.2	9.6
转移或其他	8.6	3.2	1.6	0.8	0.7	1.9
合　　计	100	100	100	100	100	100
2010 年						
工资	75.9	80.7	76.3	69.7	55.8	68.1
利息或分红	0.1	0.1	0.4	1.6	8.7	3.6
商业、农场、自主职业	3.5	4.6	4.8	7.2	23.9	12.2
资本所得	0.1	0.2	0.1	-0.2	2.3	0.9
社保或退休所得	9.4	9.6	15.9	20.1	7.8	12.0
转移或其他	11.1	4.7	2.5	1.7	1.5	3.2
合　　计	100	100	100	100	100	100

注：* 表示低于 0.05 %。

资料来源：《美国消费金融调查 2010》。

横向上分析，依据资产规模划分的不同分位居民收入来源也大不相同，资产规模越大，工资收入在收入来源中的占比越低，经营收入和金融资产收入越高。1989 年，分位数在 90～100 的居民工资收入占全部收入的44.2%，经营收入占比 23.0%，金融投资和资本所得收入占比 26.4%，转移收入占比 1.2%；而分位数在 0～24.9 的居民工资收入占比 78.6%，经营收入占比 1.6%，金融投资和资本所得收入占比仅为 0.3%，转移收入占比 11.7%。1998 年，分位数在 90～100 的居民工资收入占全部收入的46.7%，经营收入占比 26.9%，金融投资和资本所得收入占比 20.3%，转移收入占比 1.2%；与之对应，分位数在 0～24.9 的居民工资收入占比85.1%，经营收入占比 1.6%，金融投资和资本所得收入占比 0.2%，转移收入占比 5.8%。2004 年，分位数在 90～100 的居民工资收入占全部收入的 53.0%，经营收入占比 21.5%，金融投资和资本所得收入占比 16.5%，转移收入占比 0.8%；与之对应，分位数在 0～24.9 的居民工资收入占比82.1%，经营收入占比 1.1%，金融投资和资本所得收入占比不超过0.05%，转移收入占比 7.2%。2007 年，分位数 90～100 的居民工资收入占全部收入的 46.2%，经营收入占比 24.7%，金融投资和资本所得收入占比 22.2%，转移收入占比 0.7%；与之对应，分位数在 0～24.9 的居民工资收入占比 79.9%，经营收入占比 1.8%，金融投资和资本所得收入占比0.2%，转移收入占比 8.6%。这一组数字意味着居民的收入结构与资产规模、经济形势有着紧密的关系。股票价格上涨，金融投资的收益增加了居民财富来源，特别对于资产规模较大的居民，其财富增值效应更为明显，反之亦然。囿于资产规模的影响，财富总量小的住户，受资产价格波动的影响程度小于财富总量大的住户，其收入来源主要途径是工资性收入甚至是转移性收入。因此，金融资产价格上涨可能加剧不同家庭的收入差距。

然而，基于 SCF 的调查不能详细了解非金融资产对居民收入的影响，因此分析有一定的局限性。表 3－2 根据 OECD 披露的金融数据对居民财富总量结构进行分析。根据表中数据，总体上看，2000～2005 年金融资产在居民财富结构中占比呈下降态势，2006～2010 年逐渐上升。2000～2006 年经济处于上升通道，特别是美国房地产市场的繁荣促进了非金融资产比例的提高。而 2007～2008 年，特别是 2008 年，金融资产占比经历了短暂的回升之后出现一定程度的下降，比值与 2003 年的 40.22% 相当。2009 ～ 2010 年在一系列救市措施的实施下，金融资产结构恢复上升，2010 年占比 46.64%，为近十年来最高比例。非金融资产中，住房为主要类型，2000 年占比 40.05%，到 2005 年上升至 48.37%，随后的几年，金融危机使得住房占比不断下降，一直到 2010 年，当年这个指标比例为 37.81%，为近十年来最低水平。耐用消费品在美国居民家庭收入中的比例在 2007 年前一直处于下降趋势，2007 ～ 2008 年有所回升，到 2010 年，这一指标重新回到 2000 年时的水平，达到 10.67%。

表 3 - 2 2000 ～ 2010 年美国家庭财富结构

单位：%

种类	2000 年	2001 年	2002 年	2003 年	2004 年	2005 年	2006 年	2007 年	2008 年	2009 年	2010 年
金融资产	44.89	42.20	38.48	40.22	39.47	37.72	39.44	42.33	40.38	44.17	46.64
投资基金	12.05	11.76	10.21	10.66	10.67	10.15	10.88	12.25	12.01	13.01	13.49
人寿保险股权基金	2.69	2.78	2.86	2.79	2.61	2.38	2.39	2.48	2.89	2.94	3.07
养老基金	30.15	27.66	25.41	26.77	26.19	25.19	26.17	27.60	25.48	28.22	30.08
非金融资产	55.11	57.80	61.53	59.78	60.53	62.28	60.57	57.68	59.62	55.82	53.36
住房	40.05	42.77	45.97	45.21	46.57	48.37	46.56	43.03	42.76	40.46	37.81
土地	—	—	—	—	—	—	—	—	—	—	—
耐用消费品	10.51	10.60	10.94	10.13	9.56	8.96	8.76	9.14	11.10	10.80	10.67

资料来源：OECD 网站，http：//stats. oecd. org/index. aspx。

居民金融财富主要来自投资基金、人寿保险股权基金以及养老基金的收益，其中养老基金净收益是主要的金融财富来源，其次是投资基金。根据美国金融市场特征，居民一般选择不同类型的投资基金来获得金融收益，主要的投资基金有货币市场基金、房地产基金、债券基金、股票基金、混合基金等。从具体比例来看，首先是股票基金，其次是货币市场基金以及混合基金。共同基金逐渐成为大众化的投资理财工具。美国共同基金行业发达，从 1990 年到 2004 年，投资者可以选择的共同基金数目由 3079 个增加到 8046 个，共同基金管理的资产由 1.1 万亿美元增加到 8.1 万亿美元。从数据上看，居民根据资产价格的变动来调整各个基金的投资比例，较为明显的是股票基金，股票价格大幅上涨的 2000 年和 2006 年，股票基金占比达 53.72% 和 56.35%，随着股票泡沫化程度的加深，居民也随之调整股票基金比例。例如，2002 年和 2008 年，居民参与股票基金的比例为 40.54% 和 36.41%（见表 3-3）。

表 3-3　2000~2008 年美国家庭持有投资基金中分项比例

单位：%

基金类别	2000 年	2001 年	2002 年	2003 年	2004 年	2005 年	2006 年	2007 年	2008 年
货币市场基金	26.20	29.86	32.57	24.85	20.92	19.82	20.17	21.65	32.66
房地产基金	0	0	0	0	0	0	0	0	0
债券基金	16.30	19.37	23.87	22.83	21.86	21.39	20.02	20.27	27.56
混合基金	0	0	0	0	0	0	0	0	0
股票基金	53.72	48.07	40.54	49.27	53.73	55.35	56.35	54.81	36.41
其他基金	3.78	2.70	3.02	3.05	3.49	3.44	3.46	3.27	3.37

上述分析侧重从收入角度的流量进行考察，但是对住房的分析仍然缺乏充分的数据支持。表 3-4 给出了 1989~2007 年美国家庭金融资产构成的调查数据。从总量上看，美国家庭金融资产占比在 1989~2007 年呈现先增长后下降的"倒 U"形曲线。1989~2001 年股票市场上涨的周期中，家庭金融资产的比例不断上升，至 2001 年达到 42.2%，随后的 IT 泡沫、股票崩盘带来金融资产比例下滑至 2004 年的 35.8%。2004~2007 年，尽管美国股票市场创下历史的新高，但是居民金融资产比例却没有恢复到 2001 年的历史高位，可能的原因在于新的经济增长周期是由房地产驱动的，居民将资产更多地配置到非金融资产中，从而产生对金融资产的替代效应。金融资产的 10 个子类中，退休账户和人寿保险折现之和占比较大，并且呈逐年上升态势，1989 年两项资产比例合计为 27.5%，2007 年这两项比例合计为 38.3%；其次是投资股票，与投资基金不同，子类 5 反映的是居民直接参与股票市场，从比值变化来看，1989~2001 年居民直接参与股票市场的比例呈现上升态势，而 2001~2007 年直接参与股票投资的比例下降到 1992~1995 年的水平；交易账户可以认定为居民手持现金的比例，1995 年以后这一比例为 10%~15%；投资基金仍然是居民持有金融资产的主要途径，并且这一比例自 1989 年以来在不断上升，1989 年的比例为 5.3%，

2007 年上升到 15.8%，约为 1989 年的 3 倍，接近居民直接购买股票的比例；其他金融资产如储蓄账户、储蓄性债券、债券的下降趋势较为明显，三项比例 1989 年合计为 21.9%，到 2007 年三项比例合计为 8.5%。

表 3 - 4　美国家庭金融资产构成

单位:%

资产种类	1989 年	1992 年	1995 年	1998 年	2001 年	2004 年	2007 年
金融资产在总资产中的比例	30.5	31.6	36.8	40.7	42.2	35.8	34.0
1. 交易账户	19.0	17.4	13.9	11.4	11.4	13.1	10.9
2. 储蓄账户	10.2	8.0	5.6	4.3	3.1	3.7	4.0
3. 储蓄性债券	1.5	1.1	1.3	0.7	0.7	0.5	0.4
4. 债券	10.2	8.4	6.3	4.3	4.5	5.3	4.1
5. 股票	15.0	16.5	15.6	22.7	21.5	17.5	17.8
6. 投资基金（不包括货币市场基金）	5.3	7.6	12.7	12.4	12.1	14.6	15.8
7. 退休账户	21.5	25.8	28.3	27.8	29.0	32.4	35.1
8. 人寿保险折现	6.0	5.9	7.2	6.3	5.3	2.9	3.2
9. 其他托管资产	6.5	5.4	5.8	8.5	10.5	7.9	6.5
10. 其他	4.8	3.8	3.3	1.7	1.9	2.1	2.1
合　计	100	100	100	100	100	100	100

资料来源：历年 SCF 调查统计。

表 3 - 5 给出了美国家庭非金融资产的构成与演变。同样，较之表 3 - 4、表 3 - 5 可以从更为具体的角度来研究美国居民非金融资产的演变。从总量上看，1989 ~ 2007 年美国家庭非金融资产占比先下降后上升。在结构上，住宅、其他房产和其他非房屋产权占比合计超过 50%，1989 年三项合计为 65.3%，2007 年的比值为 64.6%，总体上比例变化不大，但其他非房屋产权在家庭非金融资产中的比例自 1989 年开始陆续下降，2007 年的比值为 5.8%；自有企业在家庭非金融资产中的比例维持在 25% ~ 29.7%，并且 20 年间变化不大，只是在 2004 年略有下降；车辆在家庭非金融资产中占比为 4% ~ 7%，1989 ~ 1995 年的比例有所上升，而 1995 ~ 2007 年的比例逐渐下降，2007 年这一比值为 4.4%。

根据消费资本资产定价理论，居民的资产组合的最终目标是在生命周

表 3 - 5　美国家庭非金融资产构成

单位:%

种　类	1989 年	1992 年	1995 年	1998 年	2001 年	2004 年	2007 年
非金融资产在总资产中比例	69.5	68.4	63.2	59.3	57.8	64.2	66.0
1. 车辆	5.6	5.7	7.1	6.5	5.9	5.1	4.4
2. 住宅	46.0	47.0	47.5	47.0	46.9	50.3	48.1
3. 其他房产	8.2	8.5	8.0	8.5	8.1	9.9	10.7
4. 其他非房屋产权	11.1	11.0	7.9	7.7	8.2	7.3	5.8
5. 自有企业	26.7	26.3	27.2	28.5	29.3	25.9	29.7
6. 其他	2.5	1.6	2.3	1.7	1.6	1.5	1.3
合　计	100	100	100	100	100	100	100

资料来源: SCF。

期规划下实现终身效用最大化,这意味着在收入、消费和投资之间的权衡。表 3 - 6 给出了美国家庭的支出明细。我们关注资产价格波动对居民投资的影响,因此就要结合股票价格和住房价格的变化,分析不同年份居民支出中用于投资的比例的变化。表 3 - 6 中,用于购房、退休支出、投资和储蓄等明细项可作为居民资产增值的选择。其中,用于购房的支出在 1989 ~ 2007 年维持在 4% ~ 6%,比值最高出现在 1995 年;比较而言,用于退休的支出在 1998 ~ 2007 年比 1989 ~ 1998 年大幅上升,由于退休支出兼具养老

表 3 - 6　美国家庭开支去向

单位:%

支出类别	1989 年	1992 年	1995 年	1998 年	2001 年	2004 年	2007 年
教育	8.5	9.1	10.8	11.0	10.9	11.6	8.4
家庭支出	3.1	2.6	2.7	4.1	5.1	4.7	5.5
购房	4.9	4.0	5.1	4.4	4.2	5.0	4.2
购物	12.5	9.7	12.8	9.7	9.5	7.7	10.0
退休支出	18.7	19.4	23.7	33.0	32.1	34.7	33.9
流动性	34.4	33.9	33.0	29.8	31.2	30.0	32.0
投资	8.0	7.6	4.2	2.0	1.0	1.5	1.6
无特定原因	1.7	1.7	0.8	1.3	1.1	0.7	1.1
储蓄	8.4	12.0	6.8	4.9	4.9	4.0	3.3
合　计	100	100	100	100	100	100	100

和投资的双重特性，因此可以看作居民的投资选择；居民支出中直接用于投资的比例在 1989~1995 年从 8.0% 下降到 4.2%，1995 年以后下降趋势更为明显，到 2007 年，直接投资的比例仅为 1.6%；居民进行储蓄的比例在 1995 年以后维持在 4% 左右。从消费结构上看，居民用于流动性的支出占比较高，其次是教育和购物。总体上看，股票价格的波动促使居民更多选择间接投资来获得增值收益，而住房价格变动对居民住房支出的影响在表 3-6 中并不明显。

上面讨论了资产价格波动对不同资产规模居民财富收入来源及结构的影响，接下来我们探讨资产价格波动对不同年龄居民财富收入的影响。这里将资本所得分为房地产、商业和金融三类。此外，如果以 1989~2007 年美国家庭持有未兑现收益占总资产的比例来衡量，房地产占比要高于商业和金融投资收益。1989~2007 年，房地产收益占总资产比例同样经历了一个先下降后上升的态势，比值在 20% 以下；经商所得维持在 10%~15%；而金融投资所得占总资产比例则在 5% 以下，只是在 1998 年和 2007 年前后比值提高较为明显。分年龄段来看，45 岁以下、45~65 岁、65 岁以上居民收益有所差异。45 岁以下的居民，房地产所得占总资产比例较低（15% 以下），这一比值在 2000 年前后变化不大，2000 年以后有所提高，金融投资收益在 1% 以下，来自经商的收入在 10% 左右。45~65 岁的居民，房地产所得占总资产比例为 15%~25%，1989~1998 年有所下降，2000 年以后恢复到 15% 以上；经商所得在大多数时间维持在 10%~15%；金融投资收益则维持在 1%~5%，随着年龄的增长，金融投资的收益在上升，在 2000 年前后和 2007 年尤为明显。65 岁以上的居民，来自经商的收入降低，来自房地产的收益上升，来自金融投资的收益同样在上升，只是在 2000 年后这一比例有所下降。表 3-6 中未对居民住房拥有情况进行说明，事实上，拥有住房的居民比租房居住的居民持有更多的诸如股票一类的风险资产，这已经被文献所证实。

（二）日本

1985 年广场协议以后，日元升值造成资产价格急剧下跌，经济陷入"失去的十年"。2002 年前后，在国外需求的带动下，经济稍有起色，然而

2008 年的全球金融危机使得以外需为导向的日本经济重新陷入增长的泥淖。图 3 - 2 给出了 1989 ~ 2008 年日本 GDP 指数和资产价格变化情况。从中可以看出，1994 年之后，日本经济呈平缓状态，并且 2000 年以后经济较之前仍有所下降。与之对应，日本居住价格指数在 1989 ~ 1995 年略有回升，然而 1995 ~ 2008 年并没有太大起色；日本股票价格指数在 1989 ~ 1992 年急剧下滑，1992 ~ 2000 年前后经历了三个相对平缓的周期，2000 年 IT 泡沫之后，股票价格指数又步入下滑轨道，直至 2003 年低谷的 72.3，之后经历了一个缓慢的增长性恢复，2007 年金融危机发生后，股票价格指数重新步入下挫低谷。

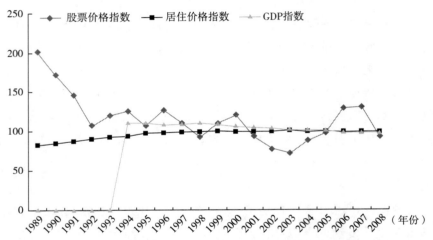

图 3 - 2　1989 ~ 2008 年日本股票价格指数与居住价格指数变化情况（2005 年价格）①

日本资产价格的波动对居民资产配置产生一定的影响。表 3 - 7 给出了 1987 ~ 1999 年日本住户的财富调查数据。1987 ~ 1999 年日本居民家庭财富总量从 6333.6 万日元减少到 1999 年的 4518.4 万日元，尽管在 1990 年居民财富总量有所增长，但在 1990 ~ 1999 年一直处于萎缩状态；居民平均金融资产在 1987 ~ 1990 年略有上升，1993 年以后不断下降，至 1999 年平均每户总金融资产为 1811.5 万元。从资产比例上看，居民金融资产占总资产的比例从 1990 年初的 22.8% 上升到 1999 年的 40.1%。居民金融资产中，

① 根据 OECD 网站数据绘制，1994 年前 GDP 指数缺失。

存款比例基本上在 40% 以上，1999 年居民存款占金融资产的比例高达 56.6%；1987～1993 年人寿保险占总资产的比例呈上升态势，1993～1999 年不断下降，到 1999 年这一比例为 32.1%；居民金融资产中用于投资股票的比例仅仅在 7% 以下，在 1993～1996 年股票市场下滑时期，居民直接购买股票的比例下降到 4.0%；购买债券的比例除了 1987 年以外，一直维持在 2% 左右的水平；其他如信托基金和共同基金的比例也较低。与美国相比，由于日本信托基金运营不善，因此居民选择不多。从表 3－7 不难看出，金融市场的低迷使得居民参与金融市场的意愿下降，由于风险投资难以带来较高的投资回报，居民偏好于选择储蓄存款这种风险较低的金融产品，居民的总资产和金融资产在这一时期甚至出现下降。

表 3－7　1987～1999 年日本住户金融资产构成

所有金融财富（包含人身保险）	1987 年	1990 年	1993 年	1996 年	1999 年
A：财富水平（万日元）					
平均每户总金融资产	1443.1	2061.4	2023.6	1832.8	1811.5
平均每户总资产	6333.6	8013.0	5781.8	4834.3	4518.4
B：资产比例（%）					
存款	42.3	39.7	41.4	49.8	56.6
定期存款	28.8	23.4	21.7	24.1	28.1
雇员存款	6.5	5.3	5.4	5.7	5.3
信托基金	4.0	4.9	3.9	3.1	2.3
人寿保险	41.3	43.4	46.1	40.5	32.1
债券	5.0	2.7	3.3	2.0	2.2
股票	6.1	6.4	4.6	4.0	5.9
共同基金	1.0	1.1	0.7	0.7	0.6
其他金融资产	0.3	2.1	—	—	0.4

资料来源：Iwaisako（2009）。

2000 年以后，日本股票市场的起伏加剧，既经历了历史低谷的 2003 年，又经历了十多年来的新增长时期（2005～2007 年），同时由于受金融危机的影响，刚刚复苏的日本经济又重新陷入泥淖，2009 年处于逐渐恢复过程中。市场的剧烈波动使得居民的财富结构发生变化。表 3－8 根据 OECD 公布的数据计算了 2000 年以来日本住户的资产结构比例。从中可以看出，2000 年以来居民金融资产占总资产的比例在不断上升，从 2000 年的 23.26% 上升到 2006 年的 28.99%，特别是在股票市场上涨的 2003～2007 年，比例上升较为明显。金融危机发生后，这一比例有所下降，后不断恢复上升，至 2009 年上升到 29.39%，为近十年来的新高。在金融资产中，居民通过人寿保险和养老保险获取的投资收益合计占到总资产的 25% 左右，2004 年以前不超过 25%，之后上升到 2007 年的 24.83%，增值收益较为明显，2009 年这一数值为 25.82%；直接用于投资基金的比例与 20 世纪 90 年代并没有太大差异。非金融资产中土地占到 50% 以上，随着股票市场的复苏，这一比例有所下降，到 2007 年这一比例为 48.75%，2009 年下降到 47.97%；耐用消费品占总资产的比例维持在 8%～9%，并且变化不大。

表 3 - 8　2000～2009 年日本住户资产结构

单位：%

种　类	2000 年	2001 年	2002 年	2003 年	2004 年	2005 年	2006 年	2007 年	2008 年	2009 年
金融资产	23.26	24.07	24.78	25.86	26.95	28.43	28.99	28.72	28.07	29.39
投资基金	1.92	1.79	1.73	2.13	2.43	3.50	4.03	3.89	3.01	3.57
人寿保险股权基金	13.56	14.09	14.45	14.66	14.94	14.66	14.23	13.89	14.00	14.15
养老基金	7.79	8.19	8.59	9.07	9.57	10.27	10.72	10.94	11.06	11.67
非金融资产	76.74	75.96	75.26	74.22	73.12	71.72	71.17	71.49	72.14	70.63
住房	14.52	14.48	14.66	14.93	15.26	15.10	14.91	14.57	14.98	14.20
土地	54.92	53.87	52.67	51.10	49.53	48.26	48.06	48.75	48.73	47.97
耐用消费品	7.30	7.62	7.92	8.19	8.33	8.36	8.20	8.17	8.43	8.46

资料来源：根据 OECD 网站数据整理。

（三）OECD 其他代表国家

本部分主要对除美国、日本之外的其他六个代表国家（德国、法国、英国、加拿大、韩国、澳大利亚）进行对比分析，审视资产价格变化对这些国家居民财富配置的影响。除特别说明外，本部分资料数据来源为 OECD 网站。本章的附录中整理了 OECD 成员国金融财富的配置情况，下文将择其代表国家进行分析。

1. 六国资产价格变动情况

图 3 - 3 给出了这六个国家 1989 ~ 2008 年经济增长与资产价格的变化情况。与美国、日本类似，这六个国家居住价格指数与 GDP 指数曲线有较好的拟合，而股票价格指数的波动要远远大于 GDP 指数和居住价格指数的波动。比较而言，同处欧洲的德国、英国、法国三类指数的曲线大体相当，GDP 指数曲线和居民居住价格指数曲线呈 "S" 形，这意味着 1995 ~ 2000 年这三个国家经济增长速度和居住价格要比其他时期平缓；而股票价格指数则经历了两次大起大落，第一次的股价飞涨在 2000 年前后达到波峰，在 2003 年落入谷底，第二次波峰出现在 2007 年，之后在全球金融危机的影响下迅速下挫。虽然澳大利亚 GDP 指数曲线和居住价格指数曲线与英、法、德三国有共同之处，但是澳大利亚 1995 ~ 2000 年的曲线变化与其他时期相差不大，并且澳大利亚股票价格指数在 2000 年前后的波峰并不明显，2000 年澳大利亚股票价格指数为 94，而英、法、德三国在 2000 年前后股票价格指数分别为 123、134、154。2000 ~ 2007 年澳大利亚股票价格指数单边上涨，在 2007 年股票价格指数达 134，当然，受金融危机影响，2007 年以后大幅下挫。加拿大居住价格指数与 GDP 指数曲线在 1989 ~ 2008 年逐渐收敛，趋于一致。与前面四个国家相比，加拿大在 1995 年以前居住价格指数要高于其他四个国家，这意味着加拿大居民居住价格在 1989 ~ 2007 年变动幅度要小于前面四个国家。然而加拿大股票价格指数在 2000 年之后的上涨幅度要大于 2000 年之前，这点与澳大利亚类似，但是程度要小于澳大利亚。比较而言，位于亚洲的韩国，除了 GDP 指数曲线和居住价格指数曲线呈现收敛状外，股票价格指数曲线与其他国家大不相同。众所周知，韩国在 1997 年东南亚金融危机中受损严重，因此股票价格指数变动呈现波动频繁的特性。1989 ~ 2008 年呈现 4 个波动周期，分别为 1991 ~ 1998 年、1998 ~ 2001 年、2001 ~ 2003 年、2003 ~ 2008 年。其中，第一和第四个周期持续时间较长，并且最近的上涨周期与澳大利亚类似，突破了前期的高点，股票价格指数在 2007 年为 160。从以上的分析我们不难看出，股票价格指数的波动远远大于居住价格指数的波动，资产价格波动对居民财富配置的影响，需要进一步的数据分析。

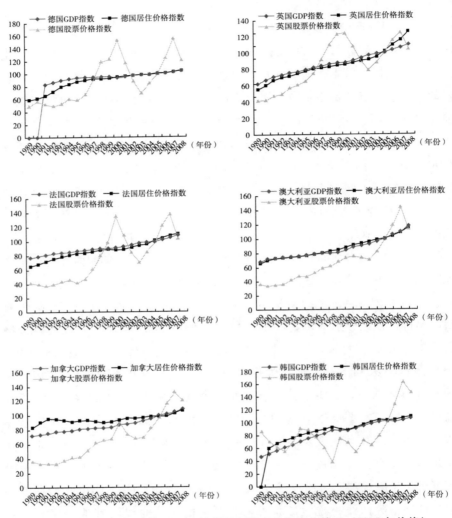

图 3 - 3 1989 ~ 2008 年六国经济增长与资产价格变化情况 (2005 年价格)

2. 1995 ~ 2000 年代表国家居民资产配置情况①

根据 OECD 的数据，按照购买力平价计算的欧洲国家 1995 年的人均金融财富在荷兰、英国、法国、意大利、德国、西班牙分别为 47915 欧元、47364 欧元、30649 欧元、29794 欧元、33072 欧元、16017 欧元，分别是

---

① 由于数据限制，分析 1995 ~ 2000 年资产组合情况时所依据的国家与前文有所不同。

当年居民可支配收入的 4.42 倍、3.89 倍、2.54 倍、2.29 倍、2.02 倍、
2.22 倍；2000 年人均金融财富分别为 76841 欧元、66434 欧元、47372 欧
元、47062 欧元、44331 欧元、28989 欧元，分别是当年居民可支配收入的
5.83 倍、4.56 倍、3.38 倍、3.08 倍、2.86 倍、2.62 倍，较之 1995 年大
幅增加，而这一时期恰好是股票价格飙升的时期，因此股票价格上升带来
居民金融财富的增值效应较为明显。对比同时期日本和美国的情况，1995
年日本居民人均金融财富为 56858 欧元，是同年居民可支配收入的 4.03
倍；2000 年为 65534 欧元，为同期居民可支配收入的 4.39 倍。1995 年美
国居民人均金融财富为 72006 欧元，是同年居民可支配收入的 3.34 倍；
2000 年人均金融财富为 103238 欧元，为同期人均可支配收入的 4.05 倍。
以家庭为基本单位，2000 年日本每个家庭的金融财富为 180967 欧元，同期
住宅财富为 121181 欧元，住宅与金融财富的配置比例为 67.0%；欧洲平均
每个家庭的金融财富为 119985 欧元，同期住宅财富为 105315 欧元，住宅与
金融财富的配置比例为 87.8%；美国每个家庭的金融财富为 270986 欧元，
同期住宅财富为 103705 欧元，住宅与金融财富的配置比例为 38.3%。由此
可见，资产价格波动带来的财富增值效应和配置效应在不同国家差异较大。

3. 2000～2009 年五国居民财富配置情况

下面对 2000～2009 年 OECD 代表国家居民资产配置情况进行分析。根
据 OECD 网站公布的数据，本书整理了英国、法国、德国、加拿大、澳大
利亚五国住户资产结构，分别见表 3-9 至表 3-13。

总体上看，考虑住房和土地在内的居民资产配置比例，与先前仅仅研
究居民金融资产配置比例有较大差异。非金融资产在居民财富配置中居主
导地位，比例超过 50%，在法国、德国、澳大利亚，这一比例超过 70%。
这意味着如果研究资产价格对居民财富配置的影响，住房价格是不可忽略
的因素之一。

表 3-9 给出的是 2000～2009 年英国家庭财富配置结构演变情况。从
中可以看出，非金融资产在总资产中占比呈逐年上升趋势。2000～2007 年
英国股市呈 "V" 形走势，因此影响到居民的财富配置。从表中数据不难
发现，英国居民用于投资基金的财富占总财富的比例不超过 4%，并且
2002 年以来一直维持在 2% 左右的水平；股市下跌的 2000～2004 年，居民

用于投资基金的比例呈下降趋势，之后的股市上涨时期，这一比例有所上升，然而即便到 2007 年股市新高时期，这一比例也仅为 2.31%，低于 2000 年时的财富配置比例；2008 年股票市场下挫，居民用于投资基金的配置比例更是出现新低，仅为 2.02%。比较而言，居民用在兼具养老和投资功能的人寿保险股权基金的财富要比投资基金高出很多，2000 年配置比例为 38.22%，是投资基金的 10 倍多；2000~2004 年的股市低迷期，居民用于人寿保险股权基金的配置比例随之下降；其后股票市场复苏的 2004~2007 年，这一比例有所上升，但也没有达到 2000 年时的配置比例。在非金融资产中，住房占总财富的比例除了 2000~2001 年低于 50% 以外，其他年份均超过 50%；与股票市场相反，2000~2004 年，居民用于住房的财富比例逐年上升，2004 年这一比例为 57.06%，也就是说，居民财富中超过一半的资产配置到住房上；2005~2006 年用于住房的财富比例有所下降，但是在 2007~2008 年，这一比例又有所上升。对照之前对英国资产价格波动的分析，可以得出这样的结论：居民在金融资产和非金融资产配置比例上的考虑，与股票市场的涨跌起落密切相关，住房则是居民调整财富结构的不二选择，多数年份占比在 50% 以上，2009 年这一比例为 54.79%。

表 3-9 2000~2009 年英国住户财富结构

单位：%

种　类	2000年	2001年	2002年	2003年	2004年	2005年	2006年	2007年	2008年	2009年
金融资产	43.93	40.91	33.82	33.37	32.53	34.98	34.97	33.68	31.23	33.81
投资基金	3.67	3.22	2.37	2.35	2.48	2.36	2.53	2.31	2.02	1.22
人寿保险股权基金	38.22	35.81	29.90	29.47	28.40	31.13	30.85	29.88	28.69	—
养老基金	—	—	—	—	—	—	—	—	—	—
非金融资产	58.11	60.97	67.73	68.18	69.12	66.51	66.61	67.81	69.29	66.19
住房	47.04	49.49	55.48	56.03	57.06	54.82	55.05	56.18	57.36	54.79
土地	—	—	—	—	—	—	—	—	—	—
耐用消费品	—	—	—	—	—	—	—	—	—	—

　　表 3 - 10 给出了 2000～2009 年法国家庭财富配置比例变化情况。与英国不同，法国居民配置在非金融资产上的比例更高，最低时期的 2000 年，比例为 76.36%。尽管 2000 年以来法国资产价格波动与英国类似，但是居民对金融资产的选择却大不相同。在金融资产中，人寿保险股权基金仍然是首选，其次是投资基金，然后是养老基金。法国居民配置到人寿保险股权基金上的财富比例是英国的一半左右，而投资基金则高于英国，特别是在 2004 年之前，用于投资基金的财富约是英国居民的 2 倍。从时间上看，法国居民用于投资基金的财富比例呈逐年下降趋势，即便 2004 年以来股票价格上涨，下降趋势仍没有改变；用于人寿保险股权基金的财富比例在股票市场下滑的 2000～2004 年有所下降，随着市场的复苏，这一比例有所提高，但是在 2007 年这一比例仍未超过 2000 年时的水平；用于养老基金的投资则维持在 2% 以下的水平，并且变化不大，2009 年这一比例上升到 2.01%。在非金融资产方面，用于住房和土地的财富配置比例走势相反，2000～2004 年，法国居民配置到住房上的财富比例不断下降，但总体上维持在 40% 以上的水平，相反，用于土地上的财富比例则从 2000 年的 22.87% 上升到 2004 年的 38.57%；2004 年以后，法国居民用于住房上的财富比例继续下降，2007～2008 年这一比例略微回升，用于土地上的财富比例则逐渐上升到 40% 以上。总体上看，法国居民更加偏好于非金融资产的投资。

表 3 - 10　2000～2009 年法国住户财富结构

单位：%

种　类	2000 年	2001 年	2002 年	2003 年	2004 年	2005 年	2006 年	2007 年	2008 年	2009 年
金融资产	23.64	22.72	21.05	20.21	18.79	17.60	17.46	17.47	17.31	18.79
投资基金	6.59	6.07	5.13	4.89	4.15	3.91	3.78	3.76	3.18	3.22
人寿保险股权基金	15.13	14.75	14.05	13.50	12.91	12.50	12.68	12.81	13.04	13.56
养老基金	1.91	1.90	1.87	1.83	1.72	1.64	1.61	1.63	1.75	2.01
非金融资产	76.36	77.28	78.95	79.79	81.21	81.95	81.93	81.81	82.03	81.21
住房	45.96	44.18	42.46	40.00	36.93	34.96	33.49	34.30	36.48	37.91
土地	22.87	25.83	29.62	33.46	38.57	41.70	43.46	42.71	40.52	38.21
耐用消费品	—	—	—	—	—	—	—	—	—	—

　　表 3 - 11 给出了 2000 ~ 2009 年德国家庭财富配置结构。从数据上来看，尽管德国居民用于非金融资产上的财富比例要低于法国，但是总体上仍然在 70% 以上的水平。从金融资产配置上看，德国居民首选人寿保险股权基金，比例维持在 10% 左右，并且在 2000 年以来变化不大；投资基金和养老基金方面，比例差别不大；用于投资基金的财富比例与股票市场价格波动并没有太大联系，而用于养老基金的财富配置在 2000 ~ 2004 年股票市场下滑时期略有上升，2004 ~ 2007 年这一比例超过 6%。在非金融资产中，用于住房的资产占总资产的比例基本维持在 40% 以上的水平，并且逐年略有下降；用于土地的财富比例则略有上升；表 3 - 11 同样给出了居民用于耐用消费品上的财富比例，这一比例要高于任何一种金融资产所占比例，尽管从时间序列上分析该比例逐年有所下降。综合来看，德国居民财富配置与资产价格波动的关系要弱于其他国家。

表 3 - 11　2000 ~ 2009 年德国住户财富结构

单位：%

种　类	2000 年	2001 年	2002 年	2003 年	2004 年	2005 年	2006 年	2007 年	2008 年	2009 年
金融资产	21.04	21.57	21.47	22.10	22.20	22.81	22.52	22.67	21.99	—
投资基金	6.34	6.54	6.21	6.57	6.35	6.77	6.46	6.51	5.82	
人寿保险股权基金	8.96	9.21	9.33	9.44	9.61	9.72	9.70	9.69	9.57	
养老基金	5.74	5.81	5.93	6.08	6.24	6.32	6.35	6.47	6.60	
非金融资产	78.96	78.43	78.53	77.90	77.80	77.19	77.48	77.33	78.01	
住房	42.22	41.60	41.30	40.68	40.92	39.94	40.44	40.65	41.20	
土地	16.96	17.60	18.50	19.22	19.47	19.27	19.51	19.60	19.87	
耐用消费品	13.34	13.17	13.05	12.70	12.39	11.91	11.51	11.12	10.91	

　　表 3 - 12 给出了加拿大 2000 ~ 2009 年家庭财富结构变化情况。我们在分析加拿大资产价格变化情况时注意到，1989 年以来加拿大住房价格波动较之英、法、德三国要平缓，同时股票价格也没有呈现欧洲国家较为明显的"V"形，而是在 2000 年 IT 泡沫破裂之后的两三年内下探，之后步入一个上涨的通道，并且持续到次贷危机发生之时。在这个背景下，我们来看加拿大家庭财富配置变化情况。从数据上看，加拿大居民用于非金融资

产的比例过半，并且逐年上升，从 2000 年到 2008 年，比值提高了近 10 个百分点。非金融资产中的住房占比高于土地和耐用消费品，住房和土地的收益呈上升态势，至 2008 年，来自土地的资产比例与住房所占比例差距缩小，而耐用消费品占总资产的比例始终处于下滑通道。在金融资产中，养老基金收益超过投资基金和人寿保险股权基金，养老基金收益占金融资产收益比例与股票价格涨跌相关，自 2000 年开始，养老基金收益占比高于 20%；加拿大居民金融资产中来自投资基金的收益也超过两位数，2000~2003 年收益比例呈下滑态势，随后这一比例重新上升，2008 年受金融危机影响，投资基金收益比例下滑至 10% 以下，2009 年这一比值为 9.29%。人寿保险股权基金与其他养老金计划收益占总资产比例合计不超过 10%，并且近些年有所下滑。

表 3 – 12　2000~2009 年加拿大住户财富结构

单位：%

种　　类	2000 年	2001 年	2002 年	2003 年	2004 年	2005 年	2006 年	2007 年	2008 年	2009 年
金融资产	43.56	41.88	39.34	39.29	39.52	39.58	39.74	39.01	35.20	37.39
投资基金	11.46	10.83	9.61	9.57	10.09	10.17	10.61	10.54	8.60	9.29
人寿保险股权基金	4.01	4.32	4.44	4.30	3.99	3.64	3.32	3.17	3.62	3.42
养老基金	28.09	26.73	25.30	25.42	25.45	25.77	25.81	25.31	22.98	24.69
非金融资产	56.44	58.12	60.66	60.71	60.48	60.42	60.26	60.99	64.80	62.61
住房	22.24	22.77	23.55	23.96	23.82	23.77	24.16	24.49	26.13	24.99
土地	15.71	16.61	17.90	18.22	19.01	19.77	20.27	21.23	22.90	22.45
耐用消费品	8.39	8.53	8.79	8.55	8.15	7.80	7.33	7.08	7.26	7.02

最后对澳大利亚的数据进行分析，具体数据见表 7 – 13。从对澳大利亚资产价格变动的分析可以看出，2000~2009 年澳大利亚资产价格尤其是股票价格上升态势好于其他国家。反映到居民的财富结构中可以发现，澳大利亚家庭用于非金融资产的比例在 70% 以上，在股票市场低迷的 2000~2004 年，这一比例不断上升；随着股票市场的复苏，比例有所下降，2007 年居民非金融资产收益占总资产的比例为 74.32%，但与其他国家相比，比例仍然很高，2009 年这一比例上升至 75.98%。非金融资产中的土地收

益要超过住房收益，2000 年以来，该部分收益占总资产的比例在 41% 左右，最高的 2008 年达 42.29%；非金融资产中的住房收益则维持在 20% 以上的水平，并且呈逐年下滑趋势；耐用消费品的下滑则更为严重，从 2000 年的 6.24% 下滑到 2009 年的 4.53%。在金融资产中，来自养老基金计划的收益占比高于其他途径，股市低迷的时候，该项比例曾下降到 18.53%，随着市场的复苏，逐渐提高到 22.80%；和其他国家相比，澳大利亚家庭来自人寿保险股权基金的收益比例较低，并且逐渐下降，2009 年该项指标占比仅为 1.24%。

表 3 - 13　2000 ~ 2009 年澳大利亚住户财富结构

单位：%

种　类	2000 年	2001 年	2002 年	2003 年	2004 年	2005 年	2006 年	2007 年	2008 年	2009 年
金融资产	24.14	23.99	22.12	21.45	21.80	23.23	24.43	25.68	20.74	24.02
投资基金	1.86	2.00	1.85	1.49	1.62	1.41	1.61	1.37	0.76	0.72
人寿保险股权基金	2.42	2.10	1.74	1.44	1.51	1.76	1.46	1.51	1.22	1.24
养老基金	19.86	19.89	18.53	18.53	18.67	20.05	21.36	22.80	18.76	22.06
非金融资产	75.86	76.01	77.88	78.55	78.20	76.77	75.57	74.32	79.26	75.98
住房	23.21	24.64	23.33	23.01	22.22	22.35	21.52	20.80	22.64	23.00
土地	35.26	34.32	38.36	40.01	41.46	40.14	40.28	40.15	42.29	38.99
耐用消费品	6.24	6.19	5.83	5.41	4.87	4.68	4.36	4.13	4.44	4.53

　　大体上，金融财富受股票价格波动的影响要大于非金融财富，尽管居民通过养老基金和人寿保险股权基金参与金融市场的行为较为普遍；非金融财富中的住房兼具投资和消费的双重属性，因此在总资产中占比较大。值得注意的是，非金融资产中土地收益日益显现。和 2000 年以前的数据相比，这里的分析综合考虑了非金融资产收益的情况，但是由于缺乏更为微观的数据，难以看出代表国家近些年直接参与金融市场的状况。

　　为了更加全面地了解居民的财富结构，表 3 - 14 给出了全部 OECD 国家 1995 年、2000 年、2006 年金融财富组成情况，来进一步证实上述分析的结论。综合来看，1995 ~ 2000 年，股票市场表现强劲，美国、意大利、瑞典居民持有货币和存款的比例下降，部分国家下降比例超过 40%。股票

表3-14　代表年份 OECD 国家家庭金融财富组成

OECD 国家	货币和存款			股票以外的证券（不包括衍生品）			股票和其他证券（不包括共同基金）			共同基金			人寿保险净资产			养老金净资产		
	1995年	2000年	2006年	1995年	2000年	2006年	1995年	2000年	2006年	1995年	2000年	2006年	1995年	2000年	2006年	1995年	2000年	2006年
奥地利	61.9	55.0	47.4	13.4	7.6	8.7	3.9	6.8	10.1	5.8	11.1	12.4	10.6	13.2	14.5	1.6	3.4	3.5
比利时	28.9	24.1	28.3	29.4	21.6	9.1	18.4	22.0	24.0	8.7	14.9	16.7	6.4	10.5	19.4	1.4	2.1	1.7
捷克共和国	52.6	60.0	57.3	0.1	0.6	0.9	28.5	21.5	12.4	7.0	1.9	9.2	4.2	4.6	7.5	1.1	3.0	5.6
丹麦	25.4	21.2	19.9	n.a	n.a	n.a	n.a	n.a	n.a	n.a	n.a	n.a	n.a	n.a	n.a	n.a	n.a	n.a
芬兰	73.6	32.9	29.7	5.8	1.1	1.1	2.7	39.9	35.6	0.9	3.8	9.0	9.7	7.5	9.0	0	8.9	9.2
法国	41.6	33.4	29.1	5.9	2.9	1.4	10.7	18.3	19.9	13.4	11.3	9.4	20.9	27.3	32.2	n.a	n.a	n.a
德国	42.4	34.2	33.9	11.8	9.0	10.6	11.0	16.1	12.9	7.2	11.3	11.6	n.a	n.a	n.a	n.a	n.a	n.a
希腊	56.6	43.8	48.4	18.2	7.9	11.4	9.3	30.8	28.2	6.4	11.9	5.9	1.4	1.6	1.8	0.1	0.1	0.3
匈牙利	55.3	42.5	36.6	6.4	9.0	6.1	25.0	28.6	25.9	1.4	4.8	8.2	2.4	4.4	5.8	0.2	4.0	10.8
意大利	42.0	24.7	27.9	27.1	18.5	19.8	15.4	27.6	24.6	4.2	16.6	9.1	n.a	n.a	n.a	n.a	n.a	n.a
新西兰	22.5	17.6	20.6	3.4	3.2	3.0	16.6	21.4	14.1	3.9	4.7	2.0	9.7	9.2	10.5	42.1	42.3	48.1
挪威	39.0	33.1	29.7	0.6	1.1	1.4	8.9	11.4	11.8	3.1	6.2	5.3	9.0	8.9	7.2	26.2	26.4	28.4
波兰	67.5	59.6	47.8	2.0	0.8	2.5	25.2	22.3	24.0	n.a	0	8.6	1.6	4.6	8.4	0	0	0.1
葡萄牙	48.9	44.2	37.1	0.9	4.8	7.0	30.4	26.0	26.5	6.1	8.4	9.4	2.7	6.8	11.6	6.5	7	6.3
斯洛伐克	85.0	83.4	58.7	0.9	4.8	1.9	4.6	1.6	5.1	0	0	6.5	n.a	n.a	n.a	n.a	n.a	n.a
西班牙	50.8	39.8	38.1	3.6	2.5	2.4	19.8	26.7	29.7	10.1	13.7	12.1	4.5	6.8	6.6	4.5	5.8	6.1
瑞典	29.1	15.7	16.9	9.4	3.3	2.3	22.3	29.4	30.9	7.2	13.7	12.0	16.4	17.5	16.4	14.6	19.6	21.0

续表

OECD国家	货币和存款			股票以外的证券（不包括衍生品）			股票和其他证券（不包括共同基金）			共同基金			人寿保险净资产[2]			养老金净资产[2]		
	1995年	2000年	2006年	1995年	2000年	2006年	1995年	2000年	2006年	1995年	2000年	2006年	1995年	2000年	2006年	1995年	2000年	2006年
瑞士	n.a	21.7	23.9	n.a	9.4	8.4	n.a	18.5	13.9	n.a	8.7	11.3	n.a	6.1	5.8	n.a	32.8	33.8
英国	23.7	20.3	26.0	2.1	1.5	0.8	16.1	18.2	10.2	3.7	4.9	4.4	49.3	51.1	54.0	0	0	0
澳大利亚	26.8	21.9	20.1	2.7	1.4	0.6	13.3	19.4	19.3	n.a	n.a	n.a	10.5	4.4	2.6	40.7	48.2	53.2
加拿大	27.1	19.4	19.1	7.1	5.0	2.1	n.a	n.a	n.a	n.a	n.a	n.a	n.a	n.a	n.a	n.a	n.a	n.a
墨西哥[1]	28.0	22.9	13.0	10.2	35.4	51.7	56.0	34.6	28.1	3.8	4	4.5	1.4	1.4	1.4	0.1	1	0.8
美国	13.3	10.3	12.4	9.7	6.5	7.2	36.9	39.2	32.4	8.1	11.1	13.5	2.6	2.5	2.7	26.7	27.8	28.4
日本[2]	49.6	53.6	50.1	6.9	4.1	2.7	11.4	8.5	14.6	2.3	2.4	3.6	18.3	17.1	15.0	7.8	9.8	10.6
韩国[3]	n.a	54.4	47.3	n.a	8.2	9.9	n.a	—	—	0.4	0.4	4.5	n.a	17.3	18.0	n.a	—	—

注:1 为1997年、2000年、2005年的数据;2 为1995年、2000年、2006年的数据;3 为2002年、2005年的数据。

资料来源:Isabelle Yne，"Households' Wealth Composition Across OECD Countries and Financial Risks Borne by Households"，OECD Financial Market Trends，2008，http://www.oecd.org/department/0,3355,en_2649_34849_1_1_1_1,00.html。

等金融资产的比例大幅上升，股指上涨带来居民财富的增加。这一时期，欧洲国家和美国家庭持有共同基金的比例大幅上升，占比在 13% 左右。2000 ~ 2006 年，居民持有货币和存款的比例较上一时期有所下降，股票市场泡沫破裂使得居民偏好投资储蓄来降低风险。这些变化充分说明，资产价格波动对居民财富配置会产生重要影响。

二　资产价格波动与富裕人士财富变动：基于凯捷公司的数据分析

由美林和凯捷公司联合发布的世界财富报告为我们提供了研究富裕人士资产配置的最佳范本。从 1997 年至今，《全球财富报告》已连续发布了 15 年，详细报告了不同年份富裕人士在各大洲数目的变化情况及财富情况。

概念上，他们把富裕人士定义为净金融资产在 100 万美元以上的个人，而超富裕人士则为净金融资产在 3000 万美元以上的个人。《全球财富报告》在市场规模模型中涵盖 69 个国家和地区，这些国家和地区的财富超过全球国民总收入的 98%，占全球股市资本额的 99%。超富裕人士只占全球中产阶层以上总人口的 1%，但其财富却占了金融资产总额的 1/3。他们通常比其他中产阶层人士在管理资产方面拥有更丰富的经验和更多的信息渠道。他们对财富管理的行为和态度对于投资者和金融机构来说都有重要的启示意义。

1990 ~ 1999 年，北美地区股票价格指数增长 20.3%，欧洲地区增长 19.7%，亚太地区增长 7.7%；2000 年前后经历 IT 泡沫破灭，股票市场呈现不同程度的缩水，其中北美地区下降 12.9%，欧洲地区下降 14.1%，亚太地区下降 12.9%；2002 ~ 2007 年，新一轮经济复苏推动了股票价格指数的大增长，北美地区增长 15.3%，欧洲地区增长 24.4%，亚太地区增长 34.9%，这一时期亚太地区成为全球股票市场的亮点；2007 ~ 2008 年，尤其是金融危机发生后，股票价格指数下降较为明显，北美地区下降 48.6%，欧洲地区下降 51.0%，亚太地区下降 53.5%。

表 3 - 15 给出了 1997 ~ 2010 年全球富裕人士的分布情况。从中可以看

出，富裕人士数量从 1996 年的 450 万人增加到 2010 年的 1090 万人，富裕人士在短短的 10 多年翻了一番。从变化的趋势来看，全球富裕人士增长较快的两个时间段是 1999 年前后和 2004 ~ 2007 年，这一时期正好是全球经济处于上升通道、股票市场飞涨的时期。经济的好转直接带来富裕人士数量的增长。从分布上看，欧洲、北美和亚洲占据了 90% 以上的比重，而拉丁美洲、中东和非洲的富裕人士合计不超过 100 万人。在经济处于低迷时期的 2003 年，富裕人士数量几乎没有发生变动，而 2007 年次贷危机发生后，富裕人士的数量急剧下滑，欧洲从 2007 年的 310 万人下降到 2008 年的 260 万人，北美从 330 万人下降到 270 万人，亚洲从 280 万人下降到 240 万人，比较而言，其他地区由于基数小，以百万统计的富裕人士数量变化不大。

表 3 - 15　1997 ~ 2010 年富裕人士数量变化

单位：百万人

年份	金球	欧洲	北美	亚洲	拉丁美洲	中东	非洲
1996	4.5	—	—	—	—	—	—
1997	5.2	1.8	1.6	1.2	0.2	0.2	0.04
1998	5.9	2.1	1.8	1.3	0.2	0.2	0.04
1999	7.0	2.5	2.2	1.7	0.2	0.2	0.04
2000	7.2	2.5	2.2	1.6	0.3	0.3	0.1
2001	7.1	2.5	2.2	1.7	0.3	0.3	0.1
2002	7.3	2.5	2.2	1.9	0.3	0.2	0.1
2003	7.7	2.5	2.5	2.1	0.3	0.2	0.1
2004	8.2	2.6	2.7	2.3	0.3	0.3	0.1
2005	8.7	2.8	2.9	2.4	0.3	0.3	0.1
2006	9.5	2.9	3.2	2.6	0.4	0.3	0.1
2007	10.1	3.1	3.3	2.8	0.4	0.4	0.1
2008	8.6	2.6	2.7	2.4	0.4	0.4	0.1
2009	10.1	3.0	3.1	3.0	0.4	0.4	0.1
2010	10.9	3.1	3.4	3.3	0.5	0.4	0.1

表 3 - 16 则给出了 1986 ~ 2010 年全球富裕人士的金融财富变动情况。1986 年全球富裕人士金融财富为 7.2 万亿美元；到 1996 年共 10 年时间增长到 16.6 万亿美元；1999 年股票市场繁荣，全球富裕人士金融财富高达

25.5 万亿美元；IT 泡沫破灭后的 2001 年，富裕人士金融财富下滑到 26.2 万亿美元；新的经济增长周期到来后，富裕人士金融财富重新步入上升通道，2007 年达到 40.7 万亿美元，是 1996 年的 2.45 倍；2008 年财富缩水至 32.8 万亿美元。从地域分布上看，仍然以欧洲、北美和亚洲为主，与富裕人士数目相比，拉丁美洲比中东和非洲拥有更多的金融财富。从变化的趋势来看，在过去的十多年中，尤其是欧洲，富裕人士金融财富增长缓慢，而亚洲和拉丁美洲成长较快。股市急转的 2008 年，富裕人士金融财富缩水严重，所有地区无一例外。财富增加的主要原因是实际 GDP 的增长以及股市市值的增加，财富创造的两大驱动力——实际 GDP 与股市市值，在近些年呈现加速增长趋势，促使全球富裕人士总量增加，他们掌控的财富金额也随之增长。

表 3-16 1986~2010 年富裕人士金融财富变化

单位：万亿美元

年份	金球	欧洲	北美	亚洲	拉丁美洲	中东	非洲
1986	7.2	2.0	2.3	0.8	1.2	0.6	0.3
1996	16.6	5.0	4.4	3.5	2.2	1.2	0.4
1997	19.1	5.9	4.8	4.0	2.5	0.9	0.5
1998	21.6	6.9	5.6	4.4	2.7	1.0	0.5
1999	25.5	8.1	6.7	5.4	3.1	1.1	0.5
2000	27.0	8.4	7.5	4.8	3.2	1.0	0.6
2001	26.2	8.4	7.6	5.1	3.5	1.1	0.6
2002	26.7	8.8	7.4	5.7	3.6	1.1	0.6
2003	28.5	8.6	8.5	6.6	3.4	0.8	0.6
2004	30.7	8.9	9.3	7.1	3.7	1.0	0.7
2005	33.3	9.4	10.2	7.6	4.2	1.2	0.8
2006	37.2	10.1	11.3	8.4	5.1	1.4	0.9
2007	40.7	10.7	11.7	9.5	6.2	1.7	1.0
2008	32.8	8.3	9.1	7.4	5.8	1.4	0.8
2009	39.1	9.5	10.7	9.7	6.7	1.5	1.0
2010	42.7	10.2	11.6	10.8	7.3	1.7	1.2

　　一般认为，富裕人士拥有多种财产，容易受到风险的影响，但是富裕人士一般会先于市场决策。结果显示，超富裕人士的投资组合不仅仅是为了多元化，而且也比一般投资者更为积极。整体而言，超富裕人士将资产分配在其他投资渠道上的比例高于普通投资者，投资比例分别是 24% 和 20%。对其他投资渠道的投资，证明了超富裕人士在税务方面的考虑也优于他人，因为这类投资当中有许多项目能够让他们合理避税。虽然超富裕人士将投资组合分配在股票上的比例低于一般投资者，但是他们也对较复杂的产品，如避险基金、私募基金/创投基金、结构性产品进行投资，以及投资个人感兴趣的产品。这类投资工具通常也依赖股票类的产品。除此之外，超富裕人士在固定收益和现金上所持有的资产比例相当低，相对一般投资者而言反而在不动产上配置较多的财富。超富裕人士也更了解财富该如何做全球性的管理。协助管理其投资组合的专业人士表示，他们投资国际市场的资产比例较高，与一般投资者的投资组合相比，也更有投资区域分散风险的观念。超富裕人士的回应，也证实了这些人目前配置较低的资产份额于北美地区，而比较偏好像亚太地区和拉丁美洲等地的新兴市场。事实上，超富裕人士表示，他们调整这些区域的投资比例，可能会比市场预期的水平还要高，这也进一步证明了超富裕人士平衡风险和积极的投资态度。超富裕人士之间呈现的这种现象更支持了前面的结论，也就是整体而言，投资人正将资金移出如美国这样的成熟经济区，而转向投入世界其他各地更具吸引力的经济高增长地区。随着资产配置的全球化，有很大比例的超富裕人士不论是在个人投资方面还是在财务方面，都趋向于全球化。富裕人士当中，有 25% 的人在国外拥有私宅和私人经理人，超富裕人士的资产全球化比例则更高。至少一半以上的超富裕人士在国外拥有住宅和金融账户，45% 的超富裕人士则拥有海外的投资顾问。

　　表 3 - 17 给出了 2004 ~ 2010 年全球富裕人士的资产结构。从数据上看，股票仍然是投资首选，不过容易受涨跌周期的影响，固定收益产品则成为替代股票投资的不二选择，并且受涨跌周期的影响较小；不动产在 2006 年的投资比例大幅上升，之后随着股票市场 2007 年的迅速上扬，出现了一定程度的下降。

表 3 – 17　2004~2010 年全球富裕人士资产结构

单位：%

年份	另类投资	不动产	现金/存款	固定收益产品	股票
2004	19	16	13	24	28
2005	20	16	13	21	30
2006	10	24	14	21	31
2007	9	14	17	27	33
2008	7	18	21	29	25
2009	6	18	17	31	29
2010	5	19	14	29	33

　　此外，从近些年的情况来看，一方面，全球实际 GDP 增长减缓的情况反映了全球最成熟经济体的表现已减缓；另一方面，新兴市场的表现持续超越全球其他市场，而有助于这些经济体当中财富的创造。随着投资者越来越多地将资产投入国外市场，他们也更加关注海外的财富管理机构和投资策略。事实上，65% 的投资者越来越强调财富的国际化管理。国际投资资产增加的主要驱动因素包括更高的投资回报和风险控制。除了投资国外市场，28% 的投资者在国外还拥有住宅。这个比例在中东和欧洲还要更高，这两个地区分别有 80% 和 46% 的富裕人士在另一个国家拥有住宅。对海外房地产的兴趣，表现为投资者渴望在海外拥有住宅，最先代表了对当地经济的投资。富裕人士也更为积极地参与当地活动，或许一年会花数个月的时间在当地生活。在此期间内，他们会在当地建立关系、开户，并且熟悉当地文化，这些都是支持全球化的各种行为。由于富裕人士对全球发展的意识加强，开始寻求更高的投资组合绩效和更佳的风险平衡策略，他们的投资行为随之变得更加全球化。过去，北美的富裕人士常将大量资产投资于国内市场。在 2005 年，富裕人士持有的资产中有 78% 属于国内资产。整体而言，全球富裕人士略微减少了对北美的投资比重，而增加了对欧洲市场的投资。2006 年欧洲股市增长稳健，欧盟 27 个成员的 GDP 上升了 2.7%，而 2005 年只上升了 1.8%。具体见表 3 – 18。

表 3 – 18　不同大洲富裕人士全球资产配置比例

单位:%

年份	另类投资	不动产	现金/存款	固定收益产品	股票	另类投资
亚太地区						
2006	4	1	4	50	14	27
2007	1	2	6	53	12	26
2008	1	1	3	68	10	17
欧洲						
2006	—	2	6	14	52	26
2007	1	2	6	11	56	24
2008	1	2	4	10	65	18
拉丁美洲						
2006		2	20	12	19	47
2007	1	2	31	10	18	38
2008		1	45	7	15	32
北美						
2006	—	1	4	10	12	73
2007	—	1	4	8	11	76
2008	1	1	3	6	8	81

　　2010 年末，全球高收益资产人群同比下降 14.9%，财富下降 19.5%；超高收益资产人群下降 24.6%，财富下降 23.9%。全球高收益财富人群仍然集中，但是国家排名发生转变。美国、日本、德国合计占到全球高收益资产人群的 54.0%，较之 2007 年的 53.3% 略有上升。中国高收益资产人群超过英国，成为第四大高收益资产人群的国家，中国香港的高收益资产人群下降 61.3%。到 2013 年，全球高收益金融资产达到 48.5 万亿美元，年均增长 8.1%。

三　国际比较对中国的启示

（一）资产价格走势、居民财富结构与经济周期存在高度的吻合关系

　　从发达国家的经验来看，资产价格走势、居民财富结构与经济周期

存在高度的吻合关系。伴随着经济增长，资产价格处于上升通道，由此直接带来居民财富总量的增加；反之，经济下行，资产价格下挫，直接导致居民财富总量的缩水。另外，由于发达国家金融工具丰富使得居民参与金融市场的广度和深度增加，居民的财富结构与经济结构的变化也相当吻合，经济上升周期，证券资产占比较高，经济下降周期，不动产占比较高。这一特征在近些年来表现得尤为突出。在国际金融危机爆发之前，以美国为代表的国家不同形态的居民财富与美国资产市场同时处于上升周期，金融危机爆发后，居民持有金融资产的意愿下降，直接的财富总量也呈现缩水态势。日本1990年以来经济的下滑同时伴随着资产市场的萎缩，居民的金融资产同时大幅缩水。从结构上看，在资产价格上升或下降的周期中，居民财富配置的结构比例也呈现不均衡的特征。资产价格波动对不同收入群体的居民影响程度不同，对于低收入群体而言，由于可配置的资产相对较少，因此资产价格波动的直接影响相对较小；对于直接参与资产市场的居民而言，受资产价格波动的影响程度相对较大。

（二）金融产品的发展有利于平抑资产价格的过度波动

随着欧美金融市场的发展，股票、基金、保险等形式的金融资产在居民财富中的地位日益显现，家庭的资产组合管理行为产生了深刻变化。居民通过共同基金等形式参与股票市场投资，占比超过了50%。在成熟的证券市场中，股票收益率归根结底取决于股票的内在价值，而价值则主要由上市公司的经营绩效和赢利预期决定。因为各行业均受到国民经济整体景气状况的影响，所以整个国民经济发展水平的各种指标和证券市场价格水平指数之间存在着必然联系。此外，发达国家居民通过共同基金、货币市场基金以及养老金等方式间接参与股市，能够平滑股票价格波动对财富的风险冲击，反过来共同基金等参与股市有助于烫平股票价格的短期波动。

再来看房地产价格。房地产价格是由需求决定的，不过随着金融产品的不断发展，金融中介之间的竞争使得抵押品的边际利率不断降低，允许银行提供更高比例的房地产贷款，家庭可以用房产更高的抵押贷款价值进行贷款，从而鼓励在房价上涨后借更多的抵押债务。20 世纪 90 年代后半期，发达国家为刺激消费不断降低实际利率，房地产价格在爱尔兰、荷兰、葡萄牙、西班牙以及斯堪的纳维亚等国家都显著上涨。在其中的一些国家中实际房地产价格的上涨远远超过了实际 GDP 的增长，已经接近甚至超过了以前周期中的最高水平。因此，金融产品的丰富增强了房地产的流动性，增加了投资渠道，从而有利于居民从房地产市场交易中获得投资收益，增加财产收益。

与国外发达国家相比，我国金融市场规模较小、金融市场效率低下、居民股票参与率低、金融资产价格波动幅度大、金融财富分配高度不均衡、消费者信心整体不高等，是造成我国金融资产财富效应不明显、居民消费不足的主要原因。2011 年美国银行体系资产仅为 12 万亿美元左右，同期中国银行体系金融资产达 110 多万亿元。可见，中国银行资产超过美国。但是，美国股票、债券资产高达 60 万亿美元，而 2011 年中国股票资产市值仅 30 余万亿元。再加上由于经济结构失衡给中国带来的巨额外汇储备所引发的高额货币投放，通过间接途径流入资产市场加剧了资产价格的波动。比较而言，在居民资产结构中，我国居民金融资产占比较小，不动产占比较大。并且，在不同群体居民资产配置结构差异的比较中，我国城乡居民财富结构差异较大。农村居民由于房产缺乏流动性，因而较难从资产价格波动中获取收益。

（三）城镇化的发展对居民财富增长的拉动作用

国际经验表明，城镇化的进程对居民财富具有明显的提升效应。图 3 - 4 给出了美国、日本、韩国、英国与中国城镇化进程的比较。早在 1850 年，英国城镇化率就超过 50%，美国在 1920 年的城镇化率达到 50%，日本和韩国在 1950 年前后的城镇化率接近 50%。在城镇化的进程中，住宅投资占 GDP 的比重呈现先升后降的"倒 U"形曲线。日本城镇化率在高峰时期的 74% 时，住宅投资占 GDP 的比重为 9.1% 的峰值水平；韩国城镇化高峰时期，住宅投资占 GDP 的比重为 8.9%。在城镇化高速发展的 30~40 年间，城镇化率能够从 25% 提高到 70%~80%，相应的住宅投资比重会不断上升。比较而言，我国城镇化水平相对较低。

1978 年城镇化率仅为 20%，到 2008 年这一比例已经提高至 46%，与日本和韩国在 20 世纪 50 年代时期的水平相当。考虑到大量外出务工人员虽然到城市居住和生活，但是户籍、社会保险等尚未融入城市体系中，因此实际的城镇化水平远远低于 46%，未来城镇化的发展空间巨大。按照"十一五"时期城镇化发展速度推算（年均增加约 1 个百分点），到2020 年我国城镇化率将提高到 58%，到 2030 年城镇化率将逐步上升到70% 的水平。

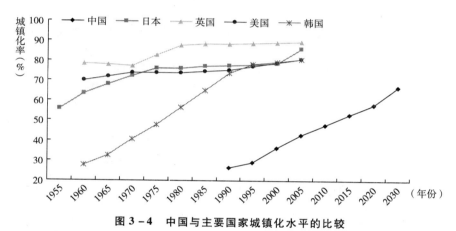

图 3 - 4　中国与主要国家城镇化水平的比较
资料来源：世界银行数据库。中国 2015 年、2020 年、2030 年城镇化率为预测值。

图 3 - 5 则给出了上述国家 1930 年以来人均 GDP 的演变情况。从图中可以看出，美国和英国的人均 GDP 在 20 世纪 30 年代大体相当，但在大萧条后，美国人均 GDP 的增长速度超出了英国。日本人均 GDP 在 1960 年与美国、英国 1930 年的水平大体相当，韩国 1980 年的人均 GDP 与美国、英国 1930 年的水平大体相当，中国人均 GDP 在 2000 年前后达到这一水平。从趋势上看，我国城镇化进程中将经历美国 1940 ~ 1970 年、英国 1955 ~1985 年、日本 1965 ~ 1985 年、韩国 1985 ~ 2000 年的快速增长过程。伴随着城镇化进程的加快，居民收入不断增加，同时对住宅市场的需求相应增长，这意味着房地产市场的成长空间巨大。特别是城市与农村在医疗、教育等公共服务领域的差距未得到根本改变的现实条件下，居民对城市住宅的需求将不会改变。这将为居民的财富成长和财富配置带来积极影响，也是我们关注中国未来财富结构演进的一条重要主线。

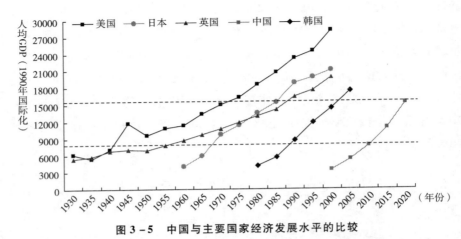

图 3 - 5　中国与主要国家经济发展水平的比较

注：①图中为按购买力平价计算的数据，以 1990 年国际元为基准；②中国 2010 ~ 2020 年的人均 GDP 按照年均 7% 的增长率推算得出。

资料来源：The World Economy：Historical Statistics.

（四）不同国家市场运行机制和政府职能的差异对资产价格和居民财富配置的导向作用不容忽视

对于发达国家而言，由于城镇化进程已经基本完成，财富的高成长期已经结束，居民财富的成长和配置结构变化主要受经济周期波动的影响。例如，美国在 20 世纪 90 年代的新经济繁荣期，以股票为代表的金融资产财富成长很快；新经济的神话破灭后，房地产又成为拉动经济的杠杆，房产财富又进入一个较快的成长期；2008 年金融危机发生以后，以美国为代表的发达经济体中房地产价格急剧下挫，使得房地产在居民财富中的占比有所下降，同时，股票价值也明显缩水；在政府的直接救助下，金融市场和房地产市场近些年有所恢复。美国股票市场已恢复至危机前的水平，居民的财富配置结构也逐渐回归。

而我国作为转轨经济体，资产市场处于发育初期，表现出明显的市场分割性（证券市场和房地产市场的制度性分割特征尤为明显）和政策波动性。与国外市场体制和政府的职能不同，我国政府主导型的市场经济体制使得政府的产业规划、宏观调控等直接影响资产市场的结构以及价格水平，从而使得我国资产市场价格波动更频繁。此外，由于市场主体的投资决策受政策的影响较大，凡政策鼓励扶植的产业，容易出现产能过剩的问题，从而导致价格下跌；在政策限制发展的领域，又会造成短缺问题，从而导致价格暴涨。近年来，我国房地产出现的快速上涨和股票价格的剧烈起伏都与经济运行机制的不成熟和政策调控的不成熟有十分密切的关系。因此，观察中国的资产市场及其价格波动现象应牢牢把握中国市场运行的状态特征和政府的政策干预行为。

四　结论

本章对资产价格波动与居民财富配置的国际经验进行了研究，选取美国、日本以及 OECD 国家资产配置情况进行了对比分析。从国际经验来看，资产价格的波动与居民财富配置结构形成了互动关系，这一过程体现为金融自由化下的居民自主选择过程。居民财富结构的多元化使得资产的种类不断增加，而资产价格的波动使得居民在财富选择上的行为发生变化，以住房为代表的非金融资产在居民财富结构中占比较大，居民直接参与股票市场的比例在不断下降，这一过程体现了居民趋利避害的理性选择。根据代表性国家的发展经验，本章对当前我国资产市场的成长进程和前景进行了分析，未来我国城镇化进程和市场化改革的进一步深入将有利于资产市场的成长。但我国作为转轨经济体，资产价格波动与市场运行机制和政府的干预行为紧密相关。因此，研究和观察中国的资产市场问题必须牢牢把握中国市场特征和制度特征。

第四章　我国居民财富配置状况的
统计性分析

对典型国家资产价格波动和居民财富配置情况的分析，使得我们有了一个了解中国资产价格波动和居民财富配置状况的对比分析坐标。本章将对我国资产价格波动特征及城乡居民财产配置的情况进行测算和统计分析，以掌握近些年我国财富在国家、企业和居民之间的配置情况，为构建本书的理论分析框架奠定现实基础。

一　我国收入分配格局的变化情况

国民收入分配主要是指企业、政府和居民等部门的可支配收入在国民收入分配中的比例关系，反映了三者之间的利益格局。从国民收入分配的总体情况来看，财富配置对于进一步理清经济转型中资产价格和财富配置的关系是有帮助的。

（一）收入初次分配的变动情况

国民收入的初次分配是基于微观领域的分配问题。初次分配中的国内生产总值可分为劳动者报酬（劳动原始收入）、固定资产折旧和营业盈余（资本原始收入）以及生产税净额（政府原始收入）。除去政府在初次分配中获得的生产税净额外，国民收入在初次分配中可分为在生产中劳动获得的收入和资本获得的收入两大部分，因而国民收入初次分配更能体现生产过程中的劳资关系，劳动收入的基本格局也是由国民收入初次分配决定的。在初次分配领域，市场化发育程度越高的经济体，市场机制对要素价格的形成越能起到基础性的作用，从而要素价格的变动趋势决定着初次分配的变动趋势；但对于转型经济体来说，要素市场发育严重滞后，收入分配的制度变迁和政策变化对收入分配的影响却是极为深远的。

　　改革开放以来，中国的宏观收入分配格局变化显著。居民、政府和企业三部门的收入分配格局伴随着国家收入分配政策的演变以及居民收入渠道的多元化而发生了变化。从分配结构上看，20 世纪 90 年代初期我国初次分配格局比较稳定，没有实质性变化；但随后，伴随着以按劳分配为主体逐步向兼顾要素分配方向的转变，分配格局变化比较明显。

　　首先，表现在收入增长速度的变化上。从整体上看，1997 年以来我国居民收入增长的速度要滞后于 GDP 的增速，1997 ~ 2010 年城镇居民可支配收入年均增长 7%，农村居民可支配收入年均增长 5%，同期 GDP 的平均增速为 9.85%。

　　其次，表现在分配比重的变化上。表 4 - 1 左侧栏给出了改革开放以来我国三大部门初次分配所占比重的变化。1978 年，居民在初次分配中占比为 51.9%，同期政府在初次分配中占比为 37.9%，企业占比为 10.2%。随后几年，居民在初次分配中占比有所提高，到 1982 年这一比例上升到 58.4%，不过在 1983 年到 1986 年，这一比例维持在 56% 左右。1987 ~ 1991 年这一比例则陆续下降，维持在 52% 左右的水平。综合来看，1978 ~ 1991 年居民在初次分配中占比为 50% ~ 57%，经历先上升，后平稳发展，然后逐步下降的过程。这一比例在 1992 年发生了较大改变。1992 年居民在初次分配中占比突然上升到 65.40%，随后一直到 2003 年，这一比例一直维持在 60% 以上，从趋势上看有升有降，但相对平稳。2004 ~ 2007 年这一比例则重新出现下降，一直没有超过 60%。因此，纵观居民初次分配所占的比重，可以分为四个阶段，1978 ~ 1982 年居民在初次分配中所占比重经历了短暂的上升期，1983 ~ 1991 年呈逐渐下降趋势，1992 ~ 2003 年运行相对平稳，2003 年以后有所下降。

　　接下来看政府在初次分配中的变化情况。1978 年政府在初次分配中占比为 37.9%，随后逐渐下滑，1981 年这一比例下滑至 29.1%，到 1987 年跌破 20%，占比仅为 18.9%，到 1991 年政府占比达历史最低的 14.5%，不到 1978 年比重的一半。1992 ~ 2000 年，这一比重一直维持在 15% ~ 16%

表 4 - 1　1978 年以来我国分部门分配情况

单位:%

年份	各部门初次分配比重			各部门再次分配比重		
	居民	政府	企业	居民	政府	企业
1978	51.9	37.9	10.2	56.5	31.9	11.6
1979	54.9	34.5	10.6	61.7	26.5	11.8
1980	57.4	37.9	10.7	66.2	22.2	11.6
1981	57.2	29.1	13.7	66.9	19.7	13.4
1982	58.4	28.7	13.9	67.4	19.4	13.2
1983	56.3	27.0	16.6	67.0	19.4	13.6
1984	57.0	26.6	16.4	68.2	20.0	11.8
1985	56.2	24.7	19.0	67.5	20.0	12.5
1986	56.9	22.1	21.1	70.2	17.9	11.9
1987	54.9	18.9	26.2	71.4	15.5	13.1
1988	52.9	16.0	31.1	70.9	13.1	16.6
1989	52.9	15.6	31.6	72.5	12.7	14.8
1990	52.8	15.9	31.4	73.0	12.5	14.5
1991	52.9	14.5	32.5	75.3	12.2	12.5
1992	65.40	15.53	19.06	67.71	18.90	13.33
1993	62.56	16.83	20.61	64.61	19.20	16.16
1994	64.10	16.26	19.64	65.97	18.00	16.02
1995	64.74	15.14	20.12	66.81	16.50	16.69
1996	67.23	15.53	17.24	69.29	17.15	13.56
1997	65.71	16.17	18.12	68.13	17.51	14.36
1998	65.61	16.87	17.52	68.14	17.53	14.33
1999	64.98	16.95	18.07	67.11	18.58	14.31
2000	64.36	16.69	18.95	64.81	19.54	15.65
2001	63.53	18.36	18.11	63.78	21.08	15.14
2002	65.28	17.48	17.24	65.18	20.49	14.33
2003	63.20	17.98	18.82	62.68	21.85	15.47
2004	57.68	17.84	24.48	57.83	20.38	21.79
2005	59.59	17.48	22.93	59.41	20.55	20.04
2006	59.02	18.59	22.39	58.73	22.75	18.52
2007	57.92	19.52	22.56	57.52	24.06	18.42

资料来源：历年《中国统计年鉴》。

的水平；2000 ~ 2007 年，政府在初次分配中的占比略有上升，到 2007 年这一比例为 19.52%，大致为 1987 年时的水平。

再来看企业在初次分配中占比的变化情况。1978 年企业在初次分配中占比为 10.2%，这一比例在随后三四年变化不大。随后逐年上升，到 1991 年上升至 32.5%，是 1978 年占比的 3 倍多。值得注意的是，在 1987 年，企业在初次分配中占比超过政府。1992 年企业在初次分配中占比陡然下降至 19.06%，直到 2002 年占比大致维持在 17% ~ 18% 的水平，2004 年以后又恢复至 22% 左右的水平。企业在初次分配中占比与政府占比的差距在 20 世纪 90 年代有所扩大，在 2000 年后逐渐下降，差距为 4 个百分点左右。

从以上分析可以看出，居民在初次分配中经历了先上升再下降的演变趋势；政府占比虽然总体上呈现下降趋势，但是近年来略有回升；企业占比总体上较改革开放之初有所上升，不过总体上也是呈现先上升后下降的趋势。2003 年以来，居民在初次分配中占比不断下降，而政府和企业在初次分配中占比不断上升。从绝对比例来看，1978 年居民在初次分配中占比约是政府部门占比的 1.4 倍，约是企业占比的 5 倍；2007 年居民在初次分配中占比约是企业部门占比的 2.6 倍，约是政府部门占比的 3 倍。1997 ~ 2007 年，劳动者报酬占 GDP 的比重从 53.4% 下降到 39.74%；企业盈余占 GDP 的比重从 21.23% 上升到 31.29%。这些变化说明，劳动和资本的分配关系自最近 10 多年来已发生了转折性的变化，政府部门分配比重较之前大幅度下降与政府参与经济的职能转变有密切关系。

（二）收入再次分配的变动情况

对于转型中的中国而言，除了初次分配，再次分配在收入分配中扮演着重要角色。再次分配是指政府通过经常性转移对初次分配进行调节，具体包括收入税、社会保险缴款、社会保险福利、社会补助等形式。

表 4 - 1 右侧栏给出了历年三大部门再次分配变化情况。1978 年居民在再次分配中占比为 56.5%，同期政府在再次分配中占比为 31.9%，企业在再次分配中占比为 11.6%。与初次分配占比相比，居民在再次分配中占比高出 4.6 个百分点，同期政府占比比初次分配低 6 个百分点，企业占比略微高出初次分配占比 1.4 个百分点。1978 ~ 1979 年居民再次分配占比迅

速提高，到 1980 年占比达 66.2%。随后几年仍然是缓慢提升，到 1984 年占比达 68.2%。经历了 1985 年的轻微下降后，1986 年该比例达到 70.2%，到 1991 年上升至历史最高的 75.3%，1992 年以后，居民在再次分配中比重突降，不过在 1999 年前一直维持在 65% 上下的水平。2000 年后，这一比例开始逐年下滑，到 2004 年下滑至 60% 以下，2007 年这一比例为 57.52%，与 1978 年大致相同，同时与初次分配中占比数值大致相同。不过与初次分配最高比例的 67.23% 相比，1991 年的 75.3% 要高出 8.07 个百分点。由此可见，居民在再次分配中的变化呈"倒 U"形趋势。

1978 年政府在再次分配中占比为历史最高，随后几年不断下滑。到 1983 年这一比例下降到 19.4%，经历过 1984~1985 年的短暂上升后，这一比例又延续了下滑的趋势，到 1991 年达到历史的最低点 12.2%，当年政府在初次分配中的占比为 14.5%。1993~1998 年政府在再次分配中占比恢复至 18%~19% 的水平，2001 年重新升至 20% 以上，随后几年一直在 20% 以上，到 2007 年上升至 24.06%，虽然低于 1978 年的水平，但是延续了近些年上升的趋势。当然这一比例也高于政府在初次分配中占比。从趋势上看，政府在初次分配中的变化可以归结为先下降后上升的"U"形走势。

比较而言，企业在再次分配中占比的变化不太明显，1978 年企业这一比值为 11.6%，略微高于初次分配中 10.2% 的数值，随后在 1981~1983 年提升至 13% 左右，不过这种上下浮动的趋势延续到 1987 年，1988 年这一比值上升至 16.6%，随后又不断下降，到 2003 年下降到 15.47%，2004~2005 年上升到 20% 以上，不过 2006~2007 年又回到 18% 左右。可见，与初次分配不同，企业在再次分配中占比波动较小，即便是上升，也仅仅在 20% 的水平。

二 基于会计计量的财富配置状况分析

(一) 基于国家资产负债表的财富配置

与资金流量表和金融交易账户不同，国家资产负债表涵盖实体部门、金融部门、政府部门以及国外部门，因此能够从更为宏观的角度来审视国家整体财富配置情况。其中非金融资产涵盖了房地产、基础设施、土地储备、机器设备、存货等多种形态的资产。金融资产与本书绪论部分内容相同，金融负债则涵盖广义货币、居民贷款、企业贷款、央行票据、国债以及政府性负债等。值得注意的是，由于现有统计分析中没有相关数据披露，这里根据马骏等（2012）的测算数据进行分析①。不同部门和类别的资产负债情况见表4-2。

表4-2　2002~2010年我国资产负债测算

单位：万亿元

类　别	2002年	2003年	2004年	2005年	2006年	2007年	2008年	2009年	2010年
总资产	95.1	111.3	126.0	147.9	182.7	251.2	242.8	313.3	358.3
非金融资产	44.8	51.2	58.1	68.4	85.0	108.1	107.8	133.8	151.4
房地产	30.8	34.6	39.0	48.0	58.2	69.1	68.4	81.4	90.2
基础设施	4.9	5.8	7.0	8.5	10.2	12.2	14.7	18.5	22.9
土地储备	1.8	2.0	2.5	3.0	3.5	4.0	4.5	5.0	5.0
非上市公司股份	2.7	3.3	3.0	2.9	5.1	10.5	5.0	9.8	9.0
机器及设备	3.4	4.1	4.9	5.9	7.1	8.7	10.8	13.7	17.3
存货	0.7	0.8	0.9	1.1	1.3	1.6	2.0	2.0	2.4
耐用消费品	0.5	0.7	0.8	1.1	1.5	2.0	2.5	3.4	4.7
金融资产	50.3	60.1	67.9	79.5	97.8	143.2	135.0	179.5	206.8
国外资产	4.4	5.3	7.1	8.9	11.4	15.5	19.6	21.3	25.3
现金	1.7	2.0	2.1	2.4	2.7	3.0	3.4	3.8	4.5
储蓄存款	8.7	10.4	12.0	14.1	16.2	17.3	21.8	26.0	30.3
企业存款	7.0	8.5	10.0	11.6	15.2	18.5	21.4	29.7	36.5
地方财政存款	0.1	0.2	0.2	0.3	0.3	0.6	0.6	0.9	0.8
国内信贷	16.7	20.2	22.1	25.6	27.3	31.1	35.0	46.2	55.3
对中央银行债权	0.2	0.3	1.1	2.4	3.2	3.9	4.3	5.5	4.0
股票	4.3	4.7	4.1	3.6	10.0	38.4	13.5	27.2	29.5
国债	1.9	2.5	2.4	3.4	3.4	5.1	5.3	6.0	6.7
净政府资产	2.1	2.2	2.3	2.3	2.4	2.4	2.4	2.6	2.9
其他债券	1.1	1.3	1.3	1.3	2.2	5.6	3.0	4.8	5.5
保险准备金	0.1	0.1	0.1	0.1	0.1	0.1	0.1	0.1	0.2
其他金融资产	2.1	2.5	2.7	3.7	3.4	3.6	4.7	5.4	5.4

资料来源：根据相关资料整理。参见马骏等《化解国家资产负债中期风险》，《财经》2012年第6期。

---

①　具体的测算方法较为复杂，可以参考马骏等（2012）的研究报告的具体说明。

　　根据测算，2002 年我国涵盖非金融资产和金融资产在内的资产总额为 95.1 万亿元，随后几年总资产迅速增长，到 2010 年总资产达 358.3 万亿元。其中，2002 年非金融资产为 44.8 万亿元，金融资产为 50.3 万亿元，是非金融资产的 1.12 倍；2010 年非金融资产为 151.4 万亿元，金融资产为 206.8 万亿元，是非金融资产的 1.37 倍。在非金融资产中，房地产占主导地位，2002 年房地产占非金融财富的比重为 68.75%，近年来随着其他非金融资产的成长，房地产占比有所下降，2010 年房地产资产总量为 90.2 万亿元，占非金融资产的比重为 59.58%。其他非金融资产中基础设施资产总量近些年迅速发展，这与我国近些年在基础设施方面的大量投资密切相关。基础设施资产总量从 2002 年的 4.9 万亿元增长到 2010 年的 22.9 万亿元，土地储备资产总量则从 1.8 万亿元增加到 5.0 万亿元。在金融资产中，储蓄存款、信贷、企业储蓄存款、股票、国外资产为主要形态，金融资产的多元化与我国金融市场主体的日益丰富相关。储蓄存款从 2002 年的 8.7 万亿元增加到 2010 年的 30.3 万亿元，国内信贷则从 16.7 万亿元增加到 55.3 万亿元，可见信贷资源占到金融资产的 25% 左右。企业存款从 2002 年的 7.0 万亿元增加到 2010 年的 36.5 万亿元。股票资产在近 10 年的发展较为迅速，从 2002 年的 4.3 万亿元增加到 2010 年的 29.5 万亿元。国外资产从 2002 年的 4.4 万亿元增加到 2010 年的 25.3 万亿元。再加上其他类型的金融资产如国债、保险准备金等的发展，可以说，我国资产市场的发展日益多元化。

（二）　基于资金流量表的初次分配

　　国家资产负债表有利于从整体上了解我国资产市场的成长状况，如果要了解不同部门的配置情况，就要了解资金流量表、金融交易账户等的情况。直观上讲，国民财富通过工资方式向劳动者支付报酬，通过税收等形式上交政府，剩下部分则为企业的折旧和盈余。具体见表 4 - 3。

　　本书计算了 1992 ~ 2007 年四大类收入（劳动者报酬、财产性收入、生产税净额和经营性留存）在初次分配总收入中占的比重，以及以上四大类收入在各部门的收入占比（见表 4 - 4）。首先看 1992 年以来劳动者报酬的变化情况。1992 年劳动者报酬占比 54.6%，到 2000 年，这一比值上下波动不大，不过呈现略微下降的趋势，多数年份维持在 53% 左右的水平。

2000 年以后，下滑态势逐渐明显，到 2003 年，这一比例下滑到 49.4%，虽然在 2001~2002 年重新恢复到 50% 以上，但是多数年份都在 50% 以下，最低的 2004 年，这一比值为 47.2%。从变化趋势看，呈现先平稳后下降的趋势。其次看生产税净额部分。1992 年生产税净额占比为 14.5%，随后逐渐攀升，尤其在 1998 年以后上升较为明显，到 2003 年达到历史最高的 17.36%。2004 年以后短暂下降，到 2007 年这一比值恢复上升到 15.29%。如果总体上看，生产税净额呈现"倒 U"形特征。再次分析财产性收入。1992 年以来财产性收入在初次分配中的比重仅在 1994 年超过两位数。1992 年财产性收入占比为 8.4%，经历过短暂的上升至 1994 年的 10.2% 以后，又重新回到 8% 左右的水平。不过大体维持不变的趋势到 1999 年发生变化，当年财产性收入占比下降到 5.9%，持续了多年的水平状态后，2006~2007 年又恢复到 8%~9% 的水平。平均来看，财产性收入不超过 8%。如果看变化趋势，财产性收入占比变化呈"U"形趋势，不过由于总体占比较低，因此变化不明显。最后看企业的经营性留存。1992 年企业经营性留存占比为 22.6%，到 1998 年这一比例基本上维持不变，1999 年到以后企业经营性留存占比不断上升，多年维持在 25%~26% 的水平，最高在 2004 年占比达到 31.7%。平均为 24.78%。从趋势上看，则呈现台阶式的上升趋势。

比较这四大类收入，可以看出，初次分配中劳动者报酬占半壁江山，其次是企业经营性留存，再次是划归政府的生产税净额，最后是财产性收入。从趋势上看，劳动者报酬呈下降趋势，生产税净额和企业留存呈上升态势，而财产性收入则变化不大。

表 4-3 四大类收入中归口三个部门收入情况

收入来源	企业部门	政府部门	住户部门
劳动者报酬	无	无	企业、政府和住户部门增加值中的劳动者报酬
生产税净额	无	企业、政府和住户部门增加值中的生产税净额	无
财产性收入	企业存款和持有非股票证券获得的利息以及持有上市公司的 A 股获得的红利	政府部门存款获得的利息以及持有上市公司 A 股非流通股获得的红利	住户存款和持有非股票证券获得的利息以及持有上市公司的 A 股获得的红利

续表

收入来源	企业部门	政府部门	住户部门
经营性留存	＝增加值－向住户部门支付的劳动者报酬－向政府缴纳的生产税净额－因贷款和债券支付的利息－上市公司对股东的分红	＝增加值－向住户部门支付的劳动者报酬－向本部门缴纳的生产税净额－因贷款和国债支付的利息	＝增加值－向本部门支付的劳动者报酬－向政府缴纳的生产税净额－因贷款支付的利息

表 4 - 4　中国四大类收入在初次分配中的比重

单位：%

年份	劳动者报酬	生产税净额	财产性收入	经营性留存
1992	54.6	14.50	8.4	22.6
1993	51.5	15.65	9.3	23.5
1994	52.4	15.58	10.2	21.8
1995	55.3	14.21	8.4	23.8
1996	52.9	15.25	8.7	23.2
1997	53.6	15.77	7.7	22.9
1998	53.4	16.68	8.1	21.8
1999	53.3	16.50	5.9	24.3
2000	52.0	16.51	5.9	26.6
2001	50.3	17.10	5.8	26.8
2002	50.9	17.36	6.0	25.7
2003	49.4	17.36	6.3	26.9
2004	47.2	14.96	6.2	31.7
2005	50.4	16.16	6.6	26.8
2006	49.4	16.74	8.6	25.3
2007	48.2	15.29	9.6	26.8

资料来源：根据历年统计年鉴中的资金流量表整理得出。

　　为进一步分析四大类收入的归口情况，表4-5给出了不同项下的分配明细情况。由于劳动者报酬划归住户部门，而生产税净额的收入划归政府部门，因此需要重点分析财产性收入和经营性留存中归口不同部门的分配情况。在财产性收入中，住户部门1992年占比为52.86%，企业部门占比43.61%，政府部门占比3.53%。随后几年中，住户部门财产性收入占比

略有上升，到 1996 年达到 60.72%，1997～2001 年大致维持在 53%～54%
的水平。值得注意的是，2003 年以来住户部门财产性收入占比逐渐下滑，
到 2007 年财产性收入中住户部门占比仅为 35.98%，为历史最低水平。比
较而言，归口企业部门的财产性收入在 2002 年以前维持在 42% 左右的水
平，2003 年以来不断上升，到 2007 年这一比例为 58.51%。也就是在 2003
年财产性收入归属企业部门的比例超过住户部门近 5 个百分点。归属于政
府部门的财产性收入虽然占比较低，但是也呈现逐渐上升的态势，近些年
占比大致为 1992 年时的 2 倍。在经营性留存中，1992 年企业部门占比为
60.8%，同期住户部门占比 31.37%，政府部门占比 7.82%。企业部门在
1996～1998 年经历短暂下降后恢复上升，特别是 2004 年以来超过 70%，
其中 2004 年占比达到历史最高的 71.95%。住户部门的变化则呈现"倒
U"形走势，1992～1998 年呈上升态势，到 1998 年达到历史最高的
38.16%，随后又逐步下降，到 2007 年这一值仅为 24.46%，比值低于
1992 年时的水平。政府部门占比的变化情况相对复杂，1992～1999 年下降
趋势较为明显，从 1992 年的 7.82% 下降到 1999 年的历史最低点 1.86%，
随后又逐年恢复上升，到 2003 年恢复至历史次高水平，为 6.23%，2004～
2005 年维持在 3% 左右，2006～2007 年又上升到 5% 以上。从经营性留存
看，企业部门占据绝对优势，其次是住户部门。

表 4-5　1992 年以来四大类收入中各部门收入所占比重

单位:%

年份	劳动者报酬	生产税净额	财产性收入			经营性留存		
	住户部门	政府部门	企业部门	政府部门	住户部门	企业部门	政府部门	住户部门
1992	100	100	43.61	3.53	52.86	60.80	7.82	31.37
1993	100	100	41.62	3.77	54.61	69.09	5.50	25.41
1994	100	100	39.66	3.86	56.48	62.90	5.08	32.02
1995	100	100	37.45	3.18	59.37	68.99	3.11	27.90
1996	100	100	36.44	2.88	60.72	59.22	4.83	35.95
1997	100	100	41.72	2.42	55.86	59.85	4.94	35.29
1998	100	100	42.58	3.72	53.77	58.36	3.48	38.16
1999	100	100	38.24	3.26	58.55	63.91	1.86	34.22

续表

| 年份 | 劳动者报酬 | 生产税净额 | 财产性收入 | | | 经营性留存 | | |
	住户部门	政府部门	企业部门	政府部门	住户部门	企业部门	政府部门	住户部门
2000	100	100	41.51	4.16	54.33	62.15	3.37	34.48
2001	100	100	42.26	4.61	53.13	66.27	4.22	29.51
2002	100	100	43.23	4.59	52.18	68.99	5.87	25.17
2003	100	100	49.84	5.25	44.91	66.13	6.23	27.64
2004	100	100	51.40	6.08	42.53	71.95	3.17	24.88
2005	100	100	57.53	4.63	37.84	71.35	3.75	24.99
2006	100	100	56.78	4.86	38.36	69.44	5.70	24.89
2007	100	100	58.51	5.51	35.98	70.04	5.50	24.46

资料来源：历年统计年鉴中资金流量表部分。

（三）基于资金流量表的再次分配

资金流量表同时可以反映国民收入再分配情况。在资金流量表中，再分配可以分为居民和企业缴纳收入税、政府获得的社保净收入以及居民获得的社会补助收入三个部分。

1992 年居民和企业缴纳收入税占国民收入的比重为 3.79%，一直到 1999 年，这一比例不断下降。1999 年居民和企业缴纳收入税占国民收入的比重为 1.59%，2000 年以后这一比例恢复上升，到 2007 年占比为 4%。可见，居民和企业缴纳收入税占国民收入的比重变化呈标准的"U"形曲线。比较而言，政府获得的社保净收入不断上升。1992 年政府获得的社保净收入占国民收入的比重为 0.19%，到 1996 年上升到 0.24%，去除随后几年的不稳定下降后，2000 年这一比重不断上升，至 2007 年这一比重达 1.17%。最后看居民获得的社会补助收入，从数值上看，居民获得的社会补助收入占国民收入比重的变化趋势不很明显。1992 年这一比值为 1.67%，至 1996 年逐年下降，1996 年该比值下滑至 0.94%。不过经历过 1997~1998 年的恢复上涨后，这一比重重新步入下降通道，2003 年以来则维持在 0.4% 上下。通过观察资金流量表的变化趋势可以看出，居民在再次分配中的地位没有得到改善，是继续下降的。此外，政府部门向居民支付的社会补助占国民收入的比重有所减少。

（四）基于金融交易账户的部门配置

中国资金流量表分金融企业、非金融企业、居民和政府四个部门，资金流量表的金融交易账户反映了这四个部门的新增资产和负债的变化情况，本节主要分析非金融部门（包括非金融企业、居民和政府三部门）的资金变化，以期从部门的角度进一步了解中国金融资产和融资结构。分析非金融企业、居民和政府三部门的净金融投资，净金融投资等于新增资产与新增负债之间的差值。如果净金融投资为正，表明该部门资金有盈余，是资金净流出方；如果净金融投资为负，表明该部门是资金短缺方，是资金净流入方。

根据中国资金流量表 1992 ~ 2007 年（金融交易账户）记录的居民、非金融企业和政府三个非金融部门的资金流量，可以看出三个部门的资产负债结构演变过程。总体上看，居民部门净金融投资一直是资金流入方，而且净值不断增加。1992 年居民部门资金为 4291 亿元，到 2006 年这一指标最高达到 27706 亿元，是 1992 年的 6 倍之多。从变化趋势上看，则呈现两个阶段的周期性，以 1992 ~ 2000 年为一个周期，2000 ~ 2007 年为一个增长周期。非金融企业为资金短缺方，1992 年资金净缺口为 3342 亿元，这一缺口到 1996 年达到一个小高峰，随后几年有所下降。不过从 2000 年开始，资金缺口逐步增加，到 2005 年资金缺口高达 14716 亿元。政府部门在 1992 ~ 2004 年为资金短缺部门，2003 ~ 2008 年成为资金盈余部门。由于政府的可支配收入不断增加，再加上通过国债发行等措施，政府的资金盈余在 2006 年上升至 4687 亿元。

从结构上看，三大部门在金融资产中的占比及变化情况相差较大。居民部门在金融资产中占比情况在 2000 年以前变化规律性较强。2000 年以前总体上占比下降，不过这种下降以三年为一个周期。这一阶段平均比重维持在 15% 左右。2000 年后居民部门在金融资产中占比迅速攀升，到 2003 年达到 22.07%，随后又下滑至 19% 以下。比较而言，非金融企业在金融资产中占比则呈现下滑态势。尤其在 2000 年以前下滑较为明显，从 1992 年的 21.3% 下滑至 1999 年的 6%。2000 年以后呈现一定的周期性，但是最高占比也只有 10%。政府部门金融资产占全部金融资产的比例周期性较为明显，平均占比为 2%。

三 基于宏观统计和微观调查研究的居民财富配置状况

(一) 总体分析

改革开放以来，我国城乡居民收入发生了巨大的变化。表 4 – 6 给出了 1995 年以来我国城乡居民收入变化情况。城镇居民人均可支配收入在 1995 年为 4282.9 元，到 2010 年增长到 21033.4 元；1995 年农村居民人均纯收入仅为 1577.7 元，到 2010 年增长到 5919.0 元。比较而言，城镇居民收入上涨要快于农村居民。在居民收入结构中，财产性收入占比总体偏低，2010 年城镇居民人均财产性收入为 520.30 元，农村居民人均财产性收入为 202.2 元。从资产的角度来看，1978 年底城乡居民人民币储蓄存款余额仅为 211 亿元，2008 年底城乡居民人民币储蓄存款余额达 21.8 万亿元，增长 1032 倍，当然这仅仅是没有考虑价格因素的简单比较。

表 4 – 6   1995 ~ 2010 年居民收入变化情况

单位：元，%

年 份	城镇居民人均可支配收入	增长率	城镇居民人均财产性收入	增长率	占比	农村居民人均纯收入	增长率	农村居民人均财产性收入	增长率	占比
1995	4282.9	—	—	—	—	1577.7	—	41.0	—	2.60
1996	4838.9	12.98	111.98	—	2.31	1926.1	22.08	42.6	3.9	2.21
1997	5160.3	6.64	124.39	11.08	2.41	2090.1	8.51	23.6	- 44.6	1.13
1998	5425.1	5.13	132.87	6.82	2.45	2162.0	3.44	30.4	28.8	1.41
1999	5854.0	7.91	128.38	- 3.38	2.19	2210.3	2.23	31.6	3.9	1.43
2000	6280.0	7.28	128.65	0.21	2.04	2253.4	1.95	45.0	42.4	2.00
2001	6859.6	9.23	134.62	4.86	1.96	2366.4	5.01	47.0	4.4	1.99
2002	7702.8	12.29	102.12	- 24.14	1.33	2475.6	4.62	50.7	7.9	2.05
2003	8472.2	9.99	134.98	32.18	1.59	2622.2	5.92	65.6	29.8	2.51
2004	9421.6	11.21	161.15	19.39	1.71	2936.4	11.98	76.6	16.4	2.61
2005	10493.0	11.37	192.91	19.71	1.84	3255.0	10.85	88.5	15.5	2.72
2006	11759.0	12.07	244.01	26.49	2.08	3587.0	10.20	100.5	13.6	2.80

续表

年　份	城镇居民人均可支配收入	增长率	城镇居民人均财产性收入	增长率	占比	农村居民人均纯收入	增长率	农村居民人均财产性收入	增长率	占比
2007	13786.0	17.24	348.53	42.83	2.53	4140.0	15.42	128.2	27.6	3.10
2008	17067.8	23.81	387.02	11.04	2.27	4760.6	14.99	148.1	15.5	3.11
2009	18858.1	10.49	431.80	11.57	2.29	5153.2	8.25	167.2	12.9	3.24
2010	21033.4	11.54	520.30	20.50	2.47	5919.0	14.86	202.2	20.9	3.42

资料来源：根据历年《中国价格及城镇居民收支调查》计算，部分数据缺失。

　　在居民财产结构中，金融资产占到 1/3 左右的比重。城乡比较而言，1995~2002 年城镇居民金融资产年均增长 17.6%，而同期农村居民金融资产年均增长仅为 5%；2002 年农村居民人均金融资产为 1593 元，仅仅是城镇居民的 13.3%。本章附表给出了不同收入群体财富结构及其演变情况，从中可以对居民财富配置行为得到更加清晰的认识。

　　表 4-7 给出了 1988~2006 年我国城乡居民收入的基尼系数，涵盖总财产净值、金融资产以及收入方面的差距。通常人们认为，改革开放以来我国城乡居民收入增长较快，同时收入差距也在不断扩大。表 4-7 中的数据显示，如果仅仅考虑收入差距，我国农村居民的基尼系数要大于城镇居民。就全国而言，1988~2006 年居民收入差距在不断扩大，基尼系数在 2006 年高达 0.536。如果从总财产净值角度进行分析，1988~2006 年财产不均等程度要高于收入差距，2006 年总财产净值的基尼系数高达 0.686。财产结构中金融资产的基尼系数更高，1988~2006 年居民金融资产的基尼系数远高于收入的基尼系数。其中，1995 年、2002 年全国居民金融资产的基尼系数分别为 0.67、0.74，比 0.4 的警戒线高出许多。这再次证实了我国金融财富集中度居高不下。这仅仅是从调查或统计数据中得出的结论，如果从制度设计的角度衡量，我国居民收入差距不均等现象将更为严重。以股票市场为例，在现行的发行制度下，公众投资者比大小非等机构的持股成本高出十几倍，超高市盈率发行一方面造就了成批的亿万富豪，但是另一方面中小股民的收益却相差较大。这样的制度形成对一部分人明显的利益输送，却难以通过统计数据加以衡量。

表 4 - 7　1988 ~ 2006 年我国城乡居民收入的基尼系数

年份	总财产净值			金融资产			收入		
	全国	城镇	农村	全国	城镇	农村	全国	城镇	农村
1988	—	—	0.31	—	—	0.50	0.382	0.233	0.338
1995	0.40	0.52	0.33	0.67	0.604	0.62	0.452	0.332	0.416
2002	0.55	0.48	0.40	0.74	0.596	0.68	0.450	0.318	0.375
2006	0.686	0.450	—		0.581	—	0.536	0.342	—

资料来源：罗楚亮、李实、赵人伟：《我国居民的财产分布及其国际比较》，《经济学家》2009 年第 9 期。

　　表 4 - 8 给出了 1995 年和 2002 年两次调查反映的住户人均财产额、财产增长和城乡差距情况。可以看出，1995 ~ 2002 年全国户均财产均值增长了 114.0%。其中，城镇居民财产增长 236.8%，农村居民财产仅增长13.2%。对于城镇居民而言，金融资产和住房价格变动带来的财产增长明显高于农村，房产已逐渐成为我国普通居民家庭价值最大的财产。

表 4 - 8　住户人均财产额、财产增长与城乡差距

单位：元,%

种　类	1995 年财产均值		2002 年财产均值		1995 ~ 2002 年实际增长率
	金额	比例	金额	比例	
1. 全国					
总财产净值	11082	—	25897	—	114.0
土地价值	3505	31.63	2421	9.35	- 36.8
金融资产	1747	15.76	5643	21.79	195.8
净房产	3927	35.44	14989	57.88	249.5
生产性固定资产价值	481	4.34	1037	4.00	97.5
耐用消费品	1320	11.91	1784	6.89	23.8
其他资产的估计现值	161	1.45	242	0.93	38.3
非住房负债	- 59	—	- 219	—	236.9
2. 城镇					
总财产净值	12385	—	46134	—	236.8
金融资产	3472	28.03	11958	25.92	211.3
净房产	5412	43.70	29703	64.38	396.3

续表

种　类	1995 年财产均值		2002 年财产均值		1995~2002 年实际增长率
	金额	比例	金额	比例	
生产性固定资产价值	149	1.20	815	1.77	393.9
耐用消费品	2854	23.04	3338	7.24	5.8
其他资产的估计现值	553	4.47	620	1.34	1.3
非住房负债	-55	—	-219	—	393.4
3. 农村					
总财产净值	10561	—	12938	—	13.2
土地价值	4945	46.82	3974	30.72	-25.7
金融资产	1045	9.89	1593	12.31	40.8
净房产	3326	31.49	5565	43.01	54.6
生产性固定资产价值	614	5.81	1182	9.14	78.0
耐用消费品	693	6.56	793	6.13	5.7
非住房负债	-62	—	-169	—	152.2

资料来源：根据相关资料整理。参见李实、魏众、丁赛《中国居民财产分布不均等及其原因的经验分析》，《经济研究》2005 年第 6 期。

（二）微观调查分析

当然，由于数据的缺失，上述分析没有探讨居民财产中的非金融资产，并且对金融资产的探讨也仅仅是总体上的，如要研究资产价格波动对居民财富配置的影响，就要详细结合居民资产的明细进行讨论。接下来我们根据 CHIPS 数据历次调研、国家统计局调查、奥尔多投资行为调查、清华大学消费金融调查以及《中国金融年鉴》的统计进行分析。

1. 基于国家统计局 2002 年的调查分析[①]

2002 年，国家统计局城调队对我国城市居民家庭资产情况进行调查，涵盖家庭金融资产、房产、耐用消费品和经营资产四项。2002 年的调查统计揭示了教育背景、职业、城市分布等背景因素对居民金融和非金融资产的影响，同时也揭示了不同收入群体金融财富的分布差异。就形态而言，

---

① 本部分数据和结论来自国家统计局城调队。

储蓄存款是居民金融财富的最主要形态。调查结果显示，城市居民家庭资产户均总值为 22.83 万元，大城市居民家庭资产总额是平均规模的 1.22 倍，资产值为 27.85 万元，小城市居民家庭资产规模为平均值的 0.68 倍，资产值为 15.52 万元。从调查结果看，金融资产确实出现了向高收入家庭集中的趋势，户均金融资产最多的 20% 家庭拥有城市金融资产总值的比例目前约为 66.4%。为获得上述结果，国家统计局城调队对原始调查数据进行了如下处理：首先按照户均金融资产由低到高对被访家庭进行排序；其次将排序后的样本户五等分，每组家庭均占总样本的 20%；再次计算出该组家庭拥有的金融资产总值，并与全部家庭金融资产总值相比较；最后即可得到每一组家庭在全部城市家庭金融资产总值中所占的份额。详细计算结果见表 4 - 9。从表中可以看出，城市居民的收入差距也在不断扩大，从而造成居民金融资产数量在居民家庭间的分布呈不平均态势。

表 4 - 9　金融资产总值在城市居民家庭中的分布情况

单位：%

按户均金融 资产排序分组	第一组 （20%）	第二组 （20%）	第三组 （20%）	第四组 （20%）	第五组 （20%）	合　计
金融资产合计	1.3	4.9	9.8	17.6	66.4	100
1. 人民币金融资产	1.4	5.2	10.2	18.5	64.7	100
其中：储蓄存款	1.2	5.0	10.4	18.7	64.8	100
国库券	0.3	3.0	8.4	15.8	72.5	100
股票（A 股）	0.4	3.0	6.2	15.4	74.9	100
2. 外币资产	0.3	0.9	4.9	5.8	88.1	100
其中：储蓄存款	0.2	0.9	4.3	5.4	89.1	100
手存现金	2.7		27.9	14.1	54.5	100
股票（B 股）	0	0	0	26.8	73.2	100

2. 基于奥尔多中心 2005 年调查数据的分析

由于国家统计局的调查在随后的年份没有得到很好的延续，因此难以进行纵向对比分析，不过近年来随着对这一问题关注的升温，相继有了相关的调查统计。比较有代表性的为奥尔多中心和清华大学的调查分析。结合奥尔多中心 2005 年的调查数据和清华大学 2008 年的统计，可以对近年来居民财产性收入的来源和分布进行对比分析。

表 4 - 10 至表 4 - 12 给出了奥尔多调查统计的结果。就具体结果而言，非金融资产中的自有房屋占居民财富的比例超过 50%。除 40 ~ 50 岁人群外，自有房屋在居民财产结构中占比呈逐渐上升态势，若以 60 岁以上人群来看，自有房屋资产占比为 72.00%。银行存款在金融资产中占比也较高，特别是 50 ~ 60 岁人群，占比达 19.27%。理财产品在不同年龄人群中的分布呈 "U" 形，30 岁以下人群的理财产品占比最高，为 10.91%，其次是 60 岁以上人群，占比为 7.84%。对于不同收入人群的财富配置而言，多数产品的配置跟收入呈正相关，不过股票和房产价值在财产中的配置却不符合这一规律，甚至呈负相关。可见，随着收入的增长，居民更加偏好于其他渠道的财富配置（尤其是银行存款）。再来看教育背景，教育程度的提高与居民用于房产的配置呈负相关，与银行存款的配置基本呈正相关（本科以上学历除外），在股票配置上没有统计上的差异。目前，随着金融市场化水平的提高，居民的投资渠道日益多元化，逐渐从原来的依靠单一储蓄存款获得利息收入转向多元化投资渠道。债券、保险金、基金、期货、贵金属、信托、理财产品、收藏品等资产市场的发展为居民财富配置提供了更多重要渠道。

表 4 - 10　2005 年我国城市居民财产构成调查

单位：%

种　类	30 岁以下	30 ~ 40 岁	40 ~ 50 岁	50 ~ 60 岁	60 岁以上
自有房屋	53.83	63.78	60.04	64.67	72.00
银行存款	16.07	14.92	15.8	19.27	11.01
理财产品	10.91	4.11	3.6	3.29	7.84
现金	4.17	1.61	3.28	1.74	1.00
做生意占用的资金	3.62	4.48	5.09	1.36	0
股票	3.10	2.95	3.13	4.19	4.67
住房公积金	1.47	1.47	2.18	1.49	0.31
收藏品	1.33	2.57	1.88	0.34	1.00
外汇	1.31	1.25	1.47	0.97	0.47
保险金	1.14	0.65	0.36	0.47	0.09
各种债券	1.04	0.40	0.44	0.55	1.16
借出款	1.03	1.38	1.81	0.86	0.08
基金	0.93	0.41	0.81	0.65	0.35
期货	0.04	0	0.11	0.15	0

表 4 – 11 不同月收入居民财富配置概况

单位:%

种 类	1000 元以下	1000 ~ 2000 元	2000 ~ 5000 元	5000 元以上
现金	1.42	1.61	2.83	5.11
银行存款	13.10	13.33	16.42	26.39
外汇	0.33	0.50	0.53	1.43
股票	4.06	4.39	2.91	3.71
债券	0.55	0.76	0.60	0.93
期货	0	0.12	0.09	0.08
基金	0.17	0.73	0.57	1.33
借出款	0.58	0.91	1.26	2.08
做生意占用的资金	1.28	0.91	3.20	11.10
住房公积金	1.22	1.77	1.88	1.45
保险金	1.08	1.16	1.59	0.85
收藏品	0.66	1.08	2.28	0.49
自有房屋	73.62	69.95	61.70	41.79
理财产品	1.93	2.79	4.16	3.27

表 4 – 12 不同教育背景居民财富配置概况

单位:%

种 类	初中以下	中专或高中	大专	本科以上
期货	0.06	0.12	0.01	0.02
基金	0.12	0.90	0.49	0.72
债券	0.18	0.78	0.37	0.90
外汇	0.06	0.24	0.76	0.98
借出款	1.76	1.21	1.15	1.08
保险金	0.70	1.24	1.52	1.15
住房公积金	0.85	1.65	2.01	1.54
收藏品	0.18	0.26	2.23	2.30
现金	2.56	2.81	2.35	2.80
股票	2.32	4.01	3.64	3.33
做生意占用的资金	10.53	2.50	2.90	4.58
理财产品	2.12	3.08	6.19	8.10
银行存款	10.53	15.29	17.24	8.19
自有房屋	74.49	65.91	59.13	4.30

3. 基于清华大学中国金融研究中心 2008 年数据的分析

自 2008 年起，清华大学中国金融研究中心根据 SCF 的范式开始发布中国城镇居民家庭消费金融状况，这为课题从不同时间节点上探讨居民财富配置的演变提供了基础。根据清华大学中国金融研究中心发布的中国消费金融调查数据①，我国城镇家庭 2008 年年均税后总收入为 68875 元，家庭净财富达到 607802 元。就地区分布而言，我国东部地区居民 55% 的人口创造了 68% 的年度税后总收入以及 72% 的家庭净财富，直辖市以 16% 的家庭控制着 27% 的家庭年度税后总收入以及 32% 的家庭净财富。就教育背景而言，除博士层级外，家庭年度税后总收入和净财富与教育程度正相关。总体上看，居民自有房产价值 2008 年达到 332665 元，在居民财富结构中占比为 62.72%，汽车占比为 3.63%；在金融资产结构中，定期存款均值为 46595 元，占比为 8.78%，其次是现金和活期存款，占比为 7.99%；住房公积金、股票、保险等金融产品占比多在 2% 左右。

（三）基于财富报告的视角

在凯捷公司和《福布斯》多年对全球财富分布情况测算的引导下，近年来多家公司对中国财富分布和配置情况进行了统计测算，其中包括波士顿咨询公司、贝恩管理顾问、瑞士信贷、中国银行、建设银行、招商银行及农业银行等，这彰显了居民财富配置问题的重要性。

根据波士顿咨询公司发布的《中国财富管理市场：机遇无限 挑战犹存》报告统计，2009 年中国家庭资产达到百万美元的数量为 67 万户，仅次于美国和日本，位列第三。2009 年中国财富市场较 2008 年增长 28%，达到 5.4 万亿美元。从结构上看，中国富人家庭占中国家庭总户数的 0.2% 左右，这一比例在美国为 4.1%，在瑞士为 8.4%。

根据招商银行和贝恩管理顾问联合发布的《2011 年中国私人财富报告》的样本测算，2010 年中国高净值人群数量达到 50 万人，总体持有的

---

① 调研抽样样本定位在 15 个城市，覆盖东部、中部、西部和东北部，根据城市的小区分布和人口分布遴选小区，对小区进行随机抽样，进行入户拜访，并严格监督调研过程及数据复核，收集了大约 2100 个样本数据。2009 年 9 月 27 日由清华大学中国金融研究中心发布。

可投资资产规模达到 62 万亿元。高净值人群拥有的财富占全国财富总量的比重约为 24%。从区域上看，广东、上海、北京、浙江、江苏 5 省份拥有的高净值人群数量超过 3 万人。山东、辽宁、四川、福建、河南、河北、天津、湖南、湖北、安徽 10 省份拥有的高净值人群数量为 1 万~3 万人。与 2008 年的测算比较，天津、湖南、湖北、安徽 4 省份拥有的高净值人群超过万人。其中，超高净值人群超过 2 万人，可投资资产在千万元以上的人群超过 7 万人。就私人财富规模而言，2010 年中国高净值人群共持有高达 15 万亿元的可投资资产，人均持有可投资资产约 3000 万元。其中，超高净值人群的个人财富总量达到 3.4 万亿元，在高净值人群内部的个人财富占比由 2008 年的 16% 增加到 22%。

全球金融危机以后，不同资产规模的高净值人群的财富增长速度有所差异，资产规模为 1000 万~5000 万元与 1 亿元以上的高净值人群的增速较资产规模为 5000 万~1 亿元的高净值人群的增速更快。原因在于超高净值人群在房地产价格剧烈波动的 2009~2010 年拥有更多的投资机会。另外，股票市场的大起大落同时提供了财富增值的机会，仅仅创业板的出现就大约催生了 500 位亿万富豪。从投资渠道来看，2009 年初，以现金与存款、股票、房地产、基金为代表的传统投资类别占比高达 80% 左右，至 2011 年，四类资产占比下降至 70% 左右。从产品上看，高净值人群财富主要可以归结为以下几类。

（1）个人理财产品与保险。由于利率市场化尚未全部完成，银行理财产品以其风险低、收益相对于储蓄较高的特性逐渐成为商业银行存款竞争的一大途径。近年来，理财产品逐渐替代定期储蓄，居民投资不断增加。2010 年下半年，政府开始规范银信合作市场，银行理财产品规模增速放缓，两年来的年均复合增长率约为 15%。寿险在过去两年保持平稳快速增长，年均复合增长率约为 20%。

（2）房地产信托产品。随着 2009~2010 年房地产市场的迅速发展，在监管部门严格限制房地产直接信贷的调控政策下，信托产品为房地产企业拓宽了融资渠道，信托收益相应升高，因此受到投资者的广泛欢迎。2010 年房地产信托产品的年末余额较 2009 年增长近 40%。

（3）阳光私募产品。近年来，证券市场化改革不断加快，私募产品逐渐阳光化。随着券商集合理财、基金一对多专户、单一类信托等政策的出台，阳光私募以其投资收益高、进入门槛高的特点逐渐成为高净值人群的投资热点。2010 年阳光私募的年末余额较 2009 年增长约 30%。

（4）贵金属投资。2010 年通胀加剧，贵金属价格不断突破新高，人们对黄金等贵金属的投资需求增加。商业银行等金融机构也适时推出了纸黄金、纸白银等产品，使得投资贵金属的渠道增加。在财富增值效应的示范下，贵金属交易日益活跃。2010 年末黄金净投资额较 2009 年增长 80% 左右。

（5）私募股权投资类产品。随着市场化进程的推进和经济结构的调整，政策催生了大批高收益的私募股权投资项目。近年来，人民币私募股权基金如雨后春笋般兴起。2010 年私募股权投资类产品的年末余额较 2009 年增速达到 30%。

（6）境外投资。受境外投资移民和海外上市企业市值增长的拉动，境外投资过去两年增长迅速，资产规模成倍增长。从区域看，内地个人境外投资资产有一半集中在香港，香港逐渐成为境外人民币的主要集散地。从渠道看，境外投资的主要投资标的以房地产为主。在目前没有海外资产的高净值人群中，也有近 30% 的人在未来三年有进行海外投资的计划。从投资的目的看，子女教育是海外投资的最主要目的，一半的高净值人群因为子女教育而进行海外投资，另外 1/3 的海外投资是为了移民。14% 的高净值人群目前已移民或者正在申请中，还有 46% 的高净值人群考虑移民①。

四　结论

本章首先从收入分配的角度对政府、企业、居民的分配变动情况做了分析；其次从不同视角对社会财富配置结构进行了研究，无论是基于收入分配政策还是资金流量表的分析，都显示了分配中的政府主导特征；最后根据统计调查和不同财富报告的研究数据得出以下结论。从总量上看，居民财富在经济高速发展中不断增长；从结构上看，以房地产为代表的非金融性资产在居民财富中的占比不断上升，除了储蓄资产外，股票、理财产品、黄金等金融性资产在居民财富中日趋多元化，但财富配置失衡的问题日益突出。

---

① 中国银行私人银行与胡润研究院联合发布《2011 中国私人财富管理》（白皮书）。

附表　不同收入等级城镇家庭 1996~2010 年财产性收入及所占比例①

单位:元,%

年份	1996	1997	1998	1999	2000	2001	2002	2003	2004	2005	2006	2007	2008	2009	2010
收入值															
最低收入户	31.36	39.93	41.11	42.51	52.53	52.99	26.02	27.10	33.33	32.47	35.29	53.56	57.60	63.49	82.77
困难户	26.49	39.95	37.10	40.97	45.70	49.59	18.93	22.71	23.07	23.06	29.19	40.53	49.66	53.47	73.41
低收入户	42.25	47.83	51.01	56.06	65.14	62.97	31.22	36.25	39.34	54.00	57.89	73.95	78.98	102.94	114.45
中等偏下收入户	55.95	59.34	60.95	70.80	80.73	80.77	48.32	50.81	72.03	83.79	88.77	109.31	138.87	161.84	156.85
中等收入户	79.28	77.78	83.80	90.89	110.64	105.84	68.31	75.50	101.26	112.37	123.14	173.87	218.09	239.83	290.74
中等偏上收入户	124.47	119.20	125.60	140.86	141.78	158.37	86.91	115.28	140.00	178.41	233.24	312.21	373.16	399.82	530.55
高收入户	173.89	208.88	191.62	214.52	215.27	224.70	138.42	212.10	247.76	340.27	409.62	544.86	711.84	775.20	944.70
最高收入户	407.93	454.28	478.79	582.50	565.39	621.00	425.44	632.98	775.23	937.09	1279.28	1911.30	2059.22	2321.94	2736.59
收入占比															
最低收入户	1.28	1.64	1.66	1.62	1.98	1.89	1.03	0.98	1.08	0.96	0.91	1.16	1.11	1.07	1.23
困难户	1.19	1.85	1.69	1.76	1.97	2.01	0.92	1.00	0.91	0.84	0.93	1.08	1.19	1.08	1.34
低收入户	1.34	1.48	1.54	1.61	1.79	1.63	1.10	1.51	1.53	1.82	1.98	2.26	1.00	1.15	1.12
中等偏下收入户	1.48	1.50	1.48	1.62	1.75	1.63	0.93	0.89	1.12	1.17	1.10	1.14	1.27	1.31	1.12
中等收入户	1.73	1.59	1.64	1.65	1.88	1.66	0.97	0.97	1.16	1.14	1.11	1.34	1.45	1.42	1.54
中等偏上收入户	2.22	1.97	1.97	2.04	1.89	1.94	0.92	1.10	1.18	1.31	1.53	1.77	1.80	1.73	2.08
高收入户	2.55	2.80	2.43	2.49	2.28	2.17	1.10	1.51	1.53	1.82	1.98	2.26	2.50	2.42	2.74
最高收入户	4.42	4.43	4.37	4.82	4.25	4.11	2.11	2.70	2.82	3.00	3.67	4.78	4.34	4.52	4.85

资料来源:根据历年《中国价格及城镇居民收支调查》整理。

① 由于 2002 年之后的统计口径发生变化,所以与 2001 年前的数据衔接上有误差。1996~2001 年财产性收入包含红利、利息和其他财产租金收入,2002~2007 年财产性收入包括利息收入、股息与红利收入、保险收益、其他投资收入、出租房屋收入、知识产权收入、其他财产性收入共七类。另外,在计算财产性收入比例时,2002 年以前用的是财产性收入除以居民可支配收入,2002 年以后用的是财产性收入除以家庭总收入。

第五章　资产价格波动与居民财富配置的理论分析框架

通过第四章大量数据对我国居民财富配置状况的对比分析，可以看出，我国居民财富总体变化趋势和结构分布状况表现为两个基本特征：一是财富总量增长迅速；二是分布失衡的问题日益突出。总量增长迅速在于中国经济的高速发展，然而分布失衡的趋势无疑会进一步加剧收入分配失衡的矛盾。因此，揭示财富配置失衡的内在机理对调节收入分配失衡的矛盾具有重要的理论意义和政策价值。经济学的基本原理告诉我们，价格的基本功能除了交换功能之外，另一个重要功能就是分配功能。与商品市场不同，一方面，资产价格对信息具有更高的敏感度，波动更具有瞬时性，因而信息优势者在价格波动中会获取财富，而信息劣势者会丧失财富；另一方面，与国际经验相比，我国转轨时期市场发育不完善、财产权利不完整以及要素配置中普遍存在着"潜规则"问题，使得资产价格形成机制有别于西方的经典理论。因此，本章将从资产价格波动的视角揭示财富配置失衡的问题。在对经典理论中的资产价格波动与财富配置模型进行回顾、揭示资产价格波动与居民财富配置的内在机理的基础上，结合中国转型的制度特征，分析转型时期我国资产市场逐步发展的背景与路径，以及经济发展过程中资源配置方式的演进，进而探讨转型时期资产价格形成的内在机制，给出中国资产价格波动影响居民财富配置的理论解释。

一　居民财富配置行为与资产价格的内在联系

（一）居民财富配置模型

作为经济运行中重要的微观主体，家庭居民的资产选择行为构成了经济运行的重要一环，居民的资产选择会影响资产市场的发展，而资产市场的发展为居民财富配置提供了渠道。一般来说，居民的经济行为可以分为储蓄、消费和投资三种类型，因此财富的配置也集中在上述三个方面。早期的庇古效应就揭示了居民财富配置的内在规律。庇古效应由英国经济学家庇古在20世纪30年代提出，揭示了消费、金融资产和物价水平之间的关系，认为物价水平下降将刺激经济，对消费有刺激作用。这一变化用公式表示为：

$$C = a + bY + \delta W \tag{5-1}$$

其中，C代表消费，Y代表持久收入，W代表居民持有的财富存量，b和δ分别代表居民的可支配收入和边际消费倾向。这一公式意味着财富增加带来δ比例消费的增加。这一简单的表达式揭示了居民财富和消费的关系。不过由于其停留在当期水平，因此分析有一定的局限性。后来人们逐渐将其扩展到跨期迭代模型，揭示居民在跨期中的消费行为。随着经济学理论的不断完善，凯恩斯的绝对收入假说和杜森贝里的相对收入假说不断对居民消费与收入的关系进行解释。到了20世纪50~60年代，莫迪格里安尼等人的生命周期假说、弗里德曼的持久收入假说对居民的行为进行了扩展，认为居民的消费水平取决于当期收入和未来预期收入现金流的折现值，以及现已拥有的财富存量。这一时期，财富变量和收入共同纳入消费函数中，将存量和流量相结合，从而使得解释力大为增强。作为经典的消费理论，生命周期假说消费函数可以表示为：

$$C = a \cdot WR + c \cdot YL \tag{5-2}$$

其中，C代表消费支出，a表示居民财产性收入的边际消费倾向（MPC），WR代表财产性收入，c为居民劳动性收入的边际消费倾向，YL为工作劳动收入。从这一表达式可以看出，财产性收入和劳动收入同样对消费产生影响。由此得出消费函数为：

$$C_t = b_1 Y_t + b_2 \overline{Y} + b_3 A_t \tag{5-3}$$

其中，Y_t代表居民当期收入额，$\overline{Y}$代表未来收入额，A_t代表居民现期财产额，系数b代表了相应的边际消费倾向。

20世纪80年代，霍尔将理性预期因素引入生命周期假说和持久收入假说中，运用随机方法发展了随机游走假说消费函数，以及后来的流动性约束假说、预防性储蓄假说等，更加关注未来支出的不确定性，并在实证中进行不断研究探索，期望对居民的消费行为做出合理的解释。此外，资产定价理论的发展将金融学与微观经济学紧密联系起来，最优消费－资产组合模型研究投资者如何在生命期间选择最优消费和投资组合，从而获得最大期望效用。这一理论以及后来发展的消费资产定价模型将投资者的偏好结构、资产市场的结构特征、风险资产与无风险资产的分类等因素考虑进来，寻求消费、投资和储蓄的最优解。

从动态来讲，跨期理论的发展将消费和投资行为分为确定性和不确定性，分别用优化模型加以诠释。

假定居民在 t 期的效用函数为 $u(c_t)$，那么其有限生命期的目标函数则为：

$$\max \sum_{t=0}^{T} \beta^t u(c_t) \qquad (5-4)$$

$$\text{s. t. } w_{t+1} = (1+r)(w_t - c_t)$$

其中，β 为主观贴现因子，w_t 为居民在 t 期的财富水平，并且以 r 的收益率维持增长。这一表达式意味着居民下期的财富水平由当期的财富水平减当期消费之后的收益决定。求解欧拉方程可得：

$$(1+r)\beta u'_t = u'_{t-1} \qquad (5-5)$$

亦即该居民一生最优的消费投资决策。

在不确定条件下，居民不能确定未来每期的状态，只能获得未来的效用期望，因此居民在不确定的情况下追求投资期内贴现效用期望的最大化，可以表示为：

$$\max_{\{c_t, a_t\}} E \sum_{t=0}^{T} \beta^t u(c_t)$$

$$\{c_t, a_t\} \qquad (5-6)$$

$$w_{t+1} = [(1+r_t) a_t + (1+r_f)(1-a_t)](w_t + r_f)$$

其中，E 代表 $\{c_t, a_t\}$ 下的条件期望，除了消费水平 c_t 外，a_t 代表风险资产所占比例。相应的约束条件为：

$$w_{t+1} = [\,(1 + r_t)\,a_t + (1 + r_f)(1 - a_t)\,](w_t + r_f) \qquad (5-7)$$

其中，r_f 为无风险资产的收益率，r_t 为风险资产的收益率。上述模型均是在离散状态下的模型，在连续状态下时间金融在目标函数的形式上有所不同，再加上考虑居民效用函数的多元性，其优化过程更为复杂。

（二）居民财富配置行为影响因素

根据上面的分析，居民财富配置受到收入、消费、投资几大方面的影响，不过就现实而言，居民的财富配置行为的影响因素要复杂得多。这些因素大致可以分为两类：内部因素和外部因素。内部因素包含性别、年龄、教育背景、风险厌恶程度等，外部因素则包括宏观经济政策、资产市场波动性、市场参与程度、他人行为、不同资产的风险收益特性、未来支出的不确定性等。在成熟市场经济中，经过长期演化具备了相对公平的准入机制和利益分配机制，投资渠道的多元化使得单一渠道的波动相对较小，投资者的回报相对稳定，因此人们更多关注的是内部因素对居民投资消费决策的影响。在转型经济国家，由于公共服务体系建立不完善，居民在住房、教育、医疗、养老等方面的支出面临诸多不确定因素的影响，外部因素较之内部因素对消费决策的影响更为显著。

二　资产价格波动的效应分析

（一）资产价格波动的微观效应

从概念上看，资产是指经济主体根据其风险和收益偏好而持有的财富组合，不同投资者对资产未来的风险有着不同的预期，因此资产的价值并不是一成不变的，投资者进行资产组合调整，同时也意味着资产本身的流动和转让，这种转让的标准就是资产价格。不同投资者的资产组合行为形成了资产市场。从内在价值来看，资产价格主要是资产未来的收益和转手获得的资本利得，用公式可以表示为：

$$P_t = \frac{P_{t+1} + D_{t+1}}{1 + R_{t+1}} \qquad (5-8)$$

其中，P_t 为第 t 期资产的价格，R_{t+1} 为该资产 $t+1$ 期的资产折现率，或者称之为持有资产的净报酬，D_{t+1} 为资产从 t 期到 $t+1$ 期的收益。那么该资产的净收益 R_{t+1} 为：

$$R_{t+1} = \frac{P_{t+1} + D_{t+1}}{P_t} - 1 \qquad (5-9)$$

假定该资产的预期收益率为不变常数，亦即 $E_t(R_t+1) = R$，那么第 t 期资产价格为该资产在 $t+1$ 期的预期价格和收益的现值，即：

$$P_t = E_t\left[\frac{1}{1+R}(P_{t+1} + D_{t+1})\right] \qquad (5-10)$$

式（5-10）给出了标准资产价格的收益率内涵。投资者对资产未来预期的估计偏差进而交易就会带来价格的波动，反过来说，资产价格的上升实际上意味着投资者预期未来资产收益的上升。资产价格波动对单一投资者的影响在消费理论中可以用消费资产定价模型加以概括。投资者进行跨期替代来实现最优化效用，这意味着投资者可以当期消费或者持有资产在下一期获得投资收益，在获得收益后再进行消费。假定投资者的效用函数为 U，当决策的跨期边际替代率等于投资的边际回报率时，消费者效用实现最大化，即：

$$\frac{\delta U^{'}(C_{t+1})}{U^{'}(C_t)} = \frac{P_t}{P_{t+1} + D_{t+1}} \qquad (5-11)$$

那么，资产的价格可以表示为：

$$P_t = E_t\left[\frac{\delta U^{'}(C_{t+1})}{U^{'}(C_t)}(P_{t+1} + D_{t+1})\right] \qquad (5-12)$$

令 $\rho_{t+1} = \frac{\delta U^{'}(C_{t+1})}{U^{'}(C_t)}$，为无套利条件下的随机折现因子，则式（5-12）可以简化为：

$$P_t = E_t[\rho_{t+1}(P_{t+1} + D_{t+1})] \qquad (5-13)$$

这意味着资产价格为资产未来收益的现值。资产价格对居民的直接影响便是资产价格的财富效应。资产价格的上涨会增加投资者的终生财富，对消费有一定的刺激作用。尽管人们在效应的大小和影响方式上会有争论，但无疑收入的上升能刺激消费。资产价格波动对微观主体的持有资产组合的影响可以概括为三个方面的效应，分别为收入效应、替代效应和资产组合效应。其中，资产价格波动的收入效应是指当资产价格发生变化时，投资者持有资产的净值会发生变化，投资人对资产的预期收益便会发生变化，从而改变组合。当资产价格上升时，财富名义价值的增加使得投资者对于风险资产的持有预期增加；当资产价格下跌时，名义财富价值下降，投资者持有风险资产的组合会下跌，这种效应称之为收入效应。资产价格波动的替代效应是指投资者持有的风险资产收益提高后，愿意持有更多的风险资产而非货币资产，这种利益驱动会使投资者持有货币的意愿与资产价格波动反方向变动。资产价格波动的资产组合效应是指资产价格变动使得投资者风险资产组合的风险程度增加，投资者减少风险资产的持有，增加无风险资产的持有，从而使货币需求在投资组合中产生组合效应。上述三种效应的大小取决于投资者的风险偏好程度。

从渠道上讲，资产价格波动对消费的影响可以通过五种渠道来影响消费：兑现了的财富效应、未兑现的财富效应、流动性约束效应、资产替代效应、对潜在投资者的诱导效应。下面分别以股票和房地产为例对资产价格波动的财富效应进行解释。

股票价格上涨使得投资者持有股票价格上涨，投资者在市场上出售股票，获得投资收益，可以利用这种增加了的收入增加消费，这种效应称为兑现了的财富效应。当股票价格上涨，投资者通过养老金或者其他渠道投资，收益并不能马上得以兑现，因此消费的增长不是在当期而是通过未来收入和财富的增长得以实现，这便是未兑现的财富效应。股票价格上涨提升了投资者持有资产组合的价值，投资者可以利用该资产组合作为抵押从而获得更多的信贷支持，用于扩大消费，从而增加了流动性。此外，股票价格上涨使得投资者持有的远期资产价值上升，即便当期不能实现收益也有可能增加消费。股票上涨使得持有股票的投资者消费增加，而没有参与股票投资的投资者在示范效应的影响下，可能增加消费。

房地产价格的波动同样有财富效应，房地产价格上涨使得投资者净财富增加，可能带动当期消费的增加，如果投资者通过再融资或出售房产的形式来兑现资产收益，这种收益对消费有促进作用，称之为兑现了的财富效应。即便投资者不出售资产，但是提高了财富的贴现价值，投资者预期财富增加，可能增加相应的消费，这种未兑现的财富效应也广泛存在。对于租房者而言，房地产价格的上涨对其消费有负面效应，承租人的房屋租金上升使得个人消费下降，这种效应成为预算约束效应。此外，房地产价格上涨使得潜在的投资者必须付出更高的成本来负担房价，这种支出影响投资者的流动性，称之为流动性约束效应。房地产价格上涨可能减少潜在购房者在其他方面的消费，从而产生相应替代效应。不同资产的财富效应不尽相同，在银行主导型和市场主导型市场上的影响也大不相同。图 5 - 1给出了资产价格波动的微观效应及其传递机制。

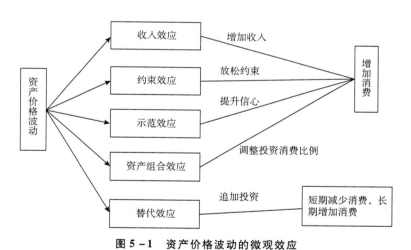

图 5 - 1　资产价格波动的微观效应

（二）　资产价格波动的宏观效应

除了微观效应，资产价格波动的宏观效应更为明显。加总的资产价格与通货膨胀紧密相连，进而便有了货币政策是否关注资产价格的争论。此外，随着金融危机的不断爆发，资产价格与金融稳定之间的关联同样不容忽视。在宏观经济理论中，维持物价稳定是货币政策的重要目标之一，资产价格作为通货膨胀的先行指标往往具有较强的信号显示作用。因此，资产价格波动的宏观效应历来是人们关注的重点。图 5 - 2 给出了资产价格波动的宏观效应分析。

　　作为货币政策的传导机制之一，资产价格渠道较之利率渠道和汇率渠道更为复杂。货币学派认为货币与证券、股票、房产等都应作为资产中的一种，货币政策的变化引起不同资产根据收益进行替代，资产价格因此发生变化。货币政策传导渠道中的资产负债表效应对资产价格的重要性做了解释。紧缩的货币政策直接导致资产价格的下降，从而引起企业或家庭的资产负债状况恶化，从而出现逆向选择或道德风险行为。信贷资产质量的恶化导致微观主体的投资和消费支出下降，进而影响产出。资产价格变动一方面通过托宾 q 效应影响投资，另一方面通过财富效应影响消费，进而影响总需求。对于金融部门而言，资产价格的变化直接影响金融资产的质量。以银行为例，资产价格的上升直接提高银行抵押物的价值和流动性，因此银行倾向于信贷扩张，从而促进消费和投资需求的上升。同理，资产价格下降会使银行抵押物缩水，银行资产组合的预期价值下降使银行的资本充足率恶化，银行的信贷行为收缩。值得注意的是，资产价格上涨和下降时的效应大小有所不同，对银行行为的影响在收缩期要大于扩张期，这种金融加速器的作用意味着对宏观经济的影响在下降期和上升期呈现非对称性。以上便是资产价格波动宏观效应的简要概括。

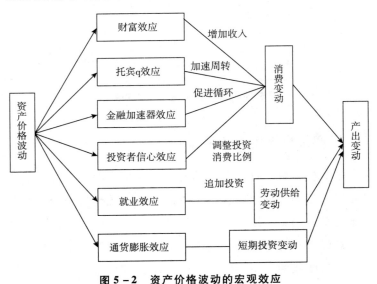

图 5 - 2　资产价格波动的宏观效应

三 转型时期中国资产市场的形成及其定价机制

市场经济的发展带来了资产市场的发育和成长。法律层面对居民要素所有权和财产权的逐步承认使得居民的财富成长具备了一定的制度基础。尤其是伴随着金融体制和住房体制的改革，中国的资产市场从无到有，从小到大。股票市场、债券市场、房地产市场、黄金市场、外汇市场等资产市场逐步发展成型，规模不断扩张，为居民财富配置提供了多种途径。根据测算，我国资产市场规模从 2002 年的 95 万亿元上升到 2010 年的 358 万亿元，其中金融资产从 2002 年的 50 万亿元上升到 2010 年的 207 万亿元（马骏等，2012）。

（一）转型时期储蓄资产成长与利率

对于转型经济体而言，银行在资源配置中的导管效应较为明显，中国也不例外。政府通过金融抑制的方式来实现经济发展的目标。首要的选择是通过银行的管道效应来汲取金融资源，工农中建四大专业银行在 1984 年的成立源自从工商业、农业、外贸结算以及城市建设中获取储蓄剩余，这就造成了储蓄资产在居民金融资产中占主导地位的局面。1980 年，居民金融资产为 800 亿元，其中银行存款高达 610 亿元，占比 76.3%。2000 年，居民储蓄存款为 6433.2 亿元，占比虽然下降到 61.5%，但是仍然居主导地位。2011 年，居民储蓄存款为 34635.9 亿元，是 2000 年的 5.4 倍。在储蓄形态上，城乡居民略有差别，城市居民持有银行存款的比重较大，持有现金的比重较小；农村居民由于受生产的季节性和传统观念的影响，较为偏重现金。从定价机制来看，由于利率市场化尚未实现，国家对存款利率实行严格的管制，因此，储蓄资产的价格波动较之股票和房地产要小得多。居民持有储蓄的目的基于预防性的需求，因而对利率的敏感性相对较小，这客观上维持了经济的高速增长。但是，银行体系改革的滞后使得其他金融市场发育也呈现了滞后性，由于资产市场发育期不长，因而价格的波动受政策的影响相对较大，由此导致居民收入的波动对跨期消费的冲击难以决策，居民难以通过金融市场实现消费平滑。随着我国保险市场的建立和其他资产市场的发展，近些年居民储蓄行为受到其他资产市场价格变动带来的增值效应的影响，用于投资比例的资产有所上升。

（二）转型时期股票价格形成机制

股票价格通常由企业基本面、宏观经济基本面及股票供求决定，不过对处于经济转型中的中国而言，股票价格受政策影响因素较大。政策从发行、定价及再融资等方面影响股票市场的价格。本节分别从发行、定价及再融资三个方面分析转型时期股票价格形成和波动的机制。与西方国家证券市场在市场力量推动下的诱致性制度变迁路径不同，我国股市则是在政府的干预和主导下，在强制性的制度变迁中产生和发展的。一方面，政府作为股票市场上数量最多、比例最高的国有股份的持有人，在股市中拥有巨大的经济利益；另一方面，政府作为市场规则的制定者和执行者，对于股票市场的定位和发展有着举足轻重的影响，可以通过强有力的行政手段和舆论干预引导市场的发展方向和利益分配。市场监管者和参与者的双重角色决定了政府在中国股市中的垄断地位。在此，可以通过新股发行和再融资政策的演变来分析股票价格形成机制。

1. 新股发行

（1）证券发行审核制度

我国股票上市发行制度经历了行政审批制度（1990～1999年）和核准制（1999年至今）。在行政审批时期，审核制度经历过额度管理和指标管理两个阶段，均呈现明显的政府计划色彩。继而实施的核准制则经历了通道制（1999～2004年）和保荐制（2004年至今）。从发行制度来看，这种审核制的矛盾症结在于人为控制市场供给，扭曲了市场上的供需状况，使得上市公司倾向于用包装来迎合主管部门的评判标准。

（2）证券发行方式

在相应的审核制度下，我国股票的发行经历了多次演变，从早期的内部认购制度，到与银行储蓄存款挂钩，再到全额缴款、比例配售制度，均存在相应的弊端。2000年以后，管理层逐渐认识到股票发行方式的弊端，不断采取新的发行方式，向市场化靠拢。后来经历了上网竞价发行、法人配售、IPO 询价加网上定价发行的方式。近些年，我国进一步改革股票发行制度，逐步完善询价和申报报价约束机制，从而使得股票发行的成本不断降低，这在一定程度上提高了股票发行的效率。具体的发行方式与优劣比较见表 5 - 1。

表 5 - 1　我国股票发行方式演变

年份	发行方式	特征与弊端
1992	内部认购和新股认购证	早期发行制度，留下内部职工股历史问题
1993	与银行储蓄存款挂钩	新股发行容易产生资金在区域间转移
1996	全额缴款、比例配售	旨在培育机构投资者，但易滋生寻租
1999	一般投资者上网发行、法人配售	旨在培育机构投资者，但易滋生寻租
2001	上网竞价发行	可以减少主观操作，防止违规，但由申购决定价格容易造成高价
2002	市值配售新股	与发行市场化矛盾，削弱一级市场定价功能
2006	IPO 询价 + 网上定价发行	询价易流于形式、过度向机构投资者倾斜，产生内外发行差价等问题
2009	网上网下不能同时申购，网上单户设上限	网上冻结资金减少，个人投资者中签率提高，新股上市涨幅降低；"三高"现象在创业板仍然严重
2010	完善报价申购配售约束扩大询价范围，完善回拨机制和中止发行机制，增强定价透明度	对询价环节没有限制

（3）证券定价方式

发行定价制度是发行制度的核心，它直接决定了证券市场的资源配置效率。简单来看，股票定价是否合理从市盈率水平就可判断。不过在行政审批的制度下，我国股票发行高市盈率的现象一直存在。监管机构通过限定一定范围的市盈率水平来实现定价的合理性，依托的主要形式为股票询价制度。不过在早期为国有企业脱贫的宗旨下，股票价格发现功能难以发挥。股权分置改革以后，股票市场融资功能、资源配置功能以及改进公司治理的功能有所体现。表 5 - 2 给出了我国股票定价方式的演变过程。从程序上看，由于审核的流程较长，股票发行存在寻租成本，降低了证券市场直接融资的效率。尽管在发行制度上经过不少改革，但是我国股票发行中的"高发行价、高市盈率、高募资额"的现象仍然存在。发行市场询价机制流于形式，没有真正起到发现市场价格的作用，造成发行定价不合理。参与询价的机构存在随意报价的现象，也不排除个别机构之间或机构与发行人之间相互勾结，出现操纵与推高股票发行价格的行为。超高市盈率发行的股票在创造亿万富豪的同时，使得中小投资者的利益受到巨大的损失。

表 5 – 2　我国股票定价方式演变

不同阶段	时间	定价方式
较低市盈率的行政定价	1999 年以前	股票发行价格 = 每股税后利润 × 市盈率
市场化定价的实验	2000 ~ 2001 年	突破传统的市盈率障碍，采用路演和向机构投资者询价的方式
恢复适度限价发行	2002 ~ 2004 年	控制 15 ~ 18 倍的市盈率，在市盈率区间内通过累积投标询价决定发行价格
首次公开发行询价制	2005 年至今	分为初步询价和累积投标询价两个阶段：第一阶段确定发行价格区间和相应的市盈率区间；第二阶段在价格区间内进行累积投标询价确定价格

2. 政府主导下的再融资政策

在成熟市场经济国家中，上市公司再融资政策是一种市场行为，无论是配股、增发还是发行可转换债券，都是上市公司根据市场供需来进行决策的。然而在我国再融资市场上，上市公司的行为受到严格的行政管制。从发展历程来看，我国再融资起步于上市公司设立之初，1993 年证监会推出上市公司配股的相关规定，不过在当时由于企业生产资金匮乏，配股价格远远低于市场价格，配股成为非流通股东获取增值收益的一种手段，这在一定程度上稀释了大股东的相关权益。为此，监管部门对配股资格和资金投向做出严格限定，以此来规定上市公司的行为。1997 年，监管部门借鉴成熟市场经济国家经验，实施增发制度，推进证券市场制度建设。2000年后，由于股市受到 IT 泡沫破灭的影响，上市公司再融资行为有所下降。从再融资政策的演变过程来看，更多体现为上市公司和监管部门之间的一种行为博弈。

从数据上看，我国股票市场从设立至今，无论是从新股发行上市，还是通过增发、配股等形式进行再融资，都发生了巨大的变化。在 1998 年以前，由于上市公司主体规模偏小，因此筹资额受到一定限制。表 5 - 3 给出了 2002 ~ 2011 年我国股票筹资和分红状况。从中可以看到，2002 年我国股票市场 IPO 募资 516.96 亿元，2011 年 IPO 募资达到 2432.40 亿元，其中 2007 年达到 4469.96 亿元，2010 年达到 4911.33 亿元。上市公司通过增发在 2002 年筹集资金 193.08 亿元，2007 年股权分置改革后增发筹资达到 3345.97 亿元，2011 年增加到 3778.53 亿元。比较而言，上市公司通过配股筹资要少得多。2002 年配股筹资 56.61 亿元，2007 年达到 227.68 亿元，最高的 2010 年达到 1438.22 亿元。从募集资金的规模来看，2002 年上市公司募集资金总额为 766.65 亿元，2011 年上升到 6525.17 亿元，最高时期的 2010 年达到 10121.30 亿元。从分红来看，A 股 2002 年分红金额为 469.18 亿元，2010 年上升到 6067.64 亿元。2000 ~ 2010 年，A 股市场现金分红的公司数量增至 1321 家，占上市公司总数的 61%，但分红占比（年度分红占未分配利润的比例）却从 2001 年的 88.96% 下降至 2010 年的 16.3%。5 年内从未分红的个股高达 414 家。

表 5 - 3　2002 ~ 2011 年我国股票市场筹资分红概况

单位：亿元

年份	IPO 募资	增发筹资	配股筹资	募集资金	A 股分红总额
2002	516.96	193.08	56.61	766.65	469.18
2003	453.51	98.52	76.52	628.55	562.72
2004	353.46	186.44	104.77	644.67	748.54
2005	57.63	266.69	2.62	326.94	792.78
2006	1642.56	1049.70	4.32	2696.59	1320.21
2007	4469.96	3345.97	227.68	8043.61	2844.46
2008	1034.38	2278.11	151.57	3464.06	3417.95
2009	2021.97	3021.59	105.97	5149.52	3881.30
2010	4911.33	3771.76	1438.22	10121.30	5029.58
2011	2432.40	3778.53	414.24	6525.17	6067.64

资料来源：中国证券业协会网站。

（三）转型时期住宅价格形成机制

1. 城乡土地产权改革

在计划经济条件下，土地和住宅通过实物的形式进行分配，不存在土地和住房交易的市场。改革开放以后，土地市场的改革在农村和城市有所区别，农村土地改革主要围绕家庭联产承包责任制来激活农户生产的积极性，允许农民承包权进行转让。在城市，土地制度主要从原有的划拨到有偿使用进行过渡。城市土地可以在二级市场上进行转让或出租。我国土地市场改革的独特性在于维持原有土地所有权不变，对使用权、交易制度、价格形成制度等方面进行改革，政府垄断了土地市场的供应。政府基于对粮食安全、农村人口未来生计保障、城市规划、土地资源使用的合理性等诸般考虑的统筹兼顾，决定收购和供给土地的数量，并且从中获得相应的土地出让收益。

在分税制改革以前，土地出让收入在中央政府和地方政府之间进行分成。分税制改革以后，土地出让的收入主要划归地方政府，随着土地供应的逐渐增加，地方政府从土地出让中获得的收入日渐上升。特别是 2002 年实施土地招拍挂改革后，土地使用用途转变带来的增值效应为各级政府所重视，逐渐形成土地财政。地方政府一次性征收土地出让金，获得了 70 年的收入折现，由此带来巨大的现金流，可用于相应的支出行为，由此客观上助推了土地价格的直线上升。

2. 城乡住房制度改革

在计划经济时期，城镇居民住房维持了实物分配制度，住房由国家投资进行建设，并按照职工的工龄、职务、学历等进行分配，住房不能进行流转和交易，依靠的是企业办社会的原则。改革开放以后，我国不断进行住房制度改革，不过这一制度的改革集中在城市。纵观历次住房制度改革，诸多举措可以从供给和需求层面进行总结梳理。从需求层面看，1983 年国务院颁布的《城市私有房屋管理条例》明确了城市居民对房屋的所有权，同时开始规定私房交易。1988 年发布的《国务院关于印发在全国城镇分期分批推行住房制度改革实施方案的通知》，掀开了住房制度全面改革的序幕。住房从实物租金向货币租金进行转变。截至 1999 年底，全国基本上取消了福利分房制度，开始形成以市场化为主导的住房制度安排。此外，我国从 1994 年开始建立住房公积金制度，推行住房消费信贷制度。从供给层面看，1984 年发布的《城市建设综合开发公司暂行办法》规定城市建设综合开发公司从事经营城市土地开发和房地产业务，由此确立了房地产市场的微观供给主体。随后的改革推进了旧公房出售制度，盘活了住房存量资源，加大了住房的供给。在供给和需求的双向作用下，我国房地产市场发展具备了制度基础。1992 年，全国各地房地产进入第一高潮期，各地开发区和房地产进入过热期。1999 年我国取消福利分房制度后，房地产进入新的发展阶段。1999 年，我国房地产开发投资占 GDP 的比重为 4.58%，房地产开发投资占全社会固定资产投资的比重为 13.74%；2007 年，房地产开发投资占 GDP 的比重为 10.13%，房地产开发投资占全社会固定资产投资的比重为 18.42%。房地产行业在国民经济中占据重要地位。

与城市如火如荼的房地产行业相比，农村土地和住房的改革要远远滞后于城市。随着我国工业化和城镇化进程的推进，大量农村居民转移到城市中来，造成土地闲置，而农村土地流转制度的欠缺使得土地集中化和规模化经营难以实现。农村土地和农民住房产权制度的不完善使得其不能用于抵押或交易来获得相应资金。这种产权制度的缺失客观上造成了两种结局：近郊的农村地区在城镇化的进程中通过政府的拆迁改造获得相应的财产性收入，居住条件也发生较大程度的改善；而远离城市的农村居民在土地和住房上无法享受到城镇化的收益，相反却由于劳动力的流失和收益渠道的狭窄而陷入制度性的贫困中。

3. 房地产价格构成

2000 年以来，我国城镇化步入快速发展轨道，推动了房地产市场迅速发展。不过现有的土地出让制度和城乡住房制度改革的脱节使得房地产市场供给不足，地方政府从土地出让中获得相应的财政收入来满足各项支出需要，农村土地流转制度改革滞后使得城市发展的扩展空间有限，这又加剧了城市土地的稀缺性。再加上我国城镇化进程中农村剩余劳动力转移对住房的需求旺盛，与城市居民住房改善的刚性需求相叠加，从而对住房的需求不断上涨。供给和需求失衡的矛盾使得我国房地产市场的价格急剧上涨。为遏制房地产价格上涨给经济发展和社会稳定带来的风险，政府对房地产不断采取宏观调控措施。早期的调控政策没有从增加供给的角度出发，而是遏制房地产投资，这反而加剧了房地产市场的供给稀缺性，造成房地产价格的大幅反弹。随后，政府对房地产的调控采取多种手段，行政上采用限购限贷等限制居民对住房的投机，供给上加大廉租房、公租房、经济适用房等保障性住房的供给，以期缓解房地产市场供求失衡程度，但房价持续上涨的势头一直未能得到有效遏制。

从根源上看，研究房地产价格波动需要从房地产价格的构成进行分析，从而为促进其价格合理增长提供基础。一般来说，房地产价格包括土地成本、建安工程成本、房地产税费、管理成本、公共配套设施、开发商利润等几个方面。我国房地产市场的形成首先要从土地市场的形成进行分析。土地市场经历了 20 世纪 80 年代从无偿、无限期向有偿、有限期的转变。土地使用权制度从划拨、协议制度转变为招标、挂牌、拍卖制度，从而使得土地可以流转。不过，这种流转仅限于商品开发用途，在其他用途上，还保留了原有的制度安排。因此就出现了划拨、协议、挂牌、招标、拍卖等多种形式并存的土地供应制度安排。土地要素的流动逐渐演变为土地出让政府垄断、以招拍挂为主、一次性收取土地出让金的制度安排。在房地产开发费用中涉及前期工程成本、土地成本（缴纳给政府的土地出让金）、建安工程成本、市政工程成本、公共配套设施和销售费用、财务费用和开发间接费用等诸多环节和因素。在总成本中，土地成本所占比例最高，达到了 41.2%，土地成本占直接成本的比例更是高达 58.2%。从总成本构成中，开发企业的运营成本所占比例并不是很高，在运营成本中销售成本所占比例最高，为 40.4%，但销售成本占总成本的比例只有 6.49%。按照规定，土地使用权出让金纳入地方财政预算，归地方财政支配和使用。房地产开发企业的总支出等于其总成本和缴纳的总税收之和。根据 RECIO 的统计分析，在 25 家完成销售的项目中，从企业财务角度分析，总成本（直接成本和运营成本）占到了 80.94%，向政府缴纳的税收占到了 19.06%。从总支出的流向分析，则应该将总成本中的土地成本也算作政府的收入。结果显示，在项目的总费用支出中，流向政府的部分（土地成本 + 总税收）所占比例为 49.42%；除土地之外的其他成本所占总费用支出的比例为 50.58%。也就是说，房地产开发项目的近半数费用与政府部门有关。

图 5-3 给出了 2007～2009 年我国代表城市土地出让金占当地财政收入的比例情况。可以看出，2007 年，武汉和杭州土地出让金占比超过80%，最少的宁波市土地出让金占比在 10% 左右，其他城市均在 30% 左右。2007 年正是我国房地产市场价格上涨较为明显的年份。随后的 2008年，土地出让金占比大幅下降，武汉和杭州下降到 30% 以下。不过这一趋势在 2009 年又发生变化，武汉和杭州的土地出让金占比马上恢复到 50%以上。由此可见，土地出让对于地方政府的重要性。

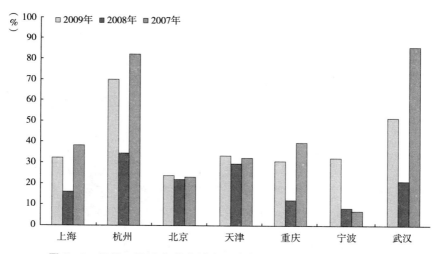

图 5-3　2007～2009 年代表城市土地出让金占当地财政收入比例

　　资料来源：土地出让金数据来源于中国指数研究院《政府土地出让金调查报告 2009》；地方财政收入数据来源于各城市统计年鉴。地方财政收入 = 地方一般性预算收入 + 基金性收入；土地出让金包括在基金性收入中。

再来看土地价格在房地产价格中的占比情况。图 5-4 给出了 30 个城市土地价格在住宅价格中的占比情况。从中可以看出，30 个城市平均的土地价格占住宅价格的比例为 42.49%，再加上政府征收的房地产业税费，那么住宅收入中大约有一半为政府所获得。因此，在当前快速城镇化的大背景下，我国城市土地出让制度的特征使得土地价格的上涨具有了推动住宅价格上涨的内在逻辑。土地价格的变动完全反映在了住宅价格的变动中。

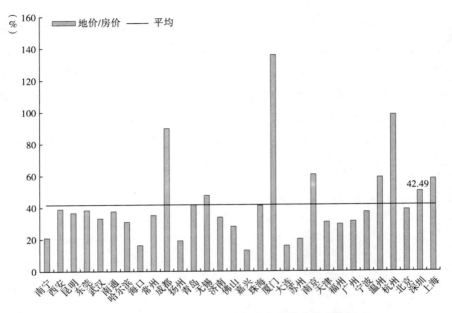

图 5 - 4 近年我国土地价格在房地产价格中的占比情况

资料来源：住宅价格数据来源于中国指数研究院"百城住宅价格指数"（2010 年 6 月）；土地价格数据来源于中国地价网"中国城市地价动态监测"。房价为 2010 年 6 月房价；地价为 2005 ~ 2009 年平均地价。转引自 REICO《我国城市土地出让制度改革分析》，2011。

四　转型时期我国资产价格波动特征

　　和成熟市场经济国家相比，我国资产价格的波动充分反映了"新兴 + 转轨"的特征。一方面，表现为市场起步比较晚（如我国股票市场设立至今仅 20 多年，住房市场从福利分房到 1998 年开始的货币化改革也仅仅 15 个年头），比整个改革的进程要滞后一些；另一方面，由于我国改革采取的是渐进式改革的路径，市场化过程中的制度缺失对资产价格的影响程度较深（如股票市场在股权分置改革前后的指数对比），这意味着我国资产价格的波动除了市场化的因素外，更容易受到制度变迁中政策因素的影响。

（一）股票价格波动特征

　　中国证券市场的发展，基于国有企业融资需求的倒逼机制。在财政投

入不足和银行信贷资产质量出现严重问题的背景下，发展证券市场，寻求
国有企业的融资需求替代就成为中国金融市场改革的必然选择。这一发展
思路，也形成了中国证券市场"为国有企业的改革和发展服务"的市场定
位。所以，证券市场作为最重要的资本要素市场在发育期就深深烙下了政
府设计的制度痕迹。从市场初期的上市指标分配到上市发行价格管控，一
开始就埋下了人为操纵市场价格的祸根。

图 5 - 5 列出了 1992 ~ 2010 年上海和深圳两市每年的综合指数变动以
及同期 GDP 指数变化情况。从上证综合指数的变动来看，1992 年以来大
致经历了六个较大的涨跌周期，分别为 1992 ~ 1994 年、1995 ~ 1998 年、
1999 ~ 2002 年、2003 ~ 2005 年、2006 ~ 2008 年、2009 ~ 2011 年。前四个
周期上证指数均在 2500 点以下波动，而第五个周期突破 6000 点。从最高
指数和最低指数的差距的带宽来看，股指上涨越大，其带宽越宽。这意味
着股票上涨和下跌过程中价格的波动程度较为剧烈，尤其是 2005 年以来的
这个周期，股指最高和最低相差 3000 多个点位，而这个时期恰好是我国股
权分置改革完成之后。在股价剧烈震荡中，深沪两市指数与实体经济增长
周期拟合程度很差，股指不能很好地反映经济晴雨表的作用。这些问题正
好反映了新兴 + 转轨市场的特性。

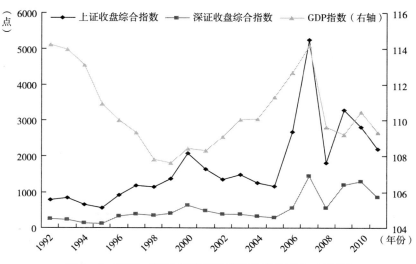

图 5 - 5 1992 ~ 2010 年我国股票市场指数变化（同比）

尽管股市近些年呈现巨幅波动，然而较之 10 多年前股市的容量大大提升，2010 年我国沪深 A 股市值分别达到 18.09 万亿元和 8.64 万亿元，总和较之年初增加了 2.4 万亿元。就 2010 年指数而言，两个市场则分别下跌了 14.0% 和 7.5%。价格波动的同时，市值不断上升的原因就在于市场规模不断扩大，因为仅 2010 年 A 股募集资金规模就达到 4783 亿元，股市市值增长的背后是新的财富创造。新增财富的去向为 A 股新上市的 300 多家企业，平均每家企业带来 160 多亿元的资金财富。仅当年创业板上市的企业就创造了 90 多位亿万富翁，因而股市的波动和财富的创造呈现结构性关联特征。与此同时，众多普通投资者却出现了接近 50% 的巨额亏损。因此，股市的波动和财富的创造呈现总量增长和结构失衡的双重特征。

为了更加清楚地揭示股票市场波动与政策的关联性，图 5-6 给出了当年一般政策事件[①]与上证综指年收盘价情况。从中可以看出，股指与政策事件呈现较强的关联性。当年政策事件较多，则往往伴随着股指的大幅上扬。尤其是 2005~2008 年政策事件超过以往任何年份，这一时间段的典型事件是股权分置改革，因此股指在 2007 年达到历史高点。随后在调控措施的实施下，股指大幅下挫。比较而言，政策事件的多少与股指变化并非完全同步，这昭示着市场的提前消化。关于政策效应带来股指的波动大小，需要做进一步的分析。

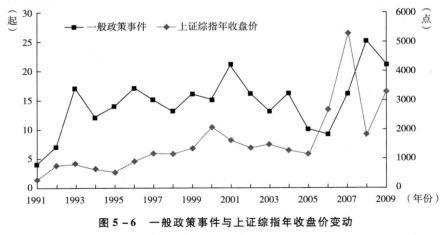

图 5-6　一般政策事件与上证综指年收盘价变动

---

① 所谓一般政策事件，是指对股市有冲击和代表性的事件，包括准备金率、印花税率调整，政府通过新闻媒体发布的重要言论，对重大违规违法现象的治理以及交易规则的变动等。相关统计引自宁晶（2010）。

表 5 - 4 给出了根据事件收益法得出的政策事件收益（波动）与指数收益（波动）关系的检验结果。其中的重大事件是指对股市波动超出均值的事件统计。从结果来看，无论是政策事件收益与指数收益的关系，还是事件收益波动与指数收益波动的关系都较为显著。从时间序列上看，政策事件对股票收益和收益波动的影响逐渐递减，这意味着市场化程度的加深使得股市的波动越来越受内部运行规律的影响。根据事件收益的关系检验，可以看出在股市成立之初，一般政策事件的影响要远远大于重大事件的影响，随后弱于重大事件的影响，2005 年之后这一效应又大于重大事件的影响。根据收益波动的关系检验，重大事件带来的股票收益波动要大于一般事件。由此可见，政策对股市波动的影响不容忽视。

表 5 - 4　政策事件（波动）与指数收益（波动）的关系检验

政策事件收益与指数收益回归结果				政策事件收益波动与指数收益波动回归结果			
事件类型	时期	系数	T 统计量	事件类型	时期	系数	T 统计量
一般政策事件	1991~1995 年	3.3952	23.066	一般政策事件	1991~1995 年	4.3561	3.347
	1996~2000 年	0.8441	19.825		1996~2000 年	1.3051	10.028
	2001~2004 年	0.9514	10.183		2001~2004 年	2.5965	4.304
	2005~2009 年	0.9453	15.701		2005~2009 年	0.7655	6.368
重大政策事件	1991~1995 年	1.5151	17.768	重大政策事件	1991~1995 年	4.9286	3.250
	1996~2000 年	1.3233	13.862		1996~2000 年	3.6708	6.788
	2001~2004 年	1.5861	7.213		2001~2004 年	1.4577	5.932
	2005~2009 年	0.6387	12.621		2005~2009 年	1.2774	6.004

资料来源：根据相关资料整理。参见宁晶《中国股市价格波动与政策事件关系研究》，西北大学硕士学位论文，2010。

（二）房地产价格波动特征

1999 年住房制度改革的实施，促使房地产发展速度加快，现已成为国民经济发展的重要产业。1999 年以来，商品住宅销售金额年增长在 20% 以上。2006 年我国商品房销售面积为 61857.07 万平方米，2008 年为 65969.83 万平方米，2010 年为 104349.11 万平方米，2011 年我国商品房销售面积达 109946 万平方米。2009 年危机后出台的房地产鼓励政策有效刺激了成交量与房价，房地产市值翻番，超过 10 万亿元，成为财富增长的主要推动力。

同时，我们必须看到，中国房地产发展一直带有深厚的政府主导型供给特征。最关键的因素在于政府高度垄断土地的一级市场，其次是政策干预信贷市场，这两项政策变动对房地产的价格波动带来了非常深刻的影响。图 5 - 7 和表 5 - 5 给出了 1992～2010 年我国住房价格同比变化情况，以及 GDP、全社会固定资产投资和房地产开发投资情况。本书整理了普通住宅、高档公寓以及平均房屋价格指数，并将住宅价格指数同时在图中显示以便进行比较。总体上看，住房销售价格 1998 年以来处于一个不断攀升的周期，尤以 2003 年前后为分界线。从不同类型的住房销售价格来看，高档公寓价格在 2004 年的变化程度要弱于普通住宅和房屋销售价格，2005 年则超出普通住宅价格和房屋销售价格指数，这意味着高档公寓价格上涨程度要高于其他类型的住宅。1998 年是我国进行住房商品化改革的起步阶段，由此拉开了房地产市场化发展的大幕。1998～2003 年，由于国家未出台房地产调控的相关政策，这一阶段的房价上升比较平稳，2003 年以后步入快速上升期。2008 年由于受金融危机的影响，上涨趋势有所放缓。不过经过"四万亿救市政策"后，近年来房地产价格重新步入上升通道。

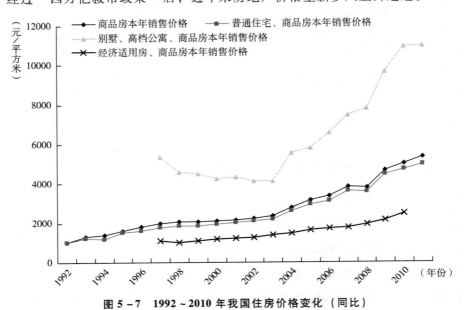

图 5 - 7   1992～2010 年我国住房价格变化（同比）

表 5 - 5　GDP、全社会固定资产投资和房地产开发投资情况

项目 年份	房地产开发投资		房地产开发投资占GDP比重（％）	房地产开发投资占全社会固定资产比重（％）	土地开发情况		商品住宅销售情况	
	总量（亿元）	增长率（％）			面积（万平方米）	增长率（％）	金额（亿元）	增长率（％）
1997	3178.4	-1.20	4.35	12.74	7371.3	—	1799.48	26.09
1998	3614.2	13.71	4.70	12.72	7730.1	4.87	2513.30	39.67
1999	4103.2	13.53	5.09	13.74	9319.6	20.56	2987.87	18.88
2000	4984.1	21.47	5.65	15.14	11666.1	25.18	3935.44	31.71
2001	6344.1	27.29	6.63	17.05	15315.8	31.28	4862.75	23.56
2002	7790.9	22.81	7.50	17.91	19416.0	26.77	6032.34	24.05
2003	10153.8	30.33	8.70	18.27	22166.3	14.17	7955.66	31.88
2004	13158.3	29.59	9.63	18.67	19740.2	-10.94	10375.71	30.42
2005	15909.3	20.91	8.65	17.96	20762.2	5.18	17576.13	69.40
2006	19422.9	22.09	9.16	17.66	26605.6	17.30	20825.96	18.49
2007	25279.7	30.15	10.05	18.42	26870.8	0.70	29889.12	43.52
2008	30580.0	20.97	10.17	17.75	26033.3	-5.60	25068.18	-16.13
2009	36241.8	18.51	10.64	16.73	23006.0	-19.90	44355.17	76.94
2010	48267.1	33.18	12.12	17.15	21253.7	-7.70	52721.24	18.86

资料来源：《中国统计年鉴 2011》以及 CCER 金融数据库，部分城市根据中国资讯行数据补充。

　　回顾 1998 年以来我国房地产市场的成长过程不难发现，我国房地产市场的发展处于供给不足的状况，因而一直面临着价格上涨的压力。从实际发展情况来看，2011 年全国商品房价格平均水平是 1998 年的 2.56 倍。因此，与之对应的调控政策只能暂缓房地产价格的上升趋势，并不能从根本上改变这一长期趋势。

　　为了进一步分析房地产调控政策对房地产价格水平的影响，表 5 - 6 给出了 2003 年以来房地产价格调控的演变及其对房价的影响。2003 年实施相关调控政策后，并没有直接带来房地产价格的下跌，当年房地产价格涨幅超过前两年。随后的调控措施在 2005 年才显现出来。前期的房地产调控措施主要针对供给层面，因此加剧了商品房供给不足的现状。鉴于房地产及其相关产业在中国经济发展中的重要性，实施土地招拍挂转让后土地出

让收入成为地方政府寻求财源的重要途径，这逐渐成为商品房供应端的重要约束。2006 年实施的土地调控政策将地方的建设土地指标上收到国土资源部，再加上对住房投资的政策，促使房地产价格增速在 2006 年有所放缓。

2008 年为应对国内外经济金融危机而实施的"四万亿救市政策"间接刺激了房地产市场，再加上信贷政策鼓励居民购置房地产，从而使得房地产价格在短短的一年多时间暴涨。2010 年初，各级政府在国务院文件的指引下，又纷纷制定实施了限购限贷政策。采取限购限贷政策以后，行政手段限制居民需求的做法暂时缓解了房地产价格的暴涨，不过居民的住房需求是刚性的，如果需求得不到满足，延缓到未来解决，势必给未来房地产价格的保障埋下隐患。再加上未来 10 年是中国城镇化进程快速推进的时期，我国房地产市场仍面临卖方市场的约束，在现有土地出让政策的制度约束下，房地产市场价格上涨不可避免。从表 5 - 6 可以看出，长达 8 年的调控政策只是在实施限购限贷等行政政策后，才限制了房价的快速上涨趋势。房价不断上涨的态势难以得到遏制的根源，在于政府垄断土地市场供应，而各级政府从土地交易中获取土地出让金是使房价不断上涨的重要推手。

表 5 - 6　2003 ~ 2011 年房地产调控政策及其对房价的影响

年　份	调控措施	要　点	对房价的影响
2003	《国务院关于促进房地产市场持续健康发展的通知》《关于加强土地供应管理促进房地产市场持续健康发展的通知》	房地产业已经成为国民经济的支柱产业；强调完善供应政策，调整供应结构；发展住房信贷，强化管理服务；加强市场监管，整顿市场秩序；各类房地产开发用地，除按规定可以划拨外，一律实行招标拍卖挂牌出让	商品住宅市场交易活跃，房价不断攀升，房地产开发投资增速较快
2004	《国务院关于调整部分行业固定资产投资项目资本金比例的通知》《关于深入开展土地市场治理整顿严格土地管理的紧急通知》	房地产行业被列为"投资过热"行业之一，房地产开发项目资本金比例由 20% 及以上提高到 35% 及以上；严格建设用地审批管理，收紧土地"闸门"	旨在遏制投资过快增长和房价过快上涨的势头

续表

年　份	调控措施	要点	对房价的影响
2005	《关于调整商业银行住房信贷政策和超额准备金存款利率的通知》《关于做好稳定住房价格工作的意见的通知》（"国八条"）	将贷款利率的上限打开，并再次重申下限利率为基准利率的 0.9 倍；同时，在房价上涨过快的城市或地区，个人住房贷款最低首付款比例可由 2 成提高到 3 成；加大对投机性和投资性购房等房地产交易行为的调控力度	对房价抑制不明显
2006	《关于调整住房供应结构稳定住房价格的意见的通知》（"国六条"）、《关于加强土地调控有关问题的通知》、《关于个人住房转让所得征收个人所得税有关问题的通知》	提出 90/70 比例；调整住房转让环节营业税，进一步抑制投机和投资性购房需求；有区别地适度调整住房消费信贷政策；对住房转让所得征收个人所得税时，以实际成交价格为转让收入	对房价抑制不明显
2007	《中国银行业监督管理委员会关于加强商业性房地产信贷管理的通知》（"二套房贷"政策）	提高购买非首套住房的首付款比例和贷款利率，抑制住房需求增长	交易量同比增速随即出现下降，2008 年第 2 季度房价涨幅调头向下，2008 年第 3 季度房价涨幅大幅回落；2008 年第 1~3 季度交易量出现萎缩，幅度不断加大
2008~2009	《关于促进房地产市场健康发展的若干意见》	鼓励普通商品住房消费；支持房地产开发企业积极应对市场变化	2009 年第 1~4 季度商品住宅交易量同比增速大幅回升，2009 年第 2 季度房价重拾涨势；2010 年第 2 季度房价同比涨幅达到 14%，为 1998 年以来的最高点
2010~2011	《国务院办公厅关于促进房地产市场平稳健康发展的通知》（"家庭二套房贷"政策）、《国务院关于坚决遏制部分城市房价过快上涨的通知》	强调合理引导住房消费，抑制投资投机性购房需求，提出"家庭二套房贷"首付款比例提至 60%，并从严制定和执行住房限购措施	房地产市场热度逐渐降低，2010 年第 3 季度房价涨幅开始回落；2011 年第 4 季度房价环比开始下降

五　中国资产价格波动与居民财富配置失衡的理论阐释

从上面对中国资产定价机制和资产价格波动特征可以看出，中国作为转轨经济体，资产市场成长速度虽然很快，但市场发育很不成熟，价格波动也极为剧烈，因而应用成熟市场的资产配置模型难以进行资产组合决策。那么，市场背后的影响因素到底是什么？本节拟从以下三个方面予以理论阐释。

（一）　市场结构失衡、市场力量不对等对资产价格的影响

从本章第三节的分析中可以看出，中国资产市场发育过程存在很强的管制性、垄断性特征，由此造成市场参与者之间的力量严重不对等，这种力量的不对等性最直接的表现是信息不对称。在对称信息条件下，交易者能够捕捉到信息变化的原因，信息在不同交易之间分布均衡，参与者无法获得超额收益。在非对称信息条件下，由于参与方拥有信息的程度不同，市场参与者无法推测出真实的信息。公开信息和私有信息的准确性都会影响资产价格。因此，经济生活中投资者面临的根本问题是如何更好地利用分散在社会中的不同信息获得超额收益。

Grossman 和 Stislizt（1980）的"噪声理性预期均衡模型"对股票市场的信息与价格的影响进行了分析。我们在这个模型的基础上扩展分析非对称信息对资产收益的影响[①]。

假定投资者的资产组合中包含一种风险资产和一种无风险资产，存在两个时期，交易者在时期 1 选择投资组合，在时期 2 对资产组合进行清算。无风险资产的总收益为 r_f，平均供给是固定的，用 $\bar{m}$ 表示。资产 i 的未来收益为 $\bar{\mu}_i$，$\mu_i \sim N(\bar{\mu}_i, 1/\rho)$，即 μ_i 是均值为 $\bar{\mu}_i$、准确性为 ρ 的正态分布随机变量。风险资产的平均供给 $\bar{x}_i$ 是随机的，$\bar{x}_i \sim N(\bar{x}_i, 1/\eta)$。

假定有 K 个交易者，表示为 $k = 1, \cdots, K$，并且所有投资者具备 CARA

---

① 该模型在王燕（2004）的基础上修订。

效用函数。由于所有随机变量都是正态分布的，因此投资者的效用函数可以表示为：

$$U(W_k) = -e^{aw_k} \quad\quad (5-14)$$

其中，W_k 为交易者 k 的资源禀赋，a 为不同交易者的风险厌恶系数，$a > 0$。当然，这些投资者可以购买无风险资产或风险资产，交易者 k 的初始禀赋为 $\bar{w}_{0k}$。

对于每一种风险资产 $i(i = 1,2)$，对于不同投资者而言，风险信号为 $s_i \sim N(\theta_i, 1/\gamma)$。风险资产 1 只有私有信息，风险资产 2 只有公开信息。对于风险资产 1，只有部分交易者能够观察到信号 s_1，所以 s_1 表示私有信息，能够观察到信号 s_1 的交易者比例为 μ，即知情交易者比例为 μ。对于风险资产 2，所有的交易者都能观察到信号 s_2，所以 s_2 表示公开信息。

1. 风险资产 2 的收益和风险

对于风险资产 2，投资者对该资产的风险和收益的看法也相同。对于风险资产 1，投资者的风险和收益不同。在时期 1，每个投资者选择其对无风险资产和两种风险资产的需求 (m_k, x_{1k}, x_{2k})，从而使效用最大化。交易者在时期 1 以价格 $(1, p_1, p_2)$ 进行交易，由于交易者 k 的初始禀赋为 $\bar{w}_{0k}$，因此，投资者 k 在时期 1 的预算约束为：$m_k + p_1 x_{1k}, p_2 x_{2k} = \bar{w}_{0k}$。设 w_k 为投资者 k 在时期 2 的财富，则有：$w_k = m_k r_f + \bar{u}_1 x_{1k} + \bar{u}_2 x_{2k} + \bar{w}_{0k}$。

因此，投资者 k 对资产 i 的需求为：

$$x_{ik} = \frac{\bar{u}_{ik} - r_f p_i}{a(\rho_{ik})^{-1}} \quad\quad (5-15)$$

其中，$\bar{u}_{ik}$ 和 ρ_{ik} 是投资者 k 对股票 i 未来收益的均值的估计。根据式 $(5-15)$ 可以看出，投资者对风险资产的需求函数取决于交易者对资产风险 (ρ_{ik}) 和收益 $(\bar{u}_{ik} - r_f p_i)$ 的看法。对于资产 2，所有信息都是公开的，信号在不同投资者之间的分布不存在差异，资产 2 的均值和准确性为：

$$\bar{u}_{2k} = \bar{u}_2 = \frac{\bar{u}\rho + s_2\gamma}{\rho + \gamma}, \rho_{ik} = \rho_2 = \rho + \gamma \quad\quad (5-16)$$

2. 风险资产 1 的收益和风险

对于资产 1，交易者所观察到的信号是不同的，因此，交易者关于资产 1 的风险和收益的看法也是不同的。一部分交易者，比例为 u，能够观察到关于资产 1 的未来价值的私有信号；但是其他的交易者，比例为 $1 - u$，却不能观察到这种私有信号。知情交易者关于资产 1 的看法是正态的，其均值和准确性分别为：

$$\bar{u}_{1k} = \frac{\bar{u}\rho + s_1\gamma}{\rho + \gamma}, \rho_{ik} = \rho + \gamma \qquad (5 - 17)$$

对于未知情交易者而言，只能根据信号的存在和分布来判断。假设未知情交易者所推测的价格函数为：

$$p_1(\theta_1, x_1) = a_1\bar{u} + a_2 s_1 - a_3 x_1 + a_4 \bar{x}_1 \qquad (5 - 18)$$

其中，a_1、a_2、a_3、a_4 为均衡时需要确定的系数。

根据未知情交易者所假设的价格函数 p_1，求出未知情交易者对风险资产 1 的看法 $\bar{u}_{1k}$。假设存在可观测的正态分布随机变量 $\varphi(\theta_1, x_1)$：

$$\varphi(\theta_1, x_1) = \frac{p_1 - a_1\bar{u} + \bar{x}_1(a_3 - a_4)}{a_2} = s_1 - \frac{a_3}{a_2}(x_1 - \bar{x}_1) \qquad (5 - 19)$$

即 φ 为知情交易者的私有信号 s_1 加上由资产 1 的随机供给导致的噪声。通过计算可以得到 $\varphi \sim N(\theta_1, \rho_\varphi)$，$\rho_\varphi = \left[\gamma^{-1} + \left(\frac{a_3}{a_2}\right)^2 \eta^{-1}\right]^{-1}$。根据未知情交易者对资产 1 的推测函数——式（5 - 14），未知情交易者对风险资产 1 的看法也是正态的，其均值和方差分别为：

$$\bar{u}_{1k} = \frac{\bar{u}\rho + \rho_\varphi\varphi}{\rho + \rho_\varphi}, \rho_{1k} = \rho + \rho_\varphi \qquad (5 - 20)$$

均衡时，每种资产的平均需求等于平均供给。对于资产 2，将所有交易者对资产 2 的看法——式（5 - 14）带入资产 2 的需求函数——式（5 - 15），并使得需求等于平均供给，可以求解出资产 2 在时期 2 的均衡价格为：

$$p_2^* = \frac{\bar{u}\rho + s_2\gamma - a\,x^2}{r_f\,\rho_2} \qquad (5 - 21)$$

对于风险资产 1，要证明均衡的存在，并且证明未知情交易者所推测的资产 1 的价格函数 $p_1(\theta_1, x_1) = a_1\bar{u} + a_2 s_1 - a_3 x_1 + a_4 \bar{x}_1$ 是正确的。

在均衡时的资产价格为：

$$p_1(\theta_1, x_1) = a_1 \bar{u} + a_2 s_1 - a_3 x_1 + a_4 \bar{x}_1 \qquad (5-22)$$

其中：

$$a_1 = \rho/z, a_2 = \frac{[u\gamma + (1-u)\rho_\varphi]}{z}, a_3 = \frac{a + [1 + \dfrac{(1-u)\rho_\varphi}{u\gamma}]}{z}, a_4 = \frac{\dfrac{a(1-u)\rho_\varphi}{u\gamma}}{z}$$

$$\rho_\varphi = [\gamma^{-1} + (\frac{a_3}{a_2})^2 \eta^{-1}]^{-1}, z = R[\rho + u\gamma + (1-u)\rho_\varphi]$$

式（5-22）给出了部分均衡时的情况，未知情交易者可以从价格中推测知情交易者的信息。在均衡时，两种风险资产的风险溢价分别为：

$$E[u_1 - r_f p_1^*] = \frac{a\bar{x}}{\rho + \gamma} > 0, E[u_2 - r_f p_2^*] = \frac{a\bar{x}}{\rho + u\gamma + (1-u)\rho_\varphi} > 0 \qquad (5-23)$$

在均衡时，市场参与者的风险偏好 a、资产的平均供给 $\bar{z}_i$ 和信息风险 γ 会影响资产的风险溢价。每种风险资产的风险溢价都为正，风险溢价反映了资产是具有风险的这一事实，且交易者因为持有这些资产而要求补偿。不过两种风险资产存在差异：

$$E[u_1 - r_f p_1^*] - E[u_2 - r_f p_2^*] = \bar{x}\delta \frac{(1-\mu)(\gamma - \rho_\varphi)}{(\rho + r)[\rho + \mu\gamma + (1-\mu)\rho_\varphi]} > 0 \qquad (5-24)$$

亦即 $E[u_1 - r_f p_1^*] > E[u_2 - r_f p_2^*] > 0$

从上面可以看出，资产 1 的风险溢价超过了资产 2，这说明交易者持有包含较多私有信息的风险资产要求更高的风险溢价。只有当不存在未知情交易者（$\mu = 1$）或价格是全揭示 $\rho_\varphi = \gamma$ 的情况下，两种风险资产预期收益的差异才为 0。

以上公式给出了不同信息拥有程度对资产选择的影响。对于转型经济体而言，在"潜规则"的影响下，信息不对称现象尤为严重，知情交易者会利用非公开的信息最大化利益集团的收益。具体而言，他们可以通过选择交易规模和交易密度来控制自身交易对资产价格变动过程的影响。因此，由于信息不对称带来的资产价格波动在转型经济时期尤为明显。

（二）存在政府管制、垄断影响下的"潜规则"配置资源

1. 计划经济时期资源配置特征

众所周知，我国改革的路径遵循从计划经济到市场经济的渐进改革过程。因此在改革初期，经济的发展受计划经济体制惯性的路径依赖。具体在所有制结构、企业结构、金融结构、财政等方面，表现为市场主体缺失、市场化程度低下，由此决定了居民财富选择行为较之成熟市场经济国家有所不同，财富结构长期以储蓄为主，风险资产占比较低。

在计划经济时期，我国将现代化等同于工业化尤其是重工业化，优先发展重工业，因此资源配置上通过计划调配来完成，由此确立了计划经济体制。在发展战略上，则形成由重工业主导的赶超战略，把有限的资源集中到国家确定的重点目标上，资源调配按照这种目标来完成。为了在当时资金稀缺的情况下实现重工业优先发展的目标，必须通过对经济资源实行集中的计划配置和管理，这便形成了扭曲产品和生产要素价格的定价制度，其中包括工农产品价格剪刀差、利率和汇率价格等，资源配置依靠的不是经营主体的竞争机制，而是高度集中的资源计划配置制度。在计划经济体制中，土地和资本等生产要素经过历次改革，全部掌握在政府手中，资产市场无法形成。此外，劳动力的调配完全根据计划指令来实现，私人不能通过市场交易来获得相关要素。虽然通过计划经济体制的层级结构把消费品分配到消费者手中，但是这种配置原则不能体现消费者的需求与偏好，配置的导向也非价格导向，因此也没有真正意义上的产品市场。在赶超战略的指引下，国家垄断产权形式实现了经济剩余的积累，以较快的速度建成了相对完整的工业经济体系。在这种模式下，资产市场根本不具备成长的基本条件，并且居民不具备财富选择的自由，重积累、轻消费的特征意味着居民无法从资产市场的成长中获取财富。资源配置方式的扭曲，使得经济发展逐渐失衡。同时，在赶超战略中，中央政府和地方政府之间的关系并不具有经济学意义上的委托－代理关系。尽管相对于中央政府而言，地方政府的层级和结构要相对复杂和庞大，然而地方政府仅仅是中央计划命令的执行者。此外，赶超战略中的企业受到各级政府的行政控制，企业的人事权和物质资源配置权都掌握在政府手中，企业的剩余索取权也

归结于政府，企业利润一部分算作企业留利，绝大部分上缴财政归政府所有。再来看企业的投资权。企业的发展完全依赖于国家的计划，因此政府也掌握着企业的投资权。企业要进行扩大再生产，都要经过计划部门立项，再由财政、银行层层审批，层层审核，才能予以投资。这种僵化的投资体制必然使资源价格被扭曲，并导致资源配置效率低下。因此，在计划经济到市场经济转型的过程中，资产市场的发展更多体现为经济发展融资的功能而非投资渠道。

从计划经济到市场经济转型的过程中，居民的收入结构从单一渠道向多元化渠道进行转变，收入结构中奖金、津贴、其他补贴等日渐多元化，非工资性收入占比逐渐提升，收入水平的提高使得用于配置的资金来源增加。同时家庭面临的风险增多，在社会保障体制不健全时，居民重视财富的积累用于应对未来支出的不确定性，随着教育、医疗、社会保障体制的逐渐建立，家庭对未来收入的预期趋于稳定，此时就有相应的财富增值需求。在计划经济时期，家庭收入普遍较低，国家通过高积累的方式来实现重工业发展，居民没有足够多的家庭财富积累，企业办社会的体制承担了居民的教育、求学、保险等多个职能，这个时期居民收入虽然不高，但是家庭的收入和支出却相对确定，家庭积累较少，也谈不上把家庭资产用于财富增值。

2. 政府主导的经济增长对资源配置的影响

我国经济改革的路径是通过改革和开放来引入市场经济体制，通过价格的自由化和竞争性的市场体系来纠正计划经济体制中的经济运行偏差，让市场经济在资源配置中发挥作用，通过改善政府和市场的关系来提高资源配置效率。要素市场主要是指经济发展中需要投入的人力、土地、资本等。改革开放以后，包括土地、资本和劳动力等要素市场在 20 世纪 90 年代逐步建立。市场经济体制的逐步建立一方面激发了资本、劳动力等要素投入的不断增加和需求的不断扩大，另一方面推动了资源配置效率的不断提高和经济创新的持续深入的展开，从而带来了中国经济持续高速的增长。财政分权使得地方政府拥有了财政剩余索取权，放权让利使得企业拥有了自身的剩余索取权，农村家庭联产承包责任制使得农民拥有了农业的剩余索取权。诸多行为主体剩余索取权分配的结果带来了资金的剩余，孕育着资产市场的产生。

　　但我国在经济分权改革中并没有改变政治集权的体制结构，为了实现不同时期的经济发展目标，中央政府通过用经济增长指标来考核地方政府官员的晋升，这种制度在维持经济高速增长的同时引发了强烈的地方扩张冲动。这集中体现在各级政府对资源的控制上，尤其是对土地、资本的控制上，这种控制一般通过各级政府辖内的国有企业实现，在城市建设、基础设施、公用事业、垄断行业、公益事业等方面保持国有性质，并且在投资、进入门槛等方面对其他主体进行限制，维持辖区内国有企业的垄断地位。

3. 渐进式改革中的"潜规则"配置资源

　　渐进式改革带来了利益的调整和重新分配，利益的重新分配决定了改革的过程不是利益均分的过程，而是在增长和发展中调整利益格局，同时避免产生社会动荡。对计划经济体制的改革首先要打破平均主义大锅饭，注重生产过程中的效率原则。同时由于利益的调整必然是一个反复的谈判协商过程，这个过程中信息的拥有程度分布不同，从而使得拥有信息的个体能够优先采取行动，在利益的分配中获得先机。由于渐进式改革的内在约束，政府对要素市场的垄断仍然存在。政府主导型经济模式意味着政府在资源配置中的角色不容忽视，由此导致了政府权力边界模糊，职责界定不清。大量要素财富的分配不是通过市场价格机制进行的，而是通过市场背后的"隐形权力"方式获得的，这就形成了市场普遍存在的"潜规则"现象。"隐形权力"配置资源导致市场机制难以发挥作用，这样必然造成整个社会财富的分配与权力关系大小密切相关，从而使得资源配置的效率难以发生根本改进。

　　（1）"潜规则"内涵

　　一般来讲，规则是就某一或某些事项所制定的书面文件。规则都是遵照正规的程序严格制定出来的，因此规则具有合法性、公开性、强制性和规范性特征。"潜规则"一词，最早由吴思在《"潜规则"——中国历史中的真实游戏》一书中提出，是指"中国社会在正式规定的各种制度之外，在种种明文规定的背后，实际存在着的一个不成文又获得广泛认可的规矩，一种可以称为内部章程的东西"。也就是说隐性规则在实际中作用更大。

　　从经济学上讲,"潜规则"是非合法性交易的参与者经过反复的博弈所形成的一种默认规则。"潜规则"又会随交易参与各方力量的对比变化而发生改变,从而实现新的均衡。"潜规则"的激励机制促使那些参与主体在高额回报的激励下铤而走险,而它的强大约束机制则使交易各方不敢轻易违约。因为"潜规则"有着"优于"一般制度体系的多重约束机制,参与交易的主体垄断了交易信息,绝大多数非合法性交易在"潜规则"的规范、指导下都能顺利进行而不被主导集团的制度体系所觉察[①]。

　　(2)"潜规则"与权力配置资源

　　在向市场经济转轨的过程中,我国选择了政府主导型的市场经济模式。这一模式的核心在于政府依然是资源配置的主导者,"政府之手"在市场中几乎无处不在。这一模式虽然推动了我国经济30多年的高速增长,但是政府官员通过"潜规则"来控制资源分配所形成的权力结构失衡和利益失衡的问题已经非常突出。

　　"潜规则"参与到市场化竞争中使得正式规则形同虚设。在"潜规则"的制度安排下,权力和社会关系的资本化使得拥有权力的一方在资源配置过程中拥有更大的主导权和谈判力量,最终导致市场机制被现有权力和社会关系所替代。官员与民众在信息占有上的不对称性、权力委托-代理链条过长以及中央和地方之间财政关系的变异,滋生了大量的"潜规则"。由于市场机制被"潜规则"运行下的权力所替代,市场机制运行和政策制定中形成了特定的利益群体,更多地享有参与资源配置的权力。"潜规则"下权力配置资源一方面加剧了资产市场上价格不合理因素,另一方面直接导致了财富配置的失衡,大量的寻租活动必然形成裙带资本主义网络。中国股市和楼市的畸形状态就是"潜规则"分配财富的真实写照。

4. 政府对资产市场的频繁过度干预造成资产价格波动加剧

　　与内生演化的资产市场不同,我国资产市场受政策的影响较大,政府对市场的准入、规模进行严格管制。正如在本章第二节分析的那样,股票市场的发行、交易、增发等环节受到严格的政策限制,价格不能充分反映市场的供求状况,对政策变动的预期导致市场价格波动剧烈,形成了典型

---

①　梁碧波:《"潜规则"的供给、需求及运行机制》,《经济问题》2004年第8期。

的"政策性市场"。在房地产市场发展的初期，保障性住房的缺位和城乡市场的分割，城市住房的稀缺再加上政府不断从土地市场上汲取土地出让金的激励，导致住房的价格不断上涨。随后政府逐渐意识到房地产市场泡沫可能对经济带来的损害，从 2004 年开始不断对房地产市场进行宏观调控，不过早期的调控从遏制供给层面入手，更加加剧了房地产的稀缺性，从而导致价格在压制后的大幅反弹。

（三）财产权制度和资产市场缺陷对居民财富配置的影响

1. 财产权利不完整对市场主体参与的限制

长期以来，我国经济与社会的双重二元结构对资产市场发展有着极为重要的影响。以房产市场为例，农村和城镇居民的住房权利具有很大区别。城市土地制度的改革和住房制度的改革使得房地产市场逐渐成熟并得到发展，居民虽然只拥有有年限限制的使用权，但是却具备了交易权，能够在价格变化中获取财产性收入，这种收入在财富配置中的地位日趋明显。比较而言，农村土地市场改革滞后，家庭联产承包责任制使得农民拥有剩余索取权，但是农村宅基地改革的滞后使得农民拥有的住宅不具备交易权。即便是在城镇化的进程中，农村居民流入城市，但是宅基地和承包土地不能有效流转，在城市的发展中逐渐被边缘化。农村房地产市场改革滞后使得农民较难从资产增值中获益。财产权利的不完整也表现在股票市场、债券市场、资金市场等，这种不完整最直接的结果就是限制了行为主体的参与程度。

2. 资产市场发展不同步和市场分割对财富选择的影响

我国资产市场中的储蓄市场、保险市场、股票市场、房地产市场、债券市场、黄金市场、外汇市场等的发展并不是同步的过程，而是服从于政府主导型经济增长的需要。从储蓄市场来看，由于长期充当资金动员的角色，政府通过金融抑制以较低的成本获取经济发展的资源。保险市场的发展滞后客观上使得居民财富选择形式依赖于储蓄，保险制度的欠缺造成了居民在未来教育、医疗等支出的不确定性，使预防性储蓄成为必然。从数据上看，表现为储蓄对利率变动的不敏感，即便是负利率，居民储蓄仍然是主要金融资产形态。股票市场的发展初衷是解决国有企业资金紧缺的问题，尤其是在 20 世纪 90 年代初国有企业大面积亏损的情况下，银行信贷资源质量低下使得金融风险积聚，寻找国有企业资金发展的新渠道成为必然。此外，住房制度改革的背景是国有企业改革后，企业办社会的居民不复存在，福利分房制度的终结揭开了住房制度市场化改革的序幕。由此看来，我国资产市场发展并不是同步发展的。这种滞后客观上造成了各类资产市场之间的分割，加之各类资产市场之间的壁垒程度不同，直接影响了各类资产市场之间的价格传导和收益平均化，也间接影响了居民财富的选择。

六　结论

本章对资产价格中的股票和房地产的定价机制进行了分析，通过数理模型解释了其价格变动的内在机理，在市场经济发育比较充足的经济体中，资产价格的波动更多体现为内在因素和自身周期的影响。对于中国而言，由于从计划经济到市场经济转型，因而市场主体发育不充分；再加上政府垄断要素市场，使资源配置更多受"潜规则"的影响。就股票而言，发行制度、定价制度的变迁对股票价格的影响尤为明显；就住宅而言，政府垄断土地市场供应，从而使得住宅价格对土地价格的影响更为明显。

第六章 房地产价格波动与国民收入
分配的互动关系检验

近年来，在我国的国民收入分配结构中，劳动收入份额呈现持续下降的趋势，资本收入份额则持续上升，这一现象引起了理论界和政府层面的高度重视。关注这一问题的意义在于，收入分配结构折射出了社会经济运行的质量水平，关系到经济的健康和可持续发展，涉及发展的本质内涵问题。没有收入分配结构的合理化，消费率的提升①、增长方式的转变等便无从谈起。值得注意的是，房地产价格的过快上涨成为近年来的一个突出现象，货币扩张并未引起普遍性的通货膨胀，更多的是通过食品、住房、能源原材料等为代表的结构性价格上涨所体现。结构性价格上涨的影响效应之一便是对收入分配产生影响。那么备受社会各界关注的房地产价格上涨会对收入分配结构产生怎样的影响呢？同时，收入分配结构的变化，特别是资本收入份额的提高是否会成为对房价上涨的助推因素呢？现有研究收入分配结构和房地产价格关系的文献尚未对这一问题进行关注。

从理论逻辑来看，以房地产价格为代表的资产价格上涨催生了中国高收入阶层的诞生②，而高收入阶层的消费模式与中低收入阶层的消费模式存在巨大差异，其奢侈品消费和炫耀性消费是其消费支出的主导，而这类行业与房地产业具有类似的行业特性，属于高利润行业，于是，形成了利润在高利润行业内部的相互强化，从而增加了资本收入在国民收入分配中

---

① 例如，方福前（2009）研究发现消费需求不足与收入分配中的劳动收入占比下降具有密切关系。

② 根据《福布斯》2010 中国富豪榜，仅前 20 名中就有 9 名与房地产有关，中国财富来源行业分布中，房地产排在第一位。

的份额。房地产价格上涨带来的富人阶层收入的上涨，通过这种消费模式带来的并不是基本消费品或劳动密集型行业产品需求的增加，其对普通劳动者收入的带动作用并不大，相反可能在一定程度上强化了资本密集型行业、高利润行业的快速发展，进而会对国民收入分配结构和总体经济结构、增长模式造成扭曲。假如这一分析思路成立的话，那么稳定房地产价格的意义就不仅仅在于促进宏观经济的稳定运行，还有助于促进包括收入分配结构调整在内的经济结构调整和优化。

分配结构中资本收入份额的上升对房地产价格会产生怎样的影响呢？当资本收入占比上升时，如果在实体经济领域缺乏有效的投资渠道，那么更多的资本收入将流向金融投资或投机领域，从而推高包括房地产价格在内的资产价格[①]。反之，如果资本更多地流向实体经济领域，特别是投资于符合我国比较优势的劳动密集型产业，那么这将对劳动者的就业和收入的增加起到更为积极的促进作用，从而相对提高收入分配中的劳动收入份额，在一定程度上抑制资本收入份额提高的趋势。因此，国民收入分配中的资本收入占比与房地产价格之间可能存在内在的相互作用机制。本章建立了结构模型，运用面板数据检验了这种机制的存在性，并且检验了其滞后效应，并在此基础上检验了二者相互关系的区域异质性。

针对已有文献的不足，本章在以下几个方面进行了创新：首先，提出并检验了房地产价格与国民收入分配中的资本收入份额存在相互内生的关系这一假说；其次，研究了房地产价格与国民收入分配中的资本收入份额之间相互关系的区域异质性问题；最后，在研究方法上，引入了联立方程模型（SEM）和两阶段最小二乘（TSLS）估计法，从而弥补了现有文献的不足。

一　理论分析

在国民收入的初次分配中，劳动收入份额、资本收入份额和政府通过征税取得的收入构成了收入分配的三大部分，在政府收入份额基本稳定的情况下，劳动收入份额和资本收入份额呈现此消彼长的关系。因此，在对

[①]　例如，陕西省神木县的房价在 2011 年已经突破 2 万元/平方米，这与当地能源资本的高额收益所导致的资本收入份额极高不无关系。

既有研究文献的综述中，本章将劳动收入份额和资本收入份额近似视作同一问题的两个方面。如果劳动份额下降，则收入分配向资本倾斜，在一定程度上意味着资本对劳动收入的侵占。

　　Kaldor（1961）总结了经济增长过程中的六个基本特征事实，其中第四项和第五项事实分别是：资本产出率保持稳定，资本报酬和劳动报酬在国民收入中所占比重保持稳定。自此，要素收入占比的稳定性被视作经济增长的一个重要特征事实。然而，Blanchard（1997）、Harrison（2002）对发达国家的研究以及 Shastri 和 Murthy（2005）等人对发展中国家的研究结论与卡尔多事实相去甚远。从国内研究看，龚刚和杨光（2010）的研究得出了与李稻葵等（2009）相一致的结论：在二元经济结构下，工资增长缓慢使得劳动收入占比下降，随着劳动力需求和工资率的上升，工资占比下降会逆转，从而形成一条"U"形曲线。白重恩和钱震杰（2009a）以及罗长远和张军（2009）则具体研究了劳动收入占比下降的原因。

　　近年来，也有文献开始专门研究国民收入分配中的资本收入份额问题。白重恩和钱震杰（2009b）使用省级面板数据研究发现，要素相对价格和要素市场扭曲并不是导致资本收入份额变化的主要原因，由人均收入水平所代表的产业结构转型才是近年来我国资本收入份额增加的主要原因。方文全（2010）通过 1993～2006 年的省级面板数据检验发现，政府收入的资本依赖和扩张性支出的资本偏向有利于提高资本收入份额，而不利于劳动收入份额。然而，房地产价格上涨对国民收入分配的结构变动是否具有影响呢？既有文献尚未对这一问题做出研究。冯涛和王宗道（2010）研究了房地产价格波动对居民财产性收入分配的影响，但其着眼点在于居民之间的收入分配问题，包括城乡居民之间、城镇不同收入群体之间等，而本章则从不同要素收入占比的角度研究房地产价格对收入分配的影响，从而丰富了已有的研究成果。

二　模型设定与数据说明

（一）模型设定

　　为了揭示房地产价格与国民收入分配中资本收入份额的相互作用关

系，本章建立如下的联立方程模型（SEM），并进行两阶段最小二乘（TSLS）估计，以考虑房地产价格和资本收入份额之间的联立内生性问题，从而弥补现有文献的不足。

$$\ln Share_{it} = a_{it} + a_1 \cdot \ln Hp_{it} + A \cdot X1_{it} + \varepsilon_{it} \qquad (6-1)$$

$$\ln Hp_{it} = b_{it} + b_1 \cdot \ln Share_{it} + B \cdot X2_{it} + \mu_{it} \qquad (6-2)$$

联立方程模型中的 $\ln Share$ 为资本收入份额的对数，$\ln Hp$ 为房地产价格的对数，包括其当期值和滞后一期的数值。$X1$ 和 $X2$ 分别为模型（6-1）和模型（6-2）的控制变量矩阵。i（=1，2，…，31）代表省份，t（=1998，1999，…，2006）代表时间，ε,μ 为误差项。在样本期的选取上，我们从住房制度改革的 1998 年开始选取。截至 2006 年，该段时间的数据经过了普查调整，具有较好的可比性，可以增强实证研究结论的可信度。数据来源为中宏网数据库、国家统计局数据库和《新中国 60 年统计资料汇编》。

（二）变量说明与描述性统计

1. 资本收入份额

资本收入份额的计算方法是根据各省收入法 GDP 数据，采用"（资产折旧＋营业盈余）/收入法 GDP"（%）计算得到，然后再取其自然对数。

2. 房地产价格

房地产价格为各省房屋销售价格的年度数据，取其自然对数。

3. 主要的控制变量

（1）模型（6-1）中的主要控制变量

资本产出比：该变量是既有文献中的重要影响变量，本章将其作为控制变量以更好地观察房价对收入分配的影响。其中，资本存量数据来自 Wu（2009）的估计值，产出数据采用 1978 年为基期的各省份历年实际 GDP 数据，由笔者根据《新中国 60 年统计资料汇编》中的数据计算整理得到。

贸易总额占 GDP 比重：将各省进出口总额数据按照当年人民币兑美元汇率折算成以人民币计价的贸易总额数据，然后再除以各省份相应年度的 GDP 计算得到，该变量代表经济开放程度对收入分配结构的影响。

非农就业占比：采用第二产业从业人员与第三产业从业人员数量之和除以第一、第二、第三产业从业人员数量之和计算得到。将该变量作为控制变量加入模型以反映经济结构对国民收入分配结构的影响。

（2）模型（6-2）中的主要控制变量

人均实际 GDP：人均实际 GDP 是影响房地产价格的重要变量，一般来说，人均实际 GDP 越高的地区房价越高，二者呈现正相关关系，这也符合基本的经济逻辑和直观的经验感受。

政府支出占 GDP 比重：采用该变量近似地代表地方政府行为对房地产价格的影响行为。

出口总额占 GDP 比重：通过出口可以形成外汇，在强制结汇制度下则转化为货币内生发行机制，因此该变量可能对房价产生影响。

信贷规模：一方面，房地产开发投资高度依赖信贷资金的支持；另一方面，近年来个人住房贷款为购房需求提供了资金支持。因此，该变量是另外一个需要考虑的控制变量。

各变量的说明和描述统计见表 6-1。

表 6-1　变量说明与描述统计

变量	变量说明	均值	最大值	最小值	标准差	样本数
SHARE	资本收入份额（%）	38.24	51.45	17.36	6.52	279
HP	房地产价格（元）	2051.87	8280.00	744.00	1127.21	279
CAP	资本产出比	3.57	6.67	1.97	0.97	279
TRADE	贸易总额占 GDP 比重（%）	59.97	870.40	0.38	135.66	279
GE	政府支出占 GDP 比重（%）	15.98	85.09	5.68	10.84	279
NAGRI	非农就业占比（%）	51.66	93.68	23.90	15.13	279
PERRGDP	人均实际 GDP（元/人，1978 年为基期）	3491.72	22314.07	718.13	3096.70	279
CRD	信贷规模（亿元）	4350.82	23182.16	74.59	4149.45	279
EXPO	出口总额占 GDP 比重（%）	15.36	91.86	2.07	18.84	279

注：描述统计针对的是变量的原始值，回归分析采用的则是取自然对数后的数值。

（三）资本收入份额与房地产价格的关系

对本章关注的主要变量——资本收入份额和房地产价格的省际面板数据绘制散点图可以粗略地观察出二者之间的一种正向关系（见图 6-1）。

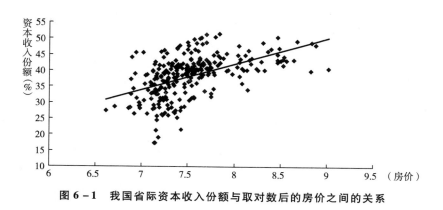

图 6 - 1　我国省际资本收入份额与取对数后的房价之间的关系

将样本进一步划分为东部、中部、西部和中西部①四个子样本也可以观察
到类似的散点图（图略）。

三　实证分析

（一）总体回归结果

　　表 6 - 2 中的回归方程（1）～（3）所示的是模型（6 - 1）的回归结
果。我们尝试将解释变量与控制变量的不同组合加入模型来观察房地产价
格对资本收入份额的影响是否稳健，模型经调整的 R^2 约为 0.80，拟合度较
好。F 统计值显示，各模型都通过了整体显著性检验，DW 值也较为理想。
回归结果显示，房地产价格上升 1% 会使资本收入份额提高 0.16% ～
0.43%，而房地产价格对资本收入份额的滞后影响不显著。此外，资本产
出比的提高会产生有利于资方的分配效应。非农就业占比的提高有利于提
高资本收入份额，可能的原因在于，在劳动力无限供给的条件下，劳动力
价格处于劣势，从而形成要素价格扭曲，致使在国民收入分配中，劳动所
占份额仍然处于"U"形曲线的左半部分。AR（1）项为正且高度显著，

---

　　①　东部地区包括北京、天津、河北、辽宁、上海、江苏、浙江、福建、山东、广东和海南
　　　　11 个省（市）；中部地区包括山西、吉林、黑龙江、安徽、江西、河南、湖北和湖南 8 个
　　　　省；西部地区包括内蒙古、重庆、四川、贵州、云南、西藏、陕西、甘肃、青海、宁夏、
　　　　新疆和广西 12 个省（自治区、直辖市）。

这表明上一期的收入分配会对当期产生惯性影响。

　　表 6 - 2 中的回归方程（4）～（6）是模型（6 - 2）的回归结果。可以发现，资本收入份额会对房地产价格产生助推作用。在国民收入分配中，资本收入份额每上升 1 个百分点会使得房地产价格上涨 0.40 个百分点左右。人均实际 GDP 对房价的影响显著为正，随着国民收入的增加，房地产价格会呈现持续的上升趋势，人均实际 GDP 每增加 1 个百分点，房价会上升 0.63～0.70 个百分点，该结果高度显著。同样，AR（1）显示，房地产价格的上涨具有一定的惯性。资本收入份额对房地产价格上涨的促进作用在一定程度上折射出资本在实体经济领域，特别是在符合我国比较优势的劳动密集型产业上的投资仍显不足。因此，资本在实体经济的投资渠道仍需进一步畅通，投资环境仍需进一步改善。

表 6 - 2　资本收入份额与房地产价格（对全部样本的检验）

因变量	资本收入份额			房地产价格		
解释变量	（1）	（2）	（3）	（4）	（5）	（6）
C	-4.90 *** (-8.81)	-2.22 *** (-2.67)	-2.10 ** (-2.19)	2.31 *** (2.96)	3.39 *** (3.35)	1.79 * (1.89)
$\ln HP$	0.43 *** (7.49)	0.18 ** (2.30)	0.16 * (1.82)			
$\ln SHARE$				0.39 * (1.85)	0.54 ** (2.22)	0.41 * (1.68)
$\ln PERRGDP$				0.70 *** (9.04)	0.64 *** (6.60)	0.63 *** (5.35)
$\ln GE$					0.26 *** (2.75)	0.18 ** (1.98)
$\ln EXPO$						-0.12 *** (-2.83)
$\ln CRD$						0.15 * (1.86)
$\ln HP_{-1}$			0.00 (-0.06)			

续表

因变量	资本收入份额			房地产价格		
解释变量	(1)	(2)	(3)	(4)	(5)	(6)
ln*TRADE*		0.11***	0.13***			
		(2.86)	(2.75)			
ln*NAGRI*		0.51**	0.56**			
		(2.48)	(2.19)			
ln*CAP*	0.57***	0.36*	0.48**			
	(2.61)	(1.66)	(2.06)			
AR (1)	0.60***	0.65***	0.56***	0.63***	0.68***	0.69***
	(11.11)	(12.46)	(9.26)	(10.20)	(12.43)	(12.59)
调整后的 R^2	0.7873	0.8370	0.8127	0.9494	0.9435	0.9502
F 值	38.8791	39.1684	27.7589	176.5917	176.3384	166.8008
DW 值	2.0671	2.0822	1.7633	2.1634	2.2534	2.1747
观测值	248	248	217	248	248	248

注：***、**和*分别表示在1%、5%和10%的置信水平上显著；括号内为 t 值；检验过程采用截面固定效应。

（二）分地区子样本回归结果

除了总体回归之外，我们将样本分成东部、中部、西部和中西部四个子样本进行分地区样本回归，以检验结果的稳健性和房地产价格与收入分配二者相互作用关系的区域异质性。

表6-3中，房地产价格对东部地区资本收入份额影响的弹性系数仅为0.04，且统计上不显著，对中部和西部地区的影响则分别为0.26和0.30，且在统计上是显著的。可见，在对全国31个省份进行的回归结果中，房地产价格对收入分配的影响在很大程度上是由中西部地区的效应导致的。资本收入份额对房地产价格的影响弹性系数在东部地区为1.06，中部地区为0.94，而西部地区仅为-0.10且统计上不显著。因此，资本收入份额对房地产价格上涨的推动主要是由于东部和西部地区因素所致。综上，可以发现，在中西部地区，房地产价格上涨对资本收入份额的影响更为明显，而在东部和中部地区，资本收入份额的提升对房地产价格的影响则相对更为强烈。尤其是在东部地区，资本收入份额每提高1个百分点，将会使房地

产价格上升约 1.06 个百分点。对此，可能的原因在于，东部地区投资者的投资意识较为强烈，金融市场也较为发达，于是，更高的资本收入份额会促使更多的资金投入房地产市场来分享房地产行业高速成长的收益，从而推动了房价的较快上涨。

表 6 – 3　资本收入份额与房地产价格（分地区样本检验）

地区	东部 11 省份		中部 8 省份		西部 12 省份		中西部 20 省份	
因变量	资本收入份额	房地产价格	资本收入份额	房地产价格	资本收入份额	房地产价格	资本收入份额	房地产价格
C	-0.53 (-1.00)	2.13 (1.01)	-2.87** (-2.48)	7.21*** (2.85)	-2.89** (-2.51)	2.22*** (4.64)	-2.88*** (-2.64)	2.11*** (4.45)
$\ln HP$	0.04 (1.01)		0.26* (1.72)		0.30** (2.50)		0.28** (2.55)	
$\ln SHARE$		1.06* (1.74)		0.94* (1.72)		-0.10 (-0.75)		0.01 (0.06)
$\ln PERRGDP$		0.47* (1.80)		0.34 (1.47)		0.67*** (13.70)		0.70*** (7.87)
$\ln CRD$		0.37*** (2.85)		-0.01 (-0.09)				-0.02 (-0.26)
$\ln GE$		0.31 (1.50)		0.73*** (2.67)				
$\ln TRADE$						0.14** (2.29)		0.14*** (2.64)
$\ln NAGRI$						0.51* (1.85)		0.47* (1.82)
$\ln CAP$	-0.51** (-2.38)				0.27 (0.79)		0.34 (1.12)	
AR (1)	0.78*** (17.82)	0.71*** (9.55)	0.70*** (5.69)	0.54*** (4.54)	0.52*** (6.09)	0.30*** (2.75)	0.56*** (7.69)	0.34*** (4.18)
调查后的 R^2	0.8681	0.9739	0.8057	0.8773	0.7908	0.9107	0.8095	0.9137
F 值	43.267	262.179	40.582	112.641	27.710	69.048	32.318	74.311
DW 值	2.2315	2.0137	2.0453	2.3129	2.0047	2.1145	2.0414	2.1244
观测值	88	88	80	80	96	96	160	160

注：***、** 和 * 分别表示在 1%、5% 和 10% 的置信水平上显著；括号内为 t 值；检验过程采用截面固定效应。

四　结论与政策建议

自住房制度改革以来，房地产业已经成为我国重要的支柱产业，在房地产价格持续攀升的背景下，房地产投资为资本带来了丰厚的投资回报。将房地产价格与国民收入分配中的要素收入份额联系起来进行研究，有助于我们更全面地认识影响当前收入分配结构背后的形成因素，同时也有助于更好地理解国民收入分配结构变动对房地产价格的影响机理，本章的主要结论及政策建议如下。

第一，房地产价格的上涨会提高资本在国民收入分配中的份额，抑制房价有助于优化收入分配结构，但直接的控制房价的手段并不能有效解决住房问题。要从房地产市场结构入手，界定政府在房地产市场中的角色，保障廉租房等具有公共物品属性的住房的充分供给，满足广大人民群众最基本的居住需求，从而使公共住房与商品住房相分离，各自承担起自身不同的角色作用。这样，商品房价格的上涨便不会影响到人民群众基本的居住需求，这也有利于商品房市场的健康稳定成长。

第二，房地产价格内生于国民收入分配结构。本章的研究表明，收入分配中资本收入份额的增加是推动房价上涨的重要因素之一，只要资本收入份额较高而投资渠道特别是实体经济领域的投资机会不足时，就存在推动房价上涨的动力。那么，房地产市场的调控就不能仅仅着眼于房地产市场本身，还要从更长远的国民收入分配结构的调整优化入手，这样才能为房地产市场的健康成长创造更为有力的宏观经济环境。

第三，要为实体经济领域的投资创造更好的社会经济环境，特别是要鼓励对适合我国劳动力比较优势的产业进行投资。这样，一方面通过创造更多、更好的投资机会来减少资本对房地产市场的投机炒作行为，从而有助于稳定房价；另一方面也有助于促进劳动力的充分就业和劳动者收入的提高，实现"十二五"规划中提出的"劳动报酬增长和劳动生产率提高同步"的发展目标，从而真正扭转劳动收入份额不断下降、资本收入份额持续上升的局面。

第七章 房地产价格波动与居民财产性
收入的非对称性检验

2006 年我国房地产投资为 1.9 万亿元，2008 年为 3 万亿元，2010 年为 4.8267 万亿元。2011 年我国房地产投资已达 6.17 万亿元，同比增长 27.8%，占同期 GDP 的 13.08%，占同期全社会固定资产投资的 19.83%。随着住房制度的改革，住房的耐用消费品的特性日益体现，房地产在居民家庭总资产中的占比超过 60%。本章从渐进式改革的视角探讨房地产价格波动对财产性收入分配的影响。与现有文献不同，我们更加关注房地产价格波动非市场因素及其收入分配效应的差异性，这种差异性不仅体现在城乡之间和城镇居民内部不同收入群体之间，而且也体现在不同区域之间。在本章，我们将直接利用居民的财产性收入数据进行分配效应的非对称性检验。

一 理论分析和相关命题

本章研究房地产价格和收入分配之间的关系，选择的分析框架是消费资本资产定价模型（CCAPM）。该模型建立在 Chen 等（2004）的基础之上。

假定单一商品的交换经济中，投资者在 t 时期拥有的财富为 R ，所面临的问题为使用该财富最大化终身总效用，即：

$$\max E_t \left\{ \sum_{s=0}^{\infty} \beta U(C_t) \right\}$$

$$\text{s. t. } C_t + W_t = W_{t-1} R_t$$

$$(7-1)$$

其中，E_t 为条件期望算子，$U(C_t)$ 为 t 期的瞬时效用函数，符合常数相对风险规避系数（CRRA）特性，亦即 $U(C_t) = \dfrac{1}{1-\gamma} C_t^{1-\gamma}$，$\gamma$ 为瞬时替代弹性；$C_t = [h_t^{(\varepsilon-1)/\varepsilon} + \omega\, n_t^{(\varepsilon-1)/\varepsilon}]^{(\varepsilon-1)/\varepsilon}$，意味着 t 期投资者的消费包含住房消费 h_t 和非住房消费 n_t，ε 为跨期替代弹性；R_t 为该投资者从 $t-1$ 期到 t 期拥有资产的收益，$R_t = (P_t + D_t)/P_{t-1}$，$P_t$ 为该资产在 t 期的价格，D_t 为该项资产的红利；β 为常数折算因子。

根据式（7 - 1），求解一阶条件，得到：

$$\beta E_t\left[(1+R_{t+1})\left(\frac{C_{t+1}}{C_t}\right)^{-\gamma}\right] = 1 \qquad (7-2)$$

在均衡时，$D_t = C_t$，即有：

$$P_t = E_t\beta\left(\frac{D_{t+1}}{D_t}\right)^{-\gamma}(P_{t+1} + D_{t+1}) \qquad (7-3)$$

根据式（7 - 1）、式（7 - 2）、式（7 - 3），可以得出资产价格与投资者收入和消费关系的以下命题。

命题 7 - 1：包含股票、房地产在内的资产价格波动直接影响投资者（居民）财产收入流量，从而促使居民财富在不同时期之间的配置。

命题 7 - 2：对资产价格未来变动的预期影响居民的消费和投资行为，投机性支出改变了居民的财产存量，对于耐用消费品而言，这种变化对收入的冲击是非瞬时性的（王燕，2004）。

上述命题仅仅对单个居民的消费投资行为进行分析，然而对于不同经济主体而言，初始财富 W 不尽相同；基于信息获得和风险规避的差异，不同投资者资产收益率 R 也大为不同；再加上由政策差异带来的投资消费冲击的差异，居民的投资消费行为也迥然不同。因此，研究中国资产价格波动对居民财产性收入分配的影响，对以上命题的扩展必须包含三个方面的因素。

1. 渐进式改革因素

在转型经济学中，渐进式改革通常被认为是减少改革成本的可行选择。我国城镇居民住房制度改革实质上是逐步取消福利分房，逐步实施市场化配置住房制度的渐进式改革过程。回顾住房制度改革经历的几个重要阶段：1978 年允许单位自筹资金建设住宅，实施以租养房的政策；1999 年取消福利分房，实施住房货币化，逐渐确立了房产的私有财产属性。在双轨制的运行下，房地产市场最终在 1998 年以后得到迅速释放，逐渐成为国民经济的重要产业。与之对应，住宅成为居民投资和消费的热点，成为继金融资产之后的重要财产性收入渠道。然而由于渐进式改革的弊端，在双轨制运行的影响下，不同部门、不同行业所面临的同质房产价格差异较大，诸如垄断部门和公共部门的高额补贴是其他行业居民难以享受到的福利[1]。因此，渐进式改革下的政策差异是间接影响居民财产性收入分配的重要因素。

渐进式改革在推动房地产市场平稳发展的同时也带来了一系列问题。首先，双轨制并存的住房制度客观上造成了体制内外的住房价格的差异，房地产价格在不同行业和部门"同质不同价"现象仍然存在；其次，城市导向型的改革政策促使城镇房地产发展成为可交易性资产，拓宽了城镇居民财产性收入来源，然而农村房地产改革政策的滞后使得农民可供交易的资产有限，农民容易陷入制度性贫困；最后，房地产价格的过快上涨使得拥有不同初始禀赋的居民享受到的增值收益差异悬殊，不利于缩小居民收入差距。可以说，渐进式改革带来的房地产市场结构问题，是当前房地产市场发展的症结所在，也是影响居民财产性收入分配的重要原因。

2. 城乡差异

尽管改革开放初期的家庭联产承包责任制始于农村，但是这种自下而上的实验式改革在农村没有得以延续，取而代之的是自上而下的实验式改革，改革的重心从农村转移到城市，从内地转向沿海，最终成为城市导向特别是中心城市导向的经济政策。资源和政策向大中城市的倾斜与政府主导型经济发展的逻辑相吻合，同时也符合"先富"的效率原则。为减少全面放开可能带来的冲击，计划经济时期城乡分割的政策被延续下来。因此，随着城镇化的推行，城镇居民逐渐受益于市场化推行带来的资产价格

---

① 根据中国社会科学院中国居民收入分配课题组的调查，1995 年中国居民产权结构中公有住房和私有住房的比例分别为 56.75%、42.57%；2002 年公有住房、房改私房和私有住房的比例分别为 15.57%、61.43%、18.48%（李实、罗楚亮，2007）。

收益，而农村居民却由于改革的滞后陷入制度贫困。

3. 居民的初始禀赋

不同的初始禀赋是解释相同政策环境下回报差异的首要原因，依此原则来审视资产价格波动对不同群体带来的财富分配效应同样有效。行为资产定价理论中，财富的初始配置状况和信息分布决定了回报的差异。现代金融市场中，资产价格的波动受制于信息的影响。信息的易变性、易传播性和边际成本趋于零的特性决定了资产价格波动的周期越来越短，因而能否掌控信息的嬗变意味着能否在资产价格波动中实现财富最大化。就耐用性资产而言，其交易金额一般较大，通常依赖于信贷市场，不同初始禀赋的居民参与信贷市场的约束条件不同，因而能够通过金融市场来平滑消费的程度也不尽相同，而这恰恰是资产价格波动财富分配效应实现的重要渠道。因此，居民的初始禀赋同样对最终的财产性收入分配有重要影响。

就房地产市场而言，我们认为，房地产价格波动影响居民财产性收入分配主要有以下几个渠道：①房地产价格波动造成居民直接的财产性收入发生变动，这种变动可能是绝对数额上的，也可能是比例上的；②房地产价格波动影响居民财产结构中金融资产的变动；③房地产价格波动影响居民的预期，从而产生财富效应，表现为居民消费结构中耐用消费品（特别是房产）的消费增加。

二　数据和实证检验

（一）变量设计和数据来源

1. 财产性收入

从概念上来看，居民的财产与财产性收入有所区别。财产包括金融财产和实物财产。金融财产一般指诸如股票、存款、债券以及其他衍生品等投资性资产，实物财产包括土地、房产、汽车等耐用消费品以及知识产权。财产性收入通常是指财产产权转移取得的收入。对居民财产性收入的统计是通过国家统计局城调队的统计得来的，相关统计口径在 2002 年发生过变更①。当然这是狭义的财产性收入定义，广义的财产性收入还应包括统计口径变更之后的出售房产等取得的收入。在数据搜集过程中，我们发现广义的财产性收入在现有统计中不连续，并且缺乏农村地区的数据，因此我们主要采用狭义的财产性收入。相关数据根据《中国价格及城镇居民收支调查》进行加总计算。

2. 房地产价格

现有统计中对房地产价格的计算有以下几种方法：一是房地产统计中相关的价格指标，包括商品房价格、住宅价格以及详细子分类价格；二是国房景气指数中房地产价格的指数统计；三是按照房地产成交面积和销售额可以计算相关成交价格。鉴于后两类数据缺乏详细的统计，我们使用第一类房地产价格。

3. 其他影响因素

作为居民收入的一种，财产性收入受到多方面的影响。其中包括家庭成员结构、地理位置、户籍类别、初始财产存量等禀赋的影响，还受到经济增长、产业结构、投资等宏观因素的影响，同样也受到消费等行为的影响。因此，在研究房地产价格波动对居民财产性收入分配的影响时，同样需要控制一些变量。

根据上述分析，可以把相关变量基本特征汇总（见表 7 - 1）。表中各个变量的数据主要来源于中宏网、国泰安数据库、中国资讯行数据库。由于现有统计资料所限，各变量的数据仅限于 1996～2008 年。

就实证研究而言，大样本、长周期的全面研究可以对研究假说进行详尽的验证。在缺乏充足样本数据的情况下，多角度、分层次的实证研究无疑是一个较好的替代。同时，根据本章关注的渐进式改革、城乡差异特性，分地区、分收入群体、分城镇和农村的研究才能充分对其进行验证。因此，我们侧重几个方面进行实证考察：研究房地产价格对城市和农村居民财产性收入分配的影响；研究资产价格波动对城镇之间不同群体财产性收入分配的影响；研究不同区域之间房地产价格波动对居民财产性收入分

---

① 2002 年之前，财产性收入特指居民现金收入中的利息、红利和其他财产租金收入；2002 年之后，统计口径对财产性收入进行细化，包括利息收入、股息与红利收入、保险收益、其他投资收入、出租房屋收入、知识产权收入、其他财产性收入七个方面。

表 7 - 1　所有变量名称和单位

变量	名称	单位	变量	名称	单位
Price（1）	房屋价格对数值	元	Ggdp	经济增长率	%
Price（2）	住宅价格对数值	元	Dep	平均每一就业者负担人数	人
Price（3）	别墅价格对数值	元	Peopu	户均人口数	人
Price（4）	经济适用房价格对数值	元	Perarea	人均居住面积	平方米
Pincome（1）	狭义财产性收入对数值	元	Deposit	居民储蓄总额	元
Pincome（2）	广义财产性收入对数值	元	Comsume	社会消费品零售总额	元
Actincome	居民可支配收入	元	Invest	投资率	%
Inhabiconsume	居民居住消费对数值	元	Service	第三产业占 GDP 比重	%
Inhabiprice	居民居住消费价格指数				

配的影响。根据数据采集情况，我们分成季度和年度进行考察，以弥补样本容量较小的缺陷。实证方法主要采用时间序列和面板数据进行回归。

（二）实证结果分析

1. 总体样本的实证结果

我们首先设计了房地产价格波动对城乡居民财产性收入分配的季度回归，回归的区间为 1999 年第一季度至 2008 年第四季度。图 7 - 1 给出了城市和农村居民财产性收入的变化趋势，从中可以看出呈现明显的季节性。为消除季节影响，我们用 X - 12 方法进行季节调整之后再进行回归。

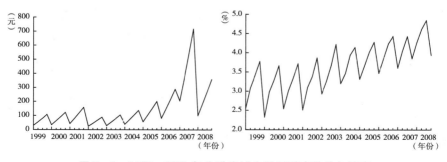

图 7 - 1　1999 ~ 2008 年分季度城乡居民财产性收入演变

表 7-2 报告了相关回归结果。其中，方程（1）~（4）的被解释变量为狭义的居民财产性收入，方程（5）~（8）的被解释变量为居民可支配收入，方程（9）和方程（10）的被解释变量为城乡财产性收入差值。在回归时，我们控制了第三产业占 GDP 比重、平均每一就业者负担人数等因素。为了消除结果的自相关，回归中用 AR（1）修正扰动项自相关，修正后各个方程的 DW 值在 1.6 以上，表明自相关得到了很好的控制。方程（1）和方程（2）比较了以房屋价格指数度量的房地产价格波动对城乡居民财产性收入的影响。房地产价格波动对城镇居民财产性收入的影响弹性为 2.8%，对农村居民财产性收入的影响弹性为 0.4%，显著性水平不高。第三产业占 GDP 比重对城镇居民财产性收入增长的程度高于农村居民（系数值分别为 0.159 和 0.036），并且在 1% 的水平上显著。居民居住类消费对财产性收入分配的影响在城乡之间没有显著性差别，系数均为 0.001。平均每一就业者负担人数对居民财产性收入的影响为负，但是并不显著，这与已有文献相一致。由于现有房地产价格的统计基本上是指城镇居民的价格变化，我们以居民居住类消费指数为解释变量进行回归，以弥补房地产价格指数度量的不足。从结果来看，其对城镇居民财产性收入的影响仍然大于农村，虽然城镇显著性水平不高。持续负利率、股市债市双双低迷和房价不断看跌，使居民财产性收入不断缩水。同样，第三产业占 GDP 比重、居民居住类消费对财产性收入的影响在城市大于农村。为检验方程的稳健性，我们以居民可支配收入为被解释变量进行回归，从结果来看，房地产销售价格波动对财产性收入的影响弱于居民居住类消费指数的影响，城镇的影响系数要大于农村。第三产业占 GDP 比重对居民财产性收入的影响虽然为正，但是在城镇和农村均不显著。方程（9）和方程（10）比较了房地产价格波动对城乡居民收入差距的影响，其对财产性收入差距的影响系数为 0.042，对居民可支配收入的影响系数为 0.006，这意味着房地产价格波动对居民财产性收入的影响要大于一般可支配收入。同样，第三产业占 GDP 比重对城乡居民财产性收入的影响要大于可支配收入差距。

表7-2　房地产价格波动对城乡居民财产收入分配的季度回归结果

变量	被解释变量为狭义居民财产性收入				被解释变量为居民可支配收入				被解释变量为收入差	
	(1) 城镇	(2) 农村	(3) 城镇	(4) 农村	(5) 城镇	(6) 农村	(7) 城镇	(8) 农村	(9) 财产性收入	(10) 可支配收入
Price	0.028* (1.707)	0.004 (0.935)			0.006 (0.941)	0.009 (0.941)			0.042* (1.706)	0.006 (0.964)
Inhabiprice			0.034 (1.005)	0.024*** (3.185)			0.038*** (2.63)	0.032** (1.817)		
Service	0.159*** (2.987)	0.036*** (2.531)	0.157*** (0.009)	0.017 (1.347)	0.041** (1.790)	0.043 (1.48)	0.020 (0.955)	0.024 (0.805)	0.144* (1.877)	0.043* (1.879)
Inhabiconsume	0.001*** (7.745)	0.001*** (4.565)	0.001*** (7.598)	0.0008*** (5.871)	0.001*** (11.80)	0.003* (1.790)	0.001*** (13.81)	0.003*** (10.893)	0.001*** (6.639)	0.001*** (11.953)
Dep	-0.925 (0.595)		-1.386 (-0.751)		0.562 (0.755)		0.171 (-0.23)			
AR(1)	0.538*** (3.060)	0.240 (1.267)	0.581*** (3.416)	0.119*** (0.65)	-0.072 (-0.31)	-0.044 (0.229)	-0.108*** (-0.527)	-0.041 (-0.22)	0.62*** (4.054)	-0.03 (-0.15)
调整后的 R^2	0.855	0.667	0.846	0.734	0.895	0.827	0.912	0.838	0.804	0.897
DW值	1.711	1.70	1.583	1.807	1.752	1.893	1.814	1.919	1.782	1.770
OBS	36	37	36	37	36	37	36	37	36	36

注：***，**，* 分别表示在1%，5%，10%的水平上显著。

2. 分地区面板数据回归

为捕捉不同区域内部的影响程度，我们搜集了 1999～2007 年不同地区的相关数据，建立相应的面板数据进行分析。对房地产价格波动的度量主要采用国泰安数据库中的"分省份按用途分商品房屋平均销售价格"指标，对居民财产性收入的度量采用狭义指标。控制变量主要考虑投资率、户均人口、第三产业占 GDP 比重等。具体在方程的选择上，我们根据 LR 检验和 Hausman 检验确立选用固定效应方程还是随机效应方程。

表 7-3 给出了相应的回归结果，其中方程（1）～（4）度量城镇地区；方程（5）～（8）度量农村地区。就城镇居民而言，房地产价格波动自 1999 年以来主要表现为上升通道的波动，因而对居民财产性收入的提升效应较为明显。房屋价格变动对居民财产性收入的影响要大于住宅价格的影响（系数分别为 1.114 和 0.872，并且在 5% 的水平上显著），这是由于房屋中包含住宅和商用写字楼等类别。从房屋的用途来看，别墅对居民财产性收入的影响系数为 0.835，大于经济适用房的影响系数 0.399。现实中，用于投资用途的别墅升值对居民财产性收入的增值空间较大，而经济适用房仅是保障性住房，其投资价值要远远小于别墅。控制变量中，投资率对城镇居民财产性收入的影响为正，并且显著性水平在 1% 以上。户均人口对财产性收入的影响为负，然而并不显著。第三产业占 GDP 比重对居民财产性收入的影响系数在 0.033 左右。为检验区域固定效应，这里引入区域虚拟变量，根据市场化程度将各地分为市场化程度较高、居中、较低三个地区①。从系数来看，市场化程度较高地区系数为负，并且在 5% 的水平上显著，市场化程度居中和较低地区系数为正，市场化程度较低地区系数不显著。市场化程度较高地区房地产价格在 1999～2007 年上升要远远高于其他地区，但是对居民财产性收入的影响却为负，其原因可能在于这些地区居民财产性收入的增长远远小于房地产价格的上涨。另外，回归中的财产性收入指标统计中不包括居民出售财产取得的收入，狭义口径仅仅包含出

---

① 分类的标准依据樊纲等主编的历年《各地市场化水平进程报告》。其中，市场化程度较高地区包括北京、天津、重庆、山东、辽宁、江苏、浙江、上海、广东、福建 10 个省份；市场化程度居中地区包括河北、海南、广西、吉林、黑龙江、河南、江西、安徽、湖南、湖北 10 个省份；市场化程度较低地区包括山西、内蒙古、新疆、宁夏、青海、甘肃、陕西、西藏、云南、贵州、四川 11 个省份。

租房屋等取得的收入，因此，房地产价格上升的财富增长效应可能被低估。我们用不完整的广义财产性收入进行回归，得到市场化程度较高地区的系数为 0.723，在 1% 的水平上显著，这意味着居民通过出售房屋获得收入是提高财产性收入的重要渠道。

表 7 - 3　房地产价格波动对不同地区城乡财产性收入分配的影响

变　量	被解释变量为城镇居民财产性收入				被解释变量为农村居民财产性收入			
	(1)	(2)	(3)	(4)	(5)	(6)	(7)	(8)
	RE	FE	FE	RE	FE	FE	RE	FE
$Price$ (1)	1.114*** (3.086)				0.382 (0.914)			
$Price$ (2)		0.872** (2.277)				0.279 (0.68)		
$Price$ (3)			0.835*** (4.073)				0.308* (1.573)	
$Price$ (4)				0.399 (1.368)				0.47* (1.354)
$Invest$	0.038*** (6.012)	0.039*** (6.256)	0.042*** (5.389)	0.043*** (6.815)	−0.023*** (−3.99)	−0.02*** (−3.974)	−0.028*** (−5.011)	−0.02*** (−6.216)
$Peopu$	−0.037 (1.868)	−0.034 (−0.673)	0.0340 (0.523)	−0.034 (−0.60)	−0.036** (−2.294)	−0.037** (−2.311)	−0.053*** (−2.958)	−0.070*** (−4.36)
$Service$	0.033** (1.86)	0.031** (1.721)	0.025 (1.00)	0.029 (1.516)	0.060*** (8.622)	0.060*** (8.572)	0.067*** (8.717)	0.060*** (8.30)
D_h	−0.545*** (−4.456)	−0.502** (−2.22)	−0.622*** (−4.347)	−0.524 (−4.427)	−0.158 (−0.975)	−0.161 (−0.99)	−0.919 (−1.007)	−0.177 (−1.117)
D_m	0.42*** (0.000)	0.348 (1.483)	0.414*** (3.927)	0.42 (3.53)	−0.356** (−2.311)	−0.053*** (−3.51)	−0.351* (1.886)	−0.367** (−2.46)
D_l	0.08 (0.53)	0.09 (0.50)	0.198 (1.201)	0.064 (0.460)	0.406*** (2.951)	0.41*** (3.01)	0.444*** (2.727)	0.444*** (3.518)
调整后的 R^2	0.716	0.70	0.654	0.707	0.625	0.614	0.483	0.515
Hausman	0.223	6.584	5.40	2.966	8.921	9.476	6.191	11.144
LR Test	11.300	5.904	4.557	12.341	3.308	3.303	2.922	3.361
OBS	209	209	140	200	215	215	149	204

注：***、**、* 分别表示在 1%、5%、10% 的水平上显著。

表7-3的方程（5）~（8）是对各地区农村居民财产性收入的回归。从结果来看，房地产价格波动的影响系数虽然为正，但是大都不显著。与城镇相比，投资率对农村居民财产性收入的影响为负，并且较为显著。现实来看，近些年城镇固定资产投资中有相当大的比例用于房地产投资，而农村的固定资产投资主要用于灌溉等基础设施，因此对居民财产性收入提升效应不明显。服务业占GDP比重显著提高了农村居民的财产性收入，这是由于农村居民财产性收入主要来自利息收入、股息与红利收入、保险收益等渠道，均属于金融服务行业。同样，人口对财产性收入的影响为负。分地区来看，只有西部地区的系数显著为正，然而实际意义并不大。

3. 进一步的分析

从上面的回归结果来看，房地产价格波动对城镇居民财产性收入的影响明显大于农村地区。为进一步探讨不同群体之间财产性收入受房地产价格波动影响的异质性，我们深入城镇内部不同等级住户进行考察。

我们收集了1996~2007年按照收入八等分的城镇居民收入支出情况。从平均上看，城镇居民人均财产性收入从1996年的111.98元增加到2007年的348.53元，如果包含出售财物所得收入，这一收入在2007年为496.43元。最低收入户2007年人均财产性收入为408.38元，而最高收入户2007年人均财产性收入为2726.6元。囿于年限较短，回归方程难以取得预期效果，我们绘出不同等级收入群体财产性收入和房地产价格分别对数后一阶差分的演变图（见图7-2）。

从图7-2中可以看出，居民财产性收入的波动远大于房地产价格的波动。2000年之前所有收入群体的财产性收入和房地产价格趋势基本吻合，2000年之后财产性收入增幅逐渐超过房地产价格的增幅，在2005年前后又经历了一个波谷。分开来看，房地产价格波动对最低收入户的影响近年来不太明显；困难户两者之间的共时性较为明显；低收入户2005年财产性收入的波动大于其他收入组；中等偏下收入户、中等收入户房地产价格波动与财产性收入演变趋势吻合；中等偏上收入户财产性收入2002年前后降幅较为明显，在房地产价格波动的影响下，近些年趋缓；高收入户房地产

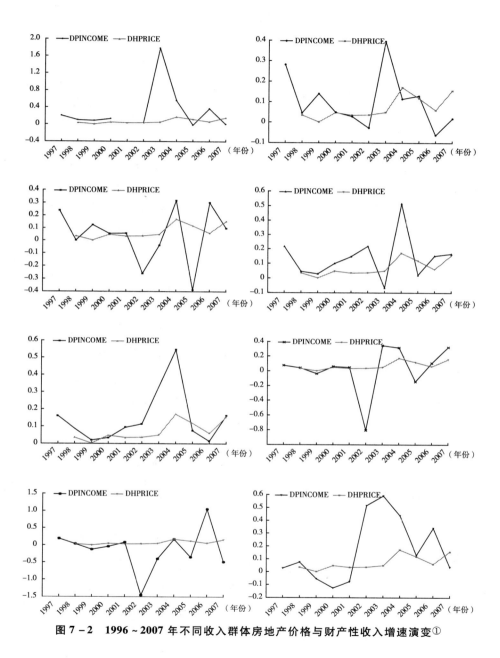

图 7 - 2 1996～2007 年不同收入群体房地产价格与财产性收入增速演变①

___

① 住户类别从上至下依次为最低收入户、困难户、低收入户、中等偏下收入户、中等收入户、中等偏上户、高收入户、最高收入户。

动对财产性收入的影响不大；最高收入户 2002 年前后财产性收入向上跳跃的幅度较大。房地产价格波动对不同收入群体的财产性收入影响的不同意味财富分配效应的差异。通常认为，对房地产价格波动反映不明显的收入群体，可以推断，房地产尚未成为其财产结构中的重要组成部分。由于缺乏更多有关不同群体之间特征的数据，对不同群体之间财产性收入受房地产价格的波动影响的异质性讨论缺乏细致性和稳健性。不过，对于高收入群体而言，由于这部分群体的人群风险承受能力随着资产的增加而增加，倾向投资高风险、高收益产品，再加上具有敏锐的商业直觉和广泛的人脉关系，通常能捕捉到一些好的投资机会并获得一些特殊的投资渠道，从而获得更高的财产性收入。

三　结论

作为一项公共政策，住房制度改革的目标在于取消住房实物福利分配制度，建立住房分配货币化、配置市场化、管理社会化与公共住房保障相结合的新型住房制度（高波等，2008）。同时，通过住房制度的改革，将住房大宗消费品的特性发挥出来，使其成为推动经济增长的重要力量。因此，住房制度的改革兼具微观和宏观意义。事实上，经过 10 多年的改革，房地产不仅成为推动经济增长的重要产业，而且已成为居民财产中的重要一项。就微观而言，房地产价格的波动一方面直接影响居民的财富净值，另一方面影响居民的财产性商品的消费，从而造成居民财产性收入分配结构的演变。

本章通过理论和实证分析，从渐进式改革的视角来审视房地产价格波动的财富分配效应，通过详尽的数据区分了房地产价格波动对城乡居民财产性收入的不均等性，验证了不同区域和不同收入群体财产性收入受房地产价格波动的程度的非对称性。我们发现，渐进式改革是房地产价格波动的重要原因，房地产价格波动通过多重渠道影响居民财产性收入分配。房地产价格的波动促使居民资产从银行向房地产市场的转移，房地产交易增加了居民的财产性收入，财富的增加促进了居民对耐用消费品的消费，反过来增加了居民的财产性收入。实证结果显示，渐进式改革加剧了房地产市场价格波动，房地产市场价格波动扩大了居民财产性收入的不平衡程度，特别是城乡居民和不同区域城镇居民财产性收入分配的差距。这种差距日益成为影响经济和社会稳定发展的因素。需要统筹城乡发展，打破户籍制度的限制，农村迁移人口可以用自己在农村的住宅用地指标置换城市的户籍和社会保障。

第八章　股票价格波动与市场参与主体收益非对称性研究

毋庸置疑，在我国股票市场迅猛发展、社会参与度不断提高的条件下，股票市场波动对居民的财产性收入产生了越来越重要的影响。问题是，中国股票市场波动的频率、幅度和持续时间均远高于成熟股市，尤其是上证综指从 2005 年 6 月 4 日的 998.23 点一路飙升至 2007 年 10 月 16 日的 6124.04 点，此后大幅下挫，2008 年 10 月 28 日下探到 1664.93 点。根据多年的理论研究和实践经验，我们认为，股票市场上涨会拉大居民的收入差距，而股市暴跌虽然意味着所有投资者账面财富在迅速膨胀之后的同向大幅缩水，但中国股票市场波动的内在机理决定了居民财产性收入差距在急剧扩大，股市下跌对中小投资者的消极影响远远大于股市上涨的积极作用。

有鉴于此，本章将在分析股票市场波动影响我国居民财产性收入分配机理的基础上，揭示股票市场波动对居民财产性收入分配影响的不对称性，建立基于股票市场波动的居民财产性收入分配理论。

一　理论分析

关于收入分配问题，国内外理论界发表了许多有较大影响的研究文献，但对股票市场波动对居民财产性收入分配影响的研究则相对较少。Greenwood 和 Jovanovic（1990）在一个静态模型中讨论了经济增长、金融发展和收入分配的关系，认为金融发展与收入分配的差距呈"倒 U"形关系；Wolff（1996）提出发达国家居民财产分配的不均等程度呈上升态势；

Atkinson（1997）认为居民财产分配将更加明显地影响收入分配，成为收入差距扩大的主导因素；Townsend 和 Ueda（2003）建立动态模型，讨论金融深化对收入分配的影响及其演化路径，提出金融发展与收入差距的关系遵循库兹涅茨曲线。

受我国经济体制改革、股票市场发展及居民财产积累的限制，国内有关居民财产性收入分配的研究成果仅见以下内容：赵人伟等（1994）描述农村居民财产分布的特点及其不平等性；李实、赵人伟（1997）提出改革以来居民财产性收入，特别是城市居民的财产性收入增长很快，而且分布不均等，已经成为一个收入差距扩大的新问题，同时明确提出财产性收入的不平等来自财产分布的不平等；陈宗胜（1997）提及城市居民财产性收入分配问题；赵人伟等（1999）提出金融资产收入分配的不均等程度较高，对总收入不均等程度的贡献率大大高于其在总收入中所占的比例；李实等（2000）认为中国城镇居民之间财产分配的差距并不大，但财产分配差距超过了收入分配差距，从长期趋势上可能出现加速扩大的势头；国家统计局城市司、广东调查总队课题组（2009）发表城镇居民财产分布的基本统计描述；赵人伟（2005）提出城乡居民财产分布的差距已经超过收入分配的差距，并认为中国现阶段财产分布的基尼系数还不算很高，但已显著超过发达国家；李实等（2005）提出受城乡财产差距急剧拉大等影响，我国居民财产分布差距出现了快速且明显扩大的趋势，并认为居民的金融资产对总财产分布不平等的推动作用将进一步增强。

应该说，我国对居民财产性收入分配的研究还处于起步阶段（赵人伟，2005），相关文献以统计描述为主，理论分析不够深刻；并且，虽然有大量文献讨论中国股票市场波动的特征及其机理和影响，但所有这些研究均未论及股票市场波动对我国居民财产性收入分配的影响。

受投资者认知心理、情绪和投资行为偏差的影响，股票会出现定价偏差，而资产定价的偏差反过来会影响投资者对股市的判断，从而形成一个股票价格与投资者行为相互作用的反馈环。这种反馈机制建立在适应性预期基础之上，是投资者证实偏差心理使然。受股价走势的强化，投资者形成锚定效应，并据以支配其投资决策行为。当各种外在因素与投资者认知、情绪和行为相互影响、相互推动形成同一个方向的预期时，就会导致股票市场的系统性偏差，进而引发股票价格的波动。

在这一反馈机制中，作为知情交易者的机构投资者和作为非知情交易者的个人投资者的行为明显不同，而同样是个人投资者，大户与散户的行为又存在很大差异。比较而言，由于机构投资者资金实力强大，且拥有大量专业投资管理人才，有搜寻信息的意愿和能力及规模效应，边际信息收集成本较低，除掌握公开信息外，还拥有一定的私人信息，信息、资金和投资管理上的优势及由此所形成的市场势力使机构投资者能够影响股票价格并有可能操纵市场，扭曲市场信号。尽管大户是非知情交易者，只掌握公开信息，但大户因资金量较大，有收集私人信息的动力，也具有信息搜寻成本上的比较优势，能够从股价变化中推测私人信息，我们由此可以将大户视为相机性交易者。至于散户，通常并不具备专业投资知识，预测和分析市场的能力有限，且由于资金量小，信息搜寻成本约束较大，收集信息的积极性不高，容易轻信市场传闻和"专家"的建议，并受自身情绪波动的影响较大，属于噪声交易者。

那么，在股票市场波动中，机构投资者、大户和散户将会采取怎样的投资策略呢？为了深刻揭示不同投资者的投资行为及其对财产分配的影响，我们分析一个投资周期中机构投资者、大户和散户的投资行为特征及其市场效应。

假定股票市场上只有现金和股票两种资产，有 N 个作为知情交易者的机构投资者、M 个作为相机性交易者的大户，以及大量属于噪声交易者的散户。为了使研究更接近中国的现实，我们假定机构投资者、大户和散户只能单向做多或单向做空，实施正反馈交易策略。

通常，一个完整的股市周期包括熊市和牛市，而熊市因为人气低迷往往有一个充分而又漫长的筹码交换过程。作为知情交易者，机构投资者能够根据对宏观经济形势和政策、上市公司经营状况的了解与分析，预测市场走势及底部的位置，判断股票的内在价值，进而采取先动策略，在低价位吸纳足够的筹码。这一吸筹过程要求机构投资者隐藏并实施自己的建仓行为，以掩盖其私人信息，实现利润最大化的投资目标。

若 i_n 为机构投资者拥有的信息，则 $i_n = v + e_n$。其中，v 为某股票的投资价值，e_n 为随机变量，v、e_n 均服从独立的、均值为零的正态分布。由此出发，机构投资者的交易策略为 $X_n(p,i_n) = U_1 + \beta i_n - \gamma_1 p$，$U_1$ 为机构投资者的效用，p 为股票价格，β、γ_1 为参数。

这时（即 t 期）的市场出清条件为：

$$\sum_{n=1}^{N} X_n(p,i_n) + \sum_{m=1}^{M} Y_m(p) + Z = 0 \qquad (8-1)$$

其中，$Y_m(p)$ 表示大户的交易策略，$Y_m(p) = U_u - \gamma_u p$，$U_u$ 为大户的效用，p 为股票价格，γ_u 为参数。这表明，虽然大户作为非知情交易者并不掌握私人信息，但其具有贝叶斯理性，能够从股票价格变化中获得对机构投资者所掌握私人信息的条件期望，并相机采取适当的投资策略。Z 表示散户的交易策略，$Z = \xi^* R_{t-1} + \tilde{z}$，$R_{t-1}$ 为上期股票的收益率，ξ 为常数，$\tilde{z}$ 为随机变量，服从均值为零的正态分布。由于散户在熊市中被深度套牢，$R_{t-1} \leq 0$，其交易量为 $\tilde{z}$，即在均衡时，$Z = \xi^* R_{t-1} + \tilde{z} \approx \tilde{z}$。

均衡价格为：

$$P_t^* = \frac{\beta \sum_{i=1}^{N} i_n + NU_1 + MU_u + \tilde{z}}{N\gamma_1 + M\gamma_u} \qquad (8-2)$$

从理论上说，不管机构投资者怎样隐藏其交易行为，仍会反映在有关股票的交易量及价格的变化上。因此，进入 $t+1$ 期，大户能够发现机构投资者的投资动向，并通过支付信息成本获得一定的内幕信息，进而控制并努力使自己的投资行为与机构投资者保持一致，使其能搭机构投资者的便车，抓住抄底的机会，获得较高的投资收益。

对于散户来说，前期股市暴跌所造成的心理打击很大，使其对股价企稳以及反转心有余悸，将信将疑，因而裹足不前，会错失一段涨升行情。即便是部分散户本轮行情进入股市较早，但由于个人认知心理和情绪偏差，难以一直持股，而是追涨杀跌，频繁交易，使投资成本上升，收益空间很小。

这样，$t+1$ 期的市场出清条件为：

$$\sum_{n=1}^{N} X_n(p,i_n) + \sum_{k=1}^{K} X_k(p,i_k) + \sum_{m=1}^{M-K} Y_m(p) + \tilde{z} = 0 \qquad (8-3)$$

均衡价格为：

$$P_{t+1}^{*} = \frac{\beta \sum_{i=1}^{N} i_n + \sum_{i=1}^{K} i_k + (N+K)U_1 + (M-K)U_u + \tilde{z}}{(N+K)\gamma_1 + (M-K)\gamma_u} \qquad (8-4)$$

如果大户得到的信息是利好消息，则有：

$$X_k(p,i_k) = U_1 + \beta i_k - \gamma_1 p > Y_m(p) = U_u - \gamma_u p \qquad (8-5)$$

在此条件下，大户增加对该股票的买入量，从而提高均衡价格，使 $P_{t+1}^{*} > P_t^{*}$。

进入 $t+2$ 期，机构投资者基本达到吸筹建仓的预定目标，会把握大市及板块轮动行情、利好消息公布等机会，甚至与证券分析师、上市公司等联手制造噪声，并通过震仓、洗盘、拉升等手段，清洗浮筹，诱发正反馈交易者对噪声做出过度反应，吸引散户积极跟进，以降低自己的持仓成本，提高市场的平均持股成本，减轻股价持续上行的压力，为派发出货赢得空间。而散户受牛市赚钱效应和不断出现的利好信息的反复刺激，将追涨买入前期涨幅已经较大的股票，从而进一步推高股票价格。

此时，股票的均衡价格为：

$$P_{t+2}^{*} = \frac{\beta \sum_{i=1}^{N} i_n + \beta \sum_{i=1}^{K} i_k + (N+K)U_1 + (M-K)U_u + \xi R_{t+1} + \tilde{z}}{(N+K)\gamma_1 + (M-K)\gamma_u} \qquad (8-6)$$

这时，整个股市弥漫着暴富神话。投资者对群体行为产生依赖，"损失厌恶"心理被"后悔厌恶"心理取代，害怕不行动会错过投资机会，越来越多的散户冲入股市，且满仓操作，从而导致股票价格持续上升，形成投机性泡沫。此时，股票市场并不存在一个具有帕累托效率的均衡点，而是在某一区域的任何一点都能达到供需均衡，股价的高低在很大程度上取决于交易双方对于未来价格的预期。并且，这种预期具有"自我实现"的特点，股票价格越是上涨，越有更多的人相信股价会继续上涨，即使人们知道股价已背离其内在价值。

为了获取超额收益，作为知情交易者的机构投资者往往忽视对基本面的分析，转而预测散户的噪声交易行为，并把自己伪装成噪声交易者，进行非"市场理性"的噪声交易，释放虚假信号，刺激正反馈交易者的"投资热情"，导致股价泡沫的积聚，以此实现高位出货。而大户将搭机构投资者的便车，跟着机构投资者卖出股票。此时有：

$$X_k(p, i_k) = U_1 + \beta i_k - \gamma_1 p = Y_m(p) = U_u - \gamma_u p \qquad (8-7)$$

$$P = \frac{\beta i_k + U_1 - U_u}{\gamma_1 - \gamma_u} \qquad (8-8)$$

随着机构投资者以及大户的抛盘，股票供求结构发生根本变化，股市将止升回跌，并出现单边下行的正反馈激荡，引发投机性泡沫的彻底破裂。

受信息不对称以及认知偏差、情绪的影响，散户对大势的逆转反应不足，把追涨买入的股票放入自己的收益账户，并对股价下跌采取等待和观望的态度，不愿离场。部分散户可能选择补仓或者波段操作，但通常的情况是：受暴富心理驱使，散户往往满仓操作，没有资金可供补仓；或者在股票跌幅不大时就过早地补仓，导致"买套"。而受信息和投资能力的制约，散户往往抓不住时机，波段操作实际上只能起副作用，增加股票持仓成本，并容易遭受补跌效应的打击，造成亏损额越来越大。随着亏损的加重，处置效应成为散户自救的必然选择，其结果同样是亏损更为严重。毕竟，散户此前选股选时都是基于噪声，而今市场的本质及走势又都发生了根本性变化。

随着股价的持续下跌，投资者的情绪变得越来越悲观，因为惧怕价格的进一步下跌最终不得不纷纷割肉，接受亏损。但这时候，经历了连续、大幅下跌的股市可能出现反弹，甚或反转，孕育着一轮新的牛市。因此，散户把股票割在了底部，为机构投资者提供了廉价筹码。

根据 DeLong、Shleifer、Summers 和 Waldmann（1990）的研究，由于散户的行动趋于一致，使其有可能从自身创造的风险中获利，"创造自己的生存空间"，但我们认为这只是就短线而言的。毕竟，噪声交易者持有的资产组合通常比知情交易者的风险更大。从长期来看，在剧烈的股票市场波动过程中，贪婪和恐惧心理决定了散户往往很难将其在股市上涨阶段的账面收益套现，最终在熊市中遭受亏损。对于新兴加转轨的中国股市来说，机构投资者显然不能被简单地视作知情交易者，散户所制造的噪声交易者风险并不大，在机构投资者以及政府监管部门的可控范围之内（耿志民，2002）。由此我们可以认为，受宏观经济和上市公司经营状况、投资者心理及市场情绪的影响，股市先涨后跌的交易周期将反复演绎。这种随着股票市场波动而完成的一个又一个证券交易过程的结果，是投资者财产分配（或者说是投资风险 - 收益分布）的不对称性，不同投资者财产性收入的差距在持续扩大，并且，股市下跌对散户的消极影响远远大于股市上涨的积极作用。在股市上涨的过程中，大户获得的投资收益较高，而散户获得的投资收益往往很低；在股市下跌的过程中，大户能比较及时地将账面收益落袋为安，而散户将亏蚀其前期投资收益，最终的投资收益可能为负。更何况，受财产权制度及财产初始禀赋差异的影响，大户有可能利用银行信贷、房产抵押、挪用公款等途径而拥有较大的资金量，从而能够比较充分地利用股市上涨加速其财产膨胀。

当然，大户和散户除了直接投资股票外，也会通过机构投资者间接投资股票。我们以证券投资基金为例加以讨论。基于前文的分析，大户既有可能实现对证券投资基金的套利，又能够低成本地择优认购（或申购）和赎回证券投资基金份额，充分利用机构投资者的投资管理资源，平抑股市波动对自身投资收益的负面影响，全面提高自己的投资收益率。而散户即便是买入基金份额，也往往由于短线暴富投机心理而对基金实施波段操作，提高基金持有成本，并可能因时机不当而被基金套牢，同时却在向基金管理人支付高额的管理费。因此，机构投资者在和大户、散户的博弈中所获得的超额收益主要为大户所得，大户在投资机构投资者方面的实际收益要远远高于散户。

二　基于一级、二级市场数据的检验

基于上节的理论分析，本节对股票市场价格波动的财富创造与分配的非对称性进行检验。由于股票发行制度与股票市场的供给直接相关，因此本书关注股票发行一级市场和交易的二级市场价格波动的财富配置效应，看不同市场参与主体在不同市场的行为以及财富流向，从而更好地观察股票价格波动对居民财富配置的影响。

（一）　一级市场有限参与和 IPO 溢价

从股票发行的参与主体来看，主要包括政府税收部门和监管机构、发行机构、投资银行及相关中介机构、机构投资者、散户投资者等。不同市场参与主体之间的利益分配关系包括几个方面：从发行机构来看，他们在 IPO 过程中享受溢价带来的财富增值，其中对于发行主体为国有企业的，除了直接的股东，还包括以国资委为代表的各类政府部门，同时在发行机构申请上市的诸多环节中参与或审核，这种行为在一定程度上影响市场的博弈行为；投资银行及会计师事务所、律师事务所等中介机构，在 IPO 环节中获得价格不菲的发行费用；机构投资者参与新股发行，在上市后获得相关溢价；对于散户投资者而言，由于长期以来我国 IPO 发行保持折价状态，参与 IPO 这个财富创造的机会是稀缺资源，需要通过抽签方能介入，并且在申购股数上有诸多限制，因此散户投资者在新股发行中获得的收益相对较少。

从历史数据来看，由于受发行制度的影响，我国新股发行溢价现象较为普遍。1990 年至 2008 年 9 月发行的 1652 只股票中，首日回报率为负值的股票仅有 38 只，占比 2.30%；首日回报率在 50% 以内的股票有 256 只，占比 15.50%；首日回报率为 50%~100% 的股票有 389 只，占比 23.55%；首日回报率为 100%~200% 的股票有 568 只，占比 34.38%；首日回报率为 200%~300% 的股票有 181 只，占比 10.96%；首日回报率在 300% 以上的股票有 220 只，占比 13.32%。其中首日回报率最高的是 2007 年 9 月 13 日上市的东方锆业，发行价为 8.91 元，上市当日最高价为 59 元，盘中最低价为 40.99 元，首日回报率为 496.07%。2009 年 12 月 30 日创业板设立后，新股发行溢价现象同样明显，首批上市的 28 家公司平均初始回报率为 106%；2010 年上市的 117 家公司上市的回报率为 38%；2011 年上市的 123 家公司平均初始回报率为 23%。不过从 2010 年开始，IPO 上市高溢价的神话被中国西电 IPO 打破，上市当日较发行价下跌 1.39%，近年来新股破发的案例也不断上演。不过，就主体而言，IPO 溢价仍然较为明显，参与一级市场的发行对于财富增值效应有明显提升作用。

正是基于新股发行的造富过程，各市场主体积极参与这一环节。不过与机构投资者不同，个人投资者由于长期以来无法参与新股网下发行，因此只能在网上发行中通过抽签的方式来获得有限的参与机会，即便是参与，在申购新股的数量上也有相应限制（沪市 1000 股，深市 500 股），于是便出现了巨量资金的超额认购。从统计数据来看，1990 年至 2008 年 9 月采取网上发行的 1270 只股票中，有 995 只股票中签率在 1% 以下，占比

78.35%，能够中签的主体，涵盖了个人投资者和机构投资者。更多的投资者在上市发行当日参与新股炒作，导致新股上市换手率居高不下。根据规律，换手率为3%~7%，意味着该股票进入相对活跃状态；7%~10%的换手率，意味着该股股价走势位于高度活跃的状态。新股发行的换手率数字显示，只有渝三峡在1994年上市当日换手率为4.28%，粤电力在1993年上市当日换手率为8.65%，鲁泰A在2000年上市当日换手率为8.83%，其余新上市股票当日换手率均在20%以上。换手率为20%~30%的股票仅有25只，30%~40%的股票有50只，40%~50%的股票有198只，50%~60%的股票有348只，60%~70的股票有373只，70%以上的股票有177只。由于新股发行的股东、战略投资者等具有一定期限的禁售期，因此上市当日高换手率多数意味着股票在机构投资者与个人投资者之间的转手，再加上我国股票市场T+1的交易机制和涨跌停板的限制，实际转换成个人投资者在上市当日的高位接盘，接下来便是连续数日的跌停板，从而使得机构投资者在高位套现，个人投资者在新股发行后深套其中，损失惨重。随着我国新股发行制度的改革，新股发行溢价率有所下降，并且新股破发现象近些年也不断出现，近期也开始尝试个人投资者参与新股网下发行，就是为了改变以往不合理制度带来的财富分配不均衡效应，同时监管部门在新股上市当日制定换手率和涨跌幅的停牌限制，发布相应风险提示来降低新股发行的过度炒作。

（二）二级市场收益分配

除了新股发行上市，二级市场上股票价格波动的财富效应也呈现个人投资者和机构投资者之间收益的非对称性。本章的理论部分对机构投资者和个人投资者的行为差异做出分析，指出了个人投资者在参与二级市场操作的劣势。我们根据二级市场上一定时期个人投资者和机构投资者的买入情况来观察其行为差异和财富变动情况。

就目前而言，二级市场上投资者包括个人投资者和广义的机构投资者，机构投资者又可以分为投资基金、社保基金、保险公司、券商自营、集合理财产品、QFII以及其他机构投资者。我们根据深交所发布的2011年第三季度投资者交易情况统计，结合这一时期深圳成分指数的走势加以对比分析。深圳成分指数从 7 月 1 日到 7 月 18 日这半个多月时间呈现上扬态势，从 7 月 1 日的 6781.45 点上升到 7 月 18 日的 6984.48 点，随后呈现单边下跌的态势，到 9 月 30 日下跌到 5806.41 点，下跌幅度为 16.87%。从事后来看，这一趋势一直维持到 10 月 21 日，此时深圳成分指数下跌至 5479.73，较之 7 月 18 日下跌 21.54%。图 8-1 和图 8-2 分别给出了各类投资者在深圳主板市场和创业板市场累计净买入曲线。从图 8-1 可以看出，个人投资者在 7 月中旬及 8 月中旬呈现明显净买入态势，9 月后累计资金净流入转正，这意味着投资决策上表现为追高行为，在股市出现调整时没有执行抛售策略，这在随后的 10 月蒙受更大的损失。投资基金主板证券的买卖拐点出现在 8 月中旬，从先前的买入变为卖出，随着市场的变化有效执行投资策略，主板仓位减持殆尽。保险和社保基金 8 月上旬买入后基本保持交易稳定，这是由于其具备调整的空间和策略。创业板在 2011 年 7 月和 8 月保持稳定，9 月发生大幅下挫。对应这一时期的各类投资者，除个人投资者和投资基金外，其他机构投资者交易较为稳定。个人投资者保持卖出，投资基金保持买入，呈现不同的操作风格。意味着个人投资者在创业板市场上的交易行为趋于谨慎。

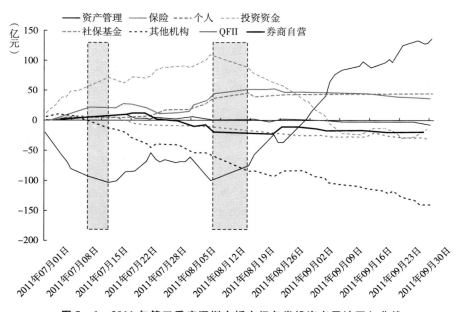

图 8-1　2011 年第三季度深圳主板市场各类投资者累计买入曲线

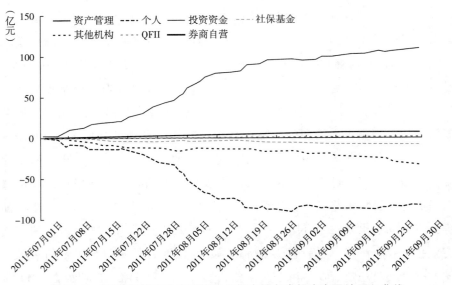

图 8 - 2　2011 年第三季度深圳创业板市场各类投资者累计买入曲线

　　上面的分析是个人投资者与机构投资者行为的比较，我们更加关心股票价格波动对居民财富的影响。接下来根据证券交易所以及第三方对个人投资者行为与资产收益的调查，分析股票市场在不同时期投资者收益的变化。这几次调查的时期主要情况见表 8 - 1。

表 8 - 1　三次调查主要情况简介

调查时间	调查单位	调查范围	主要内容	资料来源
2001 年 12 月 10 日 ~ 2002 年 1 月 20 日	深圳证券交易所	深圳、上海、北京、重庆、长沙、福州证券营业部共 2500 个样本	投资者基本情况以及投资者行为、权益与保护等	《中国股市个人投资者状况调查》
2007 年 6 月、2008 年 1 月、2008 年 6 月、2008 年 12 月	中国证券投资者保护基金有限责任公司	2007 年 6 月：17 个城市 73 家券商营业部 2880 个样本。2008 年 1 月：网下 85 个城市 8080 个样本，网上 10015 个样本。2008 年 6 月：网上 12348 个样本。2008 年 12 月：8741 个样本	投资者基本情况、投资信息和偏好，对股指期货、创业板等金融创新的看法，对投资者教育和投资者权益保护的需求，等等	《2007 ~ 2008 年度个人证券投资者状况调查综述》
2009 ~ 2011 年	腾讯网	2009 年和 2010 年样本量分别为 14156 个、32272 个，2011 年未公布	投资者基本情况、收益状况等	《中国股民生态调查报告》

从表 8 – 1 中可以看出，这几次调查覆盖了 2001 年、2007 年、2008 年，以及 2009 年以来投资者参与的情况，尽管是三个不同单位的调查，然而对投资者基本情况的调查以及资产收益的调查具有一定的可比性。我们结合不同时期证券市场指数变化情况对其进行分析。

在由深交所发起的中国股市个人投资者状况的调查中，散户、中户、大户所占的比例原则上为 60%：35%：5%。从年龄上看，投资者年龄分布最小的为 16 岁，最大的为 83 岁，平均年龄为 43.01 岁，平均的入市时间为 5.4 年。从教育程度来看，大专以下文化程度的投资者占比 43.81%，大学文化程度的投资者平均投资规模为 10 万~50 万元，研究生以上文化程度的投资者平均投资规模为 20 万~100 万元。从年均收入来看，年收入在 2 万元以下的投资者占比 55.63%，平均收入为 8550 元；年收入为 2 万~10 万元的投资者占比 31.16%，平均收入 42685 元；年收入为 10 万~50 万元的投资者占比 11.02%，平均收入 211029 元；年收入在 50 万元以上的投资者占比 2.19%。从参与股票市场的资金规模来看，20 万元以下的投资者为 1353 人，20 万~100 万元的投资者为 997 人，100 万~500 万的投资者为 172 人，500 万元以上的投资者为 26 人。从金融资产结构来看，股票和基金比重高达 60.67%，其余为银行储蓄和现金，可见风险资产在居民资产结构中的比重相对较高。从投资股票市场的决策依据来看，依靠报纸、杂志的文章为主要依据的投资者占比 36.9%，根据书本自学的占比 23.6%，通过亲朋好友介绍的占比 20.6%，通过股评专家讲解的占比 12.9%，实际上通过正规教育的占比仅为 2.6%，其他为 3.4%。众所周知，2001 年全球股票市场经历了 IT 泡沫，我国股票市场从 2001 年中的 2245 点下跌到 2002 年初的 1451 点。个人投资者在其中损失较大。从受损失的原因来看，国家政策造成损失的占比 67.0%，上市公司造假造成损失的占比 50.9%，庄家操纵股价造成损失的占比 41.6%，自己投资经验欠缺造成损失的占比 28.7%。从入市以来的收益状况来看，平均投资业绩为赢利的投资者约占 22.4%，持平的投资者占比 33.7%，亏损的投资者占比 43.9%（接近半数）。

表 8 – 2 给出了不同投资规模的投资者入市以来的收益状况。不难看出，资金规模越大，赢利越多，亏损越少。比较而言，持平的投资者在不

表 8 - 2　不同资金规模投资者收益状况

单位:%

资金规模 ＼ 投资业绩	持平	赢利	亏损
小　户	34.0	17.6	48.4
中　户	33.8	25.2	41.0
大　户	31.7	43.5	24.8
特大户	31.8	45.5	22.7

资料来源:根据《中国股市个人投资者状况调查》表18数据整理。

同资金规模之间的差异不大,然而在赢利上,特大户赢利的比重为45.5%,而小户赢利的比重仅为17.6%。这部分印证了理论部分的模型分析。我们关心个人投资者在2007~2008年的收益状况,在于这两年股市的大起大落提供了一个验证相关命题的有效样本。股权分置改革使得我国股票市场在2007年10月达到巅峰时期的6124点,随后在国际金融危机等诸多因素的影响下大幅下挫,投资者的收益也经历了过山车式的变化。中国证券投资者保护基金有限责任公司的四次调查提供了相应的收益对比。

与2002年初时调查相比,2008年我国股票市场投资者年龄有所降低。年龄在25~34岁的投资者最多,占比41.24%;其次是35~44岁的投资者,占比29.15%。值得注意的是,在2007~2008年进行的4次调查中,25~34岁的投资者表现出更活跃的股市参与度,在市场交易中参与度不断上升;35~44岁的投资者数量在2008年6月的调查中达到最高,到2008年12月有所下降;其他年龄段的投资者数量在2008年1月后的调查中就不断下降,到2008年底下降到10%以下。2006年股改使得一批新生力量入市,新增入市者占全体投资者的比重为52.64%。从教育程度来看,8成以上的投资者拥有专科以上学历,中学学历以下的投资者降到10%左右,尽管受教育程度有所提高,不过调查发现,收益与教育程度的相关性并不明显。从收入结构来看,月收入为1600~3200元的投资者占比35%,3200~6400元的投资者占比20%左右,月收入高于6400元的投资者占比合计不到20%。可见,工薪阶层是投资者的主体。新入市的投资者更是如此,月收入在3200元以下的新入市投资者占比在70%以上。从入市资金规模来看，资产在 10 万元以下的投资者占比 68.69%，30 万元以下的投资者占比 88.08%。具体来说，资产在 2 万元以下的投资者占比 23.74%，2 万~5 万元的投资者占比 22.02%，5 万~10 万元的投资者占比 22.93%，10 万~30 万元的投资者占比 19.39%，30 万~50 万元的投资者占比 5.87%，50 万~100 万元的投资者占比 3.66%，100 万元以上的投资者占比 2.39%。从资金来源看，主要为积蓄和工资收入，不过有 5% 的投资者通过向亲戚朋友借款炒股，2% 的投资者将银行借贷资金用于投资炒股。

表 8 - 3 比较了投资者在不同时期的收益状况。在 2006 年上证指数从 1180.96 点上升到 2675.47 点的单边上涨行情中，仍有 11.5% 的投资者处于亏损状态，17.0% 的投资者赢利在 10% 以下，30.8% 的投资者赢利为 10%~50%，14.5% 的投资者赢利为 50%~100%，仅有不到 10% 的投资者收益跟大盘上升同步。2007 年上证综指从 2715.72 点起步，到 10 月 16 日创出 6124.04 点的最高位，年底收于 5361.56 点，从指数来看涨幅接近 1 倍。观察投资者的收益，有 17.08% 的投资者亏损，比例高于 2006 年；18.20% 的投资者收益仅在 10% 以下；30.65% 的投资者收益为 10%~50%；32.96% 的投资者收益在 50% 以上，这一比例略高于 2006 年。2008 年上证综指起步 5272.81 点，10 月 28 日收于年度最低 1664.93 点，年终收于 1820.81 点，跌幅 65.47%。从投资者收益来看，35.63% 的投资者亏损在 50% 以上，25.87% 的投资者亏损在 50% 以下，20.40% 的投资者收益持平，11.38% 的投资者收益在 50% 以下，仅有 6.72% 的投资者收益在 50% 以上。可以看出，在市场单边上涨和下跌的行情中，投资者的收益呈现不对称性，亏损的幅度要大于收益的幅度。

表 8 - 3　2006~2008 年受调查投资者收益状况

收益状况　年份	亏损		持平	赢利				
	50% 以上	50% 以下	0	0~10%	10%~50%	50%~100%	100%~200%	200% 以上
2006	11.5		16.7	17.0	30.8	14.5	5.7	3.8
2007	17.08		1.11	18.20	30.65	32.96		
2008	35.63	25.87	20.40	11.38		6.72		

资料来源：根据《2007~2008 年度个人证券投资者状况调查综述》相关数据整理。

2009 年上证综指起步 1880. 72 点，11 月 24 日上升到年内高点 3361. 49 点，年终收于 3277. 14 点，大致呈现单边上涨态势。2010 年上证综指起步 3243. 76 点，7 月 4 日下探到年内低点 2319. 74 点，11 月 11 日恢复上升至 3186. 72 点，年底收于 2808. 08，呈震荡趋势。2011 年上证综指起步 2852. 65 点，4 月 18 日上升至年内最高点 3067. 46 点，随后下探到年终的 2199. 42 点，呈震荡下行趋势。对于 2009 年以来投资者收益状况的分析，我们结合腾讯财经与和瑞网历年的《中国散户投资者调查报告》进行对比分析。从年龄上看，2009～2001 年，25 岁（不含）以下投资者占比分别为 12. 32%、10. 43%、5. 24%，呈下降趋势；25～34 岁的投资者占比分别为 43. 67%、39. 15%、41. 33%，经历过下降后有所恢复上升；35～44 岁的投资者占比分别为 29. 69%、30. 79%、34. 77%，这一区间的投资者占比有所上升；45～54 岁的投资者占比分别为 11. 22%、14. 19%、13. 52%；55 岁以上投资者占比分别为 3. 10%、5. 43%、5. 13%。从学历上看，2009 年中学学历以下占比 9. 48%，中专以上学历占比 86. 45%；2010 年中学学历以下占比 10. 30%，专科以上学历占比 56. 55%；2011 年中学学历以下占比下降到 6. 70%，大中专以上学历占比 89. 42%，专科以上学历占比 63. 01%。

图 8-3 给出了 2009～2011 年投资者收入变化情况，月收入在 2000 元以下的投资者占比呈下降趋势，从 2009 年的 30. 53% 下降到 2011 年的 14. 38%；月收入为 2001～4000 元的投资者比重仍然最高，而且不断上升，从 2009 年的 43. 41% 上升到 2011 年的 45. 85%；月收入为 4001～6000 元的投资者占比从 2009 年的 13. 42% 上升到 2011 年的 20. 78%；月收入为 6001～8000 元的投资者占比从 2009 年的 4. 65% 上升到 2011 年的 8. 06%；月收入为 8001～10000 元的投资者占比从 2009 年的 3. 58% 上升到 2011 年的 5. 19%；月收入在 10001 元以上的投资者占比从 2009 年的 4. 42% 上升到 2011 年的 5. 74%。调查数据显示，19. 88% 的投资者拥有 10 年以上的投资经验，5～10 年股龄的占比 18. 96%，3～5 年股龄的占比 29. 02%。比较而言，在熊市中老股民的市场参与度较之新股民稍微高一些。

图 8-4 则给出了 2009～2011 年个人投资者在股市投入资金量的变化情况，从中可以看出，投入资金在 5 万元以下的投资者占比在 2009 年为

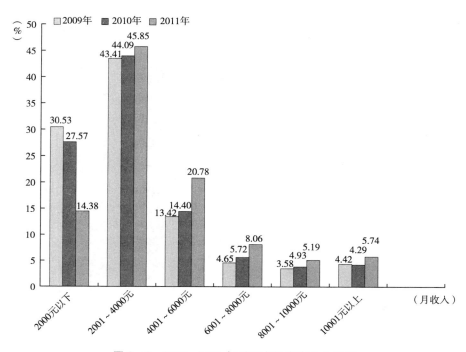

图 8-3　2009~2011 年受调查投资者收入状况

39.22%，2010 年为 41.26%，2011 年为 39.16%；投入资金为 5 万~10 万元的投资者占比分别为 28.57%、27.13%、28.29%；投入资金为 10 万~30 万元的投资者占比分别为 18.99%、18.37%、20.44%，2011 年有所上升；投入资金为 30 万~50 万元的投资者占比分别为 6.24%、6.26%、6.26%；投入在资金在 50 万~100 万元的投资者占比分别为 4.07%、4.18%、3.91%；投入资金在 100 万元以上的投资者占比分别为 2.91%、2.81%、1.94%。可见，中低收入群体仍然是市场参与的主体。

表 8-4 则给出了 2009~2011 年受调查投资者收益状况。对应 2009 年单边上涨的大盘指数，仍有 20.60% 的投资者亏损，11.49% 的投资者收益持平，61.25% 的投资者保持赢利；2010 年股市呈"U"形走势，投资者收益发生变化，41.70% 的投资者出现亏损，18.09% 的投资者保持持平，40.21% 的投资者实现赢利；2011 年股市呈"倒 U"形走势，有 14.73% 的投资者亏损在 50% 以上，31.05% 的投资者亏损为 30%~50%，21.63% 的投资者亏损为 15%~30%，10.38% 的投资者亏损为 5%~15%，4.27% 的

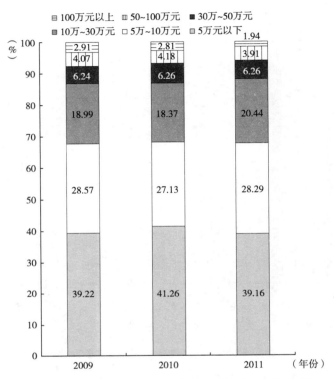

图 8 - 4   2009 ~ 2011 年受调查投资者股市资金投入量

投资者亏损在 5% 以下。2011 年大盘下跌的幅度为 22.89%，亏损在 30% 以上的投资者合计占比 45.78%，可见下行时期投资者的亏损幅度要比大盘下滑的幅度大很多。当年有 5.94% 的投资者收益持平，7.86% 的投资者赢利为 0 ~ 30%，2.46% 的投资者赢利为 30% ~ 50%，1.34% 的投资者赢利为 50% ~ 100%，0.34% 的投资者赢利超过 100%。就股市下跌的原因而言，69.19% 的投资者认为是股市政策和制度因素所致，13.64% 的投资者认为由宏观经济环境因素造成，9.43% 的投资者认为由国际环境因素造成，4.20% 的投资者认为由上市公司基本面造成，其他为 3.54%。对应 2002 年的调查，不难发现，时隔 10 年，政策因素仍然对股市的价格波动有重要影响，同样，个人投资者在不同市场形势下的收益不同，下行时期投资者的亏损幅度要比大盘下滑的幅度大很多，而上涨时期的收益要弱于大盘上涨的幅度，呈现明显的非对称性。

表 8 - 4 2009 ~ 2011 年受调查投资者收益状况

收益状况 \ 年份	亏损					持平	赢利			
	50%以上	30% ~ 50%	15% ~ 30%	5% ~ 15%	0 ~ 5%	0	0 ~ 30%	30% ~ 50%	50% ~ 100%	100%以上
2009	20.60					18.15	61.25			
2010	41.70					18.09	40.21			
2011	14.73	31.05	21.63	10.38	4.27	5.94	7.86	2.46	1.34	0.34

资料来源：根据《2009 ~ 2011 年中国散户投资者调查报告》相关数据整理。

三 结论

本章对股票价格波动产生的财富配置非均等效应进行了分析，从理论上看，个人投资者和机构投资者在信息拥有程度和交易策略上的差异造成了投资收益的差距。从实际情况来看，本章结合一级市场和二级市场不同类型交易者的行为和收益的不均等性进行了验证，分析了不同资金规模的投资者在收益上呈现明显的不对称性，资金规模越大，收益越高；同时还验证了个人投资者在上涨与下跌时期的收益和亏损的不对称性，投资者在下跌行情中亏损的幅度要大于上涨行情中收益的幅度。

第九章　股票价格波动与储蓄转移的财富效应研究

　　我国股市自成立以来，就呈现不稳定状态，经常出现暴涨暴跌、持续上涨或持续下跌的现象。这与我国股市的投机性强密不可分。股权分置改革之后，我国股市受扩容、参与程度和与周边证券市场联动增强等的影响，其波动变得更加频繁和剧烈。2005 年 6 月至 2012 年 6 月，我国股票市场经历了两次前所未有的大波动，股票价格的大幅波动导致居民资本市场参与度和资产结构的巨大改变，其间股市的持续上涨和持续下跌改变了居民对投资股市所带来收入的认识。投资股市所带来收入归属于暂时性收入的认识随着股市的持续上涨或持续下跌而逐渐改变，投资股市的收入成为居民持久性收入的一部分，进而影响了居民的消费行为。根据财富效应理论：假如其他条件相同，货币余额的变化将会在总消费开支方面引起变动。而股票资产作为居民资产的一部分，其价格的变化影响着居民手中持有的财富余额的变化，从而影响居民消费的变化，即股市的财富效应。那么此时我们研究能否通过推动股市的发展来拉动消费，即研究能否利用股市的财富效应来促进经济的增长，便具有一定的现实意义。最近 10 年，国内外许多学者对财富效应进行了深入研究，但关于股市的财富效应在中国的存在性的争议很大，且大多认为我国股市财富效应不显著，其中一个很重要的原因就是：我国股市规模有限、不成熟，股票分红率相对偏低，投资于股市的收益主要依赖于溢价收益，股市持续繁荣趋势不明显，股价波动幅度过大，难以形成持久的收入预期，"牛短熊长"的特征相当明显，投资者难以分享股市上涨所带来的收益，因此财富效应缺乏一个充分发挥的市场基础。

在全球经济危机的形势下，中国保持了 30 年年均 9.8% 高速增长的势头也逐渐放缓。投资、出口和消费作为经济增长的"三驾马车"，其中投资已由过热趋向饱和，出口受国外经济环境的影响也急剧萎缩，因此拉动内需、刺激消费就成为我国目前应对经济危机、促进经济增长的主要动力。"三驾马车"中消费对 GDP 的贡献度逐年增长，据测算，2008 年之后消费已经超过投资成为"三驾马车"中最大的动力。我们研究的股票市场已经成为全球位居前列的资本市场，股票价格波动对消费的影响作用有多大、方向是否清晰等问题均需要进行深入的分析。本章将从股票价格上涨影响居民财富收入结构的视角构建分析框架，通过消费理论中决定消费水平的持久性收入和暂时性收入的替代变化逻辑进行论述，进而提出假说，利用月度的全国 31 个省级面板数据，运用长期静态模型、协整和包含 ECM 的动态模型以及格兰杰因果关系检验进行递进式地实证检验，为我们的推论提供经验支持。

一　理论分析与假说的提出

（一）股票价格波动对居民资产结构的影响分析

众所周知，我国股市尤其是我国 A 股市场在经历了 4 年多的大熊市之后，到 2005 年 6 月 6 日触底反弹，上证指数从跌破 1000 点的 998.23 点之后，开始一路上涨，直到 2007 年 10 月 16 日触碰到最高的 6124.04 点。其间我国股市形成了一个持续两年多的大牛市。伴随着股价的飞涨，投资者的股市参与度也达到前所未有的程度。根据中国证券登记结算有限责任公司的统计，截至 2007 年 10 月底，两市 A 股开户总数已达 10515 万人，基金开户数为 2446 万人，比 2005 年 6 月末的 A 股开户总数 6987 万人和基金开户数 126 万人分别增长了 50.49% 和 18.4 倍。持续时间如此长、上涨幅度如此巨大、投资者的股市参与度如此高的牛市，是中国股市自 20 世纪 90 年代成立以来未曾出现过的。

股票价格飞涨形成的牛市带来了我国居民资产结构的重大变化。居民的资产由两部分组成：一部分是实物资产，主要包括住宅和耐用消费品；其余部分都可以归结为金融资产，主要包括现金、银行存款和金融证券等。众所周知，在我国居民的金融资产组成中，占比最大的是银行存款。这一事实的形成与我国金融制度变迁的历史渊源有直接关系。我国是一个以银行为主的金融体系，随着改革的推进，国家通过税收渠道调动金融资源的掌控力下降，取而代之的是以银行为主体的金融渠道，形成了国家掌握银行的产权为主体的银行体系。在国家信用的担保下，银行获得了居民的绝对信任，但是这一金融体制并未给居民提供更多的投资渠道。在缺少投资选择的情况下，居民把财富中的金融资产存入银行。随着经济的发展，居民财富随之增长，居民的银行储蓄总额也迅速扩大。据统计，1978 年我国居民的银行储蓄金额仅为 210 亿元，而到了 2011 年这一数字就增长到了 343035 亿元，30 多年的时间增长了 1600 多倍。除了总量上的不断攀升外，居民储蓄存款在 2006 年以后的增长呈现新的态势，从时间上看不再呈逐月上升，而是在 2007 年和 2009 年的一些月份出现负增长，居民储蓄增长的波动频繁（见图 9 - 1）。可以推测，这种波动与此时期内股票价格的巨大上涨有密切关系。因为在短时期内，居民的财富总量是相对固定的，要调整的必须是结构，储蓄的减少必然意味着居民持有的其他资产数量在增加。储蓄的名义收益虽为金融机构的存款利率，但经通货膨胀折减后的实际存款利率却已接近于零（见图 9 - 2）。1 年期定期存款名义利率在 2006 年初至 2007 年底的两年内增长仅在 2% 以内。而同期我国 A 股市场股指增长了 3 倍，纯粹的因股价上涨带来的收益率就远远大于存款利率。资金以银行存款形式存在的机会成本巨大，居民将资金投入股市等收益更高的资本市场是理性选择。从股市投资参与的增加程度也可以明确表明，因牛市的出现，居民调整资产结构，将储蓄转移投入了股票市场。

在经历了两年的大涨之后，从 2007 年 10 月到 2010 年 10 月，股市开始盘整向下，从 6000 多点下挫到 2000 点左右，下跌幅度远超过 50%。相应的，股市的参与度也一度下降。居民的资产配置发生变化，股票资产在居民财富组成中的份额迅速下降。

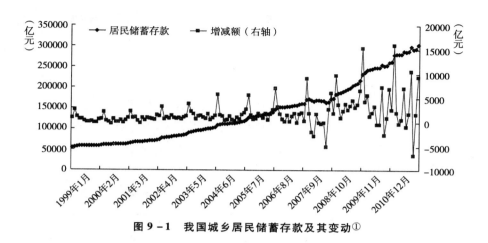

图 9-1　我国城乡居民储蓄存款及其变动①

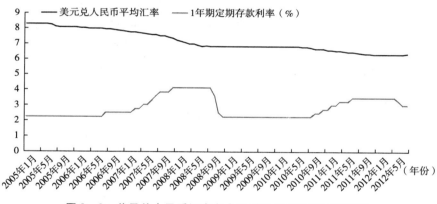

图 9-2　美元兑人民币汇率和人民币 1 年期定期存款利率

（二）股票价格波动对消费的影响分析

居民资产结构的变化以及居民财富收入分配的变化，整体上会影响消费水平的变动。根据新古典经济学的消费理论，消费是收入和财富的稳定函数。Franco Modigliani（1954）提出的生命周期理论认为，居民的消费水平并不取决于现期收入，而是取决于整个寿命期内的总收入，包括家庭的当期收入和预期的未来收入的现金流以及拥有的财富存量。与生命周期理

---

①　数据来自《中国统计年鉴》和《中国经济统计快报》。

论相似，Milton Friedman（1957）的持久收入理论也认为，在某一时期，消费者的收入等于暂时性收入和持久性收入，消费并不取决于暂时性收入水平，而是决定于持久性收入水平。

从持久收入理论角度分析，之前我国股票市场不成熟，波动幅度太大，即使某一阶段取得了不错的投资收入，但对股市未来走势预期不确定，居民仅将股票资产收益界定为暂时性收入，不符合消费函数的要求。且 Samuel Bulmash（2002）的研究发现，股市的财富效应是逐步显现的，这一过程至少需要 1~2 年。随着时间的推移，从股市获得的暂时性收入累积，逐步被认可为持久性收入。持久性收入的改变决定了消费水平的改变。但如前所述，上涨幅度大、投资者的参与度如此高的股票市场已与之前的状况大不相同。而上涨时间从 2005 年中至 2007 年底，持续时间达两年半之久，已有足够的时间使居民将股市收入从暂时性收入定性为持久性收入的一部分。因此它一定是消费增加的重要影响因素。

故提出我们的假说：2005 年 6 月至 2010 年 10 月股票价格的波动引致了居民消费的同方向变动。

二　估计过程和结果

（一）数据的选取和模型的设定

在以往的研究中，学者们经常用年、季或月度的时间序列数据来分析我国股市的财富效应，这种分析偏向于总体层面，对于我国地区经济和金融市场发展差异的不平衡性十分显著，仅用总体的时间序列数据难以反映各地区发展差异对实证的影响。面板数据具有截面和时间序列数据的性质，不仅包含地区差异中个体特征的差异，而且也包含这些个体差异随时间变化的变化。运用面板数据建立模型，可以得出更符合实际的研究结论。鉴于此，我们选取我国 31 个省级单位月度面板数据进行计量研究，时间跨度为 2006 年 1 月至 2010 年 11 月。

已有的关于股市与消费之间关系的实证研究中，选用的股市变量数据多采用股票指数、股市总体市值或股市流通市值（段军山，2005；李学峰、徐辉，2003）。得到的实证结果也仅证明了股市指数波动和股市规模变动与消费的关系。根据我们的选题，理想的数据应该为居民的股票资产，但由于数据的可得性，我们选择替代数据，采用每月各省级地区各股票营业部的股票交易量占总交易量的比重，乘以每月末的股市流通市值。我们认为各地区居民的股票资产（Stock）与当期当地股票的交易量是成正比的。对于消费（Consume）的数据，我们选取各地消费品零售总额，选择这一数据的原因不仅在于数据的可得性，而且在于零售总额与居民消费呈显著正相关关系，我们认为当地的消费品零售总额是可以代表当地的消费额的。并且，在计量模型构造时，我们也考虑到货币政策的因素，在模型中加入利率（Rate）和汇率（Exchange Rate）这两个控制变量，因为在回归期间，中国人民银行多次调整利率水平，人民币兑美元汇率也一直处于上升状态。利率和汇率的变动在一定程度上影响了居民的消费决定。这两个变量分别选取金融机构人民币1年期定期存款利率和每月美元兑人民币汇率的平均值。

故计量模型设定为：

$$Consume_{it} = \beta_0 + \beta_1 Stock_{it} + \beta_2 Rate_{it} + \beta_3 Exchange\ Rate_{it} + \nu_{it} \qquad (9-1)$$

方程（9-1）中变量的下标 i 和 t 表示省份和年月份。ν_{it} 为服从独立同分布的误差项。

（二）长期静态模型

为了避免伪回归的出现，在做实证回归之前，我们对数据进行了单位根检验，面板数据的单位根检验常用的方法有三种，分别是 LLC（Levin，Lin & Chu t*）、IPS（Im，Pesaran and Shin W-stat）和 Hadri（Hadri Z-stat）。表9-1给出了三种检验方法的结果，相互印证，结果一致。

表9-1　面板数据单位根检验

变量	水平值			一阶差分值			结论
	Levin，Lin & Chu t*	Im，Pesaran and Shin W-stat	Hadri Z-stat	Levin，Lin & Chu t*	Im，Pesaran and Shin W-stat	Hadri Z-stat	
Consume	3.85645 (0.9999)	2.92453 (0.9848)	9.21563 (0.0001)	-10.5584 (0.0000)	-15.5462 (0.0000)	3.55531 (0.0017)	I (1)

续表

变量	水平值			一阶差分值			结论
	Levin, Lin & Chu t*	Im, Pesaran and Shin W-stat	Hadri Z-stat	Levin, Lin & Chu t*	Im, Pesaran and Shin W-stat	Hadri Z-stat	
Stock	3.89442 (0.9985)	9.54212 (1.0000)	15.2014 (0.0000)	−11.0164 (0.0000)	−10.0541 (0.0000)	2.86512 (0.0058)	I (1)
Rate	11.0155 (1.0000)	14.1254 (1.0000)	10.2421 (0.0000)	−12.1553 (0.0000)	−12.1546 (0.0000)	2.95212 (0.00105)	I (1)
Exchange Rate	14.5431 (1.0000)	17.1255 (1.0000)	18.1572 (0.0000)	−10.6394 (0.0000)	−16.2583 (0.0000)	0.36982 (0.23695)	I (1)

注：括号内为参数估计值的 P 值。

单位根检验显示，模型中的四个变量均是一阶单整。如果直接用原数据进行 OLS 回归，很可能是伪回归，因为面板数据不平稳，虽然 OLS 估计结果是一致的，但得到的 t 统计量却是发散的，进而所得的变量的显著性也是有偏的（Kao，1999）。针对此情况，Arellano，Band（1998）提出了一个解决办法，就是运用动态面板数据估计技术（GMM）进行检验。GMM 方法可以减少回归中的内生性和多种共线性问题。我们采取多种方法对计量模型进行实证检验，包括 OLS、广义差分法（GLS）和 GMM 方法，如果所得的回归结果相差不大，就说明实证的结果是可靠的。回归结果见表 9 - 2。

表 9 - 2   面板数据的回归结果

因变量	Consume							
	GLS		固定效应模型		随机效应模型		GMM	
	系数	t 值	系数	t 值	系数	t 值	系数	t 值
Stock	0.0081**	3.0323	0.0078***	8.1928	0.0080***	8.4340	0.0036***	12.76
Rate	−5.1862	−0.6465	−23.803***	−5.4804	−23.972***	−5.5196	−29.068***	−34.96
Exchange Rate	−278.35***	−5.0235	−102.57***	−10.168	−102.04***	−10.115	−145.532***	−88.33
常数	1564.57*	2.5915	1084.70***	12.21816	1080.09***	11.681		
F 值	12175.84		1265.510		115.3287			
Hausman Test （P 值）				0.0000				

续表

因变量	Consume							
	GLS		固定效应模型		随机效应模型		GMM	
	系数	t 值	系数	t 值	系数	t 值	系数	t 值
调整后的 R^2	0.987489		0.984709		0.346106			
DW 值	1.468082		0.890610		0.826651			

注：*** 表示 1% 水平上显著，** 表示 5% 水平上显著，* 表示 10% 水平上显著。

Hausman 检验结果显示，固定效应优于随机效应。从回归结果可以看出，GLS、OLS 的固定效应回归和 GMM 方法回归的结果相差不大，所以我们认为实证结果是可靠的。GLS 和 OLS 的固定效应回归结果较一致，Stock 的系数为 0.008，在至少 5% 的水平上显著。GMM 模型回归结果，Stock 的系数为 0.0036，在 1% 的水平上显著。以上均表示，股票的波动与居民的消费变化是一致的。股市上涨，居民消费增加；股市下跌，居民消费减少。这说明股市的财富效应在我们的考察期内是存在的。对于 Rate 的系数和 Exchange Rate 的系数，均与理论预期相一致。利率上升，消费减少；人民币升值，消费增长。

（三）协整和包含 ECM 的动态模型

协整分析首先是对方程（9-1）进行回归，得到残差项 e_{it}，再检验残差 e_{it} 是否平稳。若平稳则解释变量和被解释变量间有协整关系，否则，二者就没有协整关系。根据 Pedroni（1999）的文献，检验协整关系等同于用自回归方程（9-2）检验 e_{it} 是否有单位根。即若检验得出 ρ 为正且在统计上显著，则方程（9-1）中相关变量之间存在协整关系。

$$e_{it} = \rho e_{it-1} + u_{it} \qquad (9-2)$$

其中，$it-1$ 表示一阶滞后项。

而协整分析的 Engle-Granger's 误差修正机制（ECM）是对方程（9-3）进行回归建立。

$$\Delta Consume_{it} = f(\Delta X_{it}) - e_{it} + v_{it} \qquad (9-3)$$

其中，Δ 表示一阶差分，$f(\Delta X_{it})$ 是指方程（9-1）右边的差分形式。

我们采用姚树洁等（2006）的类似做法，将上述协整和误差修正（ECM）两个步骤，用一步进行估计。即将方程（9-2）和方程（9-3）综合进一个方程（9-4）。

$$\Delta Consume_{it} = f(\Delta X_{it}) - \rho[\,Consume_{it-1} - f(X_{it-1})\,] + v_{it} \qquad (9-4)$$

姚树洁等（2006）认为采用方程（9-4）研究被解释变量与解释变量之间的动态关系有许多优势：第一，在同一方程中可同时估计短期参数和长期参数；第二，通过对长期不均衡的修正可以较准确地估计相关参数；第三，由于所有的变量都是一阶对数差分和外生变量（包括滞后项），因而可以避免非平稳性和共线性问题；第四，估计简单且结果易于解释。

表9-3给出了回归包含 ECM 和不包含 ECM 两种形式的实证结果。

表9-3　动态模型的回归结果

因变量	$\Delta Consume$			
	不包含 ECM		包含 ECM	
	系数	t 值	系数	t 值
常数	-6.883260 ***	-4.056972	-170.9475 *	-1.768032
$\Delta Stock$	0.006824 ***	2.597486	0.007340 **	2.383116
$\Delta Rate$	-2.677165	-0.341784	-12.84138	-1.181440
$\Delta Exchange\ Rate$	-281.3411 ***	-4.967320	-295.8403 ***	-4.830789
ECM				
$Consume\ (-1)$			-0.009264 *	-1.673061
$Stock\ (-1)$			0.000551	0.757998
$Exchange\ Rate\ (-1)$			16.49746	1.493530
$Rate\ (-1)$			13.43209 ***	2.713728
调整后的 R^2	0.254057		0.271490	
F 值	11.69588		6.709524	
DW 值	1.480028		1.487038	

注：*** 表示 1% 水平上显著，** 表示 5% 水平上显著，* 表示 10% 水平上显著。

从回归结果可以看出，方程（9-4）中 ρ 的系数等于 -0.009264，在统计水平上显著，从而证明 ECM 在短期模型中也是显著的，变量间存在长期协整关系。

在不包含 ECM 的模型中，仅 Stock 和 Exchange Rate 的系数在 1% 的统计水平上显著，Rate 的系数在统计上不显著，所有估计系数和符号与方程（9-1）的估计一致。在包含 ECM 的模型中，短期参数与不包含 ECM 的模型相比无变化。所有估计系数和符号与预期一致。包含 ECM 和未包含 ECM 的短期动态模型的回归结果在很大程度上支持了方程（9-1）即长期模型得出的结论。

（四）格兰杰因果关系检验

上述协整检验结果表明，变量之间存在长期的均衡关系，但这种关系是否构成因果关系，即对股票价格波动与消费增减之间的关系而言，属于下列情况中的哪一种还需要进一步验证：一是股票价格波动带来了消费的增减；二是股票价格波动与消费增减之间没有因果关系，即两者之间存在的很强的相关关系仅仅是巧合，股市价格波动的同时消费虽同方向变化，但是两者各自按自身的逻辑发展。

C. W. J. Granger 于 1969 年提出的因果关系检验的基本思想是"过去可以预测现在"，即如果 X 是 Y 变化的原因，则 X 的变化应该发生在 Y 的变化之前。也就是说，如果 X 是引起 Y 的原因，则在 Y 关于 Y 滞后变量的回归中，添加 X 的滞后变量作为独立的解释变量，应该显著增加回归的解释能力，此时，称 X 为 Y 的格兰杰原因；如果添加 X 的滞后变量后，没有显著增加回归模型的解释能力，则称 X 不是 Y 的格兰杰原因。

传统的格兰杰因果检验只检验单个经济体变量的因果关系，但当面对具有时间和个体双重维度的面板数据时，检验方法就复杂得多，应用时一般是通过建立 VAR 模型进行检验（Frank S. T. Hsiao，Mei-Chu W. Hsiao，2006；László Kónya，2006）。我们也采用这一方法，建立 VAR 模型如下：

$$\Delta Consume_{i,t} = \alpha_{1i} + \sum_{k=1}^{K} \beta_{1i}^{(k)} \Delta Stock_{i,t-k} + \sum_{k=1}^{K} \gamma_{1i}^{(k)} \Delta Consume_{i,t-k} + \varepsilon_{i,t} \qquad (9-5)$$

$$\Delta Stock_{i,t} = \alpha_{2i} + \sum_{k=1}^{K} \beta_{2i}^{(k)} \Delta Stock_{i,t-k} + \sum_{k=1}^{K} \gamma_{2i}^{(k)} \Delta Consume_{i,t-k} + \varepsilon_{i,t} \qquad (9-6)$$

其中，$i=1，\cdots，31$；$t=1，\cdots，23$。

对于滞后期 K 的选择，采用 Akaike Information Criteria（AIC）标准，经多个滞后期回归的比较，滞后四期的 AIC 值最小。回归结果见表 9-4。

　　方程（9-5）的回归结果中，随机效应 Hausman 检验拒绝随机效应估计量是有效的而固定效应估计量不是有效的原假设，固定效应的显著性检验（Likelihood Radio）接受混合 OLS 回归是有效的而固定效应不是有效的原假设，故对方程（9-5）的回归分析主要集中在混合 OLS 模型估计结果上。根据格兰杰因果关系原理，在对 $\Delta Stock$ 滞后一至四期系数等于零为原假设的系数 Wald 检验的结果表明，$\Delta Stock$ 滞后一至四期对 $\Delta Consume$ 的解释总体上是显著的，$\Delta Stock$ 的滞后一期、三期和四期都在至少 5% 的水平上显著，说明牛市是消费增长的格兰杰原因。

　　方程（9-6）的回归结果中，固定效应的显著性检验拒绝混合 OLS 回归是有效的而固定效应不是有效的原假设，随机效应 Hausman 检验拒绝随机效应估计量是有效的而固定效应估计量不是有效的原假设，故对方程（9-6）的回归分析主要集中在固定效应模型估计结果上。在对 $\Delta Consume$ 滞后一至四期系数等于零为原假设的系数 Wald 检验的结果表明，$\Delta Consume$ 滞后一至四期对 $\Delta Stock$ 的解释总体上是显著的，但仅有 $\Delta Consume$ 的滞后一期在 1% 的水平上显著，其他滞后二期、三期和四期均不显著，不足以说明消费的增长是牛市的格兰杰原因。

表 9-4　面板数据格兰杰因果关系检验

因变量 / 自变量	OLS	固定效应	随机效应	OLS	固定效应	随机效应
	$\Delta Consume$	$\Delta Consume$	$\Delta Consume$	$\Delta Stock$	$\Delta Stock$	$\Delta Stock$
$\Delta Consume$ (-1)	-0.091094 * (-1.931725)	-0.136366 *** (-2.838535)	-0.091094 * (-1.929453)	-4.871311 *** (-6.051482)	-5.387783 *** (-6.696082)	-4.871311 *** (-6.195031)
$\Delta Consume$ (-2)	-0.201466 *** (-4.192510)	-0.245944 *** (-5.029240)	-0.201466 *** (-4.187578)	2.077437 ** (2.429324)	1.175361 (1.382653)	2.077437 ** (2.486951)
$\Delta Consume$ (-3)	-0.068547 (-1.429089)	-0.107598 ** (-2.211592)	-0.068547 (-1.427408)	0.801080 (0.944813)	0.222426 (0.265523)	0.801080 (0.967225)
$\Delta Consume$ (-4)	0.099900 *** (3.036301)	0.095371 *** (2.858638)	0.099900 *** (3.032729)	0.193329 (0.329909)	0.137999 (0.238000)	0.193329 (0.337735)
$\Delta Stock$ (-1)	0.007267 *** (3.230149)	0.003833 (1.557505)	0.007267 *** (3.226350)	0.078899 ** (1.978839)	-0.042476 (-1.004005)	0.078899 ** (2.025780)
$\Delta Stock$ (-2)	0.002301 (0.966118)	-0.001778 (-0.673313)	0.002301 (0.964981)	0.101326 *** (2.597313)	-0.023748 (-0.568590)	0.101326 *** (2.658925)
$\Delta Stock$ (-3)	-0.006437 *** (-2.624768)	-0.010416 *** (-3.839157)	-0.006437 *** (-2.621681)	0.302959 *** (7.461935)	0.177933 *** (4.106842)	0.302959 *** (7.638942)

续表

因变量 自变量	OLS $\Delta Consume$	固定效应 $\Delta Consume$	随机效应 $\Delta Consume$	OLS $\Delta Stock$	固定效应 $\Delta Stock$	随机效应 $\Delta Stock$
$\Delta Stock$ (−4)	−0.006369 ** (−2.401779)	−0.009513 *** (−3.421177)	−0.006369 ** (−2.398954)	0.552599 *** (12.21073)	0.436005 *** (9.252441)	0.552599 *** (12.50039)
常数	4.052910 *** (4.911925)	5.856145 *** (6.202783)	4.052910 *** (4.906147)	47.13151 *** (3.262397)	104.8626 *** (6.476804)	47.13151 *** (3.339786)
R^2	0.151955	0.202537	0.151955	0.413352	0.472769	0.413352
调整后的 R^2	0.137967	0.135935	0.137967	0.404256	0.431545	0.404256
DW 值	1.926955	1.912917	1.926955	2.559212	2.467294	2.559212
F 值	10.86298	3.041033	10.86298	45.44663	11.46835	45.44663
Likelihood Radio (P 值)	0.5264			0.0054		
Hausman Test(P 值)		0.0004			0.0000	
Wald Test of Coefficients	H0：$\Delta Stock$ 滞后一至四期的系数为零			H0：$\Delta Consume$ 滞后一至四期的系数为零		
F 值（括号 里为 P 值）	4.936233 (0.0007)	6.504329 (0.0000)	4.924628 (0.0007)	68.0106 (0.0000)	23.13544 (0.0000)	71.27555 (0.0000)
Chi^2 （括号里 为 P 值）	19.74493 (0.0006)	26.01732 (0.0000)	19.69851 (0.0006)	272.0427 (0.0000)	92.54175 (0.0000)	285.1022 (0.0000)

注：括号内的数字为参数估计值的 t 值。*** 、** 和 * 分别表示1%、5%和10%的双尾 t 检验显著性水平。

三　结论

本章的计量检验结果表明，2005～2010年，股市的财富效应显著为正，且股市的波动是消费增减的格兰杰原因。这与之前的实证研究大多认为股市的财富效应不明显的结论完全不同，我们认为这与2005年中期至2010年股市上涨与下跌的持续时间较长、幅度较大有关。股票分红和股价涨跌带来了股票和基金投资者的巨大溢价，收入的增减引致了消费。我们还证明了消费的变动是遵循随机游走（Random Walk）理论的，即在任何一个时点上，消费者可根据现在对一生收入的预期选择消费。随着时间的推移，他们改变自己的消费是因为他们得到了修正其预期的消息。

本章的政策含义是随着资本市场的发展壮大，其衍生功能即调节收入分配的作用会日渐凸显。政府制定宏观调控政策时，对资本市场波动对消费的影响要逐渐纳入，使其成为需考虑的变量。股票作为居民财产性收入的重要组成部分，股市波动的影响会越来越大，政府要完善资本市场，避免股市大起大落带来的不利影响；要重视在我国居民财产性收入快速而又不均衡增长的条件下，资产价格波动对居民财产性收入分配产生的越来越重要的影响。

第十章　资产价格波动对居民消费影响的
混合检验分析

　　本章研究资产价格波动的财富效应。与现有研究不同，本章结合房地产和股票市场来研究财富效应；同时，我们关注资产价格波动的非对称性。这种非对称性不仅表现在资产价格上升和下降通道中财富效应的非对称性上，更表现在城市与农村之间、各地区之间的非对称性上。我们探讨了资产价格波动对居民一般消费支出的影响，也讨论了对居民财产性支出的影响，以及房地产价格波动对居民消费支出的影响。由于使用了居民价格收支调查的月度和季度数据，因而资产价格波动的财富效应能够得到相对充分的探讨。我们发现城镇居民资产组合中的储蓄和住房的正向财富效应较为明显，农村居民住房的财富效应不显著。股票价格波动在城乡之间大多数情况下均不显著，即便显著，其正效应也极其微小。

一　理论分析

　　在消费理论中，居民努力使消费在生命周期中实现平滑，这就要求在储蓄和消费之间进行权衡，金融市场的发展为消费者实现风险分散和跨期平滑提供了条件。为应对风险给现金流带来的冲击，居民能够将土地、房产、金融资产在金融市场中变现来获得流动性。金融市场的充分发育实现了供求双方的信息传递和筛选，交易通过价格得以实现。现代金融市场催生的衍生金融产品虽然有利于生产要素的跨期配置，但是过度的金融创新催生了资产的泡沫，使得资产价格开始脱离供求的基本面而飙涨。虚拟经济和实体经济的背离使居民的消费行为充满了不确定性：如果资产价格与经济周期相吻合，那么居民的消费行为也追随经济的涨幅起落；如果资产价格波动超越经济周期，那么对居民的财富效应影响将很难捕捉。综合来看，我国居民消费主要面临收入、支出、金融资产波动三方面的不确定性。首先，转轨经济中的不确定性比较复杂，收入的不确定性与支出的不确定性对居民消费的影响不同。金融市场的缺陷导致金融资产的波动超出有效金融市场的正常范围，从而带来金融资产收益的不确定性。即有些金融资产的风险不一定有对称的收益补偿，从而为跨期消费中在金融市场购买和配置金融资产的消费者带来金融资产收益的不确定性。其次，渐进式转轨路径客观上会为消费者带来长期的不确定性。这些不确定性因素将形成转轨经济中预防性储蓄的外因。

对于处于转轨中的中国而言，其改革遵循渐进式改革的逻辑，表现为改革策略或措施的制定多采取局部实施的原则。较为典型的事实是在过去30多年的改革中，城市导向的经济政策制定并实施。市场化措施在城市中逐步实现，住房等耐用消费品成为交易的对象，金融市场在城市的充分发育使得居民能够实现消费平滑。对于农村而言，出于平稳推进改革的需要，在政策上，通过户籍制度来限制农村居民的流动；在法律上，农村居民由于缺乏可供抵押的动产，无法通过借贷来实现消费平滑或扩大再生产。城乡的二元分割虽然给城市化带来较低的交易成本，但客观上形成城乡之间的制度落差。因此，当资产价格上升时，城镇居民可以享受其增值收益，农村居民却由于缺乏交易的资产，使得财产性收入途径有限。从生命周期理论来看，如果收入在制度上没有办法实现等同，那么城乡居民消费行为也自然不具有可比性。渐进式改革带来了城乡居民在资产价格财富效应上的迥异。当然，这里仅仅讨论的是城乡之间，囿于计划经济体制的惯性，中国改革过程中的政策资源配置通常依照行政等级进行分配。这客观上又造成了不同等级城市之间的政策差异。因此，对资产价格财富效应的研究，应充分考虑渐进式改革带来的差异。

资产价格波动财富效应的阻滞有几个方面的原因：第一，刺激经济的投资计划可能产生挤出效应，挤出民间投资和消费，从而出现出口、投资、消费对经济增长的拉动效应不协调；第二，尽管近年来我国公共服务已有较大改善，但是居民为应对教育、医疗支出的不确定性仍然存在，在居民预防性储蓄动机影响下，居民的消费行为仍显谨慎；第三，资产价格上涨的财富分配效应不均等，不同收入群体的财富增值差别较大，由于消费弹性不同，现有的刺激政策不能充分调动居民消费。

从理论上看，资产价格波动影响居民消费的渠道大致包括四种：①消费支出和财富同为居民效用函数的一部分，资产价格自然会影响居民的消费支出；②消费受预期的影响，而资产价格同时也受预期的影响；③在存在金融市场的前提下，居民的财富净值影响居民借贷，从而影响居民的消费规划；④资产价格波动带来宏观政策的调整，其中的利率政策直接影响居民的财富净值。由于中国金融市场是在政府控制的前提下逐渐培育和发展起来的，因此，中国金融市场的微观功能在发展初期并不完整，反映到居民自身，表现为对金融市场维持"保持距离型"关系。居民的消费一般遵循量入为出的原则，即便发生借贷，也会优先选择亲戚朋友，然后才考虑金融组织。预防性储蓄是解读中国高储蓄、低消费的关键所在。收入的不确定性、支出的不确定性、金融资产波动的不确定性制约了居民消费的提升。所以，决定居民消费的因素除了消费品的价格以外，更多的是应对不确定性的消费规划。

二　实证分析框架

（一）分析框架

研究资产价格波动的财富效应，一般通过消费函数来实现，并辅之以相应的资产结构。同样，我们也从居民的财富结构出发进行分析。

假定 W_t 代表当年财富，投资者的财富组合为：

$$W_t = W^{sd} + W^{ss} + W^{sh} + W^{so} \qquad (10-1)$$

其中，W^{sd} 为储蓄；W^{ss} 为股票；W^{sh} 为房地产；W^{so} 为其他财富（包括现金等）。

以生命周期和持久收入假说为基础建立计量经济模型，为：

$$C_t = \beta_0 + \beta_1 Y_t + \beta_2 Y_{t-1} + \beta_3 W_t + \beta_4 X + \varepsilon_t \qquad (10-2)$$

其中，C_t 代表当年消费水平；β_0 为凯恩斯消费理论的自主消费；Y_t、Y_{t-1} 分别为居民的当期和上一期可支配收入；β_1、β_2、β_3 分别为 Y_t、Y_{t-1} 和 W_t 的边际消费倾向；X 为其他控制变量。

根据居民的财富组合，消费模型可以转化为：

$$C_t = \beta_0 + \beta_1 Y_t + \beta_2 Y_{t-1} + \beta_{31} W^{sd} + \beta_{32} W^{ss} + \beta_{33} W^{sh} + \beta_{34} W^{so} + \beta_4 X + \varepsilon_t \quad (10-3)$$

那么，研究资产价格波动的财富效应就转化为对各个变量参数的估计。如果实证的数据为面板数据，则式（10-3）应当包含反映个体固定效应和时点固定效应的变量。

（二）变量设计

1. 居民消费 （C）

就统计而言，反映居民消费的指标为全社会消费品零售总额。该项指标之下有相关子分类，例如城镇居民社会消费品零售总额和农村居民社会消费品零售总额。当然，根据不同行政划分还有市级、县级以及县级以下的统计变量，这为本章深入分析各个群体的消费异质性提供了便利。当然，这个指标仍然是总量上的，从《中国价格及城镇居民收支调查》中我们可以得到居民更为具体的支出明细，其中包括居民的消费支出、购房与建房支出、转移性支出、财产性支出和社会保障支出五类。

2. 居民收入 （Y）

在现有文献中，一般用居民的可支配收入来作为居民收入的度量指标。事实上，居民的可支配收入包括工薪收入、经营性收入、财产性收入、转移性收入四类。除了可支配收入外，居民的收入还包括出售财物收入、借贷收入等。深入考察不同收入对消费的影响可以发现更为微观的结论。

3. 居民储蓄 （D）

经过30多年的改革开放，中国居民的财富形式也趋于多样化，除了存款外，还有股票、基金、债券、房产等，不过银行存款依然是居民最主要的财富形式。2010年中国居民存款总额为26万亿元，2011年突破30万亿元。因此，我们可以通过城镇和农村居民储蓄的分类来研究城乡居民财富效应的异质性。

4. 股票（S）

对居民资产结构中股票比例的估算较为困难。文献中一般用股票流通市值来代替，或者通过微观的住户调查数据代替。本章在前人研究的基础上，通过各地开户数量来捕捉不同地区的股票资产差异。

5. 房地产

同样，测算居民财产结构中房地产的价值也不容易。人们采用当年的投资额作为替代变量，这种度量容易高估房地产的价值。

6. 其他财富

其他财富包括现金和债券等。

7. 控制变量

除了上述因素外，地理位置、人口结构、家庭人数、季节等因素都可能影响居民的消费行为，在回归中我们根据客观条件选取一定的变量作为控制变量。

上述诸回归变量来自中宏网、国泰安数据库、中国资讯行数据库、CCER 宏观经济数据库以及中国人民银行网站等。表 10 - 1 汇总了部分数据的描述统计。

表 10 - 1　所有变量名称、单位、均值和标准差

变量	名称	单位	城镇			农村		
			均值	标准差	观察值	均值	标准差	观察值
$Income_1$	可支配收入	元	8.818	0.478	328	7.888	0.436	329
$Income_2$	财产性收入	元	6.043	0.970	286	3.841	1.043	329
$Expenditure_1$	家庭总支出	元	9.158	0.317	150	7.588	0.430	330
$Expenditure_2$	消费性支出	元	8.673	0.355	328	7.367	0.409	330
$Expenditure_3$	财产性支出	元	6.381	0.758	147	5.950	0.5440	330
$Consume$	全社会消费品零售总额	亿元	7.719	1.123	180	4.973	1.050	329
$House$	商品房销售额（人均住房价值）	亿元	13.854	1.689	329	5.412	0.498	320
$Deposit$	居民储蓄	亿元	7.644	1.094	291	7.638	1.091	290
$Stock$	股票流通市值	亿元	10.328	1.196	240	10.328	1.196	240
$Popgrowth$	人口增长率	%	6.362	3.639	300	—	—	—

三　实证分析结果

从理论上讲，检验资产价格波动的财富效应的数据越微观，获得的结果就越可靠。因此，理想的回归方程应当将季节、价格周期等因素包含在内，我们从总体、城市和农村、不同省区的角度按照月度、季度、年度的数据进行回归，从而增加结论的可靠性。

（一）　时间序列回归

本章首先对资产价格波动对全体居民的财富效应进行分析。回归的区间为 1993 年 1 月 ~ 2009 年 4 月。从数据来看，城乡居民可支配收入的统计是季度数据，GDP 的统计也是季度数据，而非月度数据。因此，我们的月度回归不包含居民可支配收入①。整体的回归见表 10 - 2 的方程（1）~（4）。

方程（1）~（4）的被解释变量为全社会消费品零售总额。不同的是，我们选择不同的样本区间和解释变量进行分析。方程（1）显示，1993 ~ 2009 年，城乡储蓄对居民消费的财富效应系数为 0.208，并且在 1% 的水平上显著；以房地产投资额度量的房地产对消费的财富效应系数为 0.386，且高度显著；以上证指数收益率度量的股票资产财富效应系数为 - 0.0001，且不显著，意味着股票市场财富效应极其微弱。DW 检验显示，回归方程存在一定的自相关，我们尝试引入被解释变量的滞后项，运用 GMM 进行回归，工具变量选择解释变量的滞后项，回归结果与 OLS 回归差别不大，故未在表 10 - 2 中列出。方程（2）和方程（3）分别观察股票市场上涨通道中的两个时间段，亦即 1995 ~ 2000 年和 2005 ~ 2007 年，来检验股票上涨的财富效应。回归结果显示，1995 ~ 2000 年股票市场的财富效应几乎为零，2005 ~ 2007 年财富效应大于整体回归，但是显著性水平仍然不高。值得注意的是，2005 ~ 2007 年居民储蓄的财富效应为负，意味着居民调整资产价格中储蓄和股票的比例，从而获得更大的增值收益，而非运用储蓄进

---

① 当然，这样做的结果容易造成回归中遗漏重要的解释变量。

行消费。随着股权分置改革的推行和证券市场制度的完善，2006 年以来居民对证券、基金等投资理财工具的需求大幅度增长，出现了"储蓄大搬家"现象。此外，房地产的财富效应在这个区间要大于方程（1）和方程（2），因为 2004 年以来各地房地产价格上涨带来的货币幻觉使财富效应彰显。房地产价格不断上涨，居民住房消费也就自然被严重挤出。在住房既可消费又可投资的情况下，投资性的购买越来越成为主导。方程（4）检验 2004 ~ 2007 年股票价格波动的财富效应，不同于前面的回归，我们用不同月份上证指数的最大波幅作为解释变量。回归结果显示，股票价格波动的财富效应有所放大，系数为 0.005，显著性水平仍然不高；储蓄变动的财富效应同样为负。

　　方程（5）~（11）检验城镇和农村不同资产的财富效应。由于现有统计中对居民收入和支出明细的数据均为季度数据，所以方程（5）~（12）的回归运用的是 1999 ~ 2008 年的季度数据。我们考察了不同收入和资产类别对居民不同消费支出的影响。方程（5）度量城镇居民可支配收入和不同资产的财富效应。结果显示，居民当期和上一期的可支配收入对消费的影响较大，当期收入财富效应的系数为 0.912，上一期可支配收入的影响系数为 0.123；城镇居民储蓄的财富效应系数为 0.411，并且较为显著；房地产和股票价格波动的财富效应显著为负，股票价格波动的财富负效应要大于房地产，考虑到 1998 年以来房地产价格基本上维持一个上升通道，但是股票市场却经历了牛市和熊市的交替，因而系数小于股票市场。与整体的回归结果相比，房地产的财富效应符号发生逆转。在实际中，房地产价格变动的财富效应对有房和无房住户的影响不尽相同，对住房拥有量不同的居民的效应也不尽相同，这需要更为微观的住户调查数据进行验证。方程（6）考虑了居民财产性收入的财富效应。结果显示，当期的财产性收入的财富效应为 3.902，并且高度显著，上一期的财产性收入的财富效应为负，但是不显著。由于财产性收入包含利息、股息、保险收益、出租房屋等收入，较之股指平均收益更为直接，因此其财富效应较为明显。考虑了财产性收入的财富效应之后，我们看到居民储蓄、住房、股票收益率的财富效应为负，然而大都不显著。为进一步验证房地产的财富效应，方程（7）和方程（8）检验资产结构对居民居住支出和购买设备支出的财富效应。结果显示，城镇居民当期可支配收入对居住支出存在正效应，并且显著，其效应大于家庭设备支出；储蓄对城镇居民居住支出的负财富效应较为显著，对家庭设备支出的正财富效应显著。住房的财富效应不显著，股票价格对居民住房和设备的财富效应为负，只有对住房的效应显著。

尽管住房制度改革局限于农村，但是资产价格波动同样影响农村居民的收入分配和消费行为。一方面，位于城市交接地带的农村在城市扩张中直接或间接受益于房地产价格上涨的福利效应；另一方面，随着信息和网络的覆盖，农村居民直接或间接参与股票交易的现象也逐渐多了起来。为此，我们检验了资产价格波动对农村居民的财富效应。我们关注的被解释变量有农村社会消费品零售总额、居民住房支出和家庭设备支出，解释变量与城镇居民一致，储蓄多数年份为农村储蓄，部分缺失年份用城镇居民储蓄代替，住房变量我们运用农村居民住房价值进行代替。在回归中我们发现，股票交易的财富效应极其微弱，并且不显著。因此，这里略去股票因素的影响。方程（9）显示，农村居民消费品零售总额受当期影响较大，从系数上看要大于城市居民，居民储蓄的正财富效应系数为 0.544，住房的财富效应虽然为正，但是并不显著。方程（10）考虑资产价格波动对农村居民的财富效应，我们发现当期纯收入和居住消费密切相关，农村居民储蓄的财富效应不明显，农村居民用于提升住房价值的居住消费的效应较为显著。对农村居民家庭设备支出的回归方程（11）显示，储蓄的财富效应为正，并且在 1% 的水平上显著，住房的负效应同样显著，然而系数较小。与城市相比，农村居民当期收入和储蓄的财富效应更为明显一些。

（二）分地区面板数据回归

为进一步分析资产价格波动的财富效应，本章构建了各地区的面板数据库。根据现有统计资料，我们把回归的样本区间界定在 1997 ~ 2007 年。我们关注居民可支配收入、财产性收入、居民储蓄、住房价格或者价值变动、股票价格波动的财富效应，并引入一些控制变量。鉴于农村和城镇的异质性，我们同样分开进行回归，具体在固定效应还是随机效应的选择上，

表10-2　总体样本回归结果

因变量	整体						城镇			农村	
	(1)	(2)	(3)	(4)	(5)	(6)	(7)	(8)	(9)	(10)	(11)
	全社会消费品零售总额	全社会消费品零售总额	全社会消费品零售总额	全社会消费品零售总额	全社会消费品零售总额	全社会消费品零售总额	家庭居住支出	家庭设备支出	县以下消费品零售总额	家庭居住支出	家庭设备支出
	1993年1月~2009年4月	1995年1月~2000年6月	2005年1月~2007年12月	2004年1月~2007年12月	1999~2008年季度数据	1999~2008年季度数据	1999~2008年季度数据	1999~2008年季度数据	1999~2008年季度数据	1999~2008年季度数据	1999~2008年季度数据
$Income_1$					0.912*** (36.62)		3.803*** (8.097)	0.559*** (6.770)	4.116*** (3.403)	5.125*** (7.071)	0.060 (0.449)
$Income_{1,t-1}$					0.123*** (8.233)		-0.201 (-0.364)	0.192*** (3.610)	0.357 (0.445)	0.632 (1.31)	0.124 (1.38)
$Income_2$						3.902*** (7.850)					
$Income_{2,t-1}$						-0.689 (-1.221)					
$Deposit$	0.208*** (5.246)	0.159*** (2.94)	-1.26* (-1.97)	-1.24** (-2.139)	0.411*** (8.095)	-7.055 (-2.211)	-6.246** (-2.036)	0.999*** (4.206)	0.544*** (1.305)	0.3514 (1.414)	0.724*** (15.55)
$House$	0.386*** (13.369)	0.336*** (10.29)	0.411*** (3.45)	0.384 (4.063)	-0.001*** (-1.107)	-0.021 (-1.548)	-0.151 (-1.348)	0.007 (0.919)	-0.133 (-2.94)	-0.198*** (-7.179)	-0.01*** (-1.98)
$Stock$	-0.0001 (-0.672)	6.39E-05 (0.156)	0.0008 (1.105)	0.005 (0.431)	-0.021* (-2.08)	-0.126 (-1.062)	-0.038*** (-2.872)	-0.009 (-0.163)			

续表

因变量	整体				城镇				农村		
	(1)	(2)	(3)	(4)	(5)	(6)	(7)	(8)	(9)	(10)	(11)
	全社会消费品零售总额	全社会消费品零售总额	全社会消费品零售总额	全社会消费品零售总额	全社会消费品零售总额	全社会消费品零售总额	家庭居住支出	家庭设备支出	县以下消费品零售总额	家庭居住支出	家庭设备支出
	1993年1月~2009年4月	1995年1月~2000年6月	2005年1月~2007年12月	2004年1月~2007年12月	1999~2008年季度数据	1999~2008年季度数据	1999~2008年季度数据	1999~2008年季度数据	1999~2008年季度数据	1999~2008年季度数据	1999~2008年季度数据
$AR(1)$	0.665*** (46.87)	0.62*** (27.9)	0.99** (20.08)	0.99*** (31.31)				0.454* (1.959)			
调整后的 R^2	0.99	0.96	0.954	0.971	0.996	0.704	0.743	0.952	0.699	0.895	0.980
DW 值	1.101	1.201	2.308	2.197	1.69	1.880	1.59	1.563	2.692	1.43	1.290
OBS	149	52	24	33	31	29	28	25	21	21	21

注:***、**、* 分别表示在 1%、5%、10% 的水平上显著。

我们通过 Hausman 检验和 LR 检验，最终确立了固定效应方程，结果见表 10 - 3。

方程（1）~（4）是对城镇居民财富效应的检验，每一组方程分不同区间段来进行检验。其中方程（1）和方程（2）显示，当期可支配收入的财富正效应较为明显，然而这一值在 2005~2007 年有所下降，城镇居民上期收入对当期消费的影响为负，意味着城镇居民有量入为出的观念。同样，储蓄的财富效应在 1997~2007 年要大于 2005~2007 年，并且这一值要大于可支配收入。居民住房的财富效应在 2005~2007 年显著为负效应，实际中表现为城镇居民为应对房地产价格上涨可能缩减其他支出，提高储蓄在资产结构中的比例。股票的财富效应虽然为正效应，并且在近些年系数上升，但是显著性水平不高。控制变量中人口增长率的效应为显著的正效应。服务业占比是否有利于提高居民消费有待进一步分析。同时，我们以市场化程度控制地区虚拟变量。研究发现，资产的财富效应与市场化程度相关。市场化程度较高的地区，财富效应较大；市场化程度较低的地区，财富效应为负。方程（3）和方程（4）考虑了财产性收入的因素。结果显示，财产性收入较之可支配收入更具有财富效应，在 2005~2007 年要大于 1997~2007 年。城镇居民储蓄的财富效应在 1997~2007 年显著，在 2005~2007 年为负效应，然而显著性程度不高。股票的正财富效应在 1997~2007 年显著，系数小于其他变量。引入财产性收入后，市场化程度与财富效应发生一些变化，中部地区成为财富效应最弱的地区。

方程（5）~（6）验证了农村地区的财富效应。我们发现，可支配收入的财富效应要大于其他因素，即便是在资产价格上升的 2005~2007 年，可支配收入的财富效应也仍在提升。住房没有提高农村居民的消费，原因在于大多数农村居民的住房仍然没有市场化。股票的财富效应同样不显著，市场化程度虚拟变量结果显示财富效应与市场化正相关。

方程（7）~（8）引入了财产性收入的影响。结果显示，其财富效应要弱于可支配收入，2005~2007 年其他变量的财富效应不显著。与城镇相比，农村可支配收入的财富效应相对明显，但是储蓄财富效应不及城镇。

表 10 – 3 分地区面板数据回归结果

因变量	城镇				农村			
	(1)	(2)	(3)	(4)	(5)	(6)	(7)	(8)
	1997~2007年	2005~2007年	1997~2007年	2005~2007年	1997~2007年	2005~2007年	1997~2007年	2005~2007年
$Income_1$	0.075*** (5.339)	0.046 (1.101)			1.084** (2.181)	1.851*** (2.86)		
$Income_{1,t-1}$	-0.054*** (-7.068)	-0.042*** (-2.097)			-0.840*** (-3.786)	-1.039*** (-3.054)		
$Income_2$			0.109*** (3.541)	0.118*** (3.71)			0.380** (1.729)	0.510 (1.271)
$Income_{2,t-1}$			-0.040** (-2.162)	-0.044** (-2.410)			-0.216* (-2.012)	-0.191 (-0.955)
$Deposit$	0.695*** (0.968)	0.296*** (4.415)	0.322*** (6.405)	-0.091 (-1.096)	-0.207 (-0.860)	0.108 (0.535)	-0.285 (-1.119)	-0.091 (-0.041)
$House$	-0.002 (-0.123)	-0.061** (-1.924)	0.097*** (5.435)	0.074*** (2.778)	-1.259*** (-3.295)	-1.33** (-2.185)	-1.303*** (-3.660)	-1.170* (-1.83)
$Stock$	0.006 (0.589)	0.018 (0.958)	0.027*** (3.651)	0.006 (0.497)	0.046 (0.382)	0.059 (0.71)	0.080 (0.616)	0.081 (0.219)
$Popgrowth$	0.002** (1.999)	0.003*** (2.447)	-0.0001 (-0.527)		-0.138*** (-4.49)	-0.121** (-2.53)	-0.152*** (-4.466)	-0.153** (-2.249)
$Seratio$	0.0008 (0.357)	-0.001 (-0.740)	-0.0003 (-0.328)		0.046 (1.232)	0.03 (1.123)	0.075* (1.893)	0.149 (1.138)
$AR(1)$	0.649*** (9.776)	0.901*** (33.662)	0.274*** (3.395)	0.969 (44.294)				
D_h	0.131 (0.759)	0.132 (1.059)	0.223 (0.919)	0.087 (0.310)	0.116 (0.484)	-0.076 (0.500)	0.1176 (0.381)	-0.042 (-0.085)
D_m	0.022 (0.120)	0.027 (0.200)	-0.200 (0.852)	-0.154 (-0.725)	0.041 (0.218)	-0.155 (-0.417)	-0.340 (-1.545)	-0.343 (-0.824)
D_l	-0.127 (-0.726)	-0.111 (-0.929)	0.004 (0.10)	0.093 (0.349)	-0.097 (-0.556)	0.205 (0.584)	0.093 (0.451)	0.367 (0.892)

续表

因变量	城镇				农村			
	（1）	（2）	（3）	（4）	（5）	（6）	（7）	（8）
	1997～2007年	2005～2007年	1997～2007年	2005～2007年	1997～2007年	2005～2007年	1997～2007年	2005～2007年
调整后的 R^2	0.973	0.967	0.986	0.983	0.453	0.26	0.389	0.423
DW 值	2.065	2.537	1.99	2.70	2.313	1.764	1.969	3.094
Hausman Test	361.481	37.832	228.86	39.046	10.748	7.130	8.293	5.252
LR	0.767	1.347	2.16	1.653	1.866	1.693	3.847	2.640
OBS	162	82	138	78	130	58	128	59

注：***、**、*分别表示在1%、5%、10%的水平上显著。

四 结论

研究资产价格波动的消费行为是近些年消费资产定价模型及其应用的热点。对这一问题的认识一方面有助于人们把握资产价格的财富再分配渠道和效应，减少由于资产价格波动带来的财富缩水风险；另一方面由于现代经济中，资产价格波动往往与经济周期高度吻合，居民可以通过观察资产价格的运行来进行消费规划，从而实现终身效用最大化。

本章运用时间序列和面板数据，结合中国城镇和农村的发展特征，分月度、季度和年度研究了不同资产的财富效应。实证分析的结果显示，城镇居民资产组合中的储蓄和住房的正向财富效应较为明显，农村居民住房的财富效应不显著。股票价格波动在城乡之间大多数情况均不显著，即便显著，其正效应也极其微小。在我国证券市场规模较小的情况下，居民的跨期消费选择的资产配置主要在货币市场，而且由于货币市场工具的单调，主要为储蓄和非上市短期国债。储蓄行为在城乡居民中都十分普遍，因此储蓄成为城乡居民跨期消费调节的主要手段，选择证券等风险资产的配置行为主要在大中城市居民家庭。从宏观上看，我国金融市场广度与深度均有限，缺乏财富效应发挥的市场基础；我国股票市场持续繁荣的趋势不明显，难以形成持久性的收入预期；我国股市投机性浓厚，投资者结构以及投资利益分配格局不合理。当然，本章的研究具有一定的局限性。股票价格瞬息万变，加总的价格波动不能很好地捕捉居民的投资行为；并且，对居民股票资产的度量缺乏微观的数据，更为精确的度量来自居民操作账户下的金额变动，只有这样的数据才能真实反映投资者的价格收益情况。将中国居民的财富效应与其他国家特别是新兴市场经济国家的财富效应进行比较，有助于我们进一步厘清这一问题。

第十一章 政绩考核、财政约束
与还权于民

——兼对资产价格波动与居民财富配置问题的进一步分析

回顾前面的分析,本书分别从数理模型、统计描述、实证检验等方面对资产价格波动与居民财富配置的问题进行了多维度的分析。综合来看,政府垄断土地资源供给加大了房地产价格的波动,对股票发行、增发等制度的行政审批加剧了股票价格的波动,同时基于"潜规则"的资源配置方式客观上造成了不同群体在信息分布上的不对称,从而加剧了居民财产性收入的不均等。解决这一问题需要进一步进行市场化改革,打破不同资产市场之间的分割,改变城乡二元经济结构,减少政府对资源配置的直接干预。近年来,在城市化改造的过程中,一些地方对土地流转制度、开发制度等进行了探索,打破了原有的利益格局。本章以近年来石家庄城中村改造的经历,分析集体土地开发过程中的还权于民的福利效应,从而探讨进一步改革的思路和方向。

一 城中村改造的模式分析

(一) 背景分析

近些年我国房地产市场的蓬勃发展与土地市场的改革密不可分。房地产市场的土地供给来源有国有企业搬迁后的土地、城中村改造腾挪出来的土地等。城中村改造在其中扮演的角色不可或缺。尽管早在 1989 年济南等地就进行城中村改造，通过集体农转非实现了村改居，但是全国范围内大规模的城中村改造仅发生在最近的 10 多年间。各地城中村改造中政府、农村居民、房地产开发商等角色的利益博弈与冲突普遍存在，甚至不断发生强拆与反强拆的流血事件。"钉子户"看似非理性的个体行为，实际上是在自身利益得不到保护下的无奈之举。从利益格局上看，城中村改造本身应该是政府、房地产开发商、农村居民等利益主体共同受益的一种政策安排，但是事实上由于农村居民在整个利益分配中处于弱势地位，缺乏有效的谈判权，因此利益往往得不到保护。接下来我们结合城中村改造的一般模式，对其中的利益分配进行分析。

（二） 城中村改造的一般模式

经过 10 多年的实践，我国城中村改造的制度已基本成型，一般的城中村改造模式的土地开发依附于城市土地储备制度。按照土地储备制度，由城市土地储备中心采用回收、收购、置换、征用、整理五种方式对土地进行收购。收购款项来源主要是银行贷款。土地储备机构取得土地使用权后，可以通过自身或委托专门的机构，对土地实施开发或再开发，使土地从生地变成熟地。土地整理之后，按照城市土地供应总量计划，城市土地储备中心通过"招拍挂"的方式出让土地。由此城市土地管理机构完全垄断了城市土地一级市场。房地产商竞价拍得土地后，办理相关资质，进行开发、销售，完成改造过程。通过土地储备制度，政府获得了稳定的收益。具体流程见图 11 - 1。

正如本书第五章所分析的，由于土地出让收入在地方政府财政收入中的重要性，所以地方政府不遗余力地参与到土地一级市场开放的过程中。从这一过程可以看出，农村居民参与的环节实际上就是土地征用和住房销售。在征用环节，对于拆迁补偿标准的争议成为官民冲突的关键。出于压低成本的考虑，地方政府倾向于动用强制拆迁来实现；为了争取更多的补偿收益，居民采取反强制拆迁的手段，甚至频频出现"钉子户"来对抗。这种利益的博弈和冲突凸显了在缺乏利益保障下的非对称性，激化了社会矛盾。

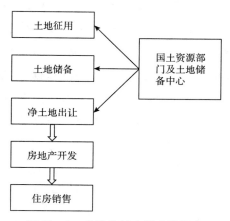

图 11 - 1 传统的城中村改造模式

二 基于石家庄城中村改造的案例分析①

（一）石家庄房地产发展概况

作为河北省省会的石家庄，现辖 6 个区、12 个县、5 个县级市和 1 个国家级高新技术开发区，面积 15848 平方公里，市区面积 455.8 平方公里。石家庄被称为"村庄里的城市"，在二环内的城中村有 45 个，三环内有 173 个。2010 年石家庄常住人口 1016.37 万人，其中市区人口 270 万人。近年来，石家庄经济发展速度较快，GDP 从 2007 年的 2269 亿元增加到 2011 年的 4083 亿元，2011 年 GDP 是 2007 年的 1.80 倍。其中固定资产投资从 2007 年的 1390 亿元增加到 2011 年的 3107 亿元。从土地供应面积来看，2006～2009 年分别为 244 万平方米、212 万平方米、176 万平方米、246.72 万平方米。从住房建设来看，2008 年住房建设总量为 342.22 万平方米，2009 年为 329.7 万平方米，2010 年为 332 万平方米。房地产企业用于土地购置的费用从 2005 年的 84703 万元上升到 2010 年的 718933 万元。房地产开发资金自 2008 年以来实现跨越式增长，2008～2010 年开发资金

① 本案例根据《财经》2012 年 9 月 23 日刊登的《另类城中村改造》整理，另从相关统计年鉴中增加相应数据得来。

分别为 2985902 万元、4169780 万元、6014665 万元。商品房竣工套数从
2005 年的 13855 套增加到 2010 年的 43373 套。从变化上看，房屋供给呈现
一年上升一年下降的周期趋势，2010 年房地产供给急剧增加。从价格来
看，平均售价在 2005～2008 年以 200 元左右的增幅增加，2008 年金融危
机后，住房均价急剧上升，2009～2010 年平均售价维持在 3800 元/平方米
的水平。比较而言，2010 年石家庄新增固定资产投资超规模增长，竣工房
屋套数超常规增长，销售面积从 2009 年的 344 万平方米增加到 469 万平方
米。2010 年石家庄房地产开发投资增长位列全国第十，购置土地面积增幅
位列全国第三，销售面积增幅位列全国第一。表 11－1 给出了 2005～2010
年石家庄房地产发展的具体数字。

表 11－1　2005～2010 年石家庄房地产发展情况

年份	新增固定资产投资（万元）	住宅投资（万元）	办公楼投资（万元）	商用房投资（万元）	土地购置费用（万元）	房地产开发资金（万元）	竣工房屋套数（套）	销售面积（平方米）	平均售价（元/平方米）
2005	330660	809444	46562	182977	84703	1107984	13855	2232011	1870
2006	482106	951255	31100	144144	116234	1478743	21256	3035256	2068
2007	378866	1427504	13936	87876	490257	2109804	16849	3935803	2452
2008	746622	1980845	128930	215877	356469	2985902	22804	3388600	2610
2009	843242	2834460	166234	389144	581421	4169780	18388	3444999	3851
2010	2948402	4122540	229234	816212	718933	6014665	43373	4693070	3881

资料来源：历年《河北省统计年鉴》。

（二）石家庄城中村改造模式

根据石家庄市政府规划，列入城中村改造的村共有 73 个。其中，二环
路以内 45 个，占地面积 11.2 平方公里，建筑面积约 636 万平方米，住户
约 4.77 万户，总人口约 14.93 万人；二环路以外 28 个，占地面积 12.82
平方公里，建筑面积约 935 万平方米，人口约 10.36 万人。改造面积占市
区面积（455.8 平方公里）的 5.27%，涉及人口占市区人口（270 万人）
的 9.37%。表 11－2 给出了列入城中村改造的各城中村的分布情况。

表 11 - 2　列入城中村改造的村分布情况

区名	村名	个数
二环内		
裕华区	槐底村、方北村、小马村、尖岭村、东岗头、大马村、塔冢村、东王村、南王村、孙村、位同	11
桥东区	休门、任栗村、姚栗村、彭村、元村、东三教、义堂、吴家庄	8
桥西区	西里村、东里村、城角庄、振一街、振二街、振三街、振四街、玉村、西三教	9
新华区	柏林庄、东三庄、市庄、西三庄、钟家庄、北焦村、高柱村、东焦村、西焦村	9
长安区	土贤庄、谈固村、南翟营、北翟营、北宋村、花园村、小沿村、谈村	8
二环外		
裕华区	十里铺、白佛口、南石家庄、东古城、西古城、南高营、北高营	7
桥东区	庄窠、桃园、柳董庄、柳辛庄、柳林铺、肖家营	6
桥西区	西五里村、大谈村	2
新华区	后杜北、赵三街、南高基	3
长安区	二十里铺、南焦村、南栗村、三教堂、宋村、西仰陵、中仰陵、东仰陵、赵卜口、贾村	10

资料来源：根据市政府公布的数据统计。

　　石家庄大规模的城中村改造始于 2008 年。当年河北省省政府提出"三年大变样"的口号，在全省掀起拆迁建设的高潮。具体到省会石家庄，"三年大变样"的目标包括企业搬迁、环境治理、交通建设、城中村改造、污水处理等方面。就城中村改造而言，在 2010 年底以前，完成 42 个城中村拆迁任务，并且使拆迁城中村 80% 的居民得到安置，土地基本实现国有、村民转变成为城镇居民、村委会转变成为居委会、集体资产转为规范的公司制运营。2008 年初，石家庄市政府制定《关于进一步加强城中村改造的实施意见》，其中规定土地储备机构可委托经济实体参与一级开发，实施城中村改造，先期拆迁安置和建设投资所需费用从土地公开出让所得中支付。土地出让金净收益的 90% 用于村民社会保障和市政基础设施建设，其余 10% 用于政府组织城中村改造。这一方案自 2008 年开始启动，仅当年石家庄拆迁面积就达 354 万平方米，超过全市建筑总面积的 13%；2009 年完成拆迁面积 205 万平方米；2011 年拆迁 273 万平方米，腾出土地 356 万平方米。到 2012 年 9 月，石家庄 73 个规划拆迁改造的城中村已全部启动，累计拆迁建筑面积 1276 万平方米，搬迁居民 6.6 万户，腾出土地 1673 万平方米，45 个村庄完成拆迁。其中 46 个村、652 栋、1191 万平方米的回迁房开工建设，已完成 338 栋、556 平方米的回迁房，迁回居民 2.36 万户[①]。

由于石家庄市土地储备中心人力、物力、财力的限制，没有办法在短时间内完成三年规划中的土地一级开发，并将土地整理收到土地储备中心，石家庄市政府便采取土地一级开发的市场化举措，即在一级市场开发中引入房地产商，给予房地产商政策优惠，免交项目城市基础设施配套费用。这一做法始于 2008 年的尖岭村改造，由区政府、房地产商、居委会签署项目改造协议书，在国土局将项目以"现状挂牌、净地支付"的方式出让给房地产商，政府承担城中村拆迁。在随后的项目中，政府完全退出城中村改造的一级开发市场，不承担拆迁任务。由此开发商直接介入土地一级市场开发。

具体在项目运作上，由城中村村委会与开发商进行项目沟通，编制《规划方案》和《土地利用方案》以及《拆迁安置补偿方案》。其中包括原村庄的住宅现状、土地利用方案、建筑设计方案、回迁区域和开发区位置、配套设施。相关《拆迁安置补偿方案》需经村民大会表决，获得 2/3 村民同意后[②]，项目确立。项目确立后向乡镇或街道办、区县政府提出申请，由区县政府进行招标确定房地产开发商。项目确立后，向市城中村改造办公室报批，列入年度改造计划。再向市政规划部门申请规划条件，确立项目红线、容积率、配套设施等。然后向国土资源局用地中心进行征转、挂牌出让，申请办理土地证、建设规划用地等证件。按照规定，在五

① 数据来自石家庄市政府副秘书长宋国宏在"魅力都市"新闻发布会上的介绍，http://sjz. focus. cn/news/2012-09-28/2393191. html。
② 2011 年扩展到 80% 以上村民代表通过。

证齐全的条件下才能办理房屋销售，然而在实际执行环节上，往往是办理五证的同时就进行房地产建设和销售，以达到回笼资金的目的。具体的流程见图 11 - 2。

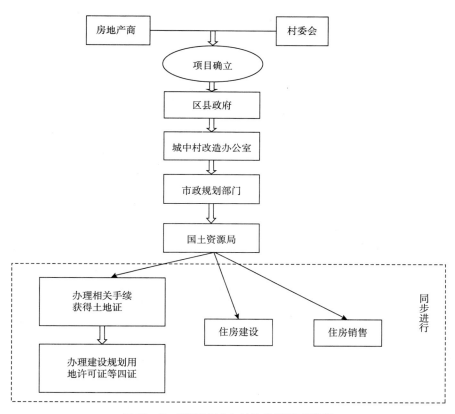

图 11 - 2　石家庄城中村改造新模式流程

（三）部分城中村改造的补偿方案

实施修正后的改造模式后，拆迁补偿的方案从区政府一级转到村集体一级。由于区位的不同，补偿方案也相应不同。动拆焦点变成了村民和集体之间的利益协商与谈判。表 11 - 3 给出了部分城中村拆迁安置方案的比较。从不同方案可以看出，方案大致上可以分为建筑补偿和货币补偿。另外，商业面积的补偿能够为农村居民带来商业经营收益。与区政府统一方案不同，协商权下放到村一级单位，对于农村居民而言，可以对比不同村拆迁改造方案，进行协商谈判，争取更大收益。

表 11 - 3　不同城中村安置方案比较

村名	所在区	安置方案摘要
赵三街	新华区	每平方米土地可以置换 1.3 平方米楼房，土地建筑物按照 400～500 元/平方米补偿
北焦村	新华区	每一分地补偿 100 平方米，可以优惠 20 平方米，1850 元/平方米
塔冢村	裕华区	原村委会发放的 0.25 亩宅基地住户由居委会统一安置高层住宅，每户建筑面积 300 平方米，每户商业面积 20 平方米；原村委会发放的塔南路北侧 0.15 亩宅基地住户由居委会统一安置高层住宅，每户建筑面积 200 平方米，每户商业面积 15 平方米。享受村集体经济待遇的村民商业面积的分配办法为人均不低于 15 平方米
槐底村	裕华区	每块宅基地给予置换建筑面积为 330 平方米的高层住宅，三种户型组合任由村民挑选，除一套小户型不装修外，其余的均为精装板式楼。
吴家庄	桥东区	有证房补偿按 1∶1.80，无证房补偿按 1∶0.8，过渡安置费按米 15 元/（月·平方米）
大马村	裕华区	每户 300 平方米住宅建筑面积，25 平方米商业面积经营权
北宋村	长安区	土地置换新住宅：土地使用权面积按照 1∶1.5 的比例置换新住宅，超过 300 平方米部分按照 5000 元/平方米收购；不足 300 平方米不可分割部分，按 1000 元/平方米收取差价 土地货币补偿：合法土地面积按 1∶1.5 的比例无偿置换面积进行补偿，按照应兑换建筑面积 4000 元/平方米补偿，发放临时安置补偿费 2500 元/月，共发放 12 个月

资料来源：根据互联网资料汇总。

三　修正后的城中村改造福利分析

与传统的城中村改造模型相比，石家庄市城中村改造模式在实施后迅速推进，各方利益博弈重新界定。

1. 村集体和村民

比较政府以往的补偿标准，直接与开发商协商的方式使得村集体和村民获得更大的议价空间。在住房面积上，石家庄市政府制定的《关于进一步加快城中村改造的指导意见》规定，每个宅基地的安置面积控制在 300

平方米以内，就实际的执行情况而言，户均安置面积超过了 300 平方米。如果按照 2010 年石家庄市商品房均价 3881 元/平方米粗略计算，300 平方米带来的财富总值为 116.43 万元，同年在岗职工的年平均工资为 31460 元。除了一次性收益外，房屋建成后还可获得出租收益。由此可见，城中村改造给农村居民带来了巨大的财产性收入。

2. 开发商

在以往的模式中，开发商只是介入二级开发。房地产商参与城中村改造一级土地开发能够介入二级开发过程中，相应的条款在集体开发的协议中明确约定。开发商积极介入一级和二级市场开发推动了当地房地产企业的发展。2004 年房地产企业的主营业务收入和利润分别为 474242 万元和 8073 万元；2005 年房地产企业的主营业务收入为 410272 万元，同年利润为 -1360 万元；2006 年这两项指标分别上升到 702916 万元和 21328 万元；2007 年两项指标分别为 712236 万元和 13597 万元；2008 年两项指标分别上升到 999477 万元和 12049 万元；2009 年两项指标分别上升到 991442 万元和 81084 万元；2010 年房地产主营业务收入虽然大幅上升到 16739939 万元，但是同期利润亏损 988169 万元，这与金融危机后企业利润大幅下滑的背景相关。

3. 购房者

在传统的开发销售模式下，开发商需取得土地证之后才能销售。出于加速推动改造的需要，政府没有对开发商边开发、边补证、边销售的做法加以制止，而是加强风险防范，制定《城市违规违法建设案件处理办法》。在办理相关资质之前，开发商的销售价格较之市价有所降低，从而降低了购房者的成本。从房屋供给来看，城中村改造每年以 500 万~800 万平方米的增量供应住宅，部分平衡了石家庄楼市的供需矛盾。经过改造腾挪出来的土地大部分位于核心地段，改造后剩余的商品房上市出售，满足了市场的需求。

4. 当地政府

在"三年大变样"的政绩考核下，地方政府面临大规模的拆迁建设任务，如果沿用传统的改造方式，难以在较短的时间内完成。新的改造模式部分提高了建设效率，到 2012 年底，所有二环内的城中村改造已全部完成。从社会稳定角度来看，以往的模式容易激化政府与村民之间的矛盾，新的改造模式有效利用了村民集体商议制度，将矛盾转化到村集体。由于熟人机制的存在，这种转化在一定程度上缓解了社会矛盾，避免了恶性事件的发生。

综合来看，相关参与主体在迅速推进的城中村改造过程中得到了福利改善，实现了帕累托改进。

四　案例分析的引申含义

作为个案，石家庄城中村改造的模式具有一定的特殊性。我们姑且不去质疑所谓的"三年大变样"政策是否属于运动式的发展战略，也不去讨论这种战略在其他地区推广的适用性，只是将发展战略作为地方政府的外部约束条件①。如果没有"三年大变样"作为地方政府的政绩考核，石家庄城中村改造也不会在短短的三年中快速推进。

石家庄城中村改造模式是对现有模式的一种变通，这种变通客观上将开发权赋予了村集体和村民，突破了政府垄断土地供应的现状。事实上，早在十七届三中全会上就已明确，农民可以参与城镇规划范围外非公益性建设项目的开发与经营，其建设用地可以进入城乡统一的建设用地市场，享有与国有土地同等权益，不过在执行上尚未有新的模式。石家庄城中村改造的模式实际上也是在中央政府尚未对城中村改造指定统一政策的前提下，在当地政绩考核和财政压力的双重约束下，被动向下"解包袱"客观带来的结果。

除了石家庄外，广东的"三旧"改造、郑州的城中村改造、成都的农村土地流转、重庆的地票制度等，这些局部的试验做法，增加了土地供应的灵活性。从住房供应市场来看，普遍存在的小产权房由于没有经过土地招拍挂的环节，一直处于非法的状态，但是由于其价格低廉而受到部分购房者的青睐，传统的做法是对小产权房予以拆迁，因而会造成社会资源的浪费。新近的做法开始尝试将小产权房纳入公租房的领域，政府收购后加

---

① 事实上这种运动式的发展在其他地区推行的效果参差不齐，一些地区只是完成了拆迁任务，相应的建设由于缺乏资金而造成了项目的搁置，由此带来社会矛盾的激化。

以改造，以提高公共住房的供应，有效利用存量资源。改革开放初期的家庭联产承包责任制改革，同样是在政府财力有限的情况下，将权力下放到农村，允许农民获得产品剩余索取权，从而有效提高了农村生产力，满足了农村居民的生活需要。今天的中国农村，由于改革长期滞后于城市，面临着土地、房屋等产权的第二次变革，这个变革将有效盘活农村的存量资产，完善我国的资产市场，激活农村的消费，为后改革时期的经济增长提供新的空间。

五　结论

本章以近年来石家庄城中村改造为案例，分析了在"三年大变样"的政绩约束和财政约束下，地方政府允许房地产商介入一级土地开发，推进城中村改造这一现象。和其他地区对土地流转制度的试点一样，城中村改造模式的变通事实上弱化了政府对土地市场的直接垄断，被动地还权于民，通过市场的手段扩大村集体和村民的议价权，从而改进自身福利。从这个案例扩展开来，限制政府的权力、减少对资产市场的直接干预，能够有效增加资产市场的供给，起到平抑资产价格波动的效果。另外，允许行为主体参与资产市场利益博弈能够有效增加居民财富，这点对于眼下农村土地产权改革、城镇化建设的推进具有重要意义。

第十二章　结论与政策建议

一　研究结论

根据以上各章的分析，综合全书，得出以下结论。

（1）通过对国际经济发达国家资产价格波动与居民财富配置问题的对比，我们发现在成熟市场经济国家中，资产价格的波动主要受供需状况、市场结构等因素的影响。由于资产市场的多元化均衡发展，居民在金融资产和非金融资产的持有形态和比例上基本稳定，在金融资产上主要通过共同基金、养老基金等形式间接持有股票资产，从而能够在一定程度上规避股票价格波动带来的直接风险。资产价格的波动主要通过流动性约束效应、财富效应、预算约束效应等影响居民财富配置。

（2）对于处在转型期的中国而言，市场机制的建立遵循渐进制的路径，资产价格同时受到政策、权力以及"潜规则"等非市场力量的影响。这种非市场力量的影响客观上实现了政府财政收入的不断增长，同时也在市场范围深化的同时扩大了寻租空间。政府通过垄断土地市场供应、控制股票市场发行制度等形式来获取相应的收入，提高了资产市场的参与成本。对于居民而言，由于政策变动频繁，难以形成稳定的预期，因此资产市场上的投机行为替代了长期的投资行为。政府对资产价格的行政调控加剧了资产价格的波动。在双重力量的影响下，我国资产价格的波动性要大于其他国家。

（3）我国资产市场发展的不同步性以及市场分割客观上造成了居民财富配置行为呈现阶段性特征。在社会保障体制建立之前，居民金融资产的主要形态为储蓄资产，出于预防性储蓄的需求，该部分资产对利率价格的变动并不明显。随着股票市场、房地产市场、保险市场、黄金市场、外汇市场等的逐步建立，居民的资产选择日益多元化。特别是近些年来房地产市场的迅猛发展，居民通过参与房地产市场来获得投资收益的行为日益普遍。比较而言，股票市场的大起大落对居民直接参与股票市场的行为有所影响。储蓄资产受到其他资产投资收益的影响，呈现替代性特征。从财富配置的总体上看，我国财富配置存在着初次分配和再次分配不公的现象，由此导致了居民财富增长缓慢和配置差距大。在初次分配环节中，目前存在劳动收入在国民收入中所占比例低的现象；在再次分配环节中，国有企业经营性资本收益向居民转移机制缺失等因素，造成再分配环节对居民收入的"逆调节"问题较为突出。

（4）实证研究的结果显示，我国资产市场中，出于资产保值规避风险的需要，储蓄仍然占主导地位。资产市场的扩展使得越来越多的居民选择进入房地产、股票、贵金属等其他资产市场来获得资产增值。不过比较而言，房地产成为近年来居民财产收入的重要来源，在过去的10多年中，房地产价格的攀升带来居民财富的增值，而股票市场的财富增值效应不太明显。房地产成为储蓄资产转移的首要配置渠道，其次是股票等风险性投资。此外，居民财富增长与配置在城乡之间差异巨大，城市土地市场的改革给城市居民财产选择提供了便利，城市近郊的农村居民在土地流转过程中获得巨额财产性收入，而远离城市的农村土地市场改革滞后使得农民难以从房地产市场发展中获利。

（5）未来我国资产市场的成熟发展和居民财富的合理配置有待于进一步的市场化改革。首先，要推进城乡之间的产权改革，消除城乡之间的二元分割政策，不断推进农村土地流转制度改革，改变城镇化发展过程中土地供给不足的现状。赋予农民更多的交易权和抵押权，使农村居民能够获得信贷资金支持，通过投资获得财产性收入。其次，政府政策应减少直接的准入审批以及对资源的直接垄断。近些年试点地区的土地改革证明了市场能够有效缓解政府垄断土地等资源配置行为，实现居民、房地产商、政府的帕累托改进。

二 研究创新

本书的创新集中体现在以下六个方面。

（1）通过对中国"新兴＋转轨"市场资产价格波动的形成机理和特性的研究，本书发现中国资产价格的定价机制存在着显著的非市场定价特征，主要原因在于土地要素供给的垄断性和市场交易力量的不对等性（在证券市场和房地产市场表现尤为显著），以及各种"潜规则"对资源配置的逆市场化影响。这种操纵性的定价机制对资产价格波动具有显著的强化作用。进而，推进要素市场建设与完善资本市场的基础性制度建设是促进我国资产价格定价机制成熟的基础。这是对资产定价理论结合"新兴＋转轨"市场实际的突破和发展。

（2）通过对我国近年来资产价格波动的研究，本书揭示了资产价格波动对国民收入分配的影响机理。研究发现，在房地产市场上，资本收入份额和房价波动有很强的内生强化关系，其影响弹性系数东部地区为1.06，中部地区为0.94，西部地区为 - 0.10，这与东中部地区资本收入占比较高和房地产投入偏高的现状十分吻合。同时，房地产的高利润又进一步强化了对资本密集型行业和高利润行业的投资冲动，导致资本收入份额的进一步提高，这不但进一步扭曲了资本和劳动的分配关系，而且使得实体经济结构调整和经济增长方式转换陷入了更艰难的困境。因此，抑制房价的过快上涨不但有利于经济结构的调整，而且也有助于优化收入分配结构。在股票市场上，由于发行制度、信息分布等的制约，股票价格波动对居民财富配置不均等现象尤为明显。

（3）通过对我国近年来房地产价格过快上涨现象的研究，本书揭示了房地产价格波动对居民财产性收入影响的非对称性。研究发现，由于市场化改革的差异，房地产价格波动对城镇居民财产性收入的影响要大于农村。从结构上看，高档住宅价格波动对财产性收入的影响强于普通住宅；从不同收入群体来看，房地产价格波动对高收入群体的影响程度强于低收入群体，对最低收入群体的影响程度不明显。此外，居民通过出售房产来提升财产性收入在市场化程度较高的地区较为明显。因此，房地产价格波动对居民财产性收入的影响呈现非对称性特征。

（4）本书还对资产价格波动的财富效应与居民消费行为的关系进行了深入研究，发现资产价格上涨的财富分配效应不均等。城镇居民资产组合中的储蓄和房产的正向财富效应较为明显，农村居民房产的财富效应非常小；股票价格波动的财富效应在城乡之间的效应较小，原因在于从人口总量上平滑了不同群体之间的差异性，掩盖了部分群体居民通过价格波动来获取财富的现象；房价和股价的上升对居民消费支出有显著效应，但这种效应在城镇居民和农村居民之间以及资产市场发育程度不同的地区有明显差别。

（5）本书对造成资产价格波动超出其他国家的现象进行揭示，发现政府行为及政策干预效应对资产价格波动起了推波助澜的作用，同样，由于收入分配多倾向于政府，因而抑制了居民财富的增长。因此，充分发挥市场的作用，减少政府对资产价格和收入分配的不利影响，有助于居民财富结构的优化和消费的提升。

（6）本书通过对历年来我国城市化进程中城中村改造的案例分析，揭示了政府、村集体、农村居民、房地产开发商之间的利益博弈关系演变。基于特定的案例，本书演绎了在财政约束和政绩考核的条件下，政府逐步退出土地一级市场开发，村集体和农村居民通过谈判协商来争取财产性收入，最终实现多方博弈的共赢。这对后改革时期盘活资产市场、消除资产价格过度波动、改进城市和农村资产配置状况具有一定的启发意义。

三　政策建议

财富的公正配置客观上不仅是维护社会公平正义和实现国民共享发展成果的要求，而且是解决当前诸多社会问题和促进社会和谐的前提条件，也是实现中国经济可持续发展的前提条件。事实上，收入分配改革已经成为我国现阶段深化改革的重点领域，也是亿万民众寄予厚望的重大改革。中国经过改革开放 30 多年的高速发展，社会财富急剧增长，已成为影响社会分配关系极为重要的领域。对资产价格波动与居民财富配置关系的研究，无疑为调节收入分配关系提供了一个新的视角。为进一步推进社会财富的合理配置，依据本书得出的相关结论，提出如下政策建议。

（1）深化政府体制改革，消除"潜规则"配置资源的制度根源。明确界定政府的权力边界，规范政府行政行为。由于政府与市场存在高度的互补关系，政府权力结构与社会的产权制度有着极强的内生关系，因此，应当把政府权力界定纳入社会产权制度的框架中来，通过立法来确保政府的强制性交易权力和市场的平等性交易权力达到均衡状态。同时，使社会对政府的监督权有一个明确的法律构架和组织构架，从制度上矫正政府对微观经济活动干预较多的问题，使市场机制配置资源的功能得以充分发挥，从而减少"潜规则"对资源配置的影响。党的十八大以后，政治体制改革的突破口应当以政府体制改革为重点，约束政府行为的边界，界定不同层级政府的职能，改变财权和事权不对称的现状，逐渐推进政府从经济发展型政府向公共服务型政府的转变。资产市场是资源配置的重要渠道和机制，必须严格规范政府干预之手，进一步改革直接的价格管制和门槛准入管制，切实做到制度公正、参与公平、交易透明。

（2）通过法制化的途径加大对要素市场的培育力度。各种要素权利只有在法律上切实得到保障，才能有在市场中实现公平交易的基础。当前，必须深化土地市场、资本市场、劳动力市场的改革，切实完善物权法，还权于要素所有者的应有权利。同时，要深化金融市场改革，消除不同资产市场形成的制度性分割现状，让各种资产工具形成有序的竞争格局，通过竞争不断缩小不同资产市场回报的差异，从而减少价格波动性，增强市场的可预期性。

（3）加强市场制度建设，不断改革和完善各类市场监管，提高要素市场中参与主体的多元化程度，规范交易行为和信息披露制度，坚决打击少数利益集团操纵市场并通过内幕信息获利的现象。

（4）切实矫正政府在资产市场的政策性垄断、不当干预和寻租行为。①目前我国房地产市场中存在着严重的政府职能错位和越位问题，一方面，政府缺乏对廉租房形式的公共产品供给的积极性，同时又对房价进行过度干预（这种干预已被证明是无效的）；另一方面，在所谓的保障性住房建设中，政府又推出房地产市场中的价格双轨制，形成了严重的制度性寻租问题。经济适用房五年可交易转让的特性使得其保障职能逐渐丧失，表现为垄断部门通过低价购入房产，按照市场价出售获得巨额转让收益，从而使居民财产性收入体制分配不公。为消除渐进改革带来的弊端，进一步的市场化改革势在必行。只有逐渐清理体制内福利分房制度，实施完全的住房制度市场化政策，才能消除体制分配不公。②从改革的路径来看，由于政策的滞后，农村居民财产性收入陷入制度性贫困，这直接影响农村居民的财富增长。受制于制度的壁垒，农村居民和城镇居民初始禀赋存在较大差异，在缺乏交易权利的情况下，财富差异愈加明显。因此，未来的改革应侧重消除渐进式改革的弊端，通过城乡融合的相关政策缩小城乡之间财产性收入差距的初始禀赋，通过赋予居民谈判权利和住房、土地交易制度实现农村制度减贫，应当积极探索发展农村的房地产市场。③房地产价格波动的财富分配效应日渐显现，因此应密切关注房地产价格波动的资源配置效应。对房地产价格的监控应区分房地产的不同功能，公共住房和市场化住房的功能性不同，决定了对其价格的监控模式的差异。公共住房立足于保障特性，通过限制交易权利来减少套利和寻租行为。市场化住房则应通过成本价格透明化，辅之以适当的税费政策，从而维持行业的健康运行，减少对居民财产性收入的过度冲击。

（5）着力推动金融深化，尽早实现利率市场化，增强汇率弹性，放宽资本管制，保护民间借贷契约，让市场机制在资产价格形成中日益发挥主导作用。

参考文献

［1］ 白重恩、钱震杰：《国民收入的要素分配：统计数据背后的故事》，《经济研究》2009a 年第 3 期。

［2］ 白重恩、钱震杰：《我国资本收入份额影响因素及变化原因分析：基于省际面板数据的研究》，《清华大学学报》（哲学社会科学版）2009b 年第 4 期。

［3］ 陈强、叶阿忠：《股市收益、收益波动与中国城镇居民消费行为》，《经济学》（季刊）2009 年第 3 期。

［4］ 陈学彬、傅东升、葛成杰：《我国居民个人生命周期消费投资行为动态优化模拟研究》，《金融研究》2006 年第 2 期。

［5］ 陈宗胜：《中国城市居民收入分配差别现状、趋势及影响因素》，《经济研究》1997 年第 3 期。

［6］ 程国栋：《农民进城务工新动向经济学透视》，《福建论坛》（人文社会科学版）2006 年第 5 期。

［7］ 邓春梅、肖智：《经营性、财产性收入的个税调节：由 2002～2009 年分配现状》，《改革》2011 年第 10 期。

［8］ 邓可斌：《股权规模、风险溢价与投资者理性——基于中国股市的经验研究》，《当代财经》2006 年第 2 期。

［9］ 段军山：《股市财富效应的多重解释——及对我国股市财富效应弱化的实证检验》，《上海经济研究》2005 年第 4 期。

［10］ 方福前：《中国居民消费需求不足原因研究：基于中国城乡分省数据》，《中国社会科学》2009 年第 2 期。

［11］ 方文全：《政府收支、要素贡献与资本收入份额：理论与中国经验研

究》，CFRN 工作论文，2010。

［12］冯涛、王宗道：《住房制度渐进改革、房地产价格波动与居民财产性收入分配》，《财政研究》2010 年第 1 期。

［13］高波、王斌：《中国大中城市房地产需求弹性地区差异的实证分析》，《当代经济科学》2008 年第 1 期。

［14］耿志民：《中国机构投资者研究》，中国人民大学出版社，2002。

［15］龚刚、杨光：《论工资性收入占国民收入比例的演变》，《管理世界》2010 年第 5 期。

［16］国家统计局城市司、广东调查总队课题组：《城镇居民家庭财产性收入研究》，《统计研究》2009 年第 1 期。

［17］韩洁：《我国城镇家庭生命周期资产组合选择行为的动态模拟》，复旦大学博士学位论文，2008。

［18］何德旭、饶明：《资产价格波动与实体经济稳定研究》，《中国工业经济》2010 年第 3 期。

［19］李稻葵、刘霖林、王红领：《GDP 中劳动份额演变的 U 形规律》，《经济研究》2009 年第 1 期。

［20］李实、罗楚亮：《中国城乡居民收入差距的重新估计》，《北京大学学报》（哲学社会科学版）2007 年第 2 期。

［21］李实、魏众、B. 古斯塔夫森：《中国城镇居民的财产分配》，《经济研究》2000 年第 3 期。

［22］李实、魏众、丁赛：《中国居民财产分布不均等及其原因的经验分析》，《经济研究》2005 年第 6 期。

［23］李实、赵人伟：《中国居民收入差距的扩大及其原因》，《经济研究》1997 年第 9 期。

［24］李学峰、徐辉：《中国股票市场财富效应微弱研究》，《南开经济研究》2003 年第 3 期。

［25］李幛喆：《中国股市发展报告·2011 年》，中国经济出版社，2011 年。

［26］梁碧波：《"潜规则"的供给、需求及运行机制》，《经济问题》2004 年第 8 期。

［27］梁运文、霍震、刘凯：《中国城乡居民财产分布的实证研究》，《经济研究》2010 年第 10 期。

［28］刘建江：《股票市场财富效应研究》，华中科技大学博士学位论文，2007。

［29］刘江会、唐东波：《财产性收入差距、市场化程度与经济增长的关系》，《数量经济技术经济研究》2010 年第 4 期。

［30］刘莉亚、苏毅：《上海房地产价格的合理性研究》，《经济学》（季刊）2005 年第 2 期。

［31］罗长远、张军：《劳动收入占比下降的经济学解释：基于中国省级面板数据的分析》，《管理世界》2009 年第 5 期。

［32］罗楚亮、李实、赵人伟：《我国居民的财产分布及其国际比较》，《经济学家》2009 年第 9 期。

［33］骆作炎：《近年来中国股票市场财富效应的实证分析》，《当代财经》2004 年第 7 期。

［34］骆祚炎：《城镇居民金融资产与不动产财富效应的比较分析》，《数量经济技术经济研究》2007 年第 11 期。

［35］马骏等：《化解国家资产负债中期风险》，《财经》2012 年第 6 期。

［36］孟祥轶、杨大勇、于婧：《中国城市炫耀性消费的特征及决定因素——基于北京市家庭数据的实证分析》，《经济研究》2010 年第 S1 期。

［37］沈悦、刘洪玉：《住宅价格与经济基本面：1995～2002 年中国 14 城市的实证研究》，《经济研究》2004 年第 6 期。

［39］史青青、费方域、朱微亮：《人口红利与房地产收益率的无关性》，《经济学》（季刊）2010 年第 1 期。

［39］史永东、陈日清：《不确定性条件下的房地产价格决定——随机模型和经验分析》，《经济学》（季刊）2008 年第 1 期。

［40］宋勃：《房地产市场财富效应的理论分析和中国经验的实证检验：1998～2006》，《经济科学》2007 年第 5 期。

［41］唐绍祥、蔡玉程、解梁秋：《我国股市的财富效应——基于动态分布滞后模型和状态空间模型的实证检验》，《数量经济技术经济研究》

2008 年第 6 期。

[42] 汪红驹、张慧莲:《资产选择、风险偏好与储蓄存款需求》,《经济研究》2006 年第 6 期。

[43] 王培辉:《货币冲击与资产价格波动:基于中国股市的实证分析》,《金融研究》2010 年第 7 期。

[44] 王燕:《非对称信息对资产价格的影响》,天津大学博士学位论文,2004。

[45] 王宗道等:《资产价格波动的财富效应与居民消费行为》,《经济社会体制比较》2010 年第 4 期。

[46] 吴卫星、易尽然、郑建明:《中国居民家庭投资结构:基于生命周期、财富和住房的实证分析》,《经济研究》2010 年第 S1 期。

[47] 杨朝军、廖士光:《"批租制"下中国地产投资价值研究》,《经济研究》2005 年第 9 期。

[48] 杨新铭:《城镇居民财产性收入的影响因素——兼论金融危机对城镇居民财产性收入的冲击》,《经济学动态》2010 年第 8 期。

[49] 姚佳:《家庭资产组合选择研究》,厦门大学博士学位论文,2009。

[50] 姚树洁、冯根福、韦开蕾:《外商直接投资和经济增长的关系研究》,《经济研究》2006 年第 12 期。

[51] 尹志超、甘犁:《中国住房改革对家庭耐用品消费的影响》,《经济学》(季刊),2009 年第 1 期。

[52] 于蓉:《我国家庭金融资产选择行为研究》,暨南大学博士学位论文,2006。

[53] 余劲松:《城镇居民参与股市及其对财产性收入的影响——基于我国 2000～2008 年 30 个省市(区)面板数据的研究》,《证券市场导报》2011 年第 10 期。

[54] 张涛、王学斌、陈磊:《公共设施评价中的异质性信念与房产价格——中国房产泡沫生成的可能解释》,《经济学》(季刊)2008 年第 1 期。

[55] 张晓晶、孙涛:《中国房地产周期与金融稳定》,《经济研究》2006 年第 1 期。

［56］赵人伟、基斯·格里芬主编《中国居民收入分配研究》，中国社会科学出版社，1994。

［57］赵人伟、李实、李思勤：《中国居民收入分配再研究》，中国财政经济出版社，1999。

［59］赵人伟：《收入分配、财产分配和渐进改革》，《经济研究》2005年第5期。

［59］郑良芳：《将目前财富蒸发的股市改造成为财富创造的股市》，《红旗文稿》2012年第1期。

［60］Alessie, R. Hochguertel, S. Soest, A. Van, "House Prices, Second Mortgages and Household Savings: An Empirical Investigation for the Netherlands, 1987 – 1994", 2002.

［61］Alexander Ludwig & Torsten Slok, "The Impact of Changes in Stock Prices and House Prices on Consumption in OECD Countries", IMF Working Paper, 2002 (1), International Monetary Fund.

［62］Altissimo, F., E. Georgiou, T. Sastre, M. T. Valderrama et al., "Wealth and Asset Price Effects on Economic Activity", European Central Bank Occasional Paper Series, 2005, No. 29.

［63］Annette Vissing – Jorgensen, "Limited Asset Market Participation and the Elasticity of Intertemporal Substitution", *Journal of Political Economy*, August 2002.

［64］Arellano, M. and R. S. Bond, "Dynamic Panel Data Estimation Using DPD 98 for Gauss", Institute for Fiscal Studies, 1998.

［65］Arrondel, L., "Risk Management, Liquidity Constraints and the Demand for Risky Assets in France", Delta Working Paper, 2000, pp. 1 – 21.

［66］Atkinson, A., "Bringing Income Distribution in from the Cold", *The Economic Journal*, 1997, 107, pp. 297 – 321.

［67］Barber and Odean, "Boys will be Boys: Gender, Overconfidence, and Common Stock Investment", *The Quarterly Journal of Economics*, February 2001, pp. 262 – 292.

[68] Barot, Bharat & Yang Zan, "House Prices and Housing Investment in Sweden and the United Kingdom: Econometric Analysis for the Period 1970 – 1998", National Institute of Economic Research Working Paper, 2002, p. 80.

[69] Bertaut, Carol C. and Martha Starr – McCluer , "Household Portfolios in the United States", FEDS Working Paper, No. 26, 2000, Available at SSRN, http: //ssrn. com/abstract = 234154 or http: //dx. doi. org/ 10. 2139/ssrn. 234154.

[70] Blanchard Oliver, "The Medium Run", *Brooking Papers on Economic Activity*, 1997, No. 2, pp. 89 – 158.

[71] Blanchard, Olivier & Rhee, Changyong & Summers, Lawrence, "The Stock Market, Profit, and Investment", *The Quarterly Journal of Economics*, MIT Press, February 1994, Vol. 108 (1), pp. 115 – 136.

[72] Bodie, Z. , R. C. , Merton and W. Samuelson, "Labor Supply Flexibility and Portfolio Choice in a Life – cycle Model", NBER Working Paper, 1992, No. 3954.

[73] Bostic R. , Gabriel S. , Painter G. , "Housing Wealth, Financial Wealth, and Consumption New Evidence from Micro Data", *Regional Science and Urban Economics*, 2009, 39, pp. 79 – 89.

[74] Browning, Martin & Deaton, Angus & Irish, Margaret, "A Profitable Approach to Labor Supply and Commodity Demands over the Life – cycle", *Econometrica, Econometric Society*, May1985, Vol. 53 (3), pp. 503 – 543.

[75] Brown, Jeffrey R. , Nellie Liang, and Scott Weisbenner, "Individual Account Investment Options and Portfolio Choice: Behavioral Lessons from 401 (k) Plans", NBER Working Paper, No. 13169, 2007, National Bureau of Economic Research, Inc.

[76] Carl Chiarella R. D. L. G. , "Asset Price and Wealth Dynamics in a Financial Market with Heterogeneous Agents", *Journal of Economic Dynamics & Control*, 2006, 30, p. 1755.

[77] Chen, M. H. and P. V. , Bidarkota, "Consumption Equilibrium Asset Pricing in Two Asian Emerging Markets", *Journal of Asian Economics*, 2004, 15, pp. 305 – 319.

[78] Chirinko, R. S. , Leo de Haan, and Elmer Sterken, "Asset Price Shocks, Real Expenditures, and Financial Structure: A Multi – Country Analysis", DNB Working Paper, 2004, No. 14.

[79] Claudio Campanale, "Increasing Returns to Savings and Wealth Inequality", *Review of Economic Dynamics*, Elsevier for the Society for Economic Dynamics, October 2007, Vol. 10 (4), pp. 646 – 675.

[80] Constantinides, George M. , "Capital Market Equilibrium with Transaction Costs", *Journal of Political Economy*, University of Chicago Press, August 1986, Vol. 94 (4), pp. 842 – 862.

[81] Cornelia Kullmann and Stephan Siegel, "Real Estate and its Role in Household Portfolio Choice", EFA 2003 Annual Conference Paper, No. 918, Sauder School of Business Working Paper.

[82] Diaz, Antonia & Pijoan – Mas, Josep & Rios – Rull, Jose – Victor, "Precautionary Savings and Wealth Distribution under Habit Formation Preferences", *Journal of Monetary Economics*, 2003, 50, p. 1257.

[83] Doug Waggle, Don T. Johnson, "Homeownership and Mixed – asset Portfolio Allocations", *The Quarterly Review of Economics and Finance*, January 2009, 49 (2), pp. 484 – 500.

[84] Dreze, Jacques H. & Modigliani, Franco, "Consumption Decisions under Uncertainty", *Journal of Economic Theory*, December 1972, Vol. 5 (3), pp. 308 – 335.

[85] Eeckhoudt, Louis & Gollier, Christian, "Are Independent Optimal Risks Substitutes?", *IDEI Working Paper*, 2001, Institute d'Économie Industrielle (IDEI), Toulouse, p. 128.

[86] Emmanuel Farhi & Stavros Panageas, "Saving and Investing for Early Retirement: A Theoretical Analysis", *Journal of Financial Economics*, Elsevier, January 2007, Vol. 83 (1), pp. 87 – 121.

［87］ Faig, Miquel, and Pauline Shum, "What Explains Household Stock Holdings?", *Journal of Banking and Finance*, 2006, 30 (9), pp. 2579 – 2597.

［88］ Farhi, Emmanuel & Panageas, Stavros, "Saving and Investing for Early Retirement: A Theoretical Analysis", *Journal of Financial Economics*, Elsevier, January 2007, Vol. 83 (1), pp. 87 – 121.

［89］ Flavin Marjorie, and Yamashita Takashi, "Owner – occupied Housing and the Composition of the Household Portfolio", *American Economic Review*, 2002, 92 (1), pp. 345 – 362.

［90］ Francisco Gomes & Alexander Michaelides, "Optimal Life – cycle Asset Allocation: Understanding the Empirical Evidence", *Journal of Finance*, American Finance Association, April 2005, Vol. 60 (2), pp. 869 – 904.

［91］ Frank S. T. Hsiao, Mei – Chu W. Hsiao, "FDI, Exports, and GDP in East and Southeast Asia – Panel Data Versus Time – series Causality Analyses", Journal of Asian Economics, 17, 2006, pp. 1082 – 1106.

［92］ Gervais, Jean – Philippe & Lapan, Harvey E., "Time Consistent Export Quotas in an Oligopolistic World Market", *Journal of International Economics*, Elsevier, March 2002, Vol. 56 (2), pp. 445 – 463.

［93］ Greenwood, Jeremy and Boyan Jovanovic, "Financial Development, Growth, and the Distribution of Income", *Journal of Political Economy*, 1990, 98, pp. 1076 – 1107.

［94］ Guiso, L., T. Jappelli and D. Terlizzese, "Income Risk, Borrowing Constraints and Portfolio Choice", *American Economic Review*, 1996, 86 (1), pp. 158 – 172.

［95］ Hall, Robert E., "The Macroeconomic Impact of Changes in Income Taxes in the Short and Medium Runs", *Journal of Political Economy*, University of Chicago Press, April 1978, Vol. 86 (2), pp. S71 – S85.

［96］ Harrison, Ann E., "Has Globalization Eroded Labor's Share? Some Cross – Country Evidence", UC Berkeley MPRA Paper, 2002, p. 46.

［97］ Heaton, John & Lucas, Deborah, "Portfolio Choice in the Presence of

Background Risk", *Economic Journal*, Royal Economic Society, January 2000, Vol. 110 (460), pp. 1 – 26.

[98] Hochguertel, S. and A. Van Soest, "The Relation between Financial and Housing Wealth of Dutch Households", Center DP, 1996, No. 9682, Tilburg University.

[99] Hochguertel, Stefan & Alessie, Rob & Van Soest, Arthur, "Saving Accounts Versus Stocks and Bonds in Household Portfolio Allocation", *Scandinavian Journal of Economics*, Wiley Blackwell, March 1997, Vol. 99 (1), pp. 81 – 97.

[100] Holden Sarah and Jack Vanderhei, "401 (k) Plan Asset Allocation, Account Balances, and Loan Activity in 2001", EBRI Issue Brief, No. 255, Washington, D. C., Employee Benefit Research Institute, 2003.

[101] Iwaisako, T., "Household Portfolios in Japan", *Japan and the World Economy*, 2009 (21), pp. 373 – 382.

[102] James M. Poterba & Steven F. Venti & David A. Wise, "The Transition to Personal Accounts and Increasing Retirement Wealth: Macro and Micro Evidence", NBER Working Paper, 2001, No. 8610, National Bureau of Economic Research, Inc. .

[103] Jermann, Urban J., "International Portfolio Diversification and Endogenous Labor Supply Choice", *European Economic Review*, Elsevier, March 2002, Vol. 46 (3), pp. 507 – 522.

[104] John Heaton, Deborah Lucas, "Portfolio Choice and Asset Prices: The Importance of Entrepreneurial Risk", *Journal of Finance*, American Finance Association, June 2000, Vol. 55 (3), pp. 1163 – 1198.

[105] Kaldor, N., "Capital Accumulation and Economic Growth", In F. A. Lutz and D. C. Hague, editors, *The Theory of Capital*, New York: St. Martin's Press, 1961.

[106] Kao, C., M. H. Chiang, "On the Estimation and Inference of A Co – integrated Regression in Panel Data", Advances in Econometrics,

2000（15），pp. 179 – 222.

[107] Laurence Boone, Nathalie Girouard, Isabelle Wanner, "Financial Market Liberalization, Wealth and Consumption", OECD Economics Department Working Paper, 2002, p. 308.

[108] Li Shi, Zhao Renwei, "Changes in the Distribution of Wealth in China 1995 – 2002", Une – Wider Research Paper, 2007（3）.

[109] László Kónya, "Exports and Growth: Granger Causality Analysis on OECD Countries with A Panel Data Approach", Economic Modeling, 23, 2006, pp. 978 – 992.

[110] Luc Arrondel and Bruno Lefebvre, "Households' Portfolios Behavior in France: The Role of Housing", Delta Working Paper, 2001（10）.

[111] Lucy F. Ackert, Bryan K. Church, Basil Englis, "The Asset Allocation Decision and Investor Heterogeneity: A Puzzle", Journal of Economic Behavior & Organization, April 2002, Vol. 47（4）, pp. 423 – 433.

[112] Luigi Guiso and Tullio Jappelli, "Households Portfolio in Italy", In L. Guiso, T. Jappelli and M. Haliassos（eds.）, *Household Portfolios*, MIT Press, 2001.

[113] Marjorie Flavin and Takashi Yamashita, "Owner – occupied Housing and the Composition of the Household Portfolio", *American Economic Review*, 2002, 92（1）, pp. 345 – 362.

[114] Markowitz, H., "Portfolio Selection", *Journal of Finance*, 1952, 7（1）, pp. 77 – 91.

[115] McCarthy, D., Mitchell, O. S., Piggott, J., "Asset Rich and Cash Poor: Retirement Provision and Housing Policy in Singapore", *Journal of Pension Economics and Finance*, 2002, Vol. 1, pp. 197 – 222.

[116] Mehra, Rajnish & Prescott, Edward C., "The Equity Premium: A Puzzle", *Journal of Monetary Economics*, March 1985, Vol. 15（2）, pp. 145 – 161.

[117] Merton, Robert C., "Lifetime Portfolio Selection under Uncertainty: The Continuous – Time Case", *The Review of Economics and Statistics*,

MIT Press, August 1969, Vol. 51 (3), pp. 247 – 257.

[118] Milton Friedman, *A Theory of the Consumption Function*, Princeton: Princeton University Press, 1957.

[119] Mishkin F. S., "The Transmission Mechanism and the Role of Asset Prices in Monetary Policy", NBER Working Paper, 2001, No. 8617.

[120] Modigliani, F., and R. Brumberg, "Utility Analysis and the Consumption Function: An Interpretation of Cross – Section Data", In K. Kurihara, ed., *Post Keynesian Economics*, Rutgers University Press, New Brunswick, 1954.

[121] Monica Paiella, "Does Wealth Affect Consumption? Evidence for Italy", *Journal of Macroeconomics*, Elsevier, March 2007, Vol. 29 (1), pp. 189 – 205.

[122] Nicola Fuchs – Schündeln & Norbert Funke, "Stock Market Liberalizations: Financial and Macroeconomic Implications", *Review of World Economics* (Weltwirtschaftliches Archiv), Springer, September 2004, Vol. 140 (3), pp. 730 – 761.

[123] Olena Stavrunova & Oleg Yerokhin, "Two – part Fractional Regression Model for the Demand for Risky Assets", *Applied Economics*, *Taylor and Francis Journals*, January 2012, Vol. 44 (1), pp. 21 – 26.

[124] Parigi, Bruno M. & Pelizzon, Loriana, "Diversification and Ownership Concentration", *Journal of Banking & Finance*, Elsevier, September 2008, Vol. 32 (9), pp. 1743 – 1753.

[125] Pedroni, Peter, "Critical Values for Cointegration Test in Heterogeneous Panels with Multiple Regressors", Oxford Bulletin of Economics and Statistics, 1999, 61, pp. 653 – 670.

[126] Pelizzon, Loriana & Weber, Guglielmo, "Are Household Portfolios Efficient? An Analysis Conditional on Housing", Journal of Financial and Quantitative Analysis, Cambridge University Press, June 2008, Vol. 43 (02), pp. 401 – 431.

[127] Philip H. Dybvig, "The Fallacy of Large Numbers, and a Defense of

Diversified Active Managers", *Journal of Applied Finance*, Vol. 15 (2), 2005.

[128] Rapach, David E. & Wohar, Mark E., "Multi – period Portfolio Choice and the Intertemporal Hedging Demands for Stocks and Bonds: International Evidence", *Journal of International Money and Finance*, Elsevier, April 2009, Vol. 28 (3), pp. 427 – 453.

[129] Robert F. Martin, "Consumption, Durable Goods, and Transaction Costs", International Finance Discussion Paper, 2003, No. 756, Board of Governors of the Federal Reserve System (U. S.).

[130] Robert M. Townsend & Kenichi Ueda, "Financial Deepening, Inequality, and Growth: A Model – based Quantitative Evaluation", IMF Working Paper, 2003, 03/193.

[131] Robert S. Chirinko & Huntley Schaller, "Business Fixed Investment and Bubbles: The Japanese Case", *American Economic Review*, American Economic Association, June 2001, Vol. 91 (3), pp. 663 – 680.

[132] Samuel B. Bulmash, "A New Paradigm: The Wealth Effect of the Stock Market on Consumption, in a Context of Interacting Bio – systems", *Journal of Socio – Economics*, 31, 2002, pp. 75 – 100.

[133] Sang – Wook (Stanley) Cho, "Household Wealth Accumulation and Portfolio Choices in Korea", *Journal of Housing Economics*, Elsevier, March 2010, Vol. 19 (1), pp. 13 – 25.

[134] Sharpe, W. F., "Capital Asset Prices: A Theory of Market Equilibrium under Conditions of Risk", *Journal of Finance*, 1964, 19 (3), pp. 425 – 442.

[135] Shastri, R. A., R. Murthy, "Declining Share of Wages in Organized Indian Industry (1973 – 97): A Kaleckian Perspective", Econ WPA Industrial Organization Paper Series, 2005, No. 0504020.

[136] Sundén, Annika, and Brian Surette, "Borrowing from 401 (k) Plans: Implications for Retirement Wealth", Just the Facts, January 2000.

[137] Tobin, James, "Liquidity Preference as Behavior towards Risk", *Review*

of Economic Studies, 1958, 25, pp. 68 – 85.

[138] Turner T. M., Luea H., "Homeownership, Wealth Accumulation and Income Status", *Journal of Housing Economics*, 2009, 18, pp. 104 – 114.

[139] Viktoria Hnatkovska, "Home Bias and High Turnover: Dynamic Portfolio Choice with Incomplete Markets", *Journal of International Economics*, Elsevier, January 2010, Vol. 80 (1), pp. 113 – 128.

[140] Wang Neng, "An Equilibrium Model of Wealth Distribution", *Journal of Monetary Economics*, 2007, 54, p. 1882.

[141] William M. Gentry & Glenn R. Hubbard, "Success Taxes, Entrepreneurial Entry, and Innovation", No. 10551, 2004, Working Paper, National Bureau of Economic Research, Inc..

[142] Wolff, E., "International Comparisons of Wealth Inequality", *Review of Income and Wealth*, 1996, 4, pp. 433 – 451.

[143] WuYanrui, "China's Capital Stock Series by Region and Sector", University of Western Australia Discussion Paper, 2009, No. 0902.

[144] Xin Meng, "Wealth Accumulation and Distribution in Urban China", IZA Discussion Paper, 2007, No. 2553.

[145] Yang Fang, "Consumption over the Life Cycle: How Different is Housing?", *Review of Economic Dynamics*, Elsevier for the Society for Economic Dynamics, July 2009, Vol. 12 (3), pp. 423 – 443.

[146] Yao Rui, and Harold H. Zhang, "Optimal Consumption and Portfolio Choices with Risky Labor Income and Borrowing Constraints", *Review of Financial Studies*, 2005 (18), pp. 197 – 239.

课题发表的相关研究成果

[1] 冯涛、李英东：《国家、市场、产权关系重构与经济增长——基于中国近现代经济史的新解释》，《陕西师范大学学报》（哲学社会科学版）2009 年第 3 期。

[2] 冯涛、李湛：《建国以来中国政府效率变迁的数量分析——基于 Malmquist 生产率指数的研究》，《西安交通大学学报》（社会科学版）2009 年第 7 期。

[3] 冯涛、李湛：《政府、市场关系的动态演化与中国经济增长》，《陕西师范大学学报》（哲学社会科学版）2011 年第 3 期。

[4] 冯涛、王永明、宋艳伟：《地方社会稳定、地方政府干预与信贷资源配置》，《西安交通大学学报》（社会科学版）2010 年第 11 期。

[5] 冯涛、王宗道、赵会玉：《资产价格波动的财富效应与居民消费行为》，《经济社会体制比较》2010 年第 4 期。

[6] 冯涛、王宗道：《住房制度渐进改革、房地产价格波动与居民财产性收入分配》，《财政研究》2010 年第 7 期。

[7] 高东胜、冯涛：《房地产价格与国民收入分配的互动关系——基于联立方程模型的实证研究》，《财经科学》2011 年第 11 期。

[8] 王良、冯涛：《中国 ETF 基金的价格发现问题》，《系统工程理论与实践》2010 年第 3 期。

[9] 魏立波：《中国开放式基金羊群行为的实证分析》，《重庆大学学报》（社会科学版）2010 年第 3 期。

[10] Chen Daotian, Feng Tao, "Income Allocation and the Growth and Fluctuation of the Chinese Economy: 1998 – 2009", *Contemporary Asian Economy Research*, 2010, Vol. 1, No. 1.

后　记

　　收入分配问题的争论几乎一直伴随着改革开放的全过程，近 10 多年来，这个问题更为凸显了。一方面，城乡收入差距在改革开放 30 多年来表现为持续扩大的趋势；另一方面，反映社会收入分配失衡程度的基尼系数也表现为持续扩大的趋势。尽管理论界对我国居民收入分配关系失调的程度及其成因存在不同看法，但居民收入差距过大，尤其是居民财产性收入差距急剧扩大，财产性收入分配在拉大居民收入差距中的作用不断增强却是不争的事实。中国加入 WTO 以来的时期，是中国经济最好、最长的一次增长周期，也是中国社会财富增长最快的时期。在这一时期，中国股市的扩容、金融投资工具的多元化，尤其是房地产的迅猛发展，导致居民财富分布出现了巨大变化。

　　从理论上讲，居民的财产性收入主要得益于要素市场的成长。但是，与发达经济国家不同，一方面，我国的要素市场存在着严重的制度性扭曲，尤其是以土地市场（房地产）和资本市场（股票）为代表的要素市场的行政性垄断使得要素配置机会不公允，由此给全社会收入分配带来了深远的影响。另一方面，在财富总量迅猛增长的同时，反映财富价值的资产价格也出现了剧烈波动，每一次波动都会导致财富的重新分配，尤其是当政策调控不当进而加剧资产价格波动时，也是居民财富配置关系出现剧烈变动的时期。进一步可以看到，在要素市场的制度性扭曲和资产价格的波动过程中，不同社会群体的相对地位、知识及信息的不对称程度都会大大影响其财产性收入的配置，而财产性收入的增长在资本市场高速成长期无疑远远超过工资性收入的增长。因此，要更为深入地理解中国社会收入分配关系的变动，需要高度关注资本市场的扭曲效应和价格波动效应。

　　基于对上述问题的关注和思考，我于 2008 年自选题目，以"资产价格波动对居民财产性收入分配影响研究"为题申报了国家社会科学基金项目（08BJL023），以期对我国资产价格波动对居民财产性收入分配的影响机制进行系统的理论探索。

　　综合来看，这一课题在探讨资产价格波动的生成机制和特性的基础上，从理论上分析了资产价格波动对居民财产性收入和收入分配的影响机理，揭示了资产价格泡沫对财产性收入分配的扭曲效应，进而提出了基于资产价格波动的居民财产性收入分配理论。从实践上看，在居民收入资本化倾向不断提高、居民收入分配差距的扩大已成为影响我国社会经济稳定发展的重大问题的情况下，资产价格波动使居民财产性收入分配机制的结构性缺陷更加突出，深入研究资产价格波动对居民财产性收入分配的影响具有非常重要的现实意义，将为政府部门完善资产价格调控机制与深化收入分配制度改革提供系统、科学的理论支持和政策参考，并为投资者调整资产投资管理策略、增加财产性收入、充分享受经济发展的成果提供有效的决策依据，从而有助于改善民生，构建和谐社会。

　　在取得理论研究成果的同时，我对本课题的研究也深存遗憾。最大的遗憾是缺乏对居民财产性财富分布和配置的实证性数据的挖掘，这一问题的根源在于以下三方面：一是我国目前尚未建立起系统、完整的财富统计体系，社会财富的统一登记管理制度还难以建立；二是基于对私人财富的保密责任，我们很难从相关机构中取得相关数据；三是囿于有限的经费，我们也难以铺开较大范围的普查调研工作。这些，我们只能在以后的研究中加以弥补了。

　　在本课题的研究过程中，我的博士生耿志民、赵会玉、王宗道、宋艳伟、高东胜等参加了相关内容的讨论和撰写，尤其是赵会玉博士在课题研究过程中不仅承担了主要的研究任务，而且还承担了课题全程的资料整理，贺信博士还协助我完成了课题结项材料的准备工作。在此，我向他们表示深深的感谢！

　　本书是在课题结项报告的基础上几经修改而成的。在本书的出版过程中，首先要感谢社会科学文献出版社经济与管理出版中心的恽薇主任，是她与我的相遇和交流促成了本书的立项；社会科学文献出版社的冯咏梅女士作为本书的责任编辑，为之付出了大量心血，纠正了书稿行文中的一些不足。最终本书能够顺利付梓，得力于出版社的大力支持。对此，我也向她们表示诚挚的谢意！

　　2013 年 11 月结束的十八届三中全会确立了市场在资源配置中的决定性作用，同时强调完善产权保护制度、健全城乡一体化的体制机制等纲领性举措，吹响了进一步改革的号角。从根本上平抑资产价格的剧烈波动，不断增加居民的财产性收入，同样离不开改革的深入。改革的下一篇章更加精彩，值得我们理论工作者锲而不舍地追踪研究。

冯　涛

2013 年 12 月

图书在版编目（CIP）数据

资产价格波动对居民财产性收入分配影响机制研究／冯涛著.
—北京：社会科学文献出版社，2013.12
ISBN 978 - 7 - 5097 - 5226 - 5

Ⅰ.①资…　Ⅱ.①冯…　Ⅲ.①资本市场 – 经济波动 – 影响 – 居民
收入 – 收入分配 – 研究 – 中国　Ⅳ.①F126.2

中国版本图书馆 CIP 数据核字（2013）第 251922 号

资产价格波动对居民财产性收入分配影响机制研究

著　　者／冯　涛

出 版 人／谢寿光
出 版 者／社会科学文献出版社
地　　址／北京市西城区北三环中路甲 29 号院 3 号楼华龙大厦
邮政编码／100029

责任部门／经济与管理出版中心（010）59367226　　　　责任编辑／冯咏梅
电子信箱／caijingbu@ ssap. cn　　　　　　　　　　　　责任校对／师敏革
项目统筹／恽　薇　　　　　　　　　　　　　　　　　　责任印制／岳　阳
经　　销／社会科学文献出版社市场营销中心（010）59367081　59367089
读者服务／读者服务中心（010）59367028

印　　装／三河市尚艺印装有限公司
开　　本／787mm × 1092mm　1/16　　　　　　　　　　　印　　张／15.5
版　　次／2013 年 12 月第 1 版　　　　　　　　　　　　字　　数／245 千字
印　　次／2013 年 12 月第 1 次印刷
书　　号／ISBN 978 - 7 - 5097 - 5226 - 5
定　　价／59.00 元

本书如有破损、缺页、装订错误，请与本社读者服务中心联系更换
△ 版权所有　翻印必究